강인물 시리즈 ⑫

로버트 M. 맥체인의 생애

Robert M. McCheyne

알렉산더 스멜리 지음 | 이영란 옮김

CLC

기독교문서선교회(Christian Literature Center: 약칭 CLC)는 1941년 영국 콜체스터에서 켄 아담스에 의해 시작되었으며 국제 본부는 미국의 필라델피아에 있습니다.
국제 CLC는 59개 나라에서 180개의 본부를 두고, 약 6500여 명의 선교사들이 이동도서차량 40대를 이용하여 문서 보급에 힘쓰고 있으며 이메일 주문을 통해 130여 국으로 책을 공급하고 있습니다.
한국 CLC는 청교도적 복음주의 신학과 신앙서적을 출판하는 문서선교 기관으로서, 한 영혼이라도 구원되길 소망하면서 주님이 오시는 그날까지 최선을 다할 것입니다.

Robert Murray McCheyne: A Burning Light

Written by
Alexander Smellie

Translated by
Young-ran, Lee

Copyright © Christian Focus Publications
ISBN 1-85792-184-4
Published in 1995 by
Christian Focus Publications Ltd.
Geanies House, Fearn, Ross-shire,
IV20 1TW, Scotland, Great Britain

All rights reserved.

Korean Edition
Copyright © 2017 by Christian Literature Center
Seoul, Korea

발행사[*]

박 영 호 박사

기독교문서선교회 대표, 언약신학원 원장

맥체인 목사가 강단에 서면 한마디 말도 하기 전에 성도들이 조용히 흐느끼기 시작했다.
왜?
바로 목사님의 진지함, 심각함의 요소 때문이다. 목사님을 보면 그가 금방 하나님의 존전에서 나와 하나님께로부터 받은 메시지를 전하려 한다는 인상을 주었던 것이다. 바로 그 점이 맥체인 목사님이 입을 열기도 전에 성도들에게 감화를 주었던 것이다. 목사님의 강단에서 기도하는 모습은 마치 예수님이 겟세마네 동산에서의 기도하는 모습으로 비추었다.

---

[*] 본 발행사는 김현배, "거룩을 생명처럼 여긴 로버트 M. 맥체인," 『영국 부흥의 주역들』(서울: CLC 刊), 301-316, 이얀 머레이(Iain H. Murray), 『로버트 M. 맥체인 목사』, 서창원 역 (서울: 진리의 깃발 119회)을 참조했다.

1. 머리 맥체인의 어렸을 때 환경과 회심

　스코틀랜드의 성자 로버트 머리 맥체인(Robert Murray M'Cheyne, 1813-1843)은 29세에 일찍 하나님 나라에 갔으며 사역한 기간은 약 7년 6개월밖에 안 되었지만 약 175년이 지난 현재까지 기억되고 있으며 많은 그리스도인들에게 교훈과 도전을 주고 영구한 유산을 많이 남겼다.
　1813년 5월 21일 에딘버러에서 태어난 맥체인은 큰 집에서 부족함이 없이 자랐다. 그의 아버지는 변호사였으며 사회적으로도 중요한 위치에 있었다. 그의 집은 정원이 딸린 넓은 자택으로 파이프(fife)만을 가로지르는 찬란한 광경을 연출하는 지역에 있었다. 그가 4세 무렵에 헬라어를 배워서 곧 문장을 쓸 실력까지 갖췄다.
　1827년 14세가 되던 해 맥체인은 에딘버러대학 문과대학에서 고전문학(Classics)을 공부하기 시작하였다. 어렸을 때부터 문학과 시에 재능을 보였던 맥체인은 대학교에 입학하고 나서 1, 2년 동안 세상적 쾌락과 즐거움에 빠지기 시작하였다. 그는 카드게임, 춤, 파티에 자주 참석하면서 그 당시 세상적인 친구들 사이에서 지냈다.
　하지만 이 모든 것이 형 데이비드가 26세에 죽음으로 바뀌기 시작하였다. 5형제 중 막내로 태어난 머리 맥체인은 그의 큰 형 데이비드(David)를 사랑하였으며 매우 친하게 지냈지만 1831년 여름에 그의 형이 뇌졸중으로 젊은 나이에 죽게 되었다. 이 사건은 맥체인의 영혼을 강하게 흔들었고 영적인 잠에서 깨우기 시작하였는데 그의 세상적이고 육적인 생활에 큰 충격이 되었다.

그때부터 맥체인은 진지해지기 시작하였으며 점점 세상적인 즐거움을 멀리하기 시작하였다. 그리고 그는 하나님 앞에서 자신의 죄를 인식하면서 구원의 필요성을 진지하게 생각하게 되었는데, 그의 형이 죽고 난 다음해에 하나님을 만나게 되었다. 그 후 그는『웨스트민스터 신앙고백』의 "구원 지식에 대한 개요"(The Sum of Saving Knowledge)를 읽으면서 예수 그리스도에 대한 생각에 불이 붙게 되었고 결국 영적으로 중생하게 되었다.

맥체인의 회심은 삶의 놀라운 변화로 드러났는데 지난날 동안 카드 놀이를 하고 춤을 추는 쾌락을 추구했던 자신의 삶에 대한 부끄러움을 표현했다. 나중에 1832년 3월 10일자 그의 일기에는 다음과 같이 기록되었다.

나는 절대로 다시는 카드게임을 하지 않겠다.
주일에는 다른 곳에 놀러가지 않겠다.
나는 춤을 추지 않겠다.

그리고 교회 사역이 이 땅에서 가장 축복받은 일이라는 형의 가치관과 신앙의 확신에 영향을 받았던 맥체인은 주일학교 사역을 돕기 시작했다.

2. 복음전도에 대한 열정이 분명한 칼빈주의자 맥체인

맥체인이 29세의 짧은 생애를 살 것을 하나님은 이미 알고 계셨으며 이를 주관하고 계셨다. 그래서인지 맥체인의 회심과 목회자로의 부르심은 거의 동시에 일어났다. 형이 죽은지 4개월이 지났을 때 맥체인은 에딘버러신학교(Divinity Hall of Edinburgh University)에 입학하였다. 그곳에서 맥체인은 그의 삶과 사역에 가장 큰 영향력을 준 멘토 토마스 찰머스(Thomas Chalmers)를 만나게 되었다. 열정적이며 경건하며 복음주의적 칼빈주의를 따르고 있었던 칼빈주의자 찰머스를 보면서 맥체인은 많은 것을 배우게 되었다.

특별히 1834년 찰머스와 맥체인은 에딘버러의 빈민촌을 방문하여 전도를 하였다. 중상류층에서 자란 맥체인은 생애 처음으로 가난이 무엇인지를 알게 되었으며 그곳에 사는 사람들이 복음을 들을 기회가 없는 사실에 통곡하기 시작하였다. 그때부터 그는 가난한 자들의 영혼 구원을 위한 뜨거운 열정을 가지기 시작하였다. 신학교에서 공부하는 중에 자주 시간을 떼어내어 전도하는 데 힘을 썼다. 칼빈주의자 맥체인은 복음전도에 대한 열정이 분명했다.

3. 맥체인의 목회 사역-"설교, 기도, 심방사역에 열정을 쏟음"

1835년 7월1일 아난(annan)노회에서 장로교 목사로 안수를 받은 맥체인은 1년 동안 두니페이스(Dunipace)교회 목사인 존 보나-밑에서 부목사로 훈련을 받았다. 그 후 맥체인은 1836년 11월 던디(Dundee)의 성 베드로교회(St. Peter's Church)에 담임목사로 부임하였다. 던디에는 약 4,000명의 인구가 거주하고 있었다. 이 지역은 우상과 강퍅한 심령의 사람들이 자치하고 있었다. 그가 처음 부임했을 당시 교인 수는 1,100명으로 그 중 약 삼분의 일은 인접해 있는 여러 마을에서 온 사람들이었다.

대부분의 회중들은 단지 교회만 다니는 형식적인 사람들이었고, 완고한 이교적 풍습과 우상에 내어진 강퍅함이 그리스도인들의 눈을 가려 그들은 신앙의 영광스런 면을 보지 못하고 있었다. 사실 주의 이름을 부르며 살아있는 그리스도인으로서 다른 사람들에게 영향력을 줄 수 있는 사람은 극소수였다.

맥체인은 던디가 바뀌리라고 선포하였다.

"주님은 이 분화구와 같은 죄악의 도시를 푸르고 아름다운 정원으로 바꾸실 수 있습니다. 던디는 주님께 복 받는 장소로 거듭납니다."

던디에서 처음 몇 달 동안 맥체인의 사역은 매우 힘들었지만 그는 성령께서 구원을 이루시는 사역 가운데 가장 먼저 오는 것은 죄에 대한 인식과 죄책감이라고 믿었다. 사람들이 그들의 영적인 죽음과 타락에 눈을 떠야 성령께서 십자가를 그들의 마음에 보여 줄 수 있다는 확신 가운데서 맥체인은 늘 죄와 심판에 대하여 설교하였다.

또한 그는 타락으로 인한 파괴 그리고 어린 양 예수로 말미암는 회복의 교리를 강조하면서 신앙고백서에서 말하는 성경의 모든 교리를 설교했다. 참으로 그는 천국이나 지옥 둘 중 한 곳에 가게 되는 성도들의 영혼 구원에 대한 끝없는 열정을 가지고 있었다.

그의 설교는 단순히 교리만을 전하는 데에 그치지 않았고 그 모든 교리의 중심이신 주 예수 그리스도를 중점적으로 선포하는 일에 전력하며 수고하였다. 그는 교리를 근거로 해서 회중들의 실제 삶에 적용될 필요를 강조하고 권고의 말을 전하므로 그의 설교에는 다양성과 힘이 있었다.

그는 아침마다 어떻게 하면 더 많은 사람을 주님께 인도할까?

이러한 생각으로 잠을 깼다.

"내가 기도할 때나 생각할 때 엄습하는 생각은 우리교회 성도가 천국이나 지옥 둘 중 한 곳에 가겠구나."

이런 고민을 했다.

맥체인은 이렇게 증언한다.

> 나는 설교할 때 엄청난 성령의 능력이 나를 돕고 있는 것을 자주 경험했습니다. 진리가 엄청난 모습으로 사람들의 심령을 관통하였고 눈물이 줄줄 흘러내렸습니다. 근심어린 수많은 심령들이 예배당을 가득 메웠습니다.

성령께서 역사하셔서 많은 사람들이 그의 설교를 통해 영적으로 깨어나고 살아나게 되었다.

또한 교회에서 가장 중요한 모임은 매주의 기도모임이었다. 그는 기도를 위해 정기적으로 모이는 것을 매우 강조했는데 이런 기도모임이 얼마나 큰 축복인가를 잘 알고 있었다. 그는 많은 시간을 회중들을 위하여 하나님께 울부짖었고 성도들에게 스코틀랜드 부흥을 위해 기도하라고 가르쳤다. 그는 부흥의 주제로 설교하고 영적 부흥의 역사에 대한 것을 읽어 주었다.

그리고 맥체인은 심방 사역을 열심히 하였다. 그는 보통 하루에 20가정을 심방하였고, 그가 회중들을 만나러 나갔을 때에는 열정과 사도 요한의 사랑이 그의 가슴에 담겨 있었다. 또한 그는 언제나 성경 말씀을 나누고 그것을 설명해 주었고, 종종 교리문답을 질문하고 가르쳐 주었다. 그리고 중병에 걸려 죽어가는 사람들에게 죽음을 준비할 필요성에 대해 주저함 없이 알려 주었다.

4. 묵상과 경건생활 그리고 맥체인 성경읽기표

영혼을 향한 열정만큼 맥체인의 삶을 풍성하게 한 것은 그의 묵상과 경건 생활이었다. 매일 아침 6시 30분에 일어난 그는 2시간을 기도와 묵상 속에서 보냈다. 특별히 그 시간의 상당 부분을 유대인들을 위해 중보기도 하였다.

또한 맥체인은 항상 자신의 성도들과 주변 목회자들에게 "자신의 영혼을 돌보는 일에 가장 우선시 하라"고 가르쳤고 이것을 또한 직접 실천하였다. 또한 맥체인은 권면한다.

> 여러분의 삶이 여러분의 설교보다 더 크게 말하도록 하라!
> 여러분의 삶이 여러분 사역의 생명이 되게 하라!
> 그리스도의 흘린 피로 언제나 양심을 청결하게 하라!
> 하나님의 은혜에 감사하며 인격이 그리스도를 닮아 가도록 하라!

맥체인은 말한다.

> 거룩한 사역자는 하나님의 땅에서 두려운 무기다.

그는 늘 하나님과 깊은 묵상 가운데 동행하였고 이것은 그의 거룩한 생활로 나타났다. 그리고 맥체인의 경건함은 참으로 놀랍게 성도들에게 전달되었다.

> 너의 영혼과 마음이 깨끗하고 성령으로 충만할 때 너는 하나님의 손에 붙들린 위대한 목회자가 될 것이다. 너의 본문과 말씀을 늘 하나님으로부터 받아라. 너의 생각조차도 하나님께로부터 받아라.

그의 설교는 항상 자신이 하나님과 동행하며 묵상했던 내용들이며 그의 말이 어떤 이론이나 헛된 말이 아닌 경험되어진 진리임을 알았다.

마틴 로이드 존스는 그의 저서 『부흥』에서 이렇게 말했다.

> 그 성자 같은 사람이 주일 아침 강단에 올라서면 그가 말을 꺼내기도 전에 사람들은 그의 얼굴을 보는 것만으로도 흐느끼기 시작했다. 마치 하나님의 영광을 대면하고 산에서 내려온 모세처럼 그가 오면 사람들은 그가 하나님과 시간을 보낸 것을 분명히 알았다.

또한 맥체인은 사역 말기에 성도들을 위해 성경읽기표를 만들었다. 그 읽기표에 따라 성경을 읽으면 1년에 구약을 한 번, 신약과 시편은 두 번 통독하도록 되어 있다. 마틴 로이드 존스는 54년 동안 '맥체인의 성경읽기표'에 따라 성경을 읽었으며, 1995년 미국 휫튼대학 부흥의 결과로 인해 수많은 학생들이 성령의 감동을 받아 하나님의 말씀을 읽기 시작하였다. 많은 사람들이 '맥체인 성경읽기표'를 복사해 달라고 요청하였다.

그리고 맥체인은 광범위한 독서가였다. 특별히 그는 마틴 루터, 존 번연, 리처드 백스터, 에드워드 피셔(Edward Fisher), 조나단 에드워즈, 데이비드 브레이너, 헨리 마틴과 같은 신앙의 거인들의 전기를 읽으면서 그들의 경건한 삶의 원칙들을 자신의 삶에 적용함으로써 영적 성장에 큰 영향을 받게 되었다.

5. 건강이 악화되다

1838년도 연말에 그의 쉼 없는 사역 때문에 건강이 매우 악화되어서 어쩔 수 없이 그는 던디를 떠나 부모님이 있는 에딘버러로 가서 쉬게 되었다. 그가 쉼이 없는 사역을 감당했기 때문에 그의 심장 고통이 떨려오는 아픔이 반영된 것이다. 그곳에서도 그는 자신의 양들을 기억하며 목회 서신들을 그들에게 썼다.

① 죄인으로서 당신은 그리스도께 매달리는가?(요 5:12).
② 당신은 그의 인격의 영광을 느끼고 있는가?(딤전 1:15).
③ 죄와 사망의 몸에서 건짐을 받기 위한 부르짖음 안에서 세월을 보내고 있는가?(빌 3:13).

④ 당신은 그의 성취하신 일을 느끼는가?(계 1:17).
⑤ 당신은 그의 빛이 당신의 영혼에 비취고 있는가?(고전 1:30).

맥체인의 건강이 쉽게 회복이 되지 않자 1839년 봄에 그의 친구들인 앤드루 보나, 알렉산더 블랙, 알렉산더 케이스는 그를 팔레스타인과 이스라엘 성지 순례를 떠나는 길에 함께 동행했다. 따뜻한 기후와 환경의 변화가 그의 건강 회복에 도움이 될 것이라고 생각을 하였다. 맥체인은 예루살렘과 갈릴리를 여행하면서 멀리 떨어져 있는 성도들의 영적 번영에 대한 관심이 그의 마음 깊이 자리잡고 있었다. 갈릴리 근처의 황량한 지역을 지나면서 성도들에게 편지를 보냈다.

> 나는 교회가 어느날 가버나움처럼 쓸쓸한 광야와 같은 곳이 될까 두렵습니다. 아! 내 양들이 은혜의 날들이 얼마나 빨리 날아가는지를 배우게 되기를 바랍니다. 그리스도를 경멸하는 모든 사람들이 마침내 얼마나 슬피 통곡할 날을 배우기를 원합니다.

성지 순례팀의 유대인 전도 보고서는 스코틀랜드 장로교회와 자유교회의 "유대인 전도 전략"을 수립하는 데 큰 영향을 끼쳤다.

6. 성 베드로교회의 영적 부흥

맥체인이 떠나 있는 동안 던디에서 사역하던 24세의 젊은 윌리엄 번즈(W. C. Burns)가 성 베드로교회에서 임시 목사로 사역을 하였다. 번즈의 설교를 통하여 진리는 외쳐지게 되었고 그 진리는 수많은 사람들의 마음을 관통하며 주님께로 인도하였다. 그가 청중들에게 그리스도를 영접하라고 강청하면서 하나님의 말씀을 선포했을 때 많은 청중들이 그 말씀에 크게 압도되었고 눈물을 흘리기 시작했다.

매일 저녁 예배가 거행되었으며 수많은 사람들이 말씀을 들으려고 몰려들었고 늦은 시간까지 교회에 있었다. 온 마을이 요동을 쳤으며 하나님을 경외하는 마음이 불경건한 자들 가운데 임하여 통회하는 현상이 일어났다. 번즈의 사역을 통하여 성 베드로교회에 부흥이 일어나게 되었다.

1839년 7월 쯤 성지 순례를 마치고 돌아오는 서머나 근처 길에 맥체인은 건강이 매우 안좋아졌고 죽기 일보직전까지 이르렀다. 하지만 그 상황 가운데서도 맥체인은 자신의 성도들을 위한 기도를 멈추지 않았다.

"나의 가장 갈급한 기도는 나의 양들을 위한 것입니다."

하나님은 그의 기도를 잊지 않으셨다. 이제 고향으로 돌아오기 위해 함부르크에 도착했을 때 맥체인은 성 베드로교회에서 일어나고 있는 부흥 소식을 듣게 되었다.

7. 던디 부흥 이야기

1839년 11월에 맥체인은 건강을 회복하고 성 베드로교회로 다시 돌아왔다. 매주 열리는 기도모임에 맥체인은 번즈와 함께 강단에 섰다. 그는 교회가 꽉 찬 것을 보고 놀라움을 금치 못했고 그가 돌아왔을 때 목격한 부흥의 현장은 잊지 못할 광경이었다. 빈 자리가 하나도 없었고 복도도 가득 찼고 강단으로 오르는 계단도 사람들로 발 디딜 틈이 없었다.

그날 맥체인은 뜨거운 눈물을 흘리는 많은 청중들에게 하나님의 말씀을 선포하였다. 교회는 찬양과 사랑으로 충만하였고 그의 성도들은 자신의 영혼에 대한 깊은 관심과 하나님에 대한 사모함으로 채워져 있었다. 또한 39개의 다양한 기도모임들이 열리고 있었으며 그 중 5개는 어린이들을 위한 기도모임을 갖고 있었다. 이처럼 성령의 기름부으심으로 인해 계속되는 각성과 끊임없는 부흥이 던디에서 일어났다.

이러한 성령의 역사는 맥체인이 돌아와서도 계속 이어져 나갔다. 부흥 전에 믿음이 있었던 사람들은 자신의 마음이 죄로 물들었음을 더 깊고 더 두려운 마음으로 깨닫고서 더욱 견고해졌다. 또한 그들은 하나님의 말씀에 대한 더 큰 감사와 그리스도의 사랑을 더 깊이 깨닫게 되었다. 던디 부흥으로 인해 사회의 모든 영역에서 수많은 사람들이 깊은 영향을 받았다.

던디에서 불붙은 부흥의 불길은 스코틀랜드 전역으로 퍼져 나갔다. 퍼스(Perth)에서 열린 집회에서 그날 밤 150명이 자신들의 죄를 고백했고, 다음날에는 200명이 넘는 사람들이 영혼의 문제 대해 상담하기 위해 몰려들었다. 이런 부흥의 역사는 덤바니(Dumbarney), 블레어고리(Blairgowrie), 콜레이스(Collace), 커밍(Cumming), 니스메스(Nismes), 로스셔(Ross-shire), 켈소(Kelso), 브레들베인, 제드버러(Jedburgh) 등 여러 지역으로 확대되었다.

이처럼 부흥이 일어난 각 지역마다 매주 기도회를 가졌으며, 많은 사람들이 회심하여 구원을 받았고, 감동하며 눈물을 흘리는 회중들이 많았다. 모두 은혜의 단비를 경험했고 성령의 역사는 계속 일어났다.

8. 부흥 동역자 윌리엄 번즈-"허드슨 테일러의 영적 아버지"

여기서 잠깐 윌리엄 찰머스 번즈(William Chalmers Burns, 1815-1868) 목사를 소개하고자 한다. 맥체인 목사와 마찬가지로 번즈 목사 또한 어떠한 이론과 삶이 없는 말들을 늘어놓는 목사가 아니었다. 그 또한 뜨거운 기도생활을 하였고 열정적인 설교를 하였다.

번즈는 어렸을 때부터 영혼 구원에 대한 사모함이 있었다. 그가 어렸을 때 엄마와 함께 시장터에 갔는데 그때 번즈는 울기 시작하였다. 그의 어머니가 왜 우냐고 물었을 때 그는 이렇게 대답하였다.

> 오 어머니! 지옥으로 향하고 있는 이들의 발걸음 소리가 저의 가슴을 무너뜨리고 있습니다.

이처럼 번즈는 어렸을 때부터 영적인 눈이 열려 있었으며 이것은 그로 하여금 늘 골방에서 기도하게 만들었다. 그의 설교에서 하나님의 능력이 나타났다. 그는 1839년 던디 부흥의 주역으로 쓰임 받게 되었다.

  번즈는 부흥의 주역으로 쓰임 받았음에도 불구하고 그것으로 만족하지 않았다. 그는 곧 중국 선교사로 떠나게 되었다. 번즈는 명예와 명성 그리고 인기와 부를 버리고 중국으로 간 것이다. 이것이야말로 번즈가 얼마나 하나님의 종이었으며 그가 얼마나 하나님의 뜻을 따르며 동행했는지를 보여주는 사건이다.

  번즈는 우리에게 많이 알려진 허드슨 테일러 선교사와도 7개월 같이 생활하면서 동역하였다. 허드슨 테일러가 선교본부와의 의견차이로 마찰을 빚게 되었고, 애인으로부터 절교 편지를 받아 깊은 절망에 빠졌을 때, 번즈가 "나는 자네를 믿네," "나는 자네를 따를 걸세"라고 용기를 북돋아 주었다. 나중에 허드슨 테일러 선교사의 일기 기록들을 살펴보면 번즈가 그 당시 젊었던 허드슨 테일러에게 얼마나 큰 영향을 주었는지 찾아볼 수 있다. 번즈가 없었더라면 나는 인생의 위기를 극복해 낼 수 없었을 것이라고 회고했다.

> 번즈 목사와 같은 영적인 아버지는 없을 것입니다. 7개월 동안 같이 생활하면서 동역의 시간은 잊을 수 없는 기쁨과 영광스러운 시간이었습니다. 번즈 목사가 말씀을 깊이 사랑하는 모습, 그의 경건하고 거룩한 삶, 하나님과 동행하는 삶은 나의 영혼에 깊은 갈망들을 이끌어 내며 만족시켜 주었습니다.

  번즈는 다음과 같이 기도에 대해서 가르쳐 주고 있다.

많은 사람들이 골방으로 옵니다.

그들은 골방으로 들어오지만 하나님의 임재하심을 인식하고 경험하지 못하고 나갑니다.

또한 어떤 이들은 골방으로 들어와 은혜를 받으며 그들의 영혼이 조금 살아나는 것을 경험하지만 또한 빨리 골방을 나갑니다.

오! 하나님의 사람들이 왜 이리 성급하며 인내가 없는 것일까요?

그들은 골방에서 홀로 하나님과 대면하려고 하지 않으며 성령의 부으심을 위해 하나님과 씨름하려고 하지 않습니다.

그들은 골방에서 아무런 응답 없이 나오며 이것을 하나님의 뜻으로 간주하고 있습니다.

번즈의 날카로운 진단과 가르침은 매우 정확하며 우리를 도전하고 있다.

9. 스코틀랜드 던디 부흥의 주역: 번즈와 맥체인

나는 심었고 아볼로는 물을 주었으되 오직 하나님이 자라나게 하셨나니 그런즉 심는 이나 물 주는 이는 아무 것도 아니로되 오직 자라게 하시는 이는 하나님뿐이니라(고전 3:6-7).

1839년 스코틀랜드 던디에서 일어났던 부흥을 설명하는 데 위의 성경 구절이 매우 적합하다. 하나님의 성령이 놀랍게 임하였던 던디 부흥을 위하여 하나님은 그의 젊은 두 종 로버트 맥체인과 윌리엄 번즈를 사용하셨다.

눈물로 밭을 갈고 씨를 뿌리는 것이 맥체인이었다면, 번즈는 그 토양 위에 물을 주며 열매를 보았지만 역시 자라게 하시는 하나님임을 명백하게 알게 하는 부흥의 현장이었다. 1839년에 있었던 부흥만큼 하나님만이 홀로 부흥을 주시는 분임을 나타나는 부흥이 없을 것이다.

10. 마지막 날들

맥체인의 짧은 7년 6개월 동안의 사역이 거의 끝나갈 무렵 그는 자신에게 시간이 얼마 남지 않았다는 것을 알고 있었다. 1842년 11월에 그가 쓴 일기 내용이다.

> 나는 오래 살 것 같지 않습니다. 어쩌면 곧 갑작스런 부르심을 받게 될지도 모르겠습니다. 그래서 매우 단순하고 명백하게 말씀을 전합니다.

성 베드로교회 교인들은 거의 막바지에 이르러서도 영혼 구원을 향한 간절한 갈망으로 인해 맥체인이 더욱 더 간절히 설교하고 있음을 느낄 수 있었다. 그는 시간과 심판에 대하여 더 강도 있게 설교하였다.

나는 오래 살 것을 기대하지 않습니다. 제 앞에 있는 여러분도 모두 죽을 것입니다. 이 교회는 다른 목사가 올 것이며 다른 성도들로 채워질 것입니다. 여러분이 죽고 나서는 회개, 중생, 은혜는 더 이상 없을 것입니다. 더 이상 어떤 목사가 여러분에게 설교하지 않을 것입니다. 여러분, 지금이 은혜와 거듭남의 시간입니다. 지금 이 시간을 사용하십시오.

1843년 1월에 그는 그의 마지막 성찬예식을 거행하였고 2월에는 북서쪽 스코틀랜드 지역을 다니며 27회 설교를 하였다. 대부분의 그의 여정은 많은 눈밭을 헤쳐가는 길이었다. 던디로 돌아올 때 그는 엄청 피곤함을 느꼈다. 3월 12일 성 베드로교회에서 그는 마지막으로 "하나님의 절대주권"에 관하여 설교를 하였다. 그 다음 돌아오는 화요일에 그의 몸은 매우 아팠지만 결혼식을 주례하였다. 하지만 그 날 밤 그는 열이 오르며 쓰러졌고 열이 오른 상태로 1주일 동안 침대에만 누워 있었다.

맥체인은 성도들에게 다음과 같은 말을 남겼다.

그리스도가 흘린 피로 언제나 양심을 청결하게 하고, 항상 성령 충만해야 한다. 하나님의 은혜에 감사하며 인격이 그리스도를 닮아야 한다. 하나님께 영광돌리고 인류가 구원 받는 일에 최고로 마음을 쏟으며 영혼의 때에 가장 충만한 보상을 받는다고 확신하라.

맥체인은 1843년 3월 25일 주일, 29세의 나이에 하나님의 부르심을 받게 되었다.

"영원한 곳에 사십시다. 몇 날이 못되어 우리의 여정이 끝납니다."

"그가 종종 설교하였던 그 진리는 성사되었다. 그의 열망, 예수님과 같이 닮기를 원합니다. 그와 함께 영원히 살기를 원합니다."

그의 열망은 충족되었다.

교회에 모인 맥체인의 성도들 수백 명은 그와 같은 찬란한 빛이 그렇게 짧게 타오르다가 꺼져버린 것에 깊은 충격과 슬픔에 잠겨버렸다. 그러나 하늘나라를 위해 온전히 무르익었던 그를 하나님은 영광의 나라로 거두어 들이셨다. 작은 예수처럼 산 그의 유해는 성 베드로교회의 묘지에 안장되었다.

그의 묘지의 비문이다.

슬퍼하는 무리들에 의해 세움을 받은 자,
던디 지역의 베드로교회의 초대 목회자,
29세 일기로 1843년 3월 25일에 소천한 로버트 머리 맥체인 목사를 기념하며,
하나님과 친밀하게 동행하며,
말씀과 대화와 자비와 성경과 믿음과 정결의 본이 된 자이며,
영혼을 돌보기 위하여 낮이나 밤이나 쉬지않고 하나님으로부터 칭찬을 받는 자,
어두움으로부터 수많은 사람들을 생명의 좁은 길로 인도한 자
"예수와 함께 잠을 자는 자들은 또한 그와 함께 하나님께서 살리실 것이니."

탁월한 강해 설교자 F. B. 마이어(F. B. Meyer) 목사는 그의 죽음을 매우 아쉬워했다.

오, 내가 맥체인 목사의 정신을 품을 수만 있다면, 그리고 그런 사역을 다시 볼 수 있다면 얼마나 행복할까!

맥체인을 아는 사람들은 그의 인격 속에 감추어진 하나님의 신령한 호흡 소리를 들었을 것이고 그의 속에서 타오르는 광채도 보았을 것이다. 젊은 나이에 그토록 많은 일을 성취하고 요절한 맥체인의 삶과 사역은 전 세계 교회에 커다란 감동을 주었고 놀라운 영향력을 끼쳤다.

11. 맥체인을 통하여 우리가 배울 수 있는 교훈

1) 부흥은 하나님의 역사임을 다시 한 번 깨닫게 해준다.

하나님만이 홀로 부흥을 주시는 분임을 깨닫게 된다. 부흥의 시작은 담임목사인 로버트 맥체인이 없을 때 일어났다. 맥체인의 거룩하고 경건한 삶과 그의 끝없는 기도와 열정적인 설교, 헌신이 부흥을 가져온 원인이지만 하나님은 부흥의 현장에 맥체인을 두지 아니하시고 윌리엄 번즈를 그 곳에 세우셨다. 하나님은 어떠한 특정한 사람에게 매이지 아니하시며 준비되고 거룩한 그의 종들을 통하여 언제든지 역사하실 수 있다는 것을 배울 수 있다.

또한 맥체인에게서 어떠한 시기나 질투의 모습을 찾아 볼 수가 없었다. 하나님의 영광과 성령의 사역에 온전한 기쁨과 감사하는 그의 모습은 오늘날 현대 목회자들에게 도전이 되고 있다.

2) 맥체인의 거룩한 삶과 기도생활이다.

맥체인의 삶은 우리와 차이가 있었다. 맥체인은 예수님의 모습을 비추는 거울과 같은 거룩한 삶을 살았다. 그는 일생의 최대의 소망은 거룩한 사람이 되는 것이라고 말했다. 그는 다음과 같이 고백하였다.
"나의 성도들이 가장 필요로 하는 것은 나의 개인의 거룩함입니다."
거룩한 사역자가 하나님의 손에서 엄청난 무기가 되기 때문에 우리는 가장 잘 살 때 가장 잘 설교하는 자가 된다는 것을 망각해서는 안될 것이다. 오늘날 그의 거룩한 삶이 안일한 사역자들과 신자들에게 커다란 도전을 준다. 맥체인처럼 거룩을 생명처럼 여긴 사람들을 통하여 이 땅에 참된 부흥이 다시 임할 것이다.
"주여, 용서받은 죄인으로서 합당하게 저를 거룩하게 하소서."

3) 로버트 맥체인의 성경읽기표와 눈물의 기도이다.

맥체인은 그의 성경읽기표로 유명하며 그는 늘 새벽에 하나님과 묵상의 시간을 가졌다. 그는 성경만 읽는다고 하나님과 동행하는 삶이 아니라는 것 또한 알았다.

당신은 성경을 읽고 죽을 때까지 기도할 수도 있습니다. 하지만 만약 당신이 하나님께 매달리지 않으며 그를 보고 믿고 깊은 경외심으로 "나의 하나님 나의 주여"라고 외치지 않는다면 겉으로 하는 모든 행위가 헛된 것이 될 것입니다.

청교도 정신에 투철했던 맥체인의 목회 성공의 비결과 사역의 자세는 눈물의 기도였다.

오늘날 많은 흉륭한 설교들이 기도가 많이 부족한 탓에 서재에서 사라지고 만다. 교회는 개인 기도를 통해 강단 메시지의 능력을 강화시키는 설교자들을 절대적으로 필요로 한다. 설교자들은 더 나은 설교를 하는 것 보다 더 많이 기도를 하는 것이 중요하다. 우리도 맥체인처럼 눈물의 기도를 해야 할 것이다.

4) 맥체인의 부흥 메시지는 오늘도 필요하다.

오늘날 교회는 부흥을 위해 영적으로 준비된 사람이 필요하다. 즉 작은 예수처럼 살다 간 맥체인 목사의 정신을 품고 부흥 메시지를 선포하는 것이다. 그 정신은 그리스도를 닮는 것이다. 주 예수께 빠진 사람이다. 하나님과 가까이 교제하며 사는 것이다. 열정적인 설교와 성령의 기름 부으심을 위한 열망이다. 골방에서 하나님의 임재하심을 경험하는 것이다. 하나님의 역사를 갈망하는 것이다. 말씀의 빛과 영적 열기를 쏟아내는 부흥 메시지가 필요한 것이다.

오 형제들이여!
지혜로우십시오.
왜 우리는 온종일 게으르게 서 있습니까?
잠시 후면 그 모든 것이 끝나게 될 것입니다.
잠시 후면 은혜의 날이 종식될 것입니다.
설교도 기도도 필요없게 될 것입니다.
잠시 후면 우리 모두는 백보좌 앞에 서게 될 것입니다.
잠시 후면 약한 자가 더 이상 존재하지 않을 것입니다.
그들이 다 영원한 형벌의 처소로 쓸려갈 것을 보게 될 것입니다.
잠시 후면 영원한 일들이 시작될 것입니다.
우리는 새 노래를 부를 것입니다.
우리는 죄가 없이 지침도 없이 영원히 영원히 그를 노래할 것입니다.

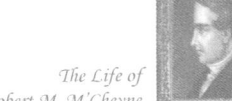

머리말

이 작은 책은 두 부모를 가지고 있다고 말할 수 있다. 이런 책을 써야 한다는 첫 제안은 마이어 박사(Dr. F. B. Meyer)와 영국 자유교회협의회에서 마이어 박사와 함께 일했던 분들에게서 왔다. 이들은 자기들의 '부흥의 지도자들'(Leaders of Revival) 시리즈에 맥체인과 윌리엄 번즈(William Burns)에 대해 쓴 책을 포함시키고 싶어했다.

스코틀랜드 하면 이 빛나는 두 이름을 반드시 연관시키지 않을 수 없다. 그 스코틀랜드에서 이 두 사람이 남겼던 은혜의 업적을 그 시리즈에 꼭 넣고 싶어했다. 그래서 그분들이 나에게 이 책을 써달라는 부탁을 하기에 이르렀던 것이다.

그리고 그 후 몇 달이 지났을 때, 에딘버러의 법정 밖 사무 변호사인 제임스 맥도날드(James Macdonald) 씨가 말할 수 없이 귀중한 맥체인의 원고 한 상자를 내게 보내주었다. 그 원고 상자가 내게 도착한 것은 몹시 신기하고 예기치 못했던 일이었다. 그 속에는 맥체인이 자기 가족들이나 친구들과 주고받은 편지들과 메모 수첩들, 설교 원고들, 그리고 온갖 종류의 서류들이 들어있었다.¹ 맥도날드 씨는 마이어 박사가 전에 내게 한 제안에 대해서는 아무 것도 알지 못하고 있었으므로, 로버트 머리 맥체인에 대해서 책을 쓰라는 사명을 한 번도 아닌 두 번씩이나 내가 받았어야 했다는 것이 참으로 신기하게 느껴졌다.

하지만 나는 이 책에서 다룰 범위를 좀 더 넓혀야 했다. 이 자료들은 내 손 안에 들어와 있는 보물이다. 나는 이 자료들을 내 마음대로 사용할 수 있다. 만일 이것들을 잘 사용해야 하는 것이 내가 해야 할 일이라면, 맥체인을 글로 잘 묘사하려 애써야 하되, 부흥의 인도자로서 뿐만 아니라 그 인물의 개인적인 측면에서도, 즉 아들로서, 형제로서, 친구로서, 그리고 그리스도의 복음을 전파하는 목회자로서의 맥체인에 대해서도 좀 더 많이 다루지 않으면 안 된다는 것이 분명해졌다.

비록 이 글을 쓰는 내내 자유교회협의회(the Free Church Council) 임원들이 과분한 아량과 인내심을 보여주기는 했지만, 이러한 나의 계획 변경이 그 분들을 실망시키는 것이 될 수도 있겠다는 두려운 생각이 들기도 한다. 그렇기는 하지만, 내가 입수한 새로운 자료들을 이용하지 않는 것 또한 안타까운 선택일 것

---

1 맥도날드 씨는 내용물이 든 그 상자를 스코틀랜드 연합 자유교회의 유대인 선교 위원회에 기부하여 에딘버러에 있는 뉴 컬리지(New College) 도서관에 보관해 주기를 바랐다. 그것은 그가 손힐(Thornhill)의 윌리엄 스콧(William Scott) 씨로부터 사들인 것이었다. 스콧은 맥체인 가문의 몇 명 되지 않는 생존 친척 중 한 사람이었다. 로버트 맥체인의 부친인 아담 맥체인(Adam McCheyne)의 동생이 윌리엄이었는데, 이 사람은 미국으로 이민을 가서 거기서 죽었다. 그에게는 제임스(James)라는 아들이 하나 있었다. 제임스의 딸의 이름이 쟌 맥체인(Jean McCheyne)이었는데, 이 딸이 스콧 씨와 혼인을 했던 것이다. 그녀 역시 몇 년 전에 죽었다(저자가 글을 쓸 당시를 기준으로 – 역주).

임은 분명하다.

저자는 또한 마조리 보나(Marjory Bonar) 양에게 많은 신세를 졌다. 보나 양은 매우 친절하고도 효과적으로 나를 도와주었다. 그리고 자기 부친의 비망록과 책 여백에 써놓은 메모까지도 이 책을 쓰는데 사용할 수 있도록 허락해주었다. 그리고 자기 부친의 글을 이해하는데 어려움이 있을 때마다 여러 번 그 문제를 해결해주기도 하였다.

이렇게 명백하게 도움을 받았음에도 불구하고, 이미 출간되어 있는 『회고와 유고』(Memoir and Remains)에 수록되어 있는 내용에 더 많은 것을 보탠다는 것이 불가능함은 물론이다. 이 책에서 앤드루 보나(Andrew Bonar) 박사는 자기 친구 로버트 맥체인 목사의 면모를 단번에 잘 묘사하였다.

보나 박사 다음에 맥체인의 전기를 쓰는 사람은 단지, 아랍의 그 의사처럼, '지식의 부스러기들을 줍는 사람'일 수밖에 없다. 그러니 만일 새로운 독자 몇 명이라도, 사람의 마음을 사로잡고 있고 또 언제나 사로잡을 이 전기를 읽게 만드는데 조금이라도 성공을 한다면, 저자는 매우 기뻐할 것이다.

그리고 그 외의 것에 관해 말하자면, 흰 옷 입고 있는 그 성도의 인간적인 면을 이 책의 부록 지면에서 잠시라도 담백하게 볼 수 있게 할 수 있다면, 저자는 더할 나위 없이 만족할 것이다. 로버트 맥체인 100주년이 되는 해에, 그를 추모하는 돌무덤 위에 돌 한 개를 더 올려놓아도 좋다는 허락을 받은 것이, 내게는 아주 멋지고 성스러운 특권이었다.

1913년 2월

역자 서문

이 영 란 박사
전 캄보디아 선교사

　이렇게 제대로 된 그리스도인을, 제대로 된 목회자를 만나보게 되다니, 이 역자는 이 책의 번역을 맡겨주신 박영호 목사님께 많이 감사하며 번역하는 동안 많이 행복했습니다. 이 책의 주인공 목회자가 행한 사역이 나를 감동시킨 게 아니라, 그리스도인으로서의 그의 면모가 참 마음에 들었기 때문입니다. 내가 천국에 도착한 그 날에는, 26년 전에 먼저 그곳으로 이사를 간 내 남편을 찾아보려하기 전에 이 분을 먼저 만나서 담소를 나누고 싶다는 생각도 해보았습니다. 내 남편까지 함께 자리를 갖는다면, 금상첨화겠지요. 왜냐하면 이 책을 번역하면서, '이 책의 주인공 맥체인 목사님과 우리 남편은 비슷한 점이 참으로 많다.'는 생각을 많이 했었거든요. 목회에 대한 생각과 철학도 두 사람이 비슷하고, 자기 약한 몸에 큰 고생이 따른다 해도 하나님의 말씀에 근거해서 주저 없이 선택과 결정과 결단을 한다는 점도 비슷하고, 젊어서 죽은 것까지도 비슷합니다. 아, 물론 내 남편 목사님이 이 주인공 목사님보다 9년 정도 더 오래 살았기는 했지만요. 아무튼 이 역자는 이 책을 번역하면서 행복했습니다.

그럼 이제 반대로, 이 책을 번역하면서 별로 행복하게 느껴지지 않았던 것들에 대해 말해볼까요?

먼저, 이 책의 주인공의 이름을 어떻게 번역해야 하느냐의 문제입니다. 여러 번 저 혼자서 그 이름을 소리 내어서 읽어보았답니다. 그러자, 적어도 "McCheyne"의 "Ch"를 우리말의 "ㅊ" 소리로 읽어서는 아니 될 것 같다는 직감이 왔습니다. (제가 미국에서 12년 반 동안 유학하는 동안 이런 성을 한 번도 들어본 적은 없습니다만, 제 경험상, 영어를 모국어로 하는 사람들이 이 이름을 그렇게 발음하지는 않을 것 같다는 느낌이 들었기 때문입니다. 그리고, 원래 고유명사는, 특히 사람의 이름은, 본인이 원하는 대로 발음해주어야 한다고 저는 알고 있습니다. 일례로, 미국 역대 대통령 중에 영화배우를 생업으로 하다가 대통령에 선출되었던 분이 언론과 대중들이 자기 이름을 자꾸 "리건"[Reagan]이라고 부르자, "내 이름을 '레이건'이라고 불러주십시오"하고 요청해서 그 때부터 그렇게 부르기 시작했다는 것은 우리가 다 알고 있지요. 또 제 경험에 의하면, 미국 신학교 학기 초에 철자가 좀 색다른 학생 이름은 교수들이 꼭 본인에게 발음을 물어서 그 학생의 발음으로 출석을 불렀던 기억도 있고요.) 그러나 이 책 번역의 경우에는, 이미 작고한 분이라 물어볼 수가 없으니, 저는 미국 구글을 리서치 해볼 수밖에 없었습니다. 우리가 지금 관심을 가지고 있는 이 주인공 목사님의 이름은 "머케인" 또는 "므케인" 정도로 첫 모음을 약하게 소리 낸 후, 재빨리 "케"로 넘어가게 발음한다는 것을 BBC 녹음 자료에서 발견하였습니다.

그러나 출판사 측에서, 이 주인공 목사님에 대한 책이 먼저 다른 출판사에서 번역되어 나와 있는 것이 있으므로 독자들에게 혼란을 주지 않는 것이 좋겠다 하여, 이 역자는 마뜩찮은 마음으로 현재의 이름으로 출판하는 것에 동의하였습니다. 그러므로 영어가 모국어이거나 영어가 제1 외국어인 어느 그리스도인(English-speaking Christian)이 "므케인"이라고 발음하는 것을 독자들이 듣게 되는 상황에 놓인다면, 아, 그 목사님 이름이구나 하고 알아들으시면 되고, 따라서 그 사람에게 말할 때도 불편하겠지만 "므케인" 또는 "머케인"이라고 "케"음절에 액센트를 주어서 발음하시면 그 사람이 분명히 그 이름을 알아들을 것입니다. 여러분의 편리를 위해 출판사가 발음을 바꾸어놓은 이 책의 이름대로 이 목사님의 이름을 발음하게 되면, 그 상대방과의 의사소통이 잘 안 될 수도 있으니까요.

　이 번역의 두 번째 어려움은, 우리의 주인공 목사님이 살았고 또 사역하셨던 스코틀랜드라는 나라의 역사와 지리와 관습과 정치와 교회생활에 대해 이 역자가 무식하다는 점입니다. 이 책을 제대로 번역하기 위해서는, 번역에 앞서 스코틀랜드에 대한 광범위한 공부가 필요한데, 제가 그것을 못했어요. 집안에 암 투병 중인 미혼 자매도 있고, 가끔 봐주어야 하는 손주들도 있고, 또 제가 지금 쓰고 있는 책도 있고 (사실, 이것은 그 동안 거의 손을 놓은 상태에 있다가 오늘에서야 겨우 다시⋯), 감기 몸살로 누워있을 때도 있었고, 핑계는 참 많아요. 아무튼 제가 스코틀랜드에 무식한 이유로 번역하는 동안에, 어떤 말에 확신이 없을 때는 그 말을 읽고 또 읽어서 "⋯강"인 것 같다, "⋯산"인 것 같다, 이것은 ⋯지역을 말하는 것 같다 식의 결론을 내린 적도 있었고, '이 말은 역사적으로 대단히 중요한 스코틀랜드의 정치적인 사건을 말하는 것 같은데 이렇게 번역하는 것이 맞는 것일까' 할 때도 있는 등등, 자신 없어 한 적이 한 두 번이 아니었습니다. 번역이 정확하지 않은 곳이 있다면, 모두 다 이 역자의 무식 때문이니 독자들의 용서를 구합니다.

또 하나, 이 책의 저자가 안식일(the Sabbath)이라고 쓴 것을 이 역자는 주일이라고 번역해야 했습니다. 주일은 안식일과 다르니까요. 안식일은 하나님이 창조의 마침을 근거로 해서 이스라엘 백성들에게 계명으로 제정해주신 날이지요. 반면에 주일은, 주 예수 그리스도께서 부활하심을 기념하고 기억하기 위해 그 부활하신 날에 해당하는 로마 달력의 요일, 즉 한 주간의 첫 번째 날(the first day of the week, English Standard Version. 마 28:1; 막 16:2, 9; 눅 24:1; 요 20:1, 19; 행 20:7; 고전 16:2)에 성도들이 모여서 예배하고 성도 간에 떡을 떼며 교제하는 날로서, 그분의 제자들이 자유로이(voluntarily) 정한 것입니다. 다시 말해, 신약시대에 믿는 자들이 매주 모여 예배하는 주일의 제정자는, 성삼위 하나님이 아니라, 믿는 자들 자신이라는 것입니다. 또 그 날을 지키는 방식도 안식일과 주일은 전혀 다르다는 점에서, 주일은 구약성경이 말하는 그 안식일이 아니라는 것이 저의 소견이기 때문에, 저자의 안식일을 주일로 번역한 것입니다. 역자와 다른 견해를 가지고 있는 독자도 있을 것입니다.

어쨌든, 이 책을 읽는 우리 그리스도인들에게 중요한 것은, 스코틀랜드의 배경에 대한 지식의 정확성도 아니고 신학적 견해의 차이도 아니고, 오직 이 책의 주인공이신 "므케인" 목사님의 됨됨이를 본받아 제대로 된 그리스도인이 되는 것이고, 제대로 된 목회자가 되는 것입니다. 그렇게 되면, 만약 우리 하나님에게 이마가 있다면, 그분의 이마에 깊게 패여 있는 주름살이 조금이나마 펴지실까요. 우리 하나님, 나의 하나님이 너무 너무 불쌍하고 측은해서 이 역자는 가슴이 아립니다. 독자들이 이 책을 읽기 전보다 이 책을 읽은 후에는, 그리스도인으로써 또는 목회자로써 조금씩 점점 더 나아지는 것이 아니라, 급진적으로 달라지기를 (become radically different), 이 역자는 간절히 소망해봅니다.

2017년 3월 3일
창동에서

목차

발행사 / 5
머리말 / 27
역자 서문 / 30

1. 기나긴 겨울이 지나갔다 / 36
2. 훌륭한 농부의 훈련 / 56
3. 씨를 뿌리는 자가 뿌리러 나가서 / 82
4. 수고를 넘치도록 하고 / 105
5. 저 거룩한 들판 / 149
6. 하늘에서 이슬방울들이 떨어졌다 / 181
7. 풍부한 비와 풍성한 추수 / 202
8. 날이 저물어가고 본향으로 가는 마지막 분량의 짐을 싣다 / 237
9. 여파 / 285

부록: 제씨 타인의 일기 발췌문

1. 일기 / 307
2. 던디의 부흥(1839-1840)과 관련된 사건들(알렉산더 커밍) / 392

1. 기나긴 겨울이 지나갔다

17세기의 스코틀랜드와 18세기의 스코틀랜드 사이에는 서로 대조되는 것들이 많으며, 또 이것들은 주목해볼 만한 것들이다.

"산들과 광막한 바다들이 사람들을 나누도다."[1]

외면적으로 보면, 새 시대에 찾아온 변화들은 전적으로 더 좋아진 변화들이었다. 혼란과 전쟁 대신에 정치적 안정과 평온이 찾아왔다. 사회적 진보는 순조롭게 진행되었다. 국가의 번영과 부도 막대하게 증가되었다. 그러나 종교는 더 강력해지지 못하고 있었다. 오히려 스러지고 퇴보했다. 신앙은 그 표현에 있어 교양과 우아함의 표식을 가지고 있었다. 전에는 없었던 것들이다. 신앙은 예의범절 차리는 일에 매우 조심하게 되었다. 그 조상들이 만족해했던 집에서 만든 거친 옷을 입는 대신 매끄러

---

[1] 19세기 초 저자 미상의 캐나다 뱃노래의 한 구절.

운 벨벳으로 치장은 했으나, 그 뜨거운 불과 열정은 마음을 떠나버렸다. 신앙이 얼음처럼 차가운 습관이 되어 버린 것이다. 그 위에 서리가 내려앉았다. 그리하여 그것은 더 이상 불타오르는 시뻘건 열정이 아니게 되었다. 찬송을 부르면서 드럼클록(Drumclog)의 전투[2]에 임했던 그 열정은 더 이상 없었다. 머켓 크로스(Mercat Cross)와 갤로우리(Gallow-Lee)에서 당당하게 교수대 층계를 걸어 올라갈 때의 그 불타는 열정 같은 것은 없었다.

로버트 워드로우

스코틀랜드 문헌 중에서 한두 권의 책을 들여다보기만 해도, 우리는 이런 분위기의 차이를 아주 잘 파악할 수 있을 것이다. 예를 들어, 로버트 워드로우(Robert Wodrow)의 『선집(選集)』(Analecta)을 보기로 하자. 이 책은 그 서두 부분에서 퇴폐에 대해 기술하고 있는데, 방대하고 장황하며 언제나 흥미롭기까지 한 일기로 구성되어 있다.

이 일기는 1701년 3월부터 1731년 12월까지를 기록하고 있는데, 이 일기에서 이스트우드의 이 목사는 "믿을만하고 충분히 증명된 사람으로부터 우연히 듣게 된 것"을 적어놓고 있다. 워드로우는 그 자신이 복음주의 신앙인이다. 그래서 워드로우는 "갈보리의 그 위대한 붉은 빛"을 망각하는 법이 없다. 그렇지만 워드로

---

[2] 드럼클록의 전투는 1679년 6월 1일, 스코틀랜드의 사우스 레낙사이어(South Lanarkshire)에 있는 드럼클록에서 언약도(Covenanters)의 한 무리들과 클레버하우스(Claverhouse)의 존 그래함(John Graham)의 병력이 싸운 사건이다. - 역주

우는 복음주의 신앙이 극단주의로 흐르는 것과는 거리가 먼 사람이기도 하다.

예를 들어, 카녹크(Carnock)의 혹(Hog)과 에트릭(Ettrick)의 보스톤(Boston)이 트위드(Tweed)강 북쪽 지방의 독자들에게『현대 신학의 정수』(*The Marrow of Modern Divinity*)라는 영어로 된 작은 논문을 소개했다. 그 책의 장(章)들은 충만함과 자유로움 가운데 복음적인 음악을 널리 퍼뜨렸다. 그러나 1720년도에 열린 총회가 이 책을 정죄하였을 때, 그리고 1722년 총회가 재판에서 열두 명의 매로우 사람들(Marrowmen)[3]을 책망하였을 때에도, 워드로우 목사는 총회와 완전히 같은 생각을 가지고 있었다. 왜냐하면 그는 교회당국자들의 결론과 결정을 확고하게 지지하였기 때문이다.

질서를 중요하게 여기며 신중한 성향을 가지고 있는 사람은, 일반적으로 자기 행동에 당연히 따라오는 결과를 가볍게 여기며 자기 마음이 어디로 이끌든지 아무렇게나 자기 마음을 따라가는 사람들을 약간 못미더워 하기 마련이다. 과묵하고 냉철했던 이 워드로우 목사가 자기 시대의 신앙 상태를 조사해보자 그의 머리는 염려로 가득 차게 되었다. 글라스고우의 젊은이들은 그들의 선조들이 익숙했던 기독교 신앙과 삶에 대한 훈련을 받지 못했다고 그는 기록하고 있다.

이 시대 젊은이들은 일자리를 찾아 외국으로 떠나갔다 돌아올

---

3 『현대 신학의 정수』(*The Marrow of Modern Divinity*)를 적극 옹호하던 사람들 – 역주

때는 다른 나라의 해이해진 관습에 물들어져 왔다. 대학생과 신학생들은 사상의 자유에 대해 개방적인 경향을 보이고 있었다. 교수들이 가르친 삼위일체 교리에 대한 이의(異意)와 조롱이 등장했다. 이전에는 두 세 번의 겨울철에 72번의 기도회가 정기적으로 열렸던 도시에서 이제는 겨우 5번만 열리고 있음을 워드로우는 알게 되었다. 반면에 대부분 경건과는 상관없는 잡다한 다른 문제들에 대한 토론회가 유행하기 시작하였다.

경계심을 늦추지 않고 있는 워드로우 목사가 이러한 불길한 징후들을 보았을 때, 두려운 생각이 그의 가슴 속으로 밀려들어 왔다. 한 때는 성도들의 특성을 띠고 있는 고장이었었는데, 지금은 "덫에 갇히고 습격을 받고 정복되어 꽁꽁 묶여서 끌려가고 있는" 이 서부 지역에 틀림없이 엄청난 강타가 임박할 것이라는 두려움이었다.

워드로우는 수많은 목사들이 가르치는 내용에 대해 대단히 불만스럽게 여겼다. 18세기에 들어서서 처음 몇 십 년의 기간 동안에, 얼마 후에는 온건주의(Moderatism)라고 명명하게 될 그런 사상의 탄생을 스코틀랜드에서 목도하게 되었다. 소장파 목회자들은 더 이상 죄와 구원에 대하여, 속죄와 회심에 대하여, 믿음과 회개에 대하여, 자기 선대들이 쓰던 언어로 설교를 하지 않았다.

그런 어휘와 단어들 뒤에 있는 진리들은 완전히 쓸모없는 것으로 취급되었다라고 말할 수 있을 정도까지는 아니더라도, 완전히 한물간 구닥다리로 취급되었다. 대신에, 강단은 일상의 도덕적인 생활이라든지, 성경이 다루고 있는 윤리 문제, 그리스도인으로서 품위 있는 행동 등에 대해 설교하고 있었다. 그러나 워드로우에게 이런 설교는 무기력하고 이빨 빠진 것과 다름없는 것이었다. 그는 그런 설교들을 좋아하지 않았다.

글라스고우(Glasgow)에서 성례가 있던 어느 월요일, 워드로우는 모팻(Moffat)의 월리스(Wallace) 목사의 "행함이 없는 믿음은 그 자체가 죽은 것이라"(약 2:17)라는 본문의 설교를 경청했다. 그 설교는 "열변을 토하는 식의 새로운 방법으로" 행해졌다. 그래서 오늘날 맹렬하게 비판을 쏟아내기 시작한, 변덕스럽고 혈기왕성한 젊은이들 몇 사람을 즐겁게 해주었다. 그 설교자는 종교에 있어 연구의 필요성에 대해 장장 반 시간동안이나 주장하더니, 믿음에 대해서는, 진리에 대해 동의하고 인정한다는 식의 냉랭한 이야기로 겨우 15분간만 설교했다. 그리고 나서는 선대로부터 물려받은 모든 형태의 정통교리를 헐뜯는 말을 하고 설교를 끝냈다.

또한 워드로우 목사는 1730년 총회에서 하위크(Hawick)의 텔퍼(Telfer) 목사의 입에서 나오는 "정도에서 완전히 벗어난 설교"를 듣기도 했다. 그 목사는 설교에서 옛 시절을 풍자적으로 희화화였는데, 오히려 로버트 워드로우는 아쉬운 마음으로 그 시절을 그리워했다. 그 설교 속에는 현재의 쇠퇴를 안타까워하는 사람들에 대한 조롱하는 말들이 많이 들어있었다. 그 설교는 근면과 미덕, 과학의 발달, 상업과 오락의 발달을 찬양했는데, 이것들은 그 설교자가 자기의 동시대 사람들에게서 찾아볼 수 있는 바로 그런 것들이었다.

그렇게 설교를 성공적으로 마쳤다고 생각한 그 우스꽝스러운 철학자는 "찬양과 감사의 의무에 대한 한두 가지 추론으로" 설교를 마쳤다. 적어도 청중 중 한 사람은 "그렇게 당당한 뻔뻔함"에 마음이 몹시 불편했다. 그 낙천주의자는 솔로몬의 말도 인용했다. 워드로우 목사가 그 사람에 대해서 할 수 있는 가장 좋은 말은 솔로몬이 했던 다른 말 속에 들어있다.

> 너는 이것을 꼼꼼하게 생각해 보지 않았느니라
> (전 7:10, 역본 미상).[4]

워드로우 목사는 결심했다. 새프츠베리에서 일어난 어떤 일들과 「태틀러스」(*Tatlers*)와 「스펙테이터스」(*Spectators*) 같은 잡지들과[5] 목사들을 위한 이상한 주제들을 다루며, 도덕의 기초 상태에 있는 이 "느슨하고, 일반적이고, 일관되지 않은" 논설들에 더 이상 만족할 수 없었다.

워드로우 목사는 질긴 고기를 먹으면서 자신의 힘을 길러갔다. 그리고 겸허하게 만들고 치유해주며 지지해주고 중생하게 하는 그리스도의 복음의 진리보다 요점 없는 진부한 의견들을 스코틀랜드 교회가 선호하게 될 때, 그 날은 스코틀랜드 교회에게 매우 애석한 날이 될 것임을 그는 확신하게 되었다.

이러한 것들은 초기에 나타난 '저지당함, 변화, 타락'이었다. 얼마나 급속하게 얼마나 파멸적으로 그것들이 진행되었는지 알아

---

4 Thou hast not wisely considered this.

5 태틀러지는 주로 문학과 사회를 주제로 다루었고, 스펙테이터지는 주로 정치와 문화를 다루었다. - 역주

야 하므로, 이제 로버트 워드로우 얘기는 그만하고 알렉산더 칼라일(Alexander Carlyle) 이야기를 해보자.

알렉산더 칼라일

칼라일의 존재가 얼마나 사람들의 주목을 끄는 것이었던지, 그에게 '주피터' 칼라일이라는 별명이 붙었다. 월터 스콧 경(Sir Walter Scott)은 말하였다.

"칼라일은 내가 지금껏 보았던 신격화된 통치자 중에서 가장 웅장한 사람이었다."

1748년에 있었던 그의 목사 안수 이후 57번의 여름과 겨울을 거치면서 1805년에 사망할 때까지, 칼라일은 인버레스크(Inveresk) 교구의 목사였다. 윌리암 로벗슨(William Robertson) 학장과 나란히 스코틀랜드 교회의 온건주의를 이끌어온 사람이었다. 존 힐 버튼(Burton)이 1860년도에 출간했던 칼라일의 『자서전』(Autobiography)을 보면 그 사람이 어떤 종류의 지도자였는지 잘 알 수 있다. 79세가 되어서야 자리 잡고 앉아 그 책을 집필하였는데도, 그 책만큼 그렇게 힘이 있고 신랄하며 그렇게 빈틈없고 예리한 눈을 가진 책은 매우 드물다. 그러나 그 책의 활력이란, 세상의 능력 있는 사람의 그것인지라 그 속에서 영성의 숨길을 찾아보기는 힘들었다.

자서전에서, 칼라일은 스코틀랜드 고등법원의 판사들을 남녀 모두 소개하고 있다. 그가 그렇게 한 이유는, 그의 교구 교인들이 암시하고 있는 바와 같이 그리고 또 그 자신이 기꺼이 고백한 바와 같이, 알렉산더 칼라일은 "자기보다 높은 지위에 있는 사람들의 지인들을 편애했기" 때문이었다.

그는 자서전 속에서, 우리로 하여금 『더글라스』(*Douglas*)로 명성을 누린 존 홈(John Home), 토비아스 스몰렛(Tobias Smollett), 아담 스미스(Adam Smith), 데이빗 흄(David Hume) 등 유명한 문인들을 만나 이야기를 나누게 해준다. 그리고 그는 우리를 데려가 연극배우 개릭(Garrick)을 보여주려고 햄턴(Hampton)에 있는 자기 저택과 드러리 레인(Drury Lane)에 있는 무대 위에도 데려간다.

우리의 이 연대기 저자[6]는 한 특유의 구절에서 다음과 같이 자랑하고 있다.

> 스코틀랜드 교회의 성직자의 명예와 이익을 위해 나와 나의 친구들이 기울였던 많은 노력들 가운데 이것보다 더 공을 세우고 훌륭한 효과를 낸 것은 아무 것도 없다.

즉 자신이 속한 장로교회로부터 여러 차례 항의와 명예훼손을 당했음에도 불구하고, 그는 목사의 연극 구경이라는 유행을 만들어냈던 것이다. 자서전 속에서, 우리는 인베레스크 교구가 후원하거나 그 설립을 도와준 상류사회 클럽, 포커 클럽, 화요 클럽, 디버소리엄(the Diversorium)[7] 등 다양한 사교 클럽에 입장허가를 받아 들어간다. 야머스(Yarmouth)의 시장처럼, 그런 곳들은 "불도가

---

[6] 칼라일-역주

[7] 라틴어로 여관을 뜻하며, 이곳에는 식당도 있다. – 역주

니와 불 꼬챙이를 받게 될 사람들을 위한 온갖 종류의 삶이 놀랍도록 잘 갖추어진 곳이다." 그리고 "포도주는 정말 최고였으며 얼마든지 있었다."

하나부터 열까지 완전히, 주피터 칼라일은 자신의 '고답적[8] 서신 왕래'를 몹시 뽐내었을 뿐만 아니라, '올림피아식의 주흥'도 자랑하였다. 그뿐 아니라, 우리는 또 칼라일이 로벗슨(Robertson) 학장과 휴 블레어(Hugh Blair) 박사를 주사위 놀이와 카드 놀이의 신비 속으로 끌어들였다는 사실도 알게 된다. 이들 제자 두 사람 모두 다 환갑이 지났는데도 말이다. 칼라일은 숙달된 조교였다. 그는 그 지역에서 목사관의 문을 잠가 놓지 않은 상태에서 카드 놀이를 했던 첫 번째 케이스였다. 그래서 그쪽 지역에서만큼은 다른 성직자들도 교인들의 조롱을 받게 되지 않을까 염려하지 않아도 되었다.

"로벗슨은 카드 놀이 솜씨가 대단히 좋았다. 그렇지만 블레어는 놀이에 빛을 발한 적이 한 번도 없었다."

그러나 적어도 지금은 더 이상이다.

"시골 친구 집에 가 있을 때 밖에 비가 내리고 있다고 불평할 이유가 별로 없게 되었다."

카드 놀이는 그 방법과 전략 자체가 머리를 써야 하는데다 또 집중까지 해야 한다. 그러나 그 전략이라는 것이 '반짝이는 별들

---

[8] 프랑스 시인 보들레르의 일파이며 기교를 존중하였다. – 역주 ← 고답파가 기교를 존중했다는 역주는 문제가 있는 것 같다. 오히려 프랑스 고답파는 낭만주의 감정과 주관적 색채가 짙은 시에 반대하여, 이지적인 관찰과 과학적인 객관성을 존중하고 형식의 완벽을 목표로 하였다.

저 너머 아득히 멀리 떨어져있는 시골사람들이 하는' 그런 것과는 다른 것이다. 그 방법이라는 것도 "참 아론 자손의 제사장들이 취할" 것이 못된다.

사실 그 『자서전』은 완전히 이교도적인 행태라고 말할 수 있을 정도까지는 아니더라도, 염치없을 정도로 아주 세속적인 내용으로 가득 차 있다. 그렇기 때문에 칼라일의 신학이 개략적이면서 관용적이라는 점에 우리는 놀라지 않는다. 1741년부터 그 이듬해에 걸친 겨울 학기에 에딘버러의 신학 강의실에서 가르칠 내용으로, 그는 '구원하는 믿음에 대하여'(*De Fide Salvifica*)라는 주제를 선정했다.

칼라일은 이 주제에 관한 논문을 집필해서 그것을 가지고 강의했다. 그러나 그 강의는 "어린 신입생들에게는 매우 부적절한 내용"이었다. 어린 신입생들에게 강의할 목적으로 쓴 것치고는 그 논문의 내용이 구원하는 믿음의 교리와 너무 동떨어진 것이었다고 말하는 사람도 있었다.

1753년 어느 때에 칼라일이 아델스테인포드(Athelstaneford) 교회에서 설교하는 것을 데이빗 흄이 들은 적이 있었다. 칼라일이 존 홈 목사를 대신하여 설교를 전하고 있던 주일이었다. 설교가 끝나고 저녁 식사 전 그 두 사람이 잠시 만났을 때 그 철학자가 물었다.

"오늘날 존의 회중을 키케로(Cicero)의 교수들 중 한 사람처럼 다루어야 한다는 말은 무슨 뜻으로 한 말입니까?"

그 철학자는 덧붙여 말했다.

"그런 이교의 도덕성이 동부 로티안(East Lothian)[9]에서 통할 것이라고는 저는 생각하지 않습니다."

사실, 칼라일은 신앙 문제에 있어 신비주의적이고 초자연적인 모든 것들을 혐오한다는 것을 숨기려 하지 않는다. 그는 솔직하게 인정한다.

> 교구 사람들이 나에 대해 수군거리고 있고, 사람들이 정의 내릴 수 없는 신비한 자질인 하나님의 은혜가 내게 있는지에 대해서도 사람들은 많은 의구심을 가지고 있습니다.

우리는 이 마지막 말에서 공격과 비웃음을 찾아볼 수 있다. 교회 안의 반대파 사람들에게 칼라일은 인내심을 별로 보이지 않고 경멸을 퍼붓는다. 칼라일은 그 사람들에게 '고교회파'[10]라는 별명을 붙였다. 그리고 기회가 있을 때마다 그들을 희롱하였다. 그는 크리치톤(Crichton)의 프림로즈(Primrose)를 '깊이가 얕은 현학자'로 취급하며, 자기 형제들의 아첨어린 말에 한껏 부풀어서 자기 자신을 탁월한 학자쯤으로 알고 있는 사람이었다.

---

9 스코틀랜드 로우랜즈(Lowlands)의 한 지역 - 역주

10 잉글랜드 국교회의 한 학파로서 가톨릭적 유산을 강조한다. 고교회파 사람들은 주교의 권위에서 구체화되고 예배의식에서 표현하는 역사적 전통에 커다란 가치를 부여한다. 국교회 내에서 높은 견해(high view)를 지닌 사람들을 고교회주의자들이라 하였다-역주.

> 프림로즈는 모레이셔(Morayshire) 지방의 사투리로 연설하는 유창한 설교자이다. 자기 자신이 고안해 낸 말로 미화시킨다. 그러나 그는 상식이 없었다.

칼라일은 크랜스톤(Cranston)의 스미스(Smith)를 '교활한 북쪽 놈'이라고 했고, 뉴배틀(Newbattle)의 왓슨(Watson)을 '사악한 종교재판소장'이라고 했을 뿐만 아니라, 그가 '부분적으로 여기저기에 속해 있기' 때문에 더욱 더 위험천만한 존재라고 했다. 그는 템플(Temple)의 워커(Walker)를 "빛은 없고 단지 열만 가지고 높은 지위를 차지하고 있는 열성가"라고 했다. 칼라일 자신이 소중하게 여긴 빛은 계몽주의였다. 그는 열광과 열심에 대해서는 어떤 애정을 품고 있는 시늉조차도 해본 적이 없었다.

아마 『자서전』은 그 책의 가장 메마르고 무익할 수 있는 부분에서 온건주의를 보여주고 있는지도 모른다. 총회에서 그와 같은 편에 있는 사람들 중에는 하나님(the Highest)의 만져주심을 느껴본 사람들도 있다. 그 사람들에게 맞서는 일로 인해, 즉 그 사람들과 길고 질긴 싸움을 싸우는 일로 인해 복음주의자들이 일어나게 되었다. 이 세기가 막바지를 향하여 달려가고 있을 때, 복음주의자들은 점차적으로 그리고 확실하게 그 영향력이 커지게 되었다. 더군다나 스코틀랜드는 국교라는 울타리 밖에도 하나님의 아들과 딸들이 있었다. 이들은 그리스도 가까이에서, 그러니까 난롯불 주변에서 살고 있는 사람들이었다.

이들 가운데 혁명 합의문을 결코 받아들이지 않은 개혁장로교 회원들(Cameronians)이 있었고, 이벤이저 얼스카인(Ebenezer

Erskine)과 랄프 얼스카인(Ralph Erskine)의 가문의 개신교인들이나 토마스 길러스파이(Thomas Gillespie)의 다른 가문의 개신교인들이 속한 탈퇴자(Seceders)가 있었고, 그리고 후에, 로버트 할데인(Robert Haldane)과 제임스 할데인(James Haldane)이 여러 지방에 세운 여러 독립 교회들에서 예배하는 사람들이 있었다.

은혜의 누룩은 퍼지고 있었다. 그 과정의 결과들이 분명하게 나타날 때가 가까워오고 있었다. 모든 것이 매우 건조하고 죽은 것 같이 보이는 그 때, 하나님과 그분의 성도들은 서로 교제의 끈을 놓치지 않고 있었던 것이다.

헨리 칵번

『그의 때에 대한 기록』(the Memorials of his Time)이라는 흥미로운 또 다른 책은 그 첫 머리에서, 1779년 10월에 출생한 헨리 칵번(Henry Cockburn)이 이 성도들 중의 한 사람을 다음과 같이 묘사하고 있다.

> 나의 어머니는 지금껏 내가 알고 있는 여성들 중에 가장 훌륭한 여성이었다. 만일 내가 어머니보다 천 년을 더 오래 산다고 한다면, 그래도 나는 어머니의 친절함과 경건과 가족에 대한 헌신을 깊은 감사로 회고할 것이며, 이 세상에서와 다음 세상에서 가족들의 행복을 위해 어머니가 보여주었던 진정하고 온유한, 그리스도인으로서의 근심을 기억할 것이다.

칵번 경이 또한 확신하고 있는 바는, 자기가 그렇게 생생하고 멋지게 회상하고 있는 그 옛 세대에는 무척 진실한 신앙심이 있었다는 것이다. 비록 1830년에 "우세한 여론은 현대의 편을 들고 있다는 것이 내 소견이다"라고 공언하기는 했지만 말이다.

책의 마지막 부분에서 칵번은 그 누구보다도 많은 일을 하였던 한 사람을 우리에게 소개하고 있다. 형태를 빚으신 후 더 훌륭해지도록 매만지시는 하나님의 손길 안에서 그 사람은 이전의 어떤 다른 사람보다도 보다 나은 시대를 선도했다. 칵번은 말하기를, 토마스 찰머스(Thomas Chalmers)는 "좀 이상해 보이는 사람이었다. 목소리는 낮고 컬컬했으며, 발음은 목구멍에서 했으며, 눈동자는 흐릿했고 얼굴은 크고 거무죽죽하다"고 한다. 정말이지, 단지 용모만 본다면 그 사람을 못생겼다고 말하는 편이 맞을 것이다.

그러나 찰머스는 이런 생각이 들지 않게 했다. 오히려 흥미롭고 좋아할 만한 사람으로 보였다. 뛰어난 단정함과 순박한 매너를 가지고 있었으며, 침착한 사고와 권위 있는 사람들이 가지고 있는 자애로움이 강하게 표출되었고, 그의 이마는 매우 넓어서 위대한 지성의 소재지임을 스스로 선포하는 것 같았고, 유머와 농담을 즐겨 썼다. 외모가 볼품없고, 목소리와 제스처, 풍채도 별로 좋지 않았으며, 그의 도리스(Doric) 방언도 투박하였지만, 그럼에도 불구하고 그는 훌륭한 웅변가였다.

칵번은 종종 "심장이 쿵쾅쿵쾅 마구 뛰고 눈에는 눈물이 그렁그렁 고인 채로 찰머스 목사의 설교에 매달렸었다." 그가 하는 설교의 마력은 사람의 모든 세포 조직을 흔들어놓는 응집된 강렬함에 있었다. 마치 살아있는 진짜 불로 지피기라도 하는 것처럼, 이 강렬함이 찰머스의 설교에 뜨거운 불을 붙였다.

> 그가 높은 강단의 강대상 모서리로 다가가는 순간, 그가 가지고 있는 모든 결점들은 더 이상 결점이 아니었다. 찰머스 목사에게는 지적인 힘이 있었다. 그 힘에서 분출되는 찰머스의 생기는 자신의 외적인 결점들을 모두 긍정적인 장점들로 전환시켜 놓았던 것이다. 마침내 찰머스 목사가 자신이 가지고 있는 열정의 불길 속으로 우리를 끌어들였을 때, 그는 '불타오르는 산들의 파편 밑에 자기의 상대들을 묻어버렸다'는 제프리(Jeffrey) 목사의 묘사만이 그의 생생하게 표현된 상상력과 어마어마한 에너지가 어느 정도인지를 암시해준다.

각번에게 그 중에서도 최고는, 찰머스는 청중의 박수를 받았다고 해서 우쭐대는 것 같이 전혀 보이지 않았다는 점이었다.

찰머스의 사위인 윌리엄 해나(William Hanna) 박사가 저술한 『토마스 찰머스 회고록』(*Memoirs of Thomas Chalmers*)은 우리가 함께 이야기를 나누어야 할 책들 중 마지막 책이다. 만약 우리가 백년 전에 어떻게 하나님의 생명이 스코틀랜드의 영혼 속에서 일하고 계셨는지를 알고 싶어 한다면 말이다. 해나 박사의 두꺼운 책 네 권을 다 읽는다는 것은 대단한 일이다. 정신의 양식이라야 7페니짜리 소설이나 잡지 기사 따위와 석간 신문 정도인 사람에게는 이것이 너무도 큰 일이 아닐 수 없다. 그러나 사람을 깨우치고 영감을 주는 그런 책들을 좋아하는 사람이라면, 이 책을 아무리 많이 읽어도 많이 읽었다 말하지 못할 것이다. 그래서 최상의 상태에 있는 그 문헌을 우리가 여기에 가지고 있는 것이다.

그 책은 우리의 나태함을 각성시켜주고, 그 책은 약초인 좁쌀풀과 루타[11]를 우리의 흐릿한 눈 속에 방울방울 떨어뜨려 넣어준다. 그 책은 성급하고 의심 많은 우리의 성질을 좋게 만들어놓는다. 그리고 이 책은 우리를 좀 더 훌륭하게 만들어서 좀 더 그리스도를 닮은 사람으로 만들어준다.

이 책을 읽으면 우리는 찰머스 박사와 함께 한가롭게 걸으면서 이야기를 나눌 수 있다. 만족감을 주는 이 전기를 읽음으로써, 그렇게 할 수 있는 것이다. 이 책의 결론 부분에 도달했을 때, 우리는 이 책을 단 한 페이지로 요약하지는 못할 것이다.

독일의 종교개혁은 먼저 마틴 루터(Martin Luther) 본인의 마음과 그의 역사 속에서 축소판의 형태로 일어났다고 지금까지 많이 전해져왔다. 토마스 찰머스가 자기의 고국을 위해 그렇게도 단호하게 성취하였던 그 개혁도, 찰머스 자신의 생각과 말과 태도에 있어서 그를 그리스도 예수 안에서 새로운 피조물로 만들었던 그 놀라운 변화의 결과물이었다. 『회고록』의 제3장은 1803년의 5월에 있었던 킬매니(Kilmany)의 피페셔(Fifeshire) 교구 임직식에 대해 서술하고 있다.

그러나 우리는 제8장까지 계속 읽어나가지 않으면 안 된다. 1811년 겨울이라면, 이 설교자 찰머스가 어떤 복음도 선포하기 이전이다. 그 사이의 기간에 그는 신약성경보다는 수학에 더 흥미를 가지고 있었다. 자기 교구 성도들의 영적 복지보다는 성 앤

---

11 "rue" 지중해 연안 원산의 귤과의 상록 다년초; 잎은 흥분, 자극제로 썼음 - 역주.

드루학교의 학생들에게 화학과 지질학을 강의하는 것에 더 관심이 많았던 것이다. 찰머스 박사는 자신을 옹호할 목적으로 다음과 같이 쓰고 있다.

> 목사가 자기 교구의 일을 만족스럽게 마친 후, 휴가 주간에 5일은 자기 취향에 따라 자기가 하고 싶은 과학 실험을 마음대로 해도 좋다고, 저자 자신에게는 모든 권위 중 최고인 저자의 경험의 권위에 근거해서, 이 작은 책의 저자는 주장하는 바이다.

몇 년이 지나서, 그는 1825년의 총회에서 있었던 성직자의 겸직에 관한 토론회에서, "아마도 그의 평생에 가장 위압적으로 말했던 유일의 한 마디"였던 그 말을 철회하였고, 총회장소의 그 죽음과 같았던 정적 속에서 그는 자기가 잘못했음을 고백하였다.

> 그 정서가 잘못되었다는 점과 그리고 그 말을 할 때 극히 잘못된 말을 썼다는 점을 말씀드림에 있어 저는 더 할 말이 없습니다. 저는 이상하리만치 눈이 멀어 있었습니다!
> 수학의 대상이 무엇입니까?
> 엄청난 규모, 그리고 엄청난 규모의 부분들이 아닙니까?
> 그러나 그 때, 저는 두 가지의 엄청난 규모를 잊어버리고 있었습니다. 시간의 하잘것없음을 생각하지 못하였으며, 영원의 그 위대성을 생각하지 못한 것은 저의 무모의 소치였습니다.

찰머스를 일깨워 영원의 위대성을 보게 만든 것은, 윌버포스(Wilberforce)의 『실천적 기독교관』(*Practical View of Christianity*)을 숙독했기 때문이었다. 이 책이 그에게 가르쳐준 것이 있었다. 그것은 바로, "이를 행하라 그러면 살리라"(눅 10:28)[12]의 원칙에 근거해서는, 평화도, 참되고 합당한 순종에도 결코 도달할 수 없다는 것이다. 『실천적 기독교관』이 찰머스를 180도로 완전히 돌려 세워, 그 반대되는 원칙 즉, "주 예수 [그리스도]를 믿으라 그리하면 [네가] 구원을 받으리라"(행 16:31)[13]의 원칙을 의심 없이 채택하게 만들었던 것이다.

그는 다음과 같이 고백했다.

"나 자신의 불완전한 준비에 나는 오싹 소름이 끼쳤습니다."

"나는 단호하고 즉각적인 조치를 취하고 있습니다. 나의 모든 것을 포기하고 나의 구주의 충분성만 의지합니다."

찰머스는 "위대한 속죄의 그 풍성함"을 여러 번이나 자랑하곤 하였다. 그 거듭난 순간으로부터 중대한 결과들이 흘러나왔다. 먼저 킬매니 지역이 전율을 느꼈다. 찰머스는 지금 강단에서 이전과는 다른 메시지를 전했다. 그리고 그의 교구 성도들 사이에서 이전과 다른 성과가 일어났다. 과거에 찰머스는 본인에게는 자연스럽기 짝이 없는 그 뜨겁고 열정적인 달변을 사용해서, 도덕성의 개선의 필요성을 심어주었었다. 찰머스는 부정직의 비열함에 대해서, 거짓의 악행에 대해서, 중상의 야비한 기술에 대해서, 자

---

12 "Do this and live." 저자는 원문에서 성경을 정확히 인용하기보다는 자유롭게 표현하는 것 같다. - 역주

13 "Believe in the Lord Jesus Christ, and thou shalt be saved." 저자는 성경을 정확히 인용하기 보다는 자유롭게 표현하는 것 같다. - 역주

세히 강설하였었다.

그가 그토록 바랐던 윤리적 부흥은 가져오면서도 동시에 그의 청중들의 마음이 항상 종교의 본질에 대해 결핍되게 하는 일은 일어나지 않았었다. 그러나 그가 그렇게도 인내심을 가지고 간청하였던 그 영광, 그 진리, 그 정직은 확보되지 않았던 것이다.

> 하나님과 화목하게 되는 것이 내 노력의 분명하고 현저한 목표가 될 때까지는, 그리스도의 피로 거저 주는 죄 사함을 그들이 받아들이도록 강력히 촉구할 때까지는, 성도들의 의존의 대상으로서, 그리고 그들의 끊임없는 기도의 대상으로서, 성령이 그들 앞에 제시되기까지는, 윤리적인 부흥은 부차적인 개혁이라고 하는 말을 나는 전혀 들어본 적이 없다. 내가 그 부차적인 개혁을 내 목회에 있어 성실하고 열성적이고 궁극적인 목표로 삼았었다는 사실이 지금은 두렵게 느껴진다.

그리하여 비유로 말하자면, 피폐셔 마을은 변화되어 정원이 되었다. 그 정원에는 집과 분수가 가득 차게 되었다. 그러나 그것은 단지 시작에 불과했다. 글라스고우(Glasgow)에서, 에딘버러(Edinburgh)에서, 스코틀랜드 전국에서, 찰머스는 얼마 안가서 주님의 은혜의 해의 조짐이 될 운명이었다. 기근의 때는 마침내 물러가고 결실의 때가 오고 있었다. 계몽주의는 열과 빛으로 변모되어가고 있었다.

로버트 맥체인이 태어난 때는 바로 이렇게 영적 생명이 새롭게 움트고 있는 그런 시대였다. 생명력이 넘치는 분위기 속에서 그는 자신에게 적합한 기후와 집을 발견해냈던 것이다. 사실, 그는 그 분위기를 좀 더 활발하게 만들었고 좀 더 천상의 것으로 만들었다. 왜냐하면, 비록 맥체인이 찰머스 목사의 큰 규모와 장려함을 가지지는 않았지만, 그럼에도 불구하고 맥체인은 하나님을 위해 더욱 더 강렬한 불꽃으로 불타올랐기 때문이다.

2. 훌륭한 농부의 훈련

로버트 머리 맥체인을 작은 예수 맥체인으로 만든 것으로는 세 가지를 들 수 있다. 그의 유년시절의 가정은 맥체인에게 막대한 영향력을 끼쳤다. 초, 중, 고등학교와 대학의 교육도 그러했다. 여기에 가장 결정적으로 영향을 끼친 요인은, 하나님의 은혜이다. 맥체인은 1813년 5월 21일, 에딘버러의 더블린 가(Dublin Street) 14번지에서 다섯 명의 형제 중 막내로 출생했다. 그의 남자 형제들 중 한 사람인 데이빗 토마스(David Thomas)는 로버트 머리보다 여덟 살 이상이나 나이가 많았다.

그 다음으로 누이 엘리자 메리(Eliza Mary)가 태어났는데, 엘리자는 맥체인의 전기에서 큰 위치를 차지하게 된다. 엘리자는 맥체인의 집에서 함께 살았으며, 던디(Dundee)에서 목회하던 짧았지만 몹시 힘들었던 그 시절에 맥체인을 보살펴준 사람이었기 때문이다.

"나만을 섬기는 집사요 가난한 동생의 조수시여, 그대는 어떻게 지내고 있는가요?"라고 갈리시아(Galicia)의 미개척지에서 보낸 한 편지에서 맥체인은 엘리자에게 안부를 묻고 있다. 만약 맥체인이 다음의 말을 알고 있었더라면, 그는 엘리자에 대해서 크리스티나 로제티(Christina Rossetti)의 말을 인용했었을 것이다.

"고요할 때나 폭풍 속에서나 누이만한 친구는 없도다."

엘리자 메리 맥체인은 여든 두 살의 백발의 노파가 될 때까지 살았다. 노경에 이르도록 그녀의 가슴 속에는 은혜롭고 감동적인 추억들이 한 아름 가득 쌓여 있었다.

또 한 명의 남자 형제가 태어났다. 윌리암 오스왈드 헌터(William Oswald Hunter)였다. 잦은 병치레와 우울증이 늘 그림자처럼 따라다니기는 했지만, 그의 일생 또한 매우 길었다. 왜냐하면 윌리암은 자기 누이가 죽고 나서도 4년 반이나 더 살았기 때문이다. 그는 자기 고향에서 1892년 10월에 사망했다.

그 다음으로는 1811년 가을에 태어난 작은 여자아이 이사벨라(Isabella)가 있었다. 맥체인은 이 세상에서는 이사벨라를 보지 못했다. 이사벨라는 태어난 지 9개월 만에 이 땅의 장막 집을 떠났던 것이다. 레이튼(Leighton) 대주교의 조카였던 '어여쁜 쟈니(Johnny)' 라이트메이커(Lightmaker)처럼, 그 아이는 다른 사람보다 특이했다.

"한두 시간 더 일찍 잠이 든 것이다. 아이들이 늘 그렇듯이. 그리고 우리들도 그 뒤를 따르기 위해 옷을 벗고 있는 중이다."

이들이 자녀들이었다. 우리는 이들 중 몇 사람을 다시 만나게 될 것이다. 그러나 먼저 우리는 부모들의 얼굴을 면밀히 들여다보지 않으면 안 된다. 그들의 인물 됨됨이를 추측해보기 위해서다. 모든 아버지와 어머니가 자녀에게 주는 그 의미는 상당하다. 선악 간에 그 유산을 자녀들에게 물려주기 때문이다.

로버트 맥체인의 아버지 아담 맥체인(Adam McCheyne)은 어린 시절에 손힐의 덤프리셔(Dumfriesshire) 마을에서 에딘버러로 이사 왔다. 그는 변호사였는데, 국회 의사당 안에 있는 법정에서 변호하는 변호사가 아니라, 법정 외 사무 변호사였다. 그는 "스코틀랜드에 있는 저 옛날 사무 변호사협회"의 한 사람이었다.

"전에 그 협회 변호사들은 대법원에 관련된 모든 소환장 및 다른 서류들을 준비해주는 독점권을 가지고 있었다."

그래서 아직도 다양한 법률 중개인 협회 중에서도 최고의 위치를 차지하고 있다.

맥체인의 아버지는 사회적으로 중요한 위치에 있는 사람이었다. 그는 세상 사람들이 평균적으로 가지고 있는 부와 재물들 그 이상의 것들을 가지고 있었다. 그의 재산이 상당했다는 것은 그가 살았던 집을 보면 증명이 된다. 로버트가 여섯 살이었을 때, 로버트의 아버지는 더블린 가에 있던 집을 버리고 퀸 가(Queen Street)의 저택으로 이사했다.

그 집의 새 주인은 그 집을 '정든 옛 56번지'이라는 애칭으로 불렀다. 그리고 퀸 스트리트는 가난한 사람들이 사는 그런 지역이 아니었다. 널찍하고 위풍당당한 저택들이 서있는 곳이었다. 그 저택의 커다란 정원에는 잎이 무성한 나무들이 많았고, 포트만(Firth of Forth)과 파이프(Fife)만의 해변이 멋지게 내려다보이는 그런 곳이었다.

소년 맥체인이 초, 중, 고등학교들을 다니고 대학을 다니던 그

16년 동안, 이곳이 그 가족이 살았던 집이었다. 그 집의 주인이 나발과 같이 마땅한 보상을 치르기를 거부하는 사람이었다면, 그 집을 떠나는 일은 결코 없었을 것이다.

그러나 1835년 그 집과 작별을 고해야 했을 때, 맥체인 씨는 힐 가(Hill Street) 20번지에 있는 좀 더 널찍한 집으로 이사했다. 그 집은 바다도 보이지 않았고 녹색 정원도 없었지만, 그는 그렇게 했다. 후에 성 베드로교회의 수습 직원과 목사가 보낸 편지들의 수신 주소가 되었던 곳은 바로 이 힐 가 20번지였다.

사람들은 아버지 아담 맥체인에게서 일을 할 때 능력이 있고 빈틈이 없으며 믿을만한 전문인이라는 인상을 받는다. 그의 고객들이라면 무조건적인 믿음을 가지고 그의 조언을 신용한다. 더군다나 정치와 공적인 일에 대한 그의 견해는 명백하고 확고하다. 그는 솔직히 토리당(Tory)[1]을 지지한다. 그가 자기 생각대로 했었더라면, 영국 선거 개정법 같은 것은 탄생하지 않았을 것이다. 로버트 필 경(Sir Robert Peel)은 아담이 충성을 맹세했던 정치인이다.

그는 자기 아들 윌리암에게 다음과 같이 편지를 쓰고 있다.

---

1 토리당(Tory Party)은 한때 잉글랜드 왕국의 정당이었다. 현재 보수당의 전신에 해당한다. 찰스 2세 시대인 1678년부터 1681년 사이에 왕위 계승 문제를 둘러싸고 가톨릭 교도였던 왕의 아우 요크 공작 제임스의 즉위를 인정하는 입장을 취한 사람들을 가리켜 "토리(Tory)"라고 말했던 것이 시작이다-역주.

힌두스탄에[2] 휘그당(Whigs)[3]과 급진파들 또는 급진적 휘그당이라고 부르는 사회적 해충이 있느냐?

만일 있다면, 그들을 피해 멀리하기를 기도한다. 그들은 악의로 가득 차 있는 자들이기 때문이다.

아담 맥체인은 자기 집에서는 주인님이었다. "매를 아낀다는 것은 내 성격에는 있을 수 없다"라는 말을 자인한다. 여기 이 집 아이들은 부모를 공경해야 했다. 그러나 맥체인 씨는 단호한 사람인만큼이나 또한 말붙이기도 쉬운 사람이었다.

아담의 아들들이 그에게 쓴 편지들을 읽어보면, 그 아이들이 전혀 구속받지 않았으며 완전히 자유로웠음을 알 수 있다. 아이들은 아버지에게 비밀을 낱낱이 털어놓았다. 아이들은 아버지와 웃고 농담하고 아버지를 무서워하지 않았다. 맥체인 씨는 아버지 그 이상이어서, 그는 자녀들과 친밀히 지냈고 아이들의 친구가 되어 주었다. 그의 생일은 1월 27일이었다. 해마다 그를 존경하여 생일 찬가를 쓴 사람은 첫째가 데이빗이었고, 그 다음으로는 로버트였다.

---

2 Hindustan Times를 의미하는 것 같다-역주.

3 휘그당(Whig Party)은 영국의 정당이다. 휘그당은 현재 자유당으로 명칭이 변경됐다. 요크 공작 제임스의 즉위에 반대 입장을 취한 사람들이다. 휘그(Whig)는 스코틀랜드 방언으로 "말을 타고 돌아다닌다," "모반자"라는 뜻이다-역주.

> 우리와 함께 보낸 시간 속에는
> 우리의 즐거움을 빼앗아가려는 아버지의 권력의 흔적은 없네.
> 난로 가에서 행복한 웃음을 터뜨리며
> 여전히 우리는 똑같이 즐거운 얼굴이라네.

데이빗은 어느 1월의 아침에 노래를 불렀다. 그리고 9년 뒤, 첫 번째로 태어났던 자녀가 또한 첫 번째로 죽은 아이가 되었을 때, 토우드에 가 있던 로버트가 그 후렴을 지었다.

> 범람하는 캐런의 강물이
> 그 매섭게 추운 길로 돌진하는 곳 거기서,
> 아버지의 아주 어린 아들과 딸이
> 아버지의 생일에 아버지를 축복하네.

아담 맥체인은 훌륭한 사람이었고 의로운 사람이었다. 이런 시를 짓게 만드는 그런 사람이었던 것이다. 1802년 결혼하기 전에 로버트 맥체인의 어머니의 이름은 록크하트 머리 딕슨(Lockhart Murray Dickson)이었으며, 루스웰(Ruthwell) 교구와 덤프라이즈(Dumfries) 주의 네더 록차우드(Nether Locharwood) 소유주인 데이빗 딕슨(David Dickson)의 막내딸이었다.

그녀를 그린 초상화의 선들은 그녀의 변호사 남편의 그것보다 덜 분명했다. 그러나 자신감에 차있고 걱정이 없어보여서, 때때로 그 원기 왕성한 법정 외 사무 변호사보다 더 명랑한 한 인물 앞에 서 있는 것 같은 기분이 들게 만든다. 로버트의 아버지는 아들이 죽은 지 한 달 후에 자기 아들에 대해 다음과 같이 썼다.

"로버트는 어린 아기 때부터 귀엽고 유순하며 다정한 기질의 축복을 받았다."

부럽기 짝이 없는 그 형용사들은 그 어머니가 이 아이에게 물려준 것이었다. 그녀는 이런 점에 있어 여성적이었다. 아이들이 자기 곁을 떠나 타지에 가 있을 때, 아이들이 흥미를 가질 만한 모든 종류의 지식을 어린 자녀들에게 알려주는 것이 그녀의 기쁨이었다. 그래서 그녀의 아들은 어머니의 편지가 그 어떤 신문보다 훨씬 더 낫다고 칭찬해주기조차 하였다. 그녀 속에 있는, 자기 아이들을 위해 고동치고 있는 사랑은 많은 물이라도 침몰시킬 수 없었다. 그녀는 멀리 인도에 가 있는 아들 윌리엄에게 간급한 추신 속에서 다음과 같이 간청하고 있다.

"오, 편지 좀 써 보내라, 제발 보내라!"

그리고 새 예루살렘에 있는 그리스도의 얼굴을 보기 위해 그렇게도 일찍 어머니를 떠난 그 성도 로버트가 펜으로 쓴 편지를 그녀가 한 친구에게서 잠시 빌려왔었는데, 그 편지지 뒤에는 연민으로 가득 찬 요청이 하나 기록되어 있었다.

"당신은 이 편지를 꼭 제게 돌려주셔야 해요. 사랑하는 저의 아들 로버트의 편지들을 빠짐없이 '모두' 간직하고 싶답니다."

맥체인의 부모는 진실되고 명예로우며 정의롭고 순수하고 아름다운 모든 것들에 대해 생각하는 일에 익숙해져 있는 사람들이었다. 그리고 말과 모범으로 자녀들이 이 같은 것들을 하도록 격려해주었다. 시간이 지나가면서 그 가정의 신앙은 더 깊어지고, 더 그리스도 중심적이 되었고, 더 그리스도의 다스림을 받게 되었다.

아담 맥체인과 그의 아내는 수년간 에딘버러에 있는 교회의 회원이었다는 사실을 우리는 알고 있다. 그 교회는 온건주의가 지배적이었다. 아들 로버트는 자기가 집을 떠나기 전에, 부모들이 자기에게 하라고 가르쳤던 그런 일들을 부모님들도 하시라고 간곡히 부탁할 때가 종종 있었다.

아들 로버트가 뮤어(Muir) 박사를 떠나 신앙 색체가 완전히 그리고 일관되게 복음주의적인 목회지를 찾아 뉴 노스(New North)에 있는 존 브루스(John Bruce)에게로 갈 때였다. 그 다음에 우리가 언급하지 않을 수 없는 것은, 로버트 맥체인이 쓴 거의 모든 편지에서, 깊이 파고들어 가서 믿음의 기초를 잘 쌓도록 양친에게 열과 성을 다해 간청했다는 점이다.

러더퍼드(Rutherfurd)의 말을 빌리자면 "지금껏 자기가 아직 보지 못했던 그리스도 안에 있는 금맥이요 숨겨진 보물이요 비밀 장소에 숨겨놓은 귀중품"이 있다는 것을 맥체인이 발견한 이후, 부모님과 이런 대화를 하는 것이 로버트 맥체인의 습관이 된 것이다.

어쩌면 이 집안 식구들이 잘 생각해서 만들어낸 건전한 재미거리에 대해서는 강조할 필요가 없을 것이다. 왜냐하면 이러한 것들은 19세기의 30년대보다는 10년대와 20년대에 그리스도인들 사이에서 흔히 있는 것들이라고 헨리 칵번(Henry Cockburn)이 우리에게 말해주고 있기 때문이다.

그렇지만 이 대변혁의 시절에 자녀들 못지않게 부모들도 안식의 중심이신 주님께 훨씬 더 가까이 끌리고 있다는 그런 느낌을 완전히 물리치기는 어렵다. 시련과 사별이 있었기에 그들은 평화로운 열매들을 맺을 수가 있었다. 그리고 점점 예수와 영원을 향한 막내아들의 열정은 외인들에게 영향을 끼쳤을 뿐만 아니라 그에게는 가장 소중한 집안 사람들에게까지도 영향을 끼쳤다.

1835년 아담 맥체인이 나시라바드(Nasirabad)에서 의사로 일하고 있던 아들 윌리엄에게 편지를 썼던 이유는, 이것이 외국 땅의 여러 가지 유혹에 노출되어 있는 그 아들을 위한 아버지의 가장 큰 염려거리가 되었기 때문이었다.

> 무엇보다도, 주께서 너를 그분께로 가까이 인도하시기를 바란다. 그러면 어떤 형제보다도 더 가까이 계시는 친구이신 주님에게서 네가 떨어져 있는 일은 결코 없을 것이다.

어쩌면, 이렇게 힘 있게 열중해서 썼으면 예전 같으면 아들을 감동시키고 감격시켰겠지만, 이런 말이 항상 이렇게 솔직하게 표현되는 것은 아니었다.

로버트 맥체인이 존 스튜어트 밀(John Stuart Mill)처럼 세 살 때 헬라어를 배우기 시작한 것은 아니었다. 그러나 그가 홍역에서 회복되고 있었던 네 살 때, 그의 아버지가 로버트에게 헬라어 알파벳을 가르쳐 주었기 때문에 그는 자기 서판 위에 글자들을 그릴 수는 있었다.

일 년 후, 로버트는 그 생애의 첫 학교에 들어갔다. 조지 나이트(George Knight) 선생님의 학교였다. 그 학교에서 그는 공부를 잘했다. 몇 학기 후 최고 학년을 졸업할 때는 2등을 차지하였다. 그 초등학교 시절에 로버트는 암송 기술이 탁월한 것으로 유명했다.

그는 빠르고 정확하게 듣는 귀를 가지고 있었으며 듣기 좋은 목소리도 가지고 있었다.

그 당시 맥체인의 부모는 트론(Tron) 교회에 출석하였다. 교회가 어린아이들이 신시가지에 있는 자기들의 집에서 오고 가기에는 거리가 너무 먼 곳에 있었기 때문에, 오전 예배와 오후 예배 사이의 시간에 엘리자, 윌리암, 로버트는 자기들 또래의 다른 아이들과 함께 교회의 장의자에 남아 있곤 하였다. 하기는 싫지만 그래도 유익한 관습에 따라, 그 아이들은 장로님에게서 교리 공부를 하였다. 그래서 로버트가 시편을 반복해서 낭독하거나 웨스트민스터교리문답(Westminster Assembly's Catechism)에 대답하곤 하였을 때, 그 후 몇 년이나 지났는데도 로버트의 분명하고도 듣기 좋은 발음을 회상하는 사람들이 생기게 된 것이다. 로버트 바버(Robert Barbour)의 말을 인용하겠다.

"그 아이의 목소리는 출중한 가문과 훌륭한 지역에서 들려나오는 소리 같이 아주 단순하며 순수했습니다."

1821년 10월 로버트는 나이트 선생님의 학교를 졸업하고 고등학교에 진학했다. 칼튼 힐(Calton Hill) 아래에 자리 잡은 저 아름다운 아테네 신전 같은 학교로 간 것이 아니라, 인퍼메리 가(Infirmary Street)에 있는 낡은 건물 학교로 간 것이다. 거기서, 2학년 네 과목 모두 조지 어바인(George Irvine) 선생님에게서 배웠다. 13살이 되었을 때, 맥체인은 교장이 가르치는 다섯째, 여섯째 과목을 배우게 되었다.

아그리온바이 로스 카슨(Aglionby Ross Carson) 박사가 1820년부터 1845년까지 교장으로 있었는데, 이분은 유명한 학교를 섬겼던 유명한 교장 선생님들 중 한 분이었다. 그의 지도 아래, 맥체인은 그리스와 로마 문학에서 매혹의 신세계가 자기에게 열리는 것을 보았다. 그가 서툰 필체로 필사한 한 권의 스크랩북이 남아있다. 몇 개의 습작은 교장 선생님을 위해 쓴 것이었다. 여기에 그가 첫 번째로 써보았던 시 작문이 들어있는데, 전원시 제2권(the Second Georgic)의[4] 한 부분을 무운시로 번역한 것이었다. 이 시는 학교의 공식 발표회에서 낭독되었다.

여기에 또 그의 첫 창작시도 들어있다. 그것은 "마라톤의 피비린내 나는 전장에서 승리한 자들"의 타락한 자손들을 동정하는 바이론(Byronic) 풍으로 쓴 한 편의 서정시였는데, 그리스에게 "용기를 내어 자유를 쟁취하라. 이 족쇄들은 결코 그대들을 위해 만들어진 것이 아님이라"고 명령하고 있다. 그리고 그리스가 용감무쌍한 스코틀랜드인들이 없어 곤경에 처해있을 때 그리스에게 도움을 줄 것을 약속하고 있다.

"보라, 자유의 먼 나라에서 한 코크런 사람(Cochrane)이 구조대를 이끌고 오도다."

또 그의 초기 라틴어 시구들도 있는데, 6보격 시행과 약강 5보격과 고대 그리스의 시인 알카이오스의 운율에 맞춘 시도 있다. 즉 버질풍(Virgilian)이나 호래이쇼풍(Horatian) 또는 호머풍(Homeric)의 생각을 확장해본 것 중에는 송시들(頌詩, odes)

---

[4] 이 전원시는 로마 시인 버질 (Virgil)이 쓴 4권으로 이루어진 한 편의 시로써 B.C. 29년에 출판되었다. - 역주

이 있는데 「빛 속으로」(*In Lucem*) 또는 「에딘버러를 향하여」(*Ad Edinam*) 또는 기사들의 싸움을 묘사한 것 또는 「린덴 전투」(*The Battle of Linden*)를 번역해놓은 것도 있다. "거친 인생길"을 가기 위해 학교를 떠났을 때인 1827년 8월 6일 졸업일에 암송했던 구절도 있다. 이 구절들은 친구들이 맥체인과 함께 읽었던 책들을 기억하고 있으며, 함께 나누었던 그 기쁨도 추억하고 있다. 자기들의 교장 선생님의 학식과 선함을 기념하기도 한다.

> 선생님도 안녕히!
> 선생님은 고대 문학의 벅찬 저장고를 우리에게 열어주셨습니다!
> 교사요 친구였던 선생님, 안녕히!

첼텐햄(Cheltenham)의 캐논 벨(Canon Bell)이 1889년도에 출간한 책 『금세기 초 어느 소년시절의 회상』(*Reminiscences of a Boyhood in the Early Part of the Century*)에서, 우리는 한 친구의 눈을 통해 로버트 맥체인의 고등학교 시절을 어렴풋이나마 볼 수 있다. 캐논 벨은 다음과 같이 말한다.

> 내 기억 속에 남아 있는 로버트 맥체인은 키가 크고 몸집은 호리호리했으며 다정하고 기분 좋은 얼굴을 가졌는데, 그 얼굴은 밝지만 근엄했다. 놀이를 좋아했고 행동에 흠이 없는 그런 애였다. 오늘날까지 내가 기억하고 있는 것은 로버트가 입은 스코틀랜드 풍의 바둑판무늬 바지이다. 그 바지를 보고 나는 감탄을 했으며 그 바지를 부러워하기까지 했었다.

다른 사람들도 그 특이한 민족의상을 기억하고 있었다. 익명의 한 잡지 기사가 그 에딘버러 학교 시절의 옛 흔적을 다시 더듬어 올라가보았는데, "카슨(Carson) 급의 계관 시인이 입었던 녹색 바둑판무늬의 중세풍의 윗저고리"에 대해 말하고 있다.

"맥체인의 졸업생 대표 고별 연설은 심지어 나이 많은 사람들의 눈에서도 눈물이 흘러내리게 만들었다."

그 연설 때문에 그의 잘생긴 외모가 빛을 보지 못했다. 맥체인은 보기만 해도 눈을 즐겁게 해주고 사람의 마음을 사로잡는 아이였다.

휴일이 오면 어린 사람들은 덤프리셔로, 또 손힐(Thornhill)과 룻웰(Ruthwell)로 소풍을 갔다. 이곳들은 이들을 아주 반갑게 맞아주었다. 그리고 이런 곳에서 로버트 맥체인에게 자연을 사랑하는 마음이 있음이 드러났고 또 그 마음이 점점 커져갔다. 1827년 여름과 가을에 집으로 보낸 아주 초창기 편지들 속에는, 농장과 추수하는 밭에서 느끼는 이 소년의 기쁨으로 가득 차 있었다. 8월의 마지막 날, 맥체인은 자기 어머니에게 다음과 같이 말하고 있다.

"아주머니가 베고 거둬들이느라 아주 바빠서, 데이빗과 윌리암까지도 거들어야 했어요."

그 후 거의 두 달이 다 되어가도록 소년 맥체인은 클래런스필드(Clarencefield) 별장에 아직도 머물고 있었다. 그 해에는 에딘버러로 급히 돌아오라는 전갈도 없었다. 이제 고등학교를 졸업하고 대학 강의가 시작될 날만을 기다리고 있는 중이었기 때문이다. 그래서 10월 20일 자로 된 편지가 한 뭉치나 되었다. 한 통은 아버지와 어머니에게 명랑한 기분으로 이말 저말 쓴 것이다. 한 통은 "제일 아름답고 제일 사랑스러운" 엘리자에게 쓴 것이다.

"클래런스필드에 사는 사람들은 모두 맥체인 양이 소식을 보내 주지 않는다고 투덜댄단다."

그리고 남자 형제들에게 각각 편지 한 통을 썼다. 윌리암에게 쓴 편지에서는 그 농장에 있는 모든 품목들을 빠짐없이 나열하는 것으로 편지의 끝을 맺기도 했다.

> 아주머니는 건초더미가 7개이고 헛간은 2개인데 모두 가득가득 차 있단다. 가축으로 키우는 멧돼지가 3마리고 암퇘지는 2마리이고 또 식용 돼지도 7마리 있다. 암탉이 8마리 있는데 수탉은 없다. 암오리가 8마리요, 숫오리가 2마리, 암거위 1마리, 숫거위 1마리, 암말이 1마리, 순종 암말이 1마리, 암망아지가 1마리, 꿀벌집이 1개, 고양이가 2마리, 카나리아가 1마리, 암소가 4마리, 한 살짜리 암소가 1마리, 개가 2마리, 37대의 마차에 가득 실을 수 있는 만큼의 감자도 있다. 여기에는 맥씨(McC.) 양, 디(D.) 부인, 엠디(M. D.) 양, 요셉(Joseph), 제니(Jenny), 데이빗(David), 메이(May), 그리고 너의 사랑하는 형 밥 맥체인(Bob M. McCheyne)이 있단다.

전에 스코틀랜드의 다른 곳에서 보냈던 휴가 때에는, 일종의 모험이라고 할 수 있는 일도 있었다. 맥체인과 그의 소년시절의 단짝 친구 말콤 맥그리거(Malcolm MacGregor)는 던켈드(Dunkeld) 가까이, 개간을 하지 않아 그림같이 아름다운 시골에서 산책을 하고 있었다. 스트랏 아르들(Strath Ardle)까지 낮은 산들을 오르락

내리락 하고 있을 때 짙은 안개에 갇혀서 그만 길을 잃어버리고 말았다. 날은 점점 어두워가고 있었다. 하는 수 없이 맨 땅에 잠자리를 만들었다.

처음에는 그 장소의 지독한 고요함 때문에 무서운 느낌이 들었다. 추위와 무서움 때문에 그들은 서로에게 바짝 붙어 누워 있었다. 그러자 이내 곤하게 잠이 들었다. 다음날 이른 아침 해가 떠올라 그 두 사람의 얼굴을 비추는 바람에 그리고 붉은 수컷 들꿩의 울음소리 때문에 잠에서 깨었다.

4, 5년 후에, 젊은 육군 장교가 된 말콤 맥그리거가 지구의 반대편을 향하여 출발하려 할 때, 그의 친구 로버트가 이때의 경험을 회상했다.

> 그대는 잊은 적이 있는가. 어두운 그림자가 어떻게 내려와서
> 아톨의 그 황막한 산들을 밤으로 에워쌌는지를.
> 어두운 록 오시니(Loch Oshney)[5] 강물이 우리 시야 속으로 침입해 들어왔을 때
> 그 무서움과 공포와 경이로움이 어떤 식으로 뒤범벅이 되었었는지를.
> 그리고 오, 산 속의 안개가 우리 머리 위에 휘장을 펴자
> 그 어두움 속에서 물결치는 헤더 야생화 한가운데 우리가 누웠을 때

---

5 매우 아름답고, 물소리가 부드럽고, 움푹 파인 곳에 위치하고 나무로 둘러싸인 이 호수의 적절한 게일식(Gaelic) 이름은 로첸 오시니치 모어(Lochan Oisinneach Mohr)이다. 그러나 지역에 따라서 로첸 우시(Loch Ooshnie) 또는 오시니(Oshnie)로 알려져 있다. 이 호수는 던켈드와 커크마이클(Kirkmichael) 사이의 언덕들에 둘러싸인 길에서 발견된다.

어두움과 위험을 품고 있는 그 밤이 달아날 때까지
가슴과 가슴을 맞대고 우리가 어떻게 함께 잠을 잤었는지를.

대학에서 처음에는 교양과목 수업을 받았고 나중에는 신학 강의를 들으면서 맥체인은 거의 8년을 보냈다. 1827년 겨울에 입학해서 1835년 봄에 졸업을 했다. 맥체인은 두뇌가 명석한 학생은 아니었지만, 훌륭한 학생이었다. 그의 아버지가 그다지 대단치 않게 칭찬한다.

> 로버트의 학업 성적은 중간 이상이었다. 그리고 로버트는 상을 몇 개 받았지요. 나는 지금 그 상에 대해 우쭐한 마음은 없어요. 장로주의를 지지한다고 맹세한 서약자들에 대해 최고의 시를 썼다고 윌슨(Wilson) 교수로부터 받은 상은 제외하고 말입니다.

크리스토퍼 노스(Christopher North)가 좋아하는 학생이던 로버트 맥체인의 생각 속에는 톡 쏘는 듯한 무엇인가가 있다. 이 상냥하고 신체 연약한 청년은 허세가 세고 사자같이 당당하고 활기가 넘칠 뿐만 아니라『암브로스 선술집의 밤(*Noctes Ambrosianæ*)』의 저자이기도 한 노스의 관심과 애정을 듬뿍 받았다. 노스가 그 당시에 에딘버러에서 도덕 철학 교수였다는 점을 고려해 볼 때 좀 모순되어 보이기도 한다.

고백하지만, 운율을 사용하지 않고 쓴 장로주의 서약자들을 위한 찬양시는 걸음마 수준인 대부분의 대학생의 시 그 이상이라고 보기는 어렵다. 비록 역사적 사실을 그대로 따르려는 시도는 하지 않았지만, 그 시는 수포로 돌아간 1666년의 반란 사태와 룰리온 그린(Rullion Green)의 비극과 정서를 그 배경으로 하고 있다.

이 시는 펜틀란드 힐즈(Pentland Hills)의 한 토굴에서 열리고 있는 장로교인들의 한 비밀 집회와, 총을 가지고 달려오고 있는 기마병들과, 설교자의 체포와 투옥 그리고 그에 이은 순교를 묘사하고 있다. 로더데일(Lauderdale)의 조롱하는 언어로 표현하자면, 그 설교자는 그래스마켓(Grassmarket)에서 천국으로 보내져 하나님을 영화롭게 하였다.

그 설교자는 아주 용기 있게 그 무시무시한 교수대 계단을 걸어 올라갔다. 그의 높은 기상, 그의 당당한 모습, 침착하고 단호한 그의 눈이 잘 묘사되어 있다. 휴 맥카일(Hugh Mackail)의 고별과 환영(*Ave atque Vale*)의 시를 읊조리며 그 설교자는 이 땅의 오만불손함과 압제를 벗어나 마음의 순전한 기쁨을 노래로 만들어주는 그 예루살렘 성으로 솟구쳐 올라간다.

> 그러나 이제, 너희 모든 피조물들아,
> 안녕! 그대 영광스런 태양아,
> 안녕! 그대의 햇살은
> 내 위에 더 이상 비추지 못하리라,
> 뜨겁게도 못하리라.
> 안녕! 그대 축복받은 성경책이여!
> 그대는 평생 동안 나의 유일한 위안이었도다.
> 죽을 때에도 그대는 나의 힘이 되도다.
> 모든 친구와 이 세상의 기쁨이여, 안녕!

믿는 것, 설교하는 것, 기도하는 것, 모두 안녕!

엄숙한 죽음이여, 환영하노라!

끝없이 영원한 축복이여, 세 배로 환영하노라!

환영하노라, 손짓하여 부르는 너희 천사들이여,

그대들의 손에는 휘날리는 눈송이보다 더 순수하고

더 새하얀 예복이 들려있구나!

환영하노라, 그대 보배로운 면류관이여!

환영하노라, 그대 빛나는 정금의 하프여,

그대의 현을 내가 곧 타리라.

나를 위해 죽으신 그분을 찬양하는 하늘 곡조로,

환영하나이다,

그대 하나님의 어린 양이여!

그대는 지친 내 영혼의 기쁨이요 분깃이니,

영원무궁토록 계속되리라.

그러나 맥체인이 대학의 신학 과목들을 공부하게 되기 이전에, 찰머스 박사와 데이빗 웰시(David Welsh) 박사 같은 분들 앞에 앉아있다는 것은 로버트 맥체인에게 다가온 모든 변화 중에 가장 멋진 것이었다. 맥체인은 물과 성령으로 거듭난 사람이었다. 그의 영혼은 하나님의 중생의 은혜를 받았기 때문에, 그의 삶은 자연의 영역을 떠나 초자연의 영역에 가 있었다.

"맥체인은 언제나 아주 싹싹한 청년이었습니다. 고상한 성향을 가지고 있었다고 말할 수 있지요."

이 말은 과묵한 아버지가 맑은 정신으로 말한 선언문이다.

나는 그 애가 거짓말을 했다거나 비열하거나 어울리지 않는 행동을 하는 것을 한 번도 본 적이 없어요. 게다가 그 애는 다른 사람들이 그렇게 하는 것을 아주 혐오스러워했답니다. 그 애에게 내가 체벌을 해야 했던 경우도 없었고요.

맥체인의 품행이 아무리 흠이 없고 아름다웠다 하더라도, 신앙심이라는 말이 갖는 즉각적이고 침투적인 최고의 의미에서 그가 신앙심이 깊은 것은 아니었다. 그 빛이 비추고 나서야, 자신이 은혜를 잘 모르는 사람이었고 하나님을 잘 모르는 사람이었음을 인정하게 된 것이다.

앞에서 언급했던 그 스크랩북 이야기로 돌아가 보자. 이 스크랩북에는 어려서 학교 다니던 시절의 사진뿐 아니라 학부 학생 시절의 사진들도 간직되어 있다. 라틴어와 헬라어 교수들이 내준 과제물로 썼던 수필들도 들어 있고, 동아리에서 동급 학생들에게 했던 연설문들도 있다. 일찍 일어나는 것의 좋은 점에 대한 글, 도전을 무조건 받아들이기보다는 그것을 물리칠 줄도 아는 용기와 그 정확한 분별력에 대한 글, 그리고 연속으로 두 세 과목의 강의가 끝난 후 종례 시간에 그 동일한 젊은 청중들 앞에서 낭독하던 고별시들도 들어 있다.

이 고별시들 중에는, 호레이스가 자신의 「슬프다, 세월이 빨리 지나간다」(*Eheu fugaces anni labuntur*)를 써서 할 수 있었던 것만큼, 깊은 생각에 잠기게 만드는 세련된 운율로써 무자비하게 날아가는 시간에 대해서 그리고 어느덧 어두운 밤이 다가와 '너무 늦었다!' 라고 말하기 전에 근면과 수고를 해야 할 필요성에 대해서 권면하고 있는 시들도 몇 편 있다.

아, 나 자신이여!
재빨리 날아가는 세월이 인사도 없이 살짝 가버리는구나!
슬픔에 잠겨 고요히 흐르는 강물처럼,
정해져 있는 미덕의 길도 머물러 있을 수는 없으리.
아름다운 이마에도 주름은 생기고,
현명한 머리에도 흰 머리가 덮이나니.
그래도 무덤은 언제나처럼 탐욕스럽기만 하네.

우리가 지난번 안녕을 고했던 이후로 달은 열두 번이나 졌으니
달의 궤도는 얼마나 많은 것을 품고 있으랴!
감미로운 하프들이 얼마나 많이 두 조각이 나고 말았던지,
사랑을 듬뿍 받던 목소리들과 우리가 알던 형체들이
그들의 차가운 휴식처로 가버리고 없구나!…

그 때는 위로 올라가나니,
어서 몸을 움직이라!
낮이라 부를 동안에 일을 하자꾸나,
곧 어두움과 슬픔이 오리니.
위로, 위로! 할 수 있는 동안에 쟁기를 손에 잡으세.
좌우로 치우침이 없이, 겁내지 말고,
우리의 길을 추구해 나가세.
내일은 결코 볼 수 없으리니.

그러나 이것이 전부다. 좀 더 심오하거나 좀 더 성스러운 말투는 없다. 이 책의 시작 부분에 있는 여백의 페이지에는, 성 베드로 교회의 그 목회자가 준엄한 말을 새겨놓았다.

"이 내용을 다시 읽어보았을 때 내가 이것을 썼다는 자체가 나는 부끄러웠다"(*Dum relego scripsisse pudet*).

사실, 그가 쓴 시들은 아주 순수했다. 그렇지만 그것들은 하늘 제단에서 가져온 숯불로 깨끗하게 되지도 않았고 또 불이 붙어있지도 않았다. 매일 매일 그리스도의 불병거를 몰면서 승리로 인도함을 받은 사람에게는 그것들이 참으로 부적절해 보였다. 그의 아버지의 말을 다시 들어보기로 하자. 아버지보다 더 할 말이 많은 사람은 없을 테니까.

> 그 애는 활기 넘치는 사람이었습니다. 대학에 다니는 처음 2, 3년 동안은 진지함과 어울리는 것들에 관심을 기울이기보다는 웅변이나 시, 동아리 활동 등에 더 많은 관심을 기울였습니다. 그 당시 찬양을 한다든가 낭독을 하는 능력은 대단했습니다. 그래서 그 애의 친구들도 진지한 것들을 추구해서 로버트의 환심을 사려고 했다기보다는 이런 이유 때문에 그 애의 환심을 사려고 했었지요.

영적인 각성 같은 것은 여전히 미래의 몫이었다. 비전 같은 것도 늦장을 부리고 있을 때였다. 그러나 맥체인이 18세가 되었을 무렵, 그리스도가 계신 그 곳으로부터 바람이 그의 머리 위로 불어왔다. 그것은 바이올렛이 피어있는 강둑 위에 부는 부드러운 남풍 같은 것이라기보다는 북극에서 불어오는 살을 에는 바람이었다고 말하는 편이 좋을 것이다. 많은 다른 경우에 있어서처럼, 고난의 혹독한 훈련은 그를 변화시키는 일을 하는 도구가 되었다. 그렇게도 완벽하게 연합이 되어 있었고, 그렇게도 아주 행복했던 그 가정이 산산 조각이 나버린 것이다.

데이빗의 죽음

첫째, 1831년 4월, 의학 교육을 끝마친 윌리암 맥체인이 동인도회사로부터 제54보병 연대의 군의사로 배정받아 에딘버러를 떠나 인도의 봄베이(Bombay)와 나시라바드(Nasirabad)로 향했다. 그 당시는 스코틀랜드의 연안에서 출발하게 되어 있었으므로 오늘날보다 훨씬 더 먼 길이었다.

석 달 후 더 심한 강타가 이 가정에 불어닥쳤다. 7월 8일 로버트의 맏형인 데이빗이 26세의 나이로 죽었던 것이다. 이 결말은 이미 예견된 것이었다. 데이빗은 영국의 이곳저곳 호수들을 걸어다니고, 컴버랜드(Cumberland)와 웨스트모어랜드(Westmorland)의 산들을 넘어 다니다가, 자리를 털고 일어나지 못할 감기에 그만 걸리고 만 것이었다. 신체가 튼튼하지 못했던 그에게 그 감기가 단단히 들러붙어 꼼짝달싹하지 못하게 만들었던 것이다.

그래서 자기 몸보다 데이빗을 더 사랑했던 가족들은 자기들이 붙잡을 수 없을 정도로 그가 매일 매일 쇠약해져가는 것을 지켜보아야만 했었다. 그러다 마침내 가슴이 찢어지는 듯한 비통함이 찾아왔고, 그가 가고 없는 자리는 휑하게 비어 버리게 되었다. 마치 강풍이 순식간에 내리친 것 같았다.

데이빗 토마스 맥체인은 그 가정의 자존심이었다. 그가 없는 가정은 텅 비어 빈약하기 짝이 없어 보였다. 아버지는 그의 죽음을 몹시 가슴아파했다. 자기가 몸소 그 아들의 교육에 대한 계획을 세웠고 감독했었다. 그래서 후에 데이빗을 다른 형제들과 비교하면서 데이빗이 "세 아들 중에 가장 뛰어난 고전 학자"라고까지 말했었다. 아버지처럼, 데이빗도 법조계를 선택했다. 5년간 퀸가 사무소에서 도제로 일한 후에, 그는 법정 밖에서 일하는 사무 변호사가 되어 아버지의 일을 도왔다. 로버트가 고등학교 다닐 때와 대학에서 미술 과목을 수강하고 있을 때에는 기꺼이 로버트의 가정교사 노릇도 잘 해주었다.

그래서 로버트는 형 데이빗을 많이 의지했다. 그리고 형을 신뢰하면서 우러러보았다. 그 두 사람은 활발한 기질을 가졌다는 점에서 서로 닮았다. "밥(Bob=Robert)에게 보내는 편지" 두 통을 읽어보면, 데이빗이 가진 쾌활하고 유머러스함과 그가 자기 동생과 긴밀하게 맺고 있는 연대감의 정도가 어느 정도인지를 금방 알 수 있다. 한 통에는 "에딘버러, 6월 7일, 오전 10시경"이라는 표제가 붙어 있다. 이것이 그 서두이다.

    밥, 네가 나에 대해 가지고 있는 그 사랑을 위하여,
    너는 속히 일어나
    급히 우체국으로 가거라.
    가는 길을 너는 알고 있겠지.
    그래서 더 좋다(tam melius est).

틀림없이 이 심부름꾼은 그 목적지에 도착하여 망설임 없이 데이빗이 필요로 하는 것을 명확하게 알아냈을 것이다.

> 그리고 나서 마치 하이랜드(Highland) 사람들이 하는 식으로 큰 소리로 물어라.
> "맥체인과 맥글라샨(MacGlashan)에게 온 것 있어요?"
> 아니면, 부드럽게 다정한 목소리로
> '퀸 가 56번지'라고 세 번 노래를 불러도 좋으리라.

그러나 그의 짧은 생애가 끝나가고 있는 마지막 몇 년 동안에, 데이빗 맥체인은 가장 높고 가장 거룩한 기쁨들을 마셨다.
"영원한 실재들에 대해 깊은 감동을 받았다."
그는 은혜라는 기적을 잘못 알 수는 없었다. 그분이 말씀하시고 행하신 모든 것 속에 그것이 드러나 있기 때문이다.
특별히 로버트는 자기 형의 인격 속에 들어있는 새로운 자질을 알아보았다. 그 두 형제의 우정은 너무도 완벽해서, 한 쪽 사람이 무언가에 감동되면 다른 쪽 사람에게도 반응이 반드시 나타나게 마련이었다. 그리고 데이빗은 로버트를 동정하였다. 그래서 데이빗은 자기의 말과 자기의 본과 자기의 기도로써, 동생을 자신이 이미 안전하게 닻을 내리고 있는 평화로운 주거지로 인도하려고 무진 애를 썼다.

> 얼마나 자주 그 눈이
> 연민의 부드러운 눈빛을 담아 나에게로 향하곤 했었는지.

그리고 반쯤은 나무라는 눈빛으로
내 유치한 마음의 헛된 우상들로부터 도망치라고 명령하곤 하였던지!

그러나 비록 마음속에는 확신도 있고 뉘우침도 있고, 불안한 양심의 목소리도 들려오고, 유혹에게 거의 설득을 당할 뻔한 의지의 결단들도 있었지만, 선하신 의사이신 주님에게 자신의 영혼을 완전히 내어맡기지는 못하고 있는 상태에 있었다. 그리스도와 함께 있게 하기 위해 하늘이 데이빗을 불러가고 나서야, 로버트는 그 똑같은 "축복의 집단이요 축복의 중심이요 축복의 심연"으로 가는 확실한 길에 들어서게 되었다.

맥체인의 형이 이 세상에서 보낸 마지막 몇 시간은 서로 상충되는 경험들로 그 흔적을 남겼다. 십자가에 달린 주님처럼, 이 제자가 나가서 버림받음이라는 황무지 속으로 들어갔을 때, 잠깐 동안이지만 마법과 같은 어둠과 두려움을 경험했다. 그러나 그것은 지나갔다. 태양이 환하게 비치자 그 어둠의 마법은 풀리고, 새 예루살렘 성의 열린 문이 눈앞에 서 있었다. 저쪽 반대편에서는 자기를 위해 승리의 나팔 소리가 울리고 있음을 이 순례자는 알고 있었다.

헨리 버건(Henry Vaughan)이 말했던 것처럼, 다시 그의 믿음은 "순수하고 견고해졌다." 그는 자신의 푯대를 바라보았다. 그리고 거기에 도달한 것을 기뻐했다. 죽음의 비통함과 죽음의 영광을 모두 본 이 젊은이에게 모든 장애물들을 이기고 승리하신 모습의 예수를 성령이 알게 해준 것은, 바로 이 임종의 수단을 통해서였던 것이다.

데이빗이 하늘에 계신 아버지 집으로 돌아간 그 날을 매년 추모하는 기일이 오면, 자기 자신의 역사에서 있었던 큰 위기를 추억하곤 했다는 증거가 로버트의 일기에도 들어있다. 한 친구에게 보낸 1842년 7월 8일자 편지에서 로버트는 이렇게 쓰고 있다.

"11년 전 오늘 나는 내가 사랑했고 나를 사랑했던 형을 잃었고, 결코 죽지 않는 맏형님을 찾기 시작했다."

맥체인은 찾았고, 그리고 찾아냈다. 이제 로버트는 그림자를 떠나 진리를 발견한 것이다. 의심의 여지없이 그리고 왈가왈부할 필요도 없이, 그는 그가 믿은 그분이 어떤 분인지 알고 있었다. 인간의 교육과 재능 때문에 그리고 초인간적인 은혜 때문에, 로버트 맥체인은 이제 하나님의 심부름을 할 준비가 되었고 또 그 일을 마칠 준비도 되었다.

감옥의 어두운 그림자들로부터 도망치고 있는 스코틀랜드를 빛는 일에, 그리고 스코틀랜드에 영감을 끼치는 일에, 그는 자기에게 맡겨진 자기 몫을 다할 것이다. 그리고 오랜 세월 걸려야 될 것들을 짧은 시간 안에 성취하게 될 것이다.

The Life of
Robert M. M'Cheyne

3. 씨를 뿌리는 자가 뿌리러 나가서

최근에 한국에 있는 남녀 그리스도인들이 모인 한 교회가 새 봄철과 같은 성령을 체험했다. 그런데 그 축복이 왔을 때, 그 교인들 중에 한 사람은 타지에 나가 있었다. 돌아오는 길에, 그 남자는 그리스도 안에서 형제인 한 사람을 우연히 만나, 그 성도가 이전보다 더 풍성한 영성을 부여받았다는 것을 알게 되었다. 그것은 이전에 그들이 알고 있던 것보다 더, 그리고 지금 자기가 알고 있는 것보다 더 풍성한 것임을 발견하였다.

"그것이 어떤 것인지 그리고 내가 어떻게 하면 그것을 받을 수 있는지 말해주게."

그는 한 친구에게 사정하였다. 그러자 그 친구가 대답하였다.

> 바울이 디모데에게 말했던 것처럼, '거룩한 손을 드는' 걸세. 나는 내 두 손을 하나님께 들어 올린다네. 그러면 왼쪽 손에는 무언가가 가득 차 있지. 그 손에는 내가 소유하고 있는 모든 것이 들어있다네. 그

리고 나의 존재 전부도 들어있지. 이것을 나는 그분께 모두 드린다네. 그런데 오른손에는 아무것도 없어. 그 손은 내 것이라고 할 수 있는 것을 아무것도 쥐고 있지 않다네. 그래서 그 손으로는 하나님께서 나를 위해 보관하고 계시는 것과 또 나에게 이르시는 말씀을 언제나 받는 거지.

이 해설은 인정된 학자의 그것은 아닐지 몰라도, 가장 좋은 기독교에 대한 해설이다. 이것이 성전 앞마당을 지나서 지성소로 들어간 후의 맥체인의 기독교였다. 빈손을 들어올렸다. "여호와 치드케누"(Jehovah-Tsidkenu: "여호와는 우리의 의"[렘 33:16]- 역주).
한 때는 "나에게 아무것도 아니었던 것"이 이제는 "나의 보물이자 자랑거리요 나의 밧줄, 나의 닻, 나의 흉패와 방패"가 되었다. 자기 형이 죽은 지 10달이 되었을 때 그는 일기에 이렇게 썼다.
"하나님은 지금의 나를 만드셨다. 그리고 지금 내가 가지고 있는 모든 것을 나에게 주셨다."
이후 그는 기다렸고, 기대했고, 순종과 섬김을 위해 더 많은 거룩함과 더 많은 조명과 더 많은 능력을 갈망했다. 그리하여 기도는 매일의 일과에서 첫 번째로 해야 하는 일이 되었다.

> 하나님과 함께 시작하고 그분의 얼굴을 먼저 뵙는 것이 더 좋으며, 다른 사람을 가까이 하는 것보다 내 영혼이 그분께 가까이 가는 것이 훨씬 더 좋다는 것을 나는 느낀다.

그리고 습관처럼, 맥체인은 그리스도께서 나타내시고 명령하시는 것을 청종했다. 그가 성경을 알아가는 속도는 급속히 빨라져서, 급기야는 성경과 특이하게 친밀한 관계로 접어들었다. 맥체인은 신학교에서 생각이 비슷한 몇몇 친구들과 석의(釋義) 동아리를 시작했다. 신학 강의가 있는 날 매주 토요일 아침 6시 30분에 모였다. 회원들의 목표는 성경의 영역을 깊이 파들어 가는 것이었다.

보나 박사가 증언하고 있는 바와 같이, 맥체인은 많은 목회자들이 신약을 헬라어로 읽는 것처럼 쉽게 구약을 히브리어로 읽을 수 있었다. 그것은 단순히 학생이 자기 교과서를 숙달하기 위한 열정만은 아니었다. 그것은 아버지의 상에서 떡을 먹고자 하는 어린 아이의 간절함이었다. "목적을 가지고 겸손한 자세로 읽는 것"은 필수라고 맥체인은 생각했던 것이다.

"물을 주지 않았는데 시들지 않을 식물이 어디 있겠는가?"

아무것도 가지지 않은 손에 대해서는 의심의 여지가 없었다. 왕의 창고에 있는 보물을 간절히 바라고 있기 때문이다. 빈손과 나란히 맥체인은 가득 차 있는 손도 들어올렸다.

"오, 활동, 활동, 활동을 위하여!"

1833년 3월의 어느 날 일기는 외치고 있다. 열심이야말로 신앙 활동에 적합한 유일의 기질이라는 것을 맥체인은 처음부터 깨달았다.

"로버트 형에게 필요한 충고 한 마디 써 보내라. 자기 건강도 좀 돌보라고."

어머니는 의사 아들에게 간곡히 부탁을 하곤 했다. 일단 그리스도께서 맥체인을 사로잡으신 이상, 그는 자기 자신은 물론이요 자기의 능력 모든 것을 무조건적으로 드렸던 것이다. 맥체인은 거의 즉시 론마켓(Lawnmarket)과 하이 가(the High Street)와 캐논게이트(Canongate)의 계단과 경내에서 국내 전도 사역을 시작했다. 그 일을 좀 더 일찍 시작하지 않았다고 그는 자기 자신을 질책하기조차 했다.

> 햇빛을 갈라놓고 있는 저 거대한 검은 공장 숲을 나는 감탄의 눈으로 바라보았다. 공장 건물에는 높은 굴뚝이 솟아있었다.
> 어째서 나는 내 속에서 모험을 해본 적이 없었던 것일까?
> 수많은 인간의 무리들은 서로 한 덩어리가 되어 몰려 있는데, 찾아오는 성도도 없고 목회자도 없구나. 내 영혼아, 깨어라![1]

맥체인은 하나님께 쓸모 있는 사람이 되기를 간절히 바라는 마음이 가득했다. 그의 편지들이 아름답게 그것을 잘 보여주고 있다. 그 편지 중 그 어느 것도 그렇다고 확실히 단언하고 있지

---

1 1835년 찰머스 박사가 출판한 『교회 확장의 원인과 그것에 대하여 목사와 비국교도들 간의 간단히 언급된 질문』이라는 소책자에서 '국민의 교회 국가를 확인할 목적으로 여러 지역에서 실시한, 특히 도시에서 실시했던 통계 조사의 결과'를 다루고 있는 부록을 보면, 맥체인과 그의 친구들 몇 명이 국내 선교 사역을 하고 있음을 알 수 있음. 이 부록에서 따온 표제어가 여기 두 개 있는데, '에딘버러: 왕족 안에'라는 제목 하에 나와 있음:
 - "캐슬 힐의 북편에 있는 성에서부터 하이 가 529번지까지 같은 교구, 즉 톨부스(Tolbooth)안에 있는 한 구역: 인구, 418; 교회 좌석수, 59; 비율, 7 대 1도 안됨; 담당자: 존 톰슨(John Thomson) 목사와 앤드루 보나(Andrew Bonar) 씨'
 - '씨튼스(Seaton) 경내 265번지에서 미드 커먼(Mid Common) 경내까지, 그리고 리들스(Riddle) 경내를 포함한 한 구역. 일부분은 뉴 가(New Street) 교구에, 일부분은 리스 와인드(Leith Wynd) 교구에 들어가있음: 인구 346; 교회 좌석수, 47, 비율 7 대 1도 안됨; 담당자: 알렉산더 N. 소머빌(Alexander N. Somerville) 씨와 신학생 R. M. 맥체인 씨.'

는 않다. 하지만 자신이 주님의 노예라고 주님을 인정하거나 또는 자기 편지를 받는 사람에게 그리스도께서 주시는 치유를 위해 기도해달라는 그의 간청이 들어있는 문장이 몇 개 정도씩 들어있다. 그가 회심한 그 순간 이후로 그는 '영원의 관점에서'(sub specie aeternitatis) 자기 삶을 살았다.

"시간은 빠르게 앞으로 달려가고 있다. 그리고 이 세상도 이 종이처럼 곧 끝나버릴 것이다."

이것은 맥체인이 깨알 같은 달필로 대판 양지(foolscap) 한 쪽 밑 부분에 빽빽하게 써서 인도에 있는 자기 형에게 보낸 경고문이었다. 그것은 또한 맥체인 자신을 구속하는 경고이기도 했다. 자기 자신의 발과 손과 두뇌와 마음을 결코 중단되거나 느슨하게 해서는 안 되는 성화와 노동과 희생에 바치라는 것이다.

그렇지만 이 열정들 때문에 맥체인이 "오늘의 일상생활"로부터 거리를 두었다거나 영적 바리새인(Pharisaism of spirit)이 되었다고 생각하지 말자.

그 편지들은 의심의 여지가 없이 그 반대되는 증언을 하고 있기 때문이다. 어릴 적의 그 쾌활함은 커서도 여전했다. 정치판에서 일어나는 일에는 여전히 흥미가 있었다. 로버트는 자기 아버지처럼 그 정치적 성향이 보수당 편이었다. 그러나 자기 아버지가 때때로 보여주는 것보다는 더 온유하고 합리적으로 자기 견해를 표현했다. 1835년 봄에, 아일랜드(Irish) 교회의 잉여 수입을 일반 교육 재정으로 돌려야 한다는 내각에 대해 하원이 거부투표를 했을 때이다.

한바탕 싸움에도 불구하고, 왕이 자신의 토리당 목사들을 계속 보유하셔도 좋다고 우리는 방금 왕에게 보내는 성명서에 서명을 했고, 왕에게 말하는 로버트 필 경에게도 분발하라는 성명서에도 서명을 했다.

자연풍경이 로버트에게 보여준 그 매력은, 특히 그 매력의 아름다움이 부드럽고 온유한 종류의 것일 때, 로버트에게서 보통 때보다 더 자연스럽게 되풀이되어 나타나곤 하였다. 한 친구가 다음과 같이 말했다.

"로버트는 상냥하고 고요한 눈을 가졌습니다. 그 눈은 웅장하고 거대한 것들보다는 자연 속에서 활력과 아름다움을 발견해냈지요."

맥체인은 전처럼 자신의 그림으로 이야기하는 것을 좋아했다. 그리고 많은 편지에는 자기가 글로 서술하고자 하는 것을 생생하게 그린 스케치들이 들어있다. 맥체인의 신앙은 자기 영혼의 영혼이었다. 그러나 녹음을 마음껏 뽐내는 6월이 삭막한 밤의 12월과는 거리가 아주 먼 것처럼, 맥체인의 신앙은 금욕주의나 신랄함과는 거리가 먼 것이었다.

수년 간의 학창 생활이 마침내 끝나가고 있었다. 맥체인의 학교생활 후반부는 시작할 때보다 더 근면 성실한 특징을 띠었다. 성령의 기름부음으로 인해 자기 자신이 가진 모든 에너지를 명확하게 규정해서 날카롭게 만들었기 때문이었다. 그래서 감성만큼이나 지성도 그 활동이 활발해졌던 것이다.

설교 면허증

1835년 학기가 끝날 때, 로버트 맥체인은 에딘버러장로교의 한 위원회 앞에서 설교 면허증을 받고자하는 사람들이 반드시 치러야 하는 개별 시험에 통과했다. 그리고 곧 이어 그 동일한 장로교 위원회 앞에서 공개 시험의 일부분도 통과했다. 헬라어 신약, 교회사, 조직 신학을 치룬 이 시험에 대해서 로버트는 자기 남동생에게 익살스럽게 다음과 같은 편지를 썼다.

> 한 시간 내내, 고든(Gordon)과 브루스(Bruce), 폴(Paul), 클라슨(Clason), 헌터(Hunter), 소머빌(Somerville), 이 사람들이 모두 나를 가지고 못살게 굴었어. 쥐 한 마리를 놓고 서로 으르렁대는 테리어 개들 같았단다.

여느 어머니들이 늘 그렇듯이, 한 마디 보탠 것은 어머니였다. "찰머스 박사가 매우 기뻐하셨고, 다른 목사님들도 모두 기뻐하셨다는 말을 들었단다."

그러나 본국의 장로회는, 그리스도인이 되기 이전의 어거스틴(Augustine)이 그랬던 것처럼, "많은 일들에 마음이 팔려있었다." 그래서 맥체인의 설교 면허증 발행이 지연되는 것처럼 보였다. 따라서 맥체인은 간혹 있는 관례에 따라서, 별로 경직되지 않은 교회 법정으로 자기 건을 이관시켜줄 수 있는지를 물었다. 그리하여 친척들이 살고 있고 또 자기를 잘 알고 있는 남부 지역에 있는 아난 장로회 앞에서 히브리어 시험을 치렀고, 자기에게 배당

된 다섯 편의² 설교를 했다. 1835년 7월 1일 드디어 맥체인이 설교 면허증을 받은 것은 바로 여기였다. 그리고 그가 표현한 그대로 말하자면, "제가 그렇게 불릴 자격도 없지만 영광스런 복음의 전파자"가 되었다. 넉 달 뒤, 11월의 첫 주에 맥체인의 진짜 사역이 시작되었다. 스코틀랜드에 지워지지 않는 인상을 남겼던 7년 반 동안의 짧은 사역이 시작된 것이다.

존 보나(John Bonar) 목사의 초빙을 받아, 맥체인은 라버트(Larbert)와 더니페이스(Dunipace)의 교구를 담당하고 있는 보나 목사의 부교역자가 되기 위해 그곳으로 갔다. 그 교구들은 스털링(Stirling)과 그곳에 있는 사자바위(lion-rock)에서 그리 멀지 않은 곳에 있었다. 그 교구는 710가구의 가정이 있는 큰 교구여서 해야 할 일이 산더미같이 기다리고 있는 곳이었다.

라버트는 시끄럽고 우중충하고 산업체들이 많은 곳이었다. 석탄 광부들과 철공들이 살고 있는 곳 주변에는 마을들이 옹기종기 모여 있었다. 더니페이스는 3마일 정도 떨어져 있었는데, 고립되어 있는 농촌지역이었다. 그곳은 목자들과 소작농들의 고향이었다.

그리하여 이 젊은 사역자는 그 곳을 처음 방문하였을 때, 높은 지대의 풍광이 가지고 있는 신선한 공기를 또 한 번 마실 수 있어서 매우 기뻐했다. 이처럼, 일을 해야 하는 밭은 신기하게도 다양

2　여기서 다섯 편은 아버지가 말해준 숫자이다. 보나 박사가 좀 더 정확할 것인데, 그는 세 편이라고 말하고 있다.

했다. 그리고 이 일꾼 맥체인은 정해진 기간이 없어도 자기 자신을 다 소모해버릴 준비가 되어 있었다.

첫 주일을 보내고 난 월요일 아침, 맥체인은 앉아서 전날에 있었던 일들을 아버지에게 편지로 알려 드렸다.

> 저는 여기 라버트에서 많은 회중에게 이사야 1장에 대해 설교했고, 에스겔 33:10-11에 대해서도 또 한 번 설교했습니다. 설교를 마치고 나니까 감사한 생각이 들었습니다. 제가 준비가 좀 미흡했었거든요.

하지만 이것은 서막에 불과했다.

설교를 마치고 나니까 "톨우드(Torwood) 근처 어딘가에 사는 캠벨 씨"가 다음 날 올라와서 임종을 앞두고 있는 날품팔이 농부 한 사람 좀 만나봐 달라고 했다. 보나 목사가 더니페이스에서 돌아올 때까지 아직도 시간이 많이 남아있다.

"저는 보나 목사님이 오시면 그 때 그와 같이 가리라고 생각을 했고, 또 그렇게 했습니다."

맥체인과 보나 목사는 가는 길에 천주교와 유대인의 회복에 관해 대화를 나누었다. 그 두 사람이 카브룩(Carbrook)에 있는 오두막집에 도착했을 때, 하나님을 향해 선한 마음을 가지고 있었던 그 아치발드(Archibald) 노인이 방금 세상을 떴다는 것을 알게 되었다.

> 그날 저녁은 기분 좋을 정도로 상쾌했다. 하늘 그 어디에도 구름 한 점 없었다. 바람은 그 입을 다물고 있었고 나무들은 모두 가을 빛깔인 갈색으로 물들어 있었다. 벤 레디(Ben Ledi)와 저 멀리 보이는 작

은 산들은 눈발에 덮여 있었다. 해는 방금 서산으로 넘어갔으므로 온 풍경에 그윽한 빛깔을 촉촉하게 칠해 놓았다. 그 작은 오두막집이 우리 앞에 서 있었다. 모든 것들이 한 그리스도인의 죽음에 잘 어울려 보였다. 태양은 휴식에 들어갔다. 새들도 보금자리로 돌아가 쉬게 될 것이다. 죽은 나뭇잎들도 휴식하러 가버렸다. 주일이었다. 그리스도께서 그의 안식에 들어가신 날이다. 그리고 아치발드 맥레이(Archibald Macleay) 노인이 죽은 날이다. 그가 하나님의 사람들에게 남아있는 안식에 들어간 날이다. 우리는 오두막집으로 들어갔다. 그곳에서 나는 그 아내와 딸, 두 아들, 그리고 이웃사람 몇 명과 함께 기도했다.

한 시간 뒤에, 맥체인은 다시 라버트(Larbert)에 있는 목사관에 돌아와 있었다. 그는 보나 목사와 함께 캐론(Carron)으로 걸어 내려갔다. 보나 목사가 학교에서 하는 설교를 듣기 위해서였다. 과연 보나 목사의 설교는 대단했다.

"한 시간 반 동안 평범한 상식의 힘을 빌려서 매우 효과적으로 설교를 하였다."

"밤에 우리는 녹초가 되어서 잠자리에 들었다."

시작은 그랬다. 뒤이어 일어난 일들은 모두 잠 못 이루게 하는 것들이었고 아낌없이 주는 그런 것들이었다. 맥체인은 게으르고 나태한 기질이란 그의 몸에도 그의 영혼에도 그 어느 곳에도 전혀 찾아볼 수 없는 그런 사람이었다. 그 두 사람, 그러니까 연장자인 보나 목사와 믿음 안에서 보나의 아들이 된 맥체인은 시간을 잘 활용하고자 결단한 사람들이라는 면에서 잘 어울리는 한 쌍의 동역자이다.

"저는 감독(Bishop)으로서 보나 목사님이 점점 더 좋아졌습니다."

로버트 맥체인은 우리가 앞서 인용한 그 편지에서 기록하고 있다. 일주일 후에 맥체인은 말했다.

"보나 목사님의 흠이라고 한다면, 속을 알 수 없다는 것입니다. 하지만 매일 그것을 털어놓으십니다."

두 달 후에 쓴 편지 속에서는, 보나 목사를 칭찬하고 있다.

"아이들을 다루는 보나 목사님의 솜씨는 흉내도 낼 수 없을 정도입니다. 아이들을 재미있게 해주는 신기한 능력을 소유하고 계시답니다."

이때쯤 엘리자가 자기 남동생을 방문하러 왔다. 엘리자는 보나 목사를 그림을 보는 것 같이 생생하게 그리고 정확한 표현력을 구사해서 요약하고 있다. 이것이 엘리자가 다른 사람들과 다른 점이다.

> 그 목사님은 무척 피곤해 하셨다. 오늘 스물여덟 가정이나 심방하셨기 때문이다. 목사님은 굉장히 활동적이시고, 밀어붙이시는 스타일이고, 영향력을 행사하시는 분인 것 같다. 그리고 아주 특이하시며, 열심도 많으시고, 자신의 교구에 굉장히 몰두하고 계시는 것 같다. 그분이 말씀하시는 것은 모두 로버트가 하는 말과 비슷하다.

그 곳은 그리스도의 발 빠른 사자들, 즉 보나와 맥체인, 그 두 사람 모두를 필요로 하는 곳이었다. 온건주의가 오래 통치했던 그 유해한 결과들을 어디서나 감지할 수 있었다. 맥체인은 다음과 같이 보고했다.

"이곳 사람들은 무지한 미개인들이다."

그리고 다시 보고하였다.

"하나님의 역사가 가시적으로 나타난 것이 거의 없다."

또 다시 보고하였다.

> 내가 여기 오기 전까지는 나쁜 목사가 얼마나 무서운 저주인지를 몰랐다. 그런 목사가 자기 주변 사람들을 얼마나 황폐하게 망쳐놓는지도 몰랐다. 그런 목사는 마치 뜨거운 열풍처럼 믿음의 푸른 생명을 다 말려 버린다. 그리고 아무에게도 생명을 주지 않는다.

맥체인은 "캐론(Carron)과 키내어즈(Kinnairds)의 이단들"에 대해 개탄했다. 교회 운영위원들이 나서서 "이 벌집 같은 교구"를 하루쯤 찾아가보면 얼마나 좋을까 하고 맥체인은 희망했다. 한 번만 그렇게 해보면, "이렇게 많은 영혼들에 대한 무거운 짐들을 한 사람에게만 지우게"해서는 안 되겠다는 것을 운영위원들이 알게 될 것이기 때문이다.

맥체인은 이 칠흑 같은 어둠 때문에 놀라서 마음이 슬퍼졌다. 맥체인이 어둠 속을 더듬어 가면서 해결책을 모색하고자 씨름해야겠다는 시도를 해보기 전까지는, 그것이 가능하다는 것을 생각조차 하지 못했을 것이다.

1836년 6월에 자기가 방금 만나고 온 한 여인에 대해서 다음과 같이 쓰고 있다.

그 여자는 귀머거리이다. 그래서 사람들이 알아듣게 분명한 발음으로 말하질 못한다. 그 여자는 소경이어서 글을 읽지를 못한다. 그리고 그 여자는 아주 나이가 많아서 얼마 안 있어 죽을 것이다. 그 여자는 예수께서 피를 흘리셨다는 것을 알았다. 그러나 왜 그렇게 하셨냐고 그 여자에게 물었더니, 자기 기억력이 너무 나빠서 대답하지 못하겠다고 말했다. 그렇지만 자기 남편은 과거에 뷰익스(Buiks)에서 높은 사람이었다고 한다.

맥체인은 외국 선교사가 되고 싶어 했었다. 그러나 맥체인이 진기한 애정을 가지고 '사랑스런 광부들'이라고 부르는 사람들 중에는, 이단 신앙을 가진 사람들이 중앙 아프리카만큼이나 빽빽이 있었다. 자나 깨나 맥체인은 이것을 없애고 쳐부수려고 무진 애를 썼다.

맥체인의 설교

맥체인의 설교에 대해 말하자면, 한 주일에 세 번의 설교를 할 때도 종종 있었다. 그의 설교는 주로 복음의 사실적인 측면들을 다루었다. 그의 설교 주제는 주로, 인간의 필요와 하나님의 공급, 죄와 타락의 문제, 심판의 확실성과 그 끔찍함, 그리스도의 권세와 그의 사랑 등과 같은 것들이었다. 맥체인은 매우 실제적이고 예리했을 것이다.

페리클레스(Pericles)가 그랬던 것처럼, 골치 아픈 핵심들(*kentra*)

이[3] 청중들의 마음속을 들쑤셔놓았다.

그런 일이 캐론 홀(Carron Hall)의 던다스(Dundas) 소령에게 일어났다. 그는 "언제나 마음에 제일 먼저 떠오르는 생각을 입 밖으로 내는" 사람이었다. 어느 날 아침에 씨 뿌리는 자의 비유를 다루고 있는 설교가 끝난 후, 이것이 던다스가 내린 선언이었다.

> 맥체인 목사님, 제가 설교를 들은 목사님들 중에, 목사님이 사람들에게 그들의 결점들을 말씀해주신 유일한 목사님이시라는 점에 대해 축하드립니다.

그 설교자는 그 칭찬을 듣고 마음이 만족스러웠다고 속마음을 털어놓았다. 그 말을 한 사람이 자기를 칭찬하는 말을 해주었기 때문이 아니라, 그 말이 자기 망치가 못대가리를 정통으로 내리쳤구나 하는 일종의 희망 같은 것을 주었기 때문이다.

그가 그날 하나님께서 자기에게 부탁하신 그 진리를 선포할 때, 때때로 그 소령을 염두에 두고 했다는 것은 부인할 수 없는 사실이지 않는가?

그렇지만 맥체인의 메시지가 정곡을 찌른 주요 이유는, 그 설교 내용 하나 하나가 회중에게 전하기 전에 먼저 자기 자신에게 적용해본 것이기 때문이었다. 번연처럼 맥체인은 말했다. "설교자가 느꼈던 것을 그 사람도 쓰리고 아프게 느꼈던 것이다."

---

3 헬라어 κέντρα의 음역 - 역주

그리고 맥체인의 설교를 그의 전기 저자의 암묵적 언어로 표현
한다.
"자기 영혼의 경험에서 우러나온 것이요, 따라서 내적인 생명
을 나누어 준 것이다."

설교 방식에 있어서, 맥체인의 설교는 거의 시작부터 유창하며
속박 받지 않은 그런 것이었다. 그의 설교는 서론부터 적용까지 꼼
꼼하게 원고로 작성되었다. 설교 시간이 목전에 와 있지 않는 경우
에는, 설교의 대지들과 논증의 과정을 의식적으로 꼼꼼하게 상세
히 기술하였다. 가로수 길을 걷고 있을 때 한 나무에서 그 다음 나
무로 걸어가는 것처럼, 혹은 지도에 그려진 해안선을 따라 이 곳에
서 다음 곳으로 여행할 때처럼, 그렇게 세밀하게 원고를 썼다.

그러나 청중들 앞에서 설교나 강연의 원고를 읽는 법은 절대
없었다. 사역한 지 몇 달이 지났을 때, 맥체인은 문장과 문단 전
부를 외우려고 하는 노력을 그만두었다. 그는 개념들과 예증들에
익숙해지는 것으로 만족해 했다. 말의 표현은 회중 앞에 서서 설
교를 전달하는 그 순간에 인도하시는 하나님과 자기 영혼의 충동
에 맡겼다. 맥체인이 "성도들을 바라보면서 전달할 하나님의 말
씀이 그에게 준비되어 있을 때," 참을 수 없는 열망이 그의 온 몸
을 타고 전율처럼 퍼져나갔다.

어떻게 맥체인이 말을 쉽고 순발력있게 할 수 있는 출구를 발
견했는지에 대해 그는 집으로 보낸 편지 한 통에서 다음과 같이
설명하고 있다. 편지 날자는 1836년 7월 12일이다.

지난 주일에 더니페이스로 가는 길이었는데, 어쩌다보니 내 조랑말 툴리(Tully)가 좀 빠르게 달렸습니다. 그러는 바람에 내 설교 두 편을 모두 흘려버리고 말았습니다. 지금까지 저는 교회에 도착할 때까지 설교원고들을 손에서 놓쳐버린 적이 없었는데 말입니다. 두 편 중 하나는 다 쓰고 나서 한 번 더 읽어보아야 하는데, 그러지도 못한 것이었습니다. 그러나 어쩔 수가 없었지요. 계속 달리는 수밖에요. 이렇게 저렇게 해서 오전 예배 설교는 할 수 있었습니다. 그러나 오후 설교를 생각하니 끔찍스러웠습니다. 저는 라버트로 심부름꾼을 보냈지요. 책상 위에 설교 원고를 두고 왔나 보다 하는 생각이 들었기 때문이었습니다. 그러나 헛수고였어요! 그래도 어쨌든 저는 설교를 하지 않으면 안 되었습니다. 그런데 보통 때보다 훨씬 더 설교를 잘 한 것이었어요. 인간의 막다른 골목이 하나님의 기회가 되었던 것입니다.

섭리는 찌푸린 얼굴을 하고 있었지만, 그럼에도 불구하고 그것은 참 즐거운 섭리였다. 그리고 그 일은 맥체인의 착한 조랑말이 자기 주인에게 해줄 수 있는 여러 가지 섬김들 중에서 결코 작지 않은 큰 섬김이 되었다. 그 조랑말의 공식적인 이름은 툴리아(Tullia)지만, 그냥 습관상 그리고 일상적인 대화에서는 습관적으로 툴리로 통한다. 이 조랑말은 그 편지 속 여기저기에서 빠르지 않은 보통 구보로 걸어 다니고 있다. 그리고 "멋있게 생긴 동물은 아니지만 쓸모 있는 짐승"이다.

가정심방

그 주간은 주일만큼이나 많은 일과 처리해야 할 일들로 가득 차 있었다. 맥체인이 목회 사역을 하는 가운데, 강단에서 사람들을 가르치는 일보다 자기 교인들을 집집마다 심방하는 일을 더 중요하게 여겼다는 것은 명백했다. 맥체인의 지칠 줄 모르고 질서 있게 심방했던 그 부지런함을 보여주는 저 공책들보다 더 체계와 수고를 요하는 것은 없으며, 그것들을 읽어본 어떤 목사에게 이보다 더 통렬하게 심방에 대해 말해 주는 것도 없다.

맥체인은 심방을 하나의 정확한 과학으로 만들었다. 알고 있는 것이 그렇게도 정밀하고 완벽할 수가 없고 인물에 대한 안목이며 각 영혼들에 대해 신경 쓰는 마음이 대단했다. 그렇다. 그것은 정확한 과학이었다.

그렇지만 그 수학 같은 정확도에 있어 냉정함이나 무정함 같은 것은 전혀 찾아볼 수 없었다. 심방 공책의 이 중요한 각 기입 사항들 뒤에서 우리가 엿볼 수 있는 하나님의 사람의 모습은, 영원히 죽지 않을 한 형제에게 그의 평안에 속한 것들을 멈추어 생각보라고 간청하는 모습, 또는 펑펑 울면서 눈물로 그를 위해 힘써 기도하는 모습이다.

여기에 이탤릭체로 인쇄된 것은 공책에서는 붉은 잉크로 쓴 것이며 그 심방 목사가 읽고 설명한 성경 구절을 가리킨다는 것을 전제로 하고, 이 항목들 몇 개를 들여다보기로 하자. 이제부터 우리는 레드 로우(Red Row)의 광부촌을 집집마다 방문하고 있는 맥체인과 동행하고 있는 것이다. 그 마을에는 대략 50가구 정도가 있다.

하루 동안에 맥체인은 이들 중 12가구나 15가정을 알게 된다.

1. 존 헝거(John Hunger), 22번지. 남편, 집에 없었음. 아내, 분별력이 있어 보이는 얼굴을 가진 통통한 여성임. 그녀의 네 아이들이 죽은 이야기를 들음. 세 아이가 있음. 심방일자, 1836년 7월 14일. **내가 문 밖에 서서 두드리노니.** 아주 품위 있는 여인임. 남편을 만나볼 것.

2. 제임스 랜킨(James Rankin), 23번지. 남편은 일터에 가 있었음. 아내, 쉰 목소리, 집중력 좋음, 이해심 있는 사람. 남편, 베티 드노반(Betty Denovan)의 아들. 아이 두 명; 세 명은 죽었음. 심방일자, 1836년 7월 14일. 병든 아이 이야기. 좀 알기 쉽게 전했음.

3. 알렉산더 맥루키(Alexander MacLuckie), 24번지. 붉은 머리 남자; 솔직하고 호기심 많은 얼굴. 아내, 영리한 사람. 딸 넷. 심방일자, 1836년 7월 14일. 어린 딸들에게 질문을 했음. 질문 모두 아이들을 겨냥했음. **어린 아이들이 내게 오는 것을 용납하라.** 부모에게 적용했음.

4. 알렉산더 헌터(Alexander Hunter), 39번지. 지적인 남자. 로버트의 집 (20번지)에서 아내와 만났음. 점잖은 집안, 아들 하나 딸 하나, 세 아이 잃었음. 다윗의 등불 이야기를 했음. 심방일자, 7월 21일. 숨겨진 보물. 남편이 지하에서 일하고 있는 노동자들을 위해 기도해달라고 부탁함.

5. 과부 헌터(Hunter), 40번지. 장난기 어린 얼굴, 그러나 늙은 몸이 많은 문제를 가지고 있음. 딸이 다리를 젊. 심방일자, 7월 21일. 잃어버린 양. 간단하게 전했음. 그

녀는 감사한 것들을 말하기는 했으나 감사를 느끼지는 않았음. 자기 집을 건너뛰지 말아달라고 요청함.
6. 피터 레이(Peter Rae), 44번지. 인상이 험한 얼굴. 딱딱하기 그지없는 아내. 냉소적인 아가씨들이 많은 대가족. 심방일자, 7월 21일. 한 가지 부족한 것. 죄 사함과 새 마음. 이 북부의 철 덩어리와 같이 이 단단한 마음을 부수려고 애씀.

이런 식으로 빽빽하게 비망록은 계속된다. 맥체인은 영혼들의 지도자(Seelenführer), 즉 피곤한 영혼들을 찾아다니는 사람이었기 때문이다. 그의 열심은 누그러지는 법이 없었고, 그의 탐색은 포기하는 적이 없었다. 단지 이따금, 어떤 집에 아픈 사람이 생겼을 때에는, 공책에 그 절박한 상황만을 간략하게 기록해놓았다.

심방은 시간 순으로 적어놓아야 했다. 그리고 각 심방의 결과도 평가해놓아야 했다. 어려움을 당하고 있는 사람이 영적으로 진보했는지 아니면 후퇴했는지도 의사가 갖는 책임감을 가지고 진단한다. 치유의 기미가 보이면 꾸밈없이 기뻐하고, 죽을병이 더 깊어졌으면 가슴 아픈 고통으로 운다. 맥체인은 기회를 놓치는 것을 두려워했던 것이다.

한번은, 어느 8월 저녁 무렵에, 맥체인이 톨우드(Torwood) 교사(校舍)로 걸어가고 있을 때, 모닥불 둘레에 모여앉아 있는 한 무리의 집시들을 만났다. 맥체인은 그 사람들에게 잃어버린 한 마리의 양에 대해 설교를 했다.

"그러나 한 마리는 이 산 저 산을 헤매고 있었습니다. 황금 문과는 아주 멀리 떨어진 곳이었지요."

"아이들은 매우 집중해서 들었다. 나이 먹은 사람들도 얼마간은 마음에 감동을 받았다."

만일 맥체인이 그냥 지나쳐 갔었더라면, 집 없이 유랑하는 그 사람들을 두 번 다시 만날 기회는 없었을 것이다. 매순간마다 그리고 사람들을 만나고 있을 때마다, 이 말씀이 맥체인의 가슴을 파고들었다.

> 보라 지금은 은혜의 때요 구원의 날이로다(고후 6:2).

그는 어느 편지에서 이렇게 쓰고 있다.

> 은혜를 받는 일은 마치 조류와 같습니다. 물이 찼을 때 은혜를 잡으면 안전한 곳으로 인도함을 받고, 반대로 은혜를 잡지 못하면 우리 사람들의 모든 항해는 얕은 물에 걸려서 비참하게 됩니다.

최선을 다해 이 축복의 조류를 자기에게 유리하게 이용하라고 맥체인은 사람들을 설득했다.

자기 자신을 돌보지 않고 일을 하는 동안에, 맥체인의 몸은 약해졌다. 목회 초기부터 맥체인은 폐결핵에 걸릴 성향을 가지고 있었다. 사정이 좋을 때는 문제가 잠잠했다.

그러나 아주 작은 자극이라도 받으면 그 병이 찾아와서 맥체인의 몸을 괴롭히고 방해를 놓는다. "난로 곁에서 오래 살기"보다 "안장 위에서 짧게 살기"를 기도해 왔기 때문에 주께서 그 요청을 허락했던 그리스도의 경기자들과 자원자들 가운데는, 맥체인도 등록되어 있었던 것이다.

그가 라버트에서 사역하던 10개월 동안에 심각하게 아팠던 적이 적어도 한 번 있었다. 그래서 몇 주간 동안은 자기가 하기로 되어 있는 목회 일정을 중단했어야 했다. 커다란 코트를 몸에 둘둘 말다시피 하고 다시 모임하러 나갈 수 있게 되었을 때 그는 얼마나 기뻐했는지 모른다! 그는 이렇게 말했다.

"혹독한 것들을 하나님께서 자비로운 것들로 변화시켜주실 것이라는 희망을 나는 갖고 있다."

에딘버러에 있는 어머니에게는 자기 아들에 대해 염려하는 마음이 늘 있었다. 어머니는 계속해서 맥체인에게 몸을 편안하게 해주는 물건들을 보냈지만, 맥체인이 이것들을 언제나 기꺼이 받아들인 것은 아니었다. 그는 어머니에게 말했다.

"셔츠와 플란넬(flannels)[4]은 과도한 노력이 들어가야 만들어지는 옷이므로 정통 신앙에 합당하지 않습니다."

옛 퀸 가나 힐 가에 있었던 집과, 엘리자가 "고명하신 그래함 부인의 방"이라고 장난처럼 불렀던 맥체인의 방 사이에는 완전히 차이가 있었다. 그러나 맥체인은 그래함 부인의 방, 즉 자신의 방에서 상당한 유업과 부유한 처소를 보았다. 그 방의 가구들을 보고 그는 즐거워했다.

---

4 16세기의 웨일즈에서 기원된 것으로 추정되는 직물로서 보풀이 일어난 양털이나 아주 나쁜 털실로 직조되었다. 부드럽고 촉감이 좋으며 탄력성 있는 것이 특징이다. 오늘날엔 양털과 면 또는 합성섬유로 만들어진다. - 역주

> 방의 크기는 가로와 세로가 5미터와 3미터 정도 됩니다. 그러나 침
> 대가 하나 있고, 서랍장이 2개, 테이블이 3개, 커다란 의자가 3개, 내
> 여행 가방이 2개가 자리를 차지하고 있어서, 왔다 갔다 하는 것이 좀
> 불편하기는 합니다. 언제 시간이 나면 이 방을 그림으로 그려볼 생
> 각입니다. 이 방을 그리다가 호가스(Hogarth)의[5] 연필이 많이 닳아도
> 좋을 것 같습니다.

그래도 그 집주인은 다정하고 친절했다. 그래서 맥체인은 자기가 거주하는 곳에 아주 만족스러워했다. 세상이 줄 수 있는 많은 것들은 맥체인이 바라는 것과는 거리가 멀다. 어느 봄날 보나 목사와 맥체인은 에어스(Airth)에 가서 교구학교를 둘러보았다. 맥체인은 그곳의 목사관을 보고 다음과 같이 결심하였다.

> 완전히 너무 좋고 아름다워서 누구라도 거기 살게 되면, 이곳이 바
> 로 나의 휴식처로구나라고 말하지 않을 수 없다. 내 생각에는 목사
> 가 거처하는 목사관이 그렇게 아름다워서는 안 된다.

가로 5미터, 세로 3미터의 자기 방이 맥체인을 더 많이 만족시켰던 것이다. 맥체인은 많은 기도와 찬양으로 그 방을 거룩하게

---

5 윌리엄 호가스(William Hogarth, 1697년 11월 10일 - 1764년 10월 26일)는 로코코 시대의 영국의 화가이다. 영국 화가에 의한, 영국 독자적인 양식을 가진 회화가 태어난 것은 18세기, 유럽 대륙에서는 로코코 미술이 전성기일 때였다. 호가스는 그러한 18세기의 영국 화단을 대표하는 국민적 화가이다. - 역주

만들고 확장시켰다! 그것은 하나님의 집이요 하늘의 문이었던 것이다. 그 때 단독 목회를 할 수 있는 교회와 교구가 생겼다. 마치 우리가 사무엘 러더퍼드(Samuel Rutherfurd) 하면 안워스(Anwoth)가 생각나고, 리차드 박스터(Richard Baxter) 하면 키더민스터(Kidderminster)가 생각나고, 찰스 시므온(Charles Simeon) 하면 캠브리지(Cambridge)가 생각나듯이, 우리가 맥체인이라는 이름을 떠올리면 생각나는 바로 그 곳 던디(Dundee)를 맥체인은 찾아낸 것이다.

4. 수고를 넘치도록 하고

1836년 6월 30일 부모에게 보내는 편지에서, 맥체인은 처음으로 자신이 던디(Dundee)로 부름 받을 가능성이 있음을 언급하고 있다.

그 결과에 관해서는, 아직 아는 바가 전혀 없습니다. 선택권은 하나님의 높으신 손 안에 있지요. 그분은 여러 강의 물줄기를 돌리시는 것 같이 사람들의 마음을 돌리시는 분입니다. 재미있는 것은, 아주 절친한 저의 친구 두 사람이 저와 경합을 벌이고 있다는 것입니다. 우리는 매우 겸손하게 또 서로를 좋아하는 존경심을 가지고 경쟁하리라는 것을 저는 조금도 의심하지 않습니다. 만일 그 사람들이 생각이 있는 분들이라면, 앤드루 보나(Andrew Bonar)를 선택할 것입니다. 앤드루는 학식도 있고 경험에서 얻은 지식도 있고 목회자가 가져야 할 귀중한 자질들을 모두 가지고 있는 사람입니다. 앤드루는 제가 알고 있는 모든 학생들을 능가하는 훌륭한 사람입니다.

그것은 의심과 시기 따위의 당황스런 고통과는 거리가 먼, 진정한 친구들이 누리는 복된 선발 참여였다. 그 후보자들 모두가 충성을 바치는 가장 중요한 분은 그리스도이시므로, 그 경쟁자들은 자신들이 화환과 면류관을 얻기보다는, 차라리 면류관을 받은 한 친구를 가지는 것이 더 나았던 것이다.

맥체인의 우정이라는 주제를 다루려면 책 한 권이 따로 필요할 것이다. 맥체인은 젊은 목회자 그룹에서 중심적인 인물이었다. 이들이 하는 목회는 교회와 그 땅을 복음화하는 데 막대한 영향력을 가지고 있었다. 이들 중 대부분은 맥체인이 하나님께 부름을 받아 떠나간 후에도 오랜 세월 동안 말씀을 전하면서 많은 수고를 했다. 그러나 이들은 맥체인을 머릿속에서 한 번도 잊은 적이 없었다. 또한 이들은 거룩함과 절박함에 항상 관심을 가졌는데, 맥체인은 이러한 관심이 그들의 어투와 성격에 영향을 주도록 도왔었다.

에롤(Errol)의 제임스 그리어슨(James Grierson)이라는 목사가 있었다. 던디에서 자신의 목사 임명식이 있기 전날 밤, 맥체인은 이 사람의 목사관에 머물렀었다. 아버니티(Abernyte)의 제임스 해밀턴(James Hamilton)이라는 목사가 있었는데, 곧 런던(London)의 리전트 스퀘어(Regent Square)로 갈 예정이었다. 해밀턴은 말했다. "맥체인 목사와 저 자신을 비교해 볼 때, 사소한 것이기는 하지만 제가 목회를 하면서도 죄를 지은 일들이 많이 있었음을 보게 됩니다."

에딘버러의 알렉산더 무디-스튜어트(Alexander Moody-Stuart)

목사가[1] 있었다. 자기 아버지와 어머니가 성 스데반(St. Stephen) 교회의 온건주의를 버리고 성 누가(St. Luke) 교회의 보다 더 명확한 복음과 보다 더 뜨거운 기독교를 따르겠다고 했을 때, 이 사람이 얼마나 기뻐했는지 모른다.

그리고 머지않아 아버지가 무디-스튜어트가 시무하는 교회에서 장로가 되었으니, 이 목사는 얼마나 더 기뻤겠는가! 또 블레어고우리(Blairgowrie)의 로버트 맥도날드(Robert Macdonald) 목사가 있다. 1837년 10월에 맥도날드는 이렇게 간청하고 있다.

"목사님의 소식을 어서 들려주십시오. 로버트 맥체인 목사님에게서 온 편지만 보면 특별히 생기가 솟아나니까요."

얼마 후, 퍼스(Perth)의 존 밀네(John Milne) 목사가 친구가 되었다. 이 사람은 온유하고 성도다우며, 사도 같은 사람이었다. 호레이시어스 보나(Horatius Bonar)는 다음과 같이 쓰고 있다.

"두 사람은 몸을 곧게 세우고 발걸음을 가뿐가뿐하게 걸었다. 그렇게 빨리 걷는 모습은 그들에게 내적인 기쁨이 있음을 대변하고 있었다."

그 다음으로는 호레이시어스 보나 목사 본인이 있다. 호레이시어스 목사는 그 때도 그리고 그 이후로도 수년간 켈소(Kelso)의 목사로 시무하였다. 스코틀랜드와 스코틀랜드의 기독교계는 보나 목사의 시편과 찬송가와 영적인 노래들을 부르고 있으니 그에

---

1 맥체인의 편지에서 무디-스튜어드 목사는 단순히 "무디"로 불린다. 그가 애넛(Annat)의 스튜어트 양과 결혼한 이후로 그의 이름에 "스튜어트"가 추가되었다.

게 많은 빚을 지고 있는 셈이다.

별로 잘 알려져 있지 않은 다른 사람들도 있었다. 비록 이름은 알려져 있지 않으나 이 친구들도 많은 사람들을 의로 돌아오게 했으니, 덤바니(Dumbarney)의 커밍(Cumming) 목사나 키리무어 (Kirriemuir)의 코믹(Cormick) 목사처럼 별과 같이 영원토록 빛날 것이다.

다음으로는 맥체인의 "가장 절친한 두 친구"가 있었다. 성 베드로교회가 교사요 목자가 될 한 사람을 찾고 있었을 때, 이 두 사람은 맥체인의 경쟁자였다. 그 중 한 친구가 알렉산더 닐 소머빌 (Alexander Neil Somerville)인데, 이 사람과 함께 맥체인은 에딘버러에서 고등학교도 다녔고 대학도 다녔다. 그리고 소머빌은 라버트와 더니페이스에서 맥체인의 후임 부교역자였다. 이 친구가 한 번은 맥체인에게 편지를 썼다.

"어쩌면 우리 두 사람은 새 예루살렘의 황금 길에서도 서로 가까운 곳에 숙소를 얻게 될지 모르겠다."

소머빌은 그의 생애 대부분을 글라스고우에 있는 앤더스턴 (Anderston) 교회의 목회자로 살았다. 그때 아주 초기에 그가 설교했던 성경 본문이다.

> 나는 시온의 의가 빛 같이, 예루살렘의 구원이 횃불 같이 나타나도록 시온을 위하여 잠잠하지 아니하며 예루살렘을 위하여 쉬지 아니할 것인즉(사 62:1).

이것은 자기를 잘 보여주는 본문이었다. 왜냐하면 솔직히 말해, 52년간의 그의 목회에는 '불타오르는 횃불' 같은 무엇인가가 있었기 때문이다. 그리고 그의 사역은 시작할 때 가지고 있었던 그 빛나는 뜨거운 열기를 결코 잃어버린 적이 없었다.

사실, 소머빌의 목회가 끝나가는 그 기간은 그가 가장 열정적으로 목회를 한 때이기도 하였다. 그 당시 알렉산더 소머빌은 존 웨슬리(John Wesley)처럼 전 세계를 자신의 교구로 삼아 어느 곳 든 가서 하나님의 기쁜 소식을 전파하였다.

설교를 잘 하는 이 노인 목사는, 스페인, 인도, 오스트레일리아, 프랑스와 이탈리아와 독일과 러시아, 남아프리카, 그리스와 서아시아, 그리고 스코틀랜드의 산지와 섬들을 두루 다니며 타오르는 횃불 같은 그리스도의 진리와 사랑을 서유럽의 유대인들에게 전달했다.

소머빌의 최후의 장면은 앞서 있었던 모든 것들과 조화를 잘 이루었다. 소머빌이 마지막 숨을 거두고 침대에 누워있을 때, 그는 소위 말하는 자기의 "설교용 양복"을 입고 있었다. 그 양복은 그가 마지막으로 설교할 때 입었던 옷이었다.

그의 머리는 빗질이 잘 되어 있었고, 그가 집에서 늘 쓰던 벨벳 모자가 씌워져 있었다. 소머빌은 마치, 은혜를 전하라는 하나님의 새로운 심부름을 하러 가기 전에 잠깐 눈을 붙이고 있는 것처럼 보였다. 자신이 평상시에 입던 의복을 입혀서 묻어달라고 한 것이, 자기 자녀들에게 부탁한 마지막 명령이었다. 덧붙이기를, 자기 장화에는 흙이 좀 묻어 있으면 좋겠다고 말하기도 했다.

절친한 또 다른 친구는 앤드루 알렉산더 보나(Andrew Alexander

Bonar)였다. 보나는 호레이시어스의 형제이자 라버트에 있는 맥체인의 "감독"의 사촌이었다. 로버트 맥체인에 대한 2, 3년간의 삶을 전기로 쓴 사람이기도 했다. 앤드루 보나 목사는 맥체인에게 그 나머지 누구보다도 소중한 사람이었다. 각 사람마다 자기 자신만의 영적인 향기와 각기 다른 매력이 있기는 하지만, 그 걸출함은 당연히 그의 것이었다.

보나의 학식은 친구 맥체인보다 더 많았고 정확했다. 그의 신앙심은 아주 탁월해서, "자기 시대의 샘이요 빛"이었다. 게다가 보나는 경건하고 온화하며 친형제 같은 사람이었을 뿐만 아니라 인간적인 사람이기도 하였다. 그래서 심지어 거룩한 일들에 대해서도 사람들의 기운을 북돋워주는 식의 유머를 아름답고 경건하게 구사할 줄 아는 그런 사람이었다. 그리하여 모든 이들이 그를 좋아하지 않을 수 없게 만들었다.

보나가 꾸는 꿈은 저 눈에 보이지 않는 나라에 대한 것이었다. 그가 깨어 있을 때에도 이 나라에서 단 한 번도 방황한 적이 없는 바로 그 나라였다. 한 번은 그 꿈이 이런 것이었다.

> 나는 꿈속에서, 시기적절하게 주시는 주님의 은혜를 표현해 보려고, 새로 배운 헬라어 단어 하나를, 그러니까 퀴리오스(κύριος)와 카이로스(καιρός)와 같은 단어를 문학적으로 묘사하느라 애를 썼다.

또 다른 꿈도 있다.

지난 밤, 내가 죽어가고 있는 꿈을 꾸었다. 그런데 내가 이 세상을 막 떠나려고 하는 그 순간, 그리스도의 완전한 구원에 대해 말하는 단어들이 내게 주어지는 것을 보았다. 내가 기억하고 있는 것이 맞는다면, '가장 강력한'(Potentissmus)도 그 중 하나였다. 그래서 그 꿈 때문에 나는 지구 끝까지 구원하실 수 있는 그분에 대해서 생각해보게 되었다. 또 한 가지 단어가 있었는데, 죄인들을 위한 그분의 사역에 관해 말하는 것이었다. 그러나 그 단어는 생각이 나지 않는다. 그 꿈은 아주 기분 좋은 꿈이었다.

또 이런 꿈도 꾸었다.

지난 밤, 나는 나를 향하신 하나님의 인자하심과 내게 베푸시는 은총을 보여주는 한 꿈을 꾸었다. 얼마동안 목이 메어 숨조차 쉴 수 없었다. 그 놀라움의 감격스런 감정을 어떻게 말로 표현해야 할지 몰랐었기 때문이었다.

이런 꿈들 말고도 또 다른 꿈을 꾸었다. 자신의 젊었을 적 친한 친구 맥체인이 유향의 작은 산들이 있는 곳으로 신속하게 날아간 지 20년 후였다.

지난 밤에 맥체인, 알렉산더 타인(Alexander Thain), 그리고 다른 친구들과 한참 동안 함께 있는 꿈을 꾸었다.
이런 꿈을 꾸게 하셔서 주님은 내가 더 굳건한 확신을 가지도록 독려하고자 하신 것일까?

더 많은 기도를?

더 굳건한 믿음을?

더 뜨거운 열심을?

더 많은 사랑을?

1836년, 앤드루 보나는 제드버그(Jedburgh)에 있는 한 교회의 부교역자가 되었다. 그 후 2년 뒤, 보나는 에딘버러의 성 조지(St. George) 교회에서 캔들리시(Candlish) 목사를 돕는 일을 끝내고, 퍼트셔(Perthshire)의 콜래이스(Collace)의 조용한 시골 교구를 담당해서 목회하라는 임명을 받았다. 거기서 보나 목사는 로버트 맥체인 목사를 자주 가까이서 만나 서로 우정을 쌓으며, 하나님 안에서 서로 힘을 북돋워주기도 했다.

던디에 있는 성 베드로교회는 신생 교회였다. 이 교회는 라버트 교회가 보내고 싶어 하지 않는 그 수습 사역자 맥체인을 자기 교회에 보내달라고 요청했다. 던디는 급속히 성장하고 있었다. 1835년 던디의 인구는 51,000명이었다.

그러나 스코틀랜드 교회와 영국 국교에 반대하는 교회 등 전부 통틀어, 그 도시의 모든 교회 건물들은, 겨우 18,000명밖에 수용할 수 없었다. 그래서 이 수적인 차이가 신앙 공동체의 안녕을 마음에 두고 있는 사람들의 마음을 무겁게 억누르기 시작했다.

이렇게 마음의 부담을 느끼고 있는 사람들 중에, 록스버그(Roxburgh) 목사가 담임을 하고 있는 성 요한(St. John) 교회의 직분자들이 있었다. 이 문제를 해결하기 위해, 그들은 "허크힐(Hawkhill) 북서쪽 끝에다 예배당을 세우기로" 결정했다.

이곳이 선택된 이유는, 매우 가난한 지역으로 보인데다, 당시 예배당들이 있는 곳으로부터 가장 멀리 떨어진 지역이었기 때문이었으며, 그 지역 주민은 전부 노동자 계급에 속한 사람들이었기 때문이었다.

1836년 5월 경, "소박하지만 상당히 크고 튼튼한" 하나님의 집이 완공되었다. 이 별칭은 그 건물을 지을 수 있게 헌금을 해달라고 독려하는 한 회람 편지에서 따온 말이다. 첨탑은 아직 올리지 못했는데, 3년 후에나 완성되었다.

성 요한 교회 당회는 이 신생 교회를 담임해줄 영적 지도자 한 사람을 찾는 일에 착수하였다. 그런데 현명한 사람들이라면 그렇듯, 성 요한 교회 당회는 성 베드로교회 회중이 이 사안에 대해 최종 결정을 내려줘야 한다고 결정하였다. 찰머스 박사와 웰시 박사 그리고 캔들리시 목사의 조언을 구하기도 하였다.

그래서 이 일을 위탁받은 이 복음주의 지도자는 우리가 이미 알고 있는 바, 알렉산더 소머빌, 앤드루 보나, 로버트 맥체인, 세 사람의 목사를 추천했던 것이다. 이들 외에도 신앙 색깔이 비슷한 다른 세 사람, 즉 에딘버러의 화이트(White) 목사, 리버튼의 다이목(Dymock) 목사, 글라스고우의 깁슨(Gibson) 목사도 추천받았다.

담임목사가 되다

선택할 때가 오자, 성도 대다수가 로버트 맥체인을 선택했다. 그리하여 1836년 11월 24일 맥체인이 이 교회의 담임목사로 임명되었다.

그 다음 주일 맥체인은 강단 즉, 지금은 그의 이름과 떼려야 뗄 수 없는 그 강단에서, 첫 번째 설교를 전하였다. 본문은 그의 주님께서 나사렛에서 택하셨던 본문이었다. 맥체인은 그 후 매년 그 날이 돌아올 때마다 이 본문을 설교하였다.

> 주의 성령이 내게 임하셨으니 이는 가난한 자에게 복음을 전하게 하시려고 내게 기름을 부으시고 나를 보내사 포로된 자에게 자유를, 눈먼 자에게 다시 보게 함을 전파하며 눌린 자를 자유케 하고 주의 은혜의 해를 전파하게 하려 하심이라(눅 4:18).

이 최초의 설교를 듣고 몇몇 사람들의 마음이 보이지 아니하는 세계에 대한 소망을 갖게 되었다. 이러한 일은 이 사람들의 미래를 미리 보여주는 것이었으며, 사람들로 하여금 일몰과 밤에 의해서 결코 잠식되지 않을 아침이 밝았다는 사실을 깨닫게 해주었다. 매주 성 베드로 예배당의 사방 벽 안쪽에서 은혜로운 징조들이 계속 일어났다. 월요일 부모에게 보낸 편지 속에도, 목사 맥체인의 끊임없는 열망이 있었다.

"무언가 이루어졌기를 바랍니다."

"영원을 위한 선한 일이 이루어졌을 것이라고 저는 믿고 있습니다."

맥체인의 펜에서 나온 이런 그의 말은 의례적이고 장식적인 미사여구가 아니었다. 그 말은 그의 마음 속 가장 깊은 곳에서 터져 나오는 기도였다. 그리고 맥체인의 그 열망은 수많은 성취들을 가져왔다.

첫 날부터 교회는 대만원이었다. 그 교구로 정해진 지역에는 3,400명의 주민들이 살고 있었다. 그런데 그 도시의 다른 지역에서도 사람들이 설교를 들으러 몰려왔고, 심지어 다른 지방에서도 왔다. 그 예배당은 보통 1,100명가량의 사람들로 붐볐다. 사람들은 설교 강단으로 올라가는 층계에도 앉았고, 그 큰 예배당의 통로와 모퉁이에 서 있는 사람들도 있었다. 제임스 해밀턴이 앤드루 보나에게 편지를 쓴 바와 같이, 그 장소에 스며들어 있는 그 분위기, 그리고 그 설교자 주변을 둘러싸고 있는 그 분위기를 어떻게 말로는 표현할 수 없었다.

"베델같이 거룩한 주일과 성찬"

"'하나님께서 여기 계시다'는 특유의 인상"

그 많은 사람들을 끌어당긴 것은 단순히 맥체인의 능변의 매력만은 아니었다. 맥체인은 그 본성 속에 시인으로서의 자질을 많이 가지고 있었다. 그래서 그의 설교는 평범하고 진부한 것이 될 수가 없었다. 설교 속에는 감정을 끌어내는 힘이 있었다. 사람의 마음을 끄는 힘이 있었고 불이 있었다. 그것은 차갑고 형식적인 설교에서는 이끌어내기 어려운 것이었다. 설교의 어휘에는 생명이 꿈틀대고 있어서, 그것을 타고 그 말을 들은 이 사람에게서 저 사람에게로 생명이 전해졌다.

그러나 그러한 설교는 이내 비판을 받을 수밖에 없었고, 맥체인과 제일 친한 친구들이라 할지라도 그런 설교의 결점을 알아차리지 못할 리가 없었다.

제임스 해밀턴이 맥체인의 설교를 처음 들었을 때, 그는 맥체인의 목소리가 귀에 거슬렸다. "느리고 거의 노래하는 듯한 운율"은 일부러 꾸민 듯 해보였기 때문이다. 맥체인의 아버지 역시 "한때 그렇게 선율적이었던" 맥체인의 목소리의 변화를 안타까워했다. 그의 목소리는 "어느새 갈라지고 깨진 목소리가 되었다." 그의 아버지는 다음과 같이 말했다.

"어떤 때는 하루에 세 번씩이나 해야 하는 긴 설교는, 맥체인이 매우 자연스럽게 고양되어 설교하는 때에, 오히려 해로운 결과를 낳았다."

그래서 수사학자의 시각에서 보면, 분간해내기 그리 어렵지 않은 결점이 맥체인에게는 분명히 있었다. 그럼에도 불구하고, 오직 다른 쪽에서만 생각해본다면, 맥체인의 설교는 매우 효과적인 설교였다. 설교방식은 언제나 완벽한 명료성의 매력을 가지고 있었는데, 마치 밑바닥에 있는 조약돌이나 물풀들까지도 들여다보이는 호수의 수정같이 맑은 물처럼 투명했다.

그의 설교에는 반드시 뚜렷한 목적이 있었는데, 그것이 그의 설교의 장점이었다. 비록 설교가 길기는 했지만, 쓸데없는 장식도 없었고 고의로 금을 입히는 법도 없었다. 맥체인의 설교를 들어본 어떤 사람이 말하기를, 그의 예증이나 예화는 "멋지게 보이려고 끼워 넣은 한 송이 꽃이 아니라, 듣는 이의 양심을 겨냥해서 쏘는 화살"과 같았다고 한다.

성 베드로교회의 유효하고 명백한 매력은 어떤 외적인 것들에 있기보다는 다른 것에 있었다. 그것은 강단에서 선포되는 그 복음의 단순함과 은혜로움과 충분함에 있었고, 기도와 설교를 통하여 영감을 불어넣어주는 성령 하나님의 하늘 분위기와 능력에 있었다.

그리고 그 설교자의 인품에도 있었다. 맥체인의 외모는 사람의 눈을 만족시켜줄만 했다. 그는 키가 컸고 늘씬했으며 얼굴빛은 희었다. 외모는 균형이 잡혀 수려해 보여서, 마치 이스라엘의 왕으로 기름 부음 받기 위해 양 우리에서 뚜벅뚜벅 걸어 나오고 있는 젊은 다윗처럼 보기에 썩 좋은 모습이었다. 그리고 그 얼굴과 그가 하는 말들 뒤에 있는 그 영혼은 사람을 꼼짝 못하게 하는 힘이 있었으며 주목하지 않을 수 없게 만드는 힘이 있었다.

여기에 그리스도의 참 대사가 있구나, 하나님의 모든 충만으로 가득 차 있는 한 사람이 있구나 하고 모든 사람이 느끼게끔 만들었던 것이다. 왕의 전달자요 왕의 종인 그 사람에게서 사람들은 주님을 보았고, 주님의 말씀을 들었다.

"주님이 그들과 함께 거기 있었음이 분명했다."

4절판으로 된 맥체인의 두꺼운 공책 두 권이 던디에서 목회를 시작하던 해부터 지금까지 남아 있다. 그 공책에는 그의 설교 준비 단계에서 설교의 윤곽잡기 노트가 가득 들어 있다. 나중에 맥체인은 그 윤곽들 중에서 많은 부분들을 더 확대해서 더 자세하게 써 내려갔던 것이다. 여러 사람들 앞에서 설교할 때 자기 생각을 잘 개진할 수 있었고, 또 설교문을 작성할 때도 자신의 생각을 마음껏 펼칠 수 있었다고 한다면, 그것은 그가 그 일에 잘 단련이 되어 있고 또 부지런했기 때문이다.

주일 설교뿐 아니라 목요일 저녁 기도회를 위해서도, 맥체인은 끈기 있게 성경을 연구함으로써 자기 자신을 준비시켰던 것이다. 설교 윤곽에는 설교의 대지마다 맥체인이 말하고자 하는 것이 무엇인지 그 요점을 찾아낼 수 있으며, 심지어 이 친숙한 모임인 기도회에서조차 자기가 전달하고자 하는 요지의 흔적을 뚜렷이 찾아낼 수 있다.

그리고 곧 주님의 성찬이 다가오고 있는 그러한 엄숙한 때에도 여전히, 맥체인은 더 부지런하게 설교 준비를 했다. 우리는 그 주요 대지와 그 대지에 종속된 소지에 행위 설교(Action Sermon)를 글로 묘사해놓았을 뿐만 아니라, 어떤 식으로 "성찬에 울타리를 쳐서 성찬을 받을 자격이 없는 사람들이 성찬을 받는 일이 없게 할" 작정이었는지 알게 된다.

또한 그의 설교에서 성찬 전과 성찬 후에 하는 설교의 범위와 취지가 어떻게 다른지도 배우게 된다. 맥체인이 가진 설교의 자유는 공인된 자유였다. 설교는 고요한 묵상과 하나님의 조명을 구하는 기도와 지속적인 수고로 시작되고 제한되고 조절되었다.

그 공책 두 권의 내용을 간략하게 요약한다는 것은 매우 힘들다. 거기에는 무한한 부요가 들어있기 때문이다. 공책 속에는 솔로몬의 성전의 건축과 봉헌의 이야기를 하고 있는 역대기의 해당 본문들에 대한 강설 구조와 개요가 들어있으며, 일곱 교회에 보내는 서한들에 대한 설교 개요도 들어있다.

간략한 설교들도 있는데, 이들의 본문과 주제는 신구약의 거의 모든 부분에서 끌어온 것이다. 자신이 당시 읽고 있는 책에서 따온 인용구들도 있다. 그 중에는, 커튼 메이더(Cotton Mather)가 쓴 『존 엘리엇의 생애』, 존 플라벨(John Flavel)의 『묵상들』, 영(Young)의 『야간 묵상』(*Night Thoughts*), 조나단 에드워즈(Jonathan Edwards)의 『결단』이나 소책자들과 소논문들, 루터의 『갈라디아서 주석』(*The Galatians*), 번연(Bunyan)의 『구원받은 예루살렘 죄인』(*Jerusalem Sinner Saved*) 등이 있다.

또 성경을 한 달이나 두 달에 한 번 통독할 수 있도록 나눠놓은 것도 있다. 꼼꼼히 성경을 연구한 것도 있는데, 배반자 유다, 대제사장의 의복과 그 의미, 기도, 그리고 성령론에 대해 다루고 있다.

이 공책들을 애정을 가지고 천천히 여행하고 있노라면, 이 설교자 본인이 우리 앞에 다시 살아난 것 같은 느낌이 들 것이다. 그리스도에 대한 맥체인의 만족감이 얼마나 순수하고 절대적인 것인지를 보게 된다. 그의 생각과 그의 마음은 마치 나침반의 바늘처럼 언제나 푯대이신 그리스도에게로 바르르 떨면서 되돌아오곤 했다. 맥체인이 갈보리를 잊는다든가 갈보리의 하나님을 잊는다든가 하는 일은 그 자체가 불가능한 일이었음을 알게 된다. 자신의 공의를 얼룩지게 하기보다는 차라리 십자가를 얼룩지게 하셨던 그 하나님, 자신의 사랑이 그 표적을 빗나가게 내버려두기보다는 차라리 자기 아들을 아끼기를 거부하셨던 그 하나님을, 맥체인은 잊을 수가 없었던 것이다.

이 공책 주인의 충성스러움과 열심이 우리를 책망하고 있다. 하나부터 열까지 속속들이 자기를 다스리고 계시는 그분이 빠져 있는 기독교라면 그것은 맥체인을 전혀 만족시키지 못한다. 그리고 그런 기독교가 자신이 목회하고 있는 사람들에게 만족을 주어서도 아니 된다고 맥체인은 고집한다. 그래서 어느 주일 그 사람들에게 전한 맥체인의 설교는, 호세아를 통해 이스라엘 백성들에게 말씀하시는 하나님의 메시지를 본문으로 택하였다.

> 그러므로 내가 가시로 그 길을 막으며 담을 쌓아 저로 그 길을 찾지 못하게 하리니 저가 그 연애하는 자를 따라 갈지라도 미치지 못하며 저희를 찾을지라도 만나지 못할 것이라 그제야 저가 이르기를 내가

> 본 남편에게로 돌아가리니 그 때의 내 형편이 지금보다 나았음이라
> (호 2:6–7).

부주의한 사람들과 죄를 짓는 사람들에게 맥체인이 끈덕지게 재촉하는 모습은 우리를 감동시키며 온통 경외심을 갖게 만든다. 그 영혼의 보기 흉한 상처를 탐색해내기 위해 외과의사의 메스를 사용할 줄 아는 능력이 맥체인에게는 있다. 그는 사람들 때문에 움츠러들어 하나님의 말씀의 엄격함을 드러내지 못하는 일이 없다. 그는 설교 본문으로, "만일 누구든지 주를 사랑하지 아니하면 저주를 받을지어다"(고전 16:22), 또는 에스겔서의 "비통해하는 한 줄기의 강한 바람"인 "칼이여 칼이여 날카롭고도 빛나도다"(겔 21:9)를 택하기도 했다.

그렇기는 하지만, 보통은 자기 설교를 듣는 사람들에게 지지를 호소하거나 설득하는 본문을 선호했다. 무거운 짐 진 사람들에게서 힘들다는 말을 들었을 때 맥체인이 하는 설교는 그리스도께서 말씀하신 "오라"(마 11:28)였으며, 그의 음성은 강한 바람이나 지진이나 불같은 목소리가 아닐 때가 더 많았다. 그럴 때 그의 음성은 부드럽고 조용한 목소리, 바로 그것이었다.

주님은 맥체인에게 기름을 부으셔서 기쁜 소식들을 전하게 하셨다. 주님은 그 종을 보내셔서 갇혀 있는 사람들에게 옥의 문이 열려있음을 선포하게 하셨던 것이다.

목요일 기도회는 그 마을의 종교 행사로서는 새로운 것이었다. 기도회는 매우 큰 규모여서 그 교회 본당에서 열렸다. 어떤 때는 참석 인원수가 800명 정도 되었다는 것을 이 공책에서 읽게

된다. 여기에는 특별한 축복이 있었다. 성령의 날개가 전하는 자와 듣는 자들 모두에게 가까이 그리고 뜨겁게 내려앉았다. 맥체인은 이렇게 말했다.

"목요일 기도회는 나에게 소중한 것이다. 그 기도회는 영원 속에서 찬송의 노래와 더불어 기억될 것이다."

그러한 비공식 집회에서 맥체인은 솔직했고 거침이 없었다. 맥체인은 "실크로 만든 새 목사 가운"을 비공식 집회에서는 입지 않았는데, 이에 대해 어머니에게 편지를 쓴 적이 있었다.

"그 가운은 아주 크고 멋있어서, 그 가운을 입은 저를 보시면 어머니라 해도 저를 적어도 감독쯤으로 오인하셨을 거예요."

그는 그 가운을 입고서 "발롬브로사(Vallombrosa)의 나뭇잎들처럼 바스락거리는 소리를 내면서 강단을 내려왔습니다"라고 자기 아버지에게 말한 적도 있었다. 비록 맥체인이 그것들 때문에 크게 불편을 느끼지는 않았지만, 그 가운을 벗으면 그것과 함께 뻣뻣함과 위엄 있는 모습도 사라졌다.

맥체인은 주일날 회중들에게 설교했던 것들보다는 범위가 훨씬 더 다양한 주제들을 목요일 기도회에서 다루었다. 그는 수문의 빗장을 벗기고 자신의 사랑의 강물이 흘러내리게 만들었다. 그는 자기 회중들에게 아주 가까이 다가갔고, 회중들도 맥체인에게 가까이 다가갔다. 그리고 또 가까이 다가오신 분이 한 분 더 계셨는데, 그분은 바로 확신을 주시고 위로하시며 가르치시고 구원하시는 주님이셨다.

교회의 다른 프로그램들도 성도들의 생활에 지적인 활력과 영적인 활기를 불어넣어주었다.

성경 공부반이 있었다. 맥체인이 그 교회에 부임한지 6개월 후에 성경 공부반 회원에 대해 말하고 있는데, 그 수가 여성 170명, 남성 70명이 성경 공부를 했다고 한다. 맥체인의 남동생이 그 당시 인도에서 돌아와 집에 있었는데 몸이 좀 아팠다. 1838년 2월에 그 동생에게 성경 공부반의 한 과목에 대해서 다음과 같이 말하고 있다.

> 이 과목의 제목을 나는 '지리적 성경 공부 방법'이라고 이름을 붙였어. 나는 이 사람들에게 어떤 장소, 그러니까 갈릴리 바다 같은 장소를 제시하고서, 성경에서 그 장소가 나오는 구절을 찾아보라고 했지. 그리고 나는 칠판에 분필로 그 곳이 위치하고 있는 지도를 그렸어. 우리가 고등학교 때 했던 것처럼 말이야. 그 다음에는 그 근방의 다른 모든 위치들을 사람들에게 가르쳐주고, 유대인 역사가 요세푸스(Josephus)의 저서로부터 갈릴리에 대한 글을 읽어주지. 그리고 버크하르트(Burckhardt)와 버킹햄(Buckingham) 같은 현대의 여행가들이 쓴 책에서도 읽어주지. 그 다음에는 그 장소와 관련된 성경의 여기저기 구절들을 학습시키고, 그 구절들을 지리적 위치와 방금 읽은 인용문들을 이용하여 설명해. 이 일이 내게는 참 재미있어. 사람들도 이렇게 공부하는 것을 상당히 즐거워하더구나.

맥체인은 도시와 마을들이 있는 갈릴리 바다의 스케치를 편지 끝에 덧붙이고는, "자세하게 그린 내 지도를 보면서 웃으면 안 돼"라는 말도 덧붙인다. 성찬에 참여할 젊은이들을 위한 반과 맥체인이 성찬에 참여할 그 젊은이들과 직접 면담하는 시간은 참으로 친밀하고 거룩했다. 맥체인이 부임하고 나서 첫 성찬 주일이 돌아왔을 때, 이 반에는 37명의 회원이 있었다.

"이 곳에서는 이 정도의 숫자면 굉장히 많은 것으로 생각합니다."

성찬에 참여하고자 신청한 이 사람들에게 맥체인 목사는 형제같이 매우 친절히 대했다. 그러나 그에게는 성찬의 거룩함에 대한 열심이 있었고, 이 사람들의 안녕을 위한 진지한 관심도 있었다. 교부들 중 한 사람은 이렇게 기록하고 있다.

"다락방에서 성찬을 나눌 때, 그 손님들 중 열 한 명은 떡과 함께 주님을 먹었지만, 한 사람은 주님과 함께 오직 떡만 먹었다."

맥체인의 바람은 교회의 회원으로 가입한 사람들은 그 한 사람의 동류가 아닌, 열 한 제자의 동류가 되어야 한다는 것이 맥체인의 간절한 바램이었다. 이들과 이야기를 나누는 것보다 더 좋은 일이 없었던 동시에, 또한 이보다 더 엄중한 것도 없었다. 맥체인은 말했다.

"성찬식이 있는 이 때는 목사가 자기가 지금까지 한 사역의 열매들을 알게 되는 시기이다."

마음과 마음을 터놓고 하는 이 대화에서 맥체인은 많은 발견을 하기도 하였다. 인간의 친구이신 주께서 자기를 통하여 곁길로 나가 있는 자기 자녀들을 찾고 계시며 일깨워주시고 용서하여 주시고 축복하여 주신다는 확신을 받았던 것이다.

맥체인은 라버트에서 그랬듯이, 던디에서도 성도들을 심방하는 일을 지칠 줄 모르고 진행하였다. 하지만 인구가 많은 그 땅에서 그리고 제조 산업 도시의 빈민들이 살고 있는 공동 주택에서 그가 해야 하는 일은 끝이 없어보였다. 왜냐하면 그곳의 노동자들도 한꺼번에 같이 돌보아야 했기 때문이었다. 그래서 맥체인에게 이제 일이 끝났구나 하고 완수된 것 같은 느낌을 가져본 적은 한 번도 없었다.

그의 심방일지는 전에도 그랬던 것처럼 정확하고 철저하게 기록되어 있었다. 그러나 그림을 보조수단으로 사용했다. 서로 가까이 있는 집을 열여섯 가정이나 열여덟 가정쯤 돌고, 그 집에 사는 사람들의 이름과 그 사람들에 대해 자기 자신이 받은 인상을 적고 나면, 맥체인은 일종의 지형도나 건축 평면도 같은 것을 삽입해놓았다.

그 그림 속에는 각 가정의 위치가 적절하게 나타나 있었다. 그래서 그는 제임스 마틴(James Martin)의 집과 로버트 무디(Robert Moodie)의 집을 혼동하지 않았고, 또 자기가 진짜로는 마가렛 페니퀵(Margaret Penicuik)의 집을 찾아가야 하는데 데이빗 에드워즈(David Edwards)의 문지방을 건너고 있는 일은 없었다.

교구 사람들 중 한 부류만은 맥체인의 무한정 관심을 받을 수 있었으며, 아무리 피곤해도 목사의 심방을 항상 확보할 수가 있었다. 병을 끼고 사는 사람들 또는 임종을 앞두고 있는 사람들이 바로 그런 사람들이었다.

스티븐 파젯(Stephen Paget) 박사는 의과 대학 학생들에게 강의할 때, 의사들은 생명 그 자체에 자신들이 지닌 과학과 기술을 사용함을 언급하였다. 그리고 그렇게 귀중한 대상에 단 한 번의 실수라도 하면 그것을 바로잡을 길은 없다는 것도 상기시켰다. 그는 다음과 같이 말한다.

여기서 의학은 살아있는 생명체를 다루는 일을 한다. 따라서 그 생명의 증거들을 정정할 수가 없고 또 스케치를 해보고 그 일을 시작할 수도 없다. 그 생명체의 조직을 낭비할 수도 없고, 그 결과들이 어떨지 미리 연습하거나 어떤 모델을 사용하거나 할 수도 없다. 실수하면, 의학은 생명의 형상을 상하게 하는 것이 아니라, 생명 그 자체를 상하게 한다.

그는 이어서 다음과 같이 말한다.

> 그래서 의학은 멋진 기술이 될 수 없는 것이다. 의학은 기술이 아니라 단지 멋진 잡동사니일 뿐이다. 의사는 본성에 있어서 다른 모든 것 위에 뛰어난 한 실체, 한 조직체인 사람, 즉 무한하게 복잡하고 무한하게 귀중한 한 사람에게 손을 대야만 한다. 인간의 신체에 우리 손이 놓였을 때, 우리는 하늘을 만진 것이다.[2]

이것은 곧 맥체인의 신념이기도 하였다. 맥체인은 생명 속에서 일하고 있었다. 그는 그 복잡성과 그 귀중함을 헤아릴 수조차 없는 본질과 실체 속에서 일했다. 그는 항상 실수하지 않도록 경계하고 있지 않으면 안 된다. 왜냐하면 한 번의 실수가 치명적일 수가 있기 때문이다.

그가 인간의 영혼에 자기 손을 올려놓았을 때, 그는 하늘나라를 감촉하였다. 그리고 그 영혼이 이 지상에서 맥체인의 보호 관

---

2 *Confessio Medici*, 84, 85.

찰 기간을 끝내가려는 시점에 점점 다가가고 있다면, 그 영혼에 대한 맥체인의 불안하고 초조한 마음은 일곱 배나 가중되었다. 왜냐하면 자신이 치유와 도움을 주기 위해 충분히 일했다고 할 수 없었기 때문이다. 던디에서 했던 자기 사역 중 이 부분만 전적으로 적어놓은 공책이 한 권 있었다. 시작 페이지에 그는 다음과 같은 글을 써놓았다.

> **예수님** – 내가 병들었을 때 너희가 나를 찾아와 주었노라.
> **신자들** – 언제 우리가 선생님이 병드셨거나 옥에 갇히신 것을 보고 선생님께 찾아왔었나요?
> **예수님** – 내가 너희에게 말하노니 너희들이 나의 이 형제들 중 가장 작은 자들 중 한 사람에게 한 것이 곧 나에게 한 것이니라.

한 훌륭한 의사가 자신의 예민하고 위중한 일을 얼마나 열심히 수행하는지를 이 공책에서 한 쪽에 다 정리할 수 있을까?
다음의 것은 초기 것 중 하나이다.

> 토마스 타이리(Thomas Tyrie), 스텝 로우(Step Row), 제일 낮은 '땅.' 5년간 결핵을 앓고 있음. 아편을 복용함.
> **심방 일자**: 1836년 12월 12일. 지옥과 영벌에 대해서 이야기 나누다.

'잃어버린 한 마리의 양'.³ 그는 경청하다. 말씀에 트집을 잡지 않고, 자기 성경을 읽었다. 이웃사람들도 왔다.

심방 일자: 1836년 12월 9일. 질문이 잦아지고 있다. '잃어버린 동전'. 여전히 경청하다. 이 진리 전부에 동의하다.

심방 일자: 12월 20일. 잠언 1장, '나의 책망을 듣고 돌이키라'(잠 1:23). 보통 때보다 더 나쁜해 하다. 그럼에도 불구하고 모든 말씀을 그의 말처럼 "확증하였다."

심방 일자: 12월 22일. '주께서 루디아의 마음을 열어주셨다.' 더 경청하다. 큰 변화가 일어났다고 말하면서, 이 두 주간 동안에 자기 마음을 채우고 있는 평안에 대해 말해주다. 여전히 아편을 피우면서 말하는데, 신기하게도 말하는 것이 분별이 있다.

심방 일자: 12월 28일. '그리스도는 대속자'(Substitute). 전체 복음을 설명해주고 그에게 믿을 것을 권고했다. 신기하게도 분별 있는 대답을 하다. 여기에 성령의 역사가 있는지 누가 알랴? 자기 마음에 대한 생각과 그리스도에 대한 견해, 두 가지 모두 변했다고 그가 말하다.

심방 일자: 12월 31일. 그의 차가운 시신이 천에 싸여 있는 것을 발견했다. 마가렛(Margaret)은 울고 있었음. 12월 30일 금요일 아침 동트기 전에 사망했음. 그가 죽는 것을 본 사람

---

3 여기서도 앞에서와 같이 붉은 잉크로 쓴 맥체인의 필체가 이탤릭체로 등장한다. 이것은 성경 구절을 나타내거나 맥체인이 병자에게 설명한 진리의 말씀들을 나타낸다.

은 아무도 없음. 이렇게 짧지만 흥미로운 한 사람의 역사가 끝나다. 이 사람 속에는 놀라운 변화가 일어났음이 확실하다. 그는 자기 성경으로 읽는 습관이 있다. 자기 영혼에 대한 관심과 구주에 대한 관심을 가지고 말했다. 나의 심방을 기뻐했다. 항상 애정을 가지고 내 손을 꽉 잡곤 했다. 하지만 은혜의 역사가 있었는지 그 여부는 그 날이 선포해줄 것이다.

이것은 마침내 스코틀랜드 교회가 온건주의라는 숨이 탁탁 막히는 큰 걱정거리로부터 스스로 벗어나고 있다는 증거이다. 맥체인이 던디에서 자리를 잡은 지 열두 달 안에 세 개의 각기 다른 교구로부터 세 번 이상이나 새로운 사역지로 오라는 요청을 받았다는 것도 그 증거이다.

아직도 안정되고 강해져야 하는 갓 태어난 회중 속에서 또는 쉼 없는 회전과 공장 기계들의 소음 속에서 맥체인이 기대할 수 있는 것보다 더 많은 휴식과 위로를 그가 얻어야 한다고 느끼는 사람들이 많았다.

성 베드로교회에서 받는 맥체인의 연봉은 겨우 200파운드에 불과했다. 그를 데려가려고 애쓰는 교회들이 많았는데, 그 교회들은 맥체인에게 더 많은 사례금을 지불할 수 있는 능력이 있었다. 더군다나 그의 몸은 허약해서 병에 쉽게 걸리기 때문에, 공장 굴뚝에서 멀리 떨어져서 살 수 있다면 그리고 식구들이 북적대는 공장 노동자들의 집과 다락방에서 떨어져서 더 좋은 환경에서 살 수 있다면, 몸도 튼튼해지고 건강해질 수도 있을 것이었다.

청빙을 받다

1837년 1월, 초빙 제의를 하여 맥체인을 유혹한 것은 피블즈셔 (Peebles-shire)에 있는 스컬링(Skirling) 교회였다. 3월에는 에딘버러에 있는 성 레오나드(St. Leonard) 교회에서 연락이 왔다. 그리고 6월에는 퍼스(Perth) 근처에 있는 성 마틴(St. Martin) 교회였다. 각각의 교회는 그 나름대로의 매력이 있었다. 하지만 그 교회들은 모두 단호하게 거절당하였다.

크레이그 성의 카마이클(Carmichael) 부인은 자기 남편을 대신하여, 맥체인이 스컬링 교회의 청빙에 응해주셨으면 한다는 편지를 써서 간청하기도 하였다. 맥체인은 카마이클 여사에게 매우 예의바르게 긴 편지를 썼다. 맥체인도 시골 전원의 유혹거리들을 모두 보았다. 그러나 그에게 가야 할 길은 분명했다. 나는 거무죽죽하게 검은 연기로 그은 하늘 아래를 걸어가야 하고, 도시의 딱딱한 포장도로를 따라 계속해서 걸어가야 한다.

> 당신이 저에게 제안하신 그 교구의 장점들은 정말로 대단합니다. 제 경우에는 특히나 그렇습니다. 금전적 보수는 놀라울 정도로 훌륭합니다. 그리고 모든 것을 고려해 볼 때, 그 금액은 제가 이곳에서 받는 수입의 거의 두 배나 되는군요. 그 교구의 크기도 거의 한 가족같이 작아서, 나의 에너지를 최고도로 쏟으면서도 내 자신의 건강이 나빠질까 걱정을 하지 않아도 될 것 같습니다. 그리고 그 교구가 작다는 것도 좀 허약한 제 신체에 적합한 조건이기도 합니다. 제가 누릴 수도 있는 조용하고 한가한 생활은 제가 보기에 가장 귀중한 가치를 지니고 있습니다. 그런 환경이라면, 여기서는 헛되이 간절히 갈망만

하게 되는 연구에도 전념할 수 있을 것입니다. 그 곳 인구가 농사를 짓는 지역이라는 것도 저의 취향에 잘 부합할 것입니다. 왜냐하면 저는 믿음과 사랑의 말씀을 농장과 오두막이 있는 아주 작은 마을에 전하는 것과 아무 것도 보태지지 않은 단순한 마음들을 어루만져주는 것과 '더 밝은 세계로 이끌어 그 길을 인도하는 것' 보다 더 큰 특권을 저는 알고 있지 못하기 때문이지요.

그렇지만 친애하는 부인,

저는 여기 남아 있겠습니다. 제가 원해서 여기로 온 것이 아닙니다. 이곳의 후보자가 되게 해달라고 요청한 적도 없습니다. 저는 후보자가 될 마음도 없었습니다. 저는 성공을 기대하지 않았고, 성공을 하지 못할까봐 불안해하지도 않았습니다. 날이 갈수록 라버트에서 행복했습니다. 그런데도 하나님은 이 사람들 전체의 마음을 마치 한 사람의 마음같이 저를 향하여 돌려놓으셨습니다. 이 사람들 중에 저의 정착에 대해 불만을 품고 있는 사람이 한 사람이라도 있는지 저는 모르겠습니다. 이 소명이 사람으로 말미암은 것도 아니고 사람에 의한 것도 아니라, 마치 그분이 저에게 '이것이 너에게 맡긴 포도원 한 모퉁이니라'고 말씀하시기라도 한 것처럼 분명히, 위대하신 주님 그분으로부터 온 것이라고 생각하는 것이 주제넘은 것일까요?

오 아닙니다. 저는 감히 이 사람들을 두고 떠나지는 않겠습니다.

이렇게 부인이 저를 믿고서 친절하게 초청을 해 주신 것은 또 한 번의 섭리적인 부르심이라고 저에게 말해준 친구들도 있었습니다. 그리고 만일 그 지역이 지금 제가 사역하고 있는 지역만큼 넓다면, 또는 평범한 한 사람의 에너지 전부가 필요할 만큼 넓다면, 아마도 저는 그 친구들 말에 동의했을 것입니다. 그렇지만 수천의 사람들을 수백의 사람들과 바꾸고, 1,100명의 주일 청중들을 150명의 청중들과 바꾸게 될 것이라는 생각이 떠오르자, 이 변화를 축복해달라고 하나님께 구할 수 있겠다 하는 느낌이 들지 않았습니다.

하나님의 은혜는 생명입니다. 그분의 인자는 생명보다 낫습니다. 우리의 집이 오두막집이든, 커다란 성이든, 세례 요한과 함께하는 지하 감옥이든, 그 어디이든지 간에, 하나님께서 우리를 있게 하시는 곳에 있는 것, 그리고 우리가 가는 모든 길 위에 빛을 비춰주시는 그분의 얼굴을 얻는 것, 그것이 이 땅 위에 있는 천국입니다.

던디의 그 북적거리는 수공업자들과 정치에 관심 많은 저 제조업자들 가운데 있을 때 하나님께서 저를 축복하실 것이라는 소망을 가지고, 하나님께서 제게 선택해주신 그 장소에서 제 피곤한 몸을 쉬게 하여야 합니다. 물고기의 입에서 자신과 제자들의 성전세를 지불하셨던 그 분이 제가 필요로 하는 모든 것을 공급하실 것입니다. 제가 하루에 필요로 하는 만큼의 힘을 그 분은 제게 주실 것입니다. 그 분은 저를 학식 있는 목회자로 만드시기보다는 실제적으로 더 쓸모 있는 목회자로 결국 만드실 것입니다. 그리고 어쩌면 그분께서 이 황량한 굴뚝 꼭대기들만 있는 이 지역을 주님이 복 주셨던 땅, 곧 주님의 동산처럼 아름답고 푸르게 만드실 지도 모르겠습니다.

비록 다른 두 교회도 스컬링 교회가 할 수 있는 것보다 더 많은 실익과 더 명확한 업무를 맥체인에게 제안했지만, 두 교회의 경우도 그 결과는 같았다. 던시난(Dunsinnan)의 네이언(Nairne) 목사는 성 마틴 교회 성도들에게 맥체인의 설교를 들어볼 수 있는 기회를 달라고 맥체인을 설득하였으나 헛수고였다.

"목사는 후보자 자격으로 설교해서는 안 됩니다."

맥체인은 명확히 그리고 단호하게 말했다.

맥체인은 저항하면서 설득하기 더 어려운 자기 집안의 우호적인 적들이 있음을 곧 알게 되었다. 맥체인의 어머니는 아들이 영혼이 잘 됨같이 강건하고 잘 되기를 바라면서, 그로 하여금 토마스(Thomas)경과 카마이클 부인의 제안을 받아들이도록 권고한 것 같다. 맥체인은 다음과 같이 썼다.

> 사랑하는 엄마(Mamma), 스컬링 교회의 소속 경작지의 푸른 땅에서 살이 쪄가고 있는 저를 보고자 하는 대신에, 엄마는 제가 던디의 골목길에서 죽임을 당하도록 마음의 결정을 내리셔야 해요. 어쩌면 스컬링 교회가 있는 곳이 저의 약한 몸을 위해서는 아주 좋은 곳일 수도 있어요. 그렇지만 그곳에서는 저의 영혼이 병이 들고 말 것이고, 또 가장 소중한 부분도 말라버리고 말 것이라는 생각이 듭니다. 제 자신이 예수 그리스도의 것들을 추구하는 것이 아니라, 제 자신의 것을 추구하는 배교자라는 느낌이 들 거예요.

참된 목회자들은 때때로 부싯돌 같이 단단한 얼굴과 요지부동의 바위 같은 심장을 가진다. 심지어 그들은 자기를 가장 사랑해주는 사람들이 자신의 확고부동한 목적을 수정하라고 간청하고 있을 때에라도 그렇다. 초대 교회 시대에 카르타고(Carthage)의 페르페투아(Perpetua)가 그랬었고, 로버트 맥체인도 그랬다. 맥체인에게는 이내 보상이 따라왔다. 그는 6월 중순에 이렇게 기록하고 있다.

"내가 목양하는 사람들의 표정에 잠에서 깨어난 듯한 각성의 모습이 보였다."

네이언 목사와 성 마틴 교회의 제의를 단호히 거절한 직후였다. 과격한 방직공들과 삼베 제조업자들이 식탁에서 나누는 대화는 "감정의 상당한 결핍"이 특징이었다.

"공장의 결함, 빚의 액수 등 이것저것 다 뺀 무미건조한 사실만이 잘 받아들여진다."

그런데 저 멀리 높이 보이지 않는 세계가 그 발원지인 강풍들이 바로 이들 사이에서 일어나고 있었다. 이들의 목사는 다음과 같이 말했다.

"사랑스러운 나의 교구는 작은 낙원입니다."

맥체인의 사역활동이 늘어가고 있었으며 거기에 많은 인파들이 몰려드는 가운데에서도, 맥체인은 늘 인간적인 연민을 지니고 있었다.

맥체인은 생명보험의 윤리에 대해 자기 아버지와 왕성한 토론을 할 수 있었다.

그것은 기독교적인가?

그것이 신약성경의 가르침 속에 있는가?

그것이 예수의 마음과 뜻에 따르는 것인가?

법정 밖 사무 변호사인 아버지는 그것을 긍정적으로 지지했다. 그의 아들은 부정적으로 주장했다. 반대편 의견이 제시한 모든 이유와 증거들이 있음에도 불구하고, 맥체인은 자신의 신념을 굳게 옹호했다. 맥체인이 자기 의견을 포기하려면, '보물을 땅에 쌓아두지 말라'는 그리스도의 말씀을 '보물을 보험회사에 쌓아 두라'로 수정해야 했다.

  몇 달 뒤, 맥체인은 자신의 누이처럼, 스트로베리 기슭(Strawberry Bank)의 퍼스 로(路)에 자기들이 살 집에 들여놓을 가구와 도구 가재에 많은 관심을 보였다. 그는 자기 어머니가 한 개에 27실링(shillings)을 주고 골랐을 법한 의자들이 너무 비싸게 값이 매겨져 있다고 여겼고, 프랑스식 침대는 절대 사서는 안된다고 판단했다. 왜냐하면 작은 자기 방의 크기에 전혀 어울리지 않을 것이기 때문이었다.

  또 맥체인은 자기 체험을 이야기하는 일에 활기찬 즐거움을 많이 느끼곤 하였다. "심방을 한 어느 날"이라는 이야기가 그것을 증언하고 있다.

> 전 날 저녁 13집에 심방을 미리 알린 후, 전투 치를 준비를 하여 심방을 시작했습니다. 비록 내가 섬기는 교회에 속한 사람들이 그곳에는 서너 명뿐이었지만, 심방하는 집집마다 저를 매우 환대해주었습니다. 그 사람들 대부분은 옛 빛(Old Light)인 비국교도였습니다.[4] 이들 중에는 진정으로 경건한 사람들도 많이 있었습니다. 내가 만난 한 과부는 자녀와 손자가 모두 스물다섯 명이나 있었는데, 그 가운데 약 열두 명 정도가 그 날 집에 있었습니다. 나는 그 자녀들과 섞

---

4 맥체인의 '옛 빛'(Old Light) 친구들은 자기들에게 적용하고 있는 '비국교도'(dissenters)라는 용어를 인정하지 않았을 것이다. 1733년 이후로 그 사람들은 '분리파'(Seceders)로 알려지는 것을 더 선호했다. 이들은 스코틀랜드 교회로부터 강제적으로 분리 독립한 상태에 있지만 교회가 자유롭고 믿음을 지키고 개혁이 되면 곧 돌아갈 준비가 되어 있었다.

여 휴식을 취면서 아주 편안하게 그들 모두를 점검해보았습니다. 한 여인이 나에게 귀리 껍질을 발효시켜 끓여 만든 '수엔즈'(sowens)를[5] 저녁식사로 주었습니다. 그녀는 그 음식을 자기 남편을 위해 준비하고 있었던 것입니다.

나는 여섯 시가 되기 전에 내 집에 왔고, 고기와 차가 있는 식사를 하기 위해 자리에 막 앉았던 참이었습니다. 그 때 옷을 잘 차려입은 한 신사가 들어와서, 당장 자기와 함께 가서 자기 딸을 혼인시켜 주어야 한다고 생떼를 썼습니다. 결혼식에 아무 목사도 나타나지 않자, 사람들은 모두 불안한 마음으로 이제나 저제나 기다리고 있었습니다. 착오가 있어서, 그 사람들이 나에게 알리는 것을 깜빡 잊어버렸던 것입니다. 그 책임을 맡은 사람이 두 사람이나 되었는데도 말이지요.

신부는 과부 크록캣(Crockat)이었는데, 아름다운 여성이었습니다. 엘리자 누님은 그녀를 기억할 것입니다. 테일러(Taylor) 씨가 신랑이었습니다. 배가 고파 죽을 지경인데다 피곤하고 당혹스러웠던 저는 그래도 그 예식을 꽤 잘 진행했습니다. 그 두 사람을 아주 엄숙하게 부부로 단단히 묶어주었지요. 그리고 우리들은 관례에 따라 눈물을 좀 흘렸고, 이후 축하 행사와 포도주를 마시는 순서가 있었습니다. 저는 들러리나 감독에게 어울릴 법한 크고 부피가 큰 기다란 실크 스타킹 한 켤레를 선물로 증정 받았습니다.

나는 곧 그 자리를 빠져나와 차비(差備)를 차리고 뭘 좀 먹어 원기를

---

[5] "수엔즈"(sowens)는 귀리의 껍질에 남은 분말로 만든 스코틀랜드식 음식이다.

회복한 후, 일곱 시에 나의 성도들인 여러 가정을 한 집에서 심방하였습니다. 방 세 개가 모두 꽉꽉 찼습니다. 그래서 대부분의 식구들은 나의 시야 밖에 있어 보이지도 않았습니다. 우리는 마치 모퉁이 주변에 대고 아무렇게나 쏴대는 하이랜드 사람(Highlandman)의 총 같았습니다. 성도들은 잘 모여 주었으며 또 그렇게 하는 것을 즐기는 것처럼 보입니다. 전에 내 설교를 들은 적이 있는 한 로마가톨릭 교인이 이렇게 말합니다.

"목사 당신이 모든 사람을 이기고 있습니다. 당신은 가톨릭 교인이 되어야만 합니다."

맥체인의 애정을 필요로 하면서도 그의 시간 일부를 차지하기 시작한 여러 문제들 또한 있었다. 예를 들면, 교회 확장 위원회의 조직 문제가 대두되었다. 맥체인은 교구들을 새로 확장하고 예배 장소를 더 세우려고 만든 협회의 포파셔(Forfarshire) 지방회 총무가 되었다.

1837년 10월, 킬러몬트(Killermont)에서 열린 집 연회(house-party)[6]에 초대된 사람들 중에 맥체인도 있었다. 이 연회는 J. C. 컬코운(Colquhoun) 씨 저택에서 열렸는데, 이 사람은 의회에서 이 운동의 주역으로 활동하고 있었다. 찰머스 박사도 거기에 왔다. 토론은 "흥미롭고 활기차게" 진행되었는데, 연속해서 이틀

---

6 시골에 있는 저택에서 며칠씩 묵으면서 하는 파티 또는 거기에 초대된 사람을 일컬음-역주.

저녁의 밤늦은 시간까지 계속되었다. 맥체인은 이렇게 느꼈다.

> 그 분위기 자체에 무언가 거룩한 것이 느껴졌다. 찰머스는 이 필기용 테이블에서 내 맞은편에 앉아있었는데, 그의 덕망 있는 얼굴은 사람들에게 평화와 호의를 드러내고 있다.

그 당시 스코틀랜드에서 가장 합당하고 최선이 무엇이었든 간에, 그 일의 사령관들이 함께한 이 모임 때문에 맥체인은 교세 확장 전투에 적극적으로 참여하게 되었다.
"오! 모든 사람들이 알고 있는 순백색의 머리여! 오! 모든 사람들이 그 머리에서 나오는 말을 듣고 자기들의 조짐을 알던 목소리여!"
그리하여 맥체인은 그 인격이 성장하였고, 근면함에도 풍성한 열매가 있었다. 그 모든 것, 그 원천과 그 비밀 뒤에는, 하나님 안에서 그리스도와 함께 숨겨져 있는 생명이 있었다. 맥체인은 던시난의 네이언 목사에게 다음과 같은 편지를 썼다.

> 저는 용기도 별로 없고 가진 것도 별로 없습니다.
> 하지만 어린 아이가 그러는 것처럼 저의 손을 그 분께 드릴 뿐입니다.
> 그분이 저를 인도하시고 계셔서 저는 행복합니다.
> 제가 무엇을 더 바라겠습니까?

케직(Keswick)에서 열린 대규모 집회를 위해 마련된 천막 안에 있을 때에도, 맥체인은 집에 있는 것처럼 편안함을 느꼈을 것이다. 그래서 다음과 같은 케직 찬송가를 불렀을 것이다.

> 여호와와 함께 거하네,
> 마음은 축복으로 충만하네,
> 주께서 약속하신 대로,
> 완벽한 평화와 안식을 찾았네.

맥체인은 하나님을 의지하는 자세로 살았으며, 하나님과 교제하는 분위기 속에서 살았다. 또한 하나님을 신뢰하는 자세를 유지하고 또 하나님과의 교제를 실천하는 데도 신경을 썼다.

그의 첫 번째 관심은 자기 자신의 영혼을 양육하고 보살피는 일이었다. 매일 아침 그는 다른 일들을 시작하기 전에 그 일을 먼저 했다. 하나님과 함께 보내는 시간을 가질 수 있기 위해 그는 아침 일찍 일어났다. 아마도 맥체인은 하루의 일과를 마친 후 심신이 지친 상태에서 밤늦게 잠자리에 들었을 것이다. 그러나 그는 다음과 같이 말했다.

"십자가의 군사는 힘든 일을 견뎌내야 한다."

그리고 그는 아침 일찍 일어났다. 맥체인은 자기 영혼을 하늘의 것들과 조화시키게 위해 시편을 노래로 부르곤 했다. 그리고 자리에 앉아 자기 주님의 살아있는 말씀을 읽고 표시하고 배우고 마음속으로 소화를 시켰다.

흔히 성경 세 장을 연속으로 연구했다. 그리고 기도에 효과적으로 몰입해서 필요한 것을 공급받았다. 그러면 잠자는 시간을 연장할 때보다 더 원기가 솟았다. 이제 맥체인은 모든 선한 일을 위한 차비와 준비를 마쳤다.

성경을 펴놓고 은밀한 장소에서 하는 묵상을 통해 선한 일에 대한 그의 이상들이 높아져갔다. 우리가 보게 될 그 4절판 크기의 두 권의 공책 중 한 권에서 따온 인용이 그것을 증언해줄 것이다. 그 인용문은 매우 단순하며, 매우 예리하며, 지대한 영향력을 가지고 있다.

그 인용문의 제목은 다음과 같다.

"목사는 어떤 사람이 되어야 하는가? 답은 데살로니가전서 2장에 있다."

다음은 그 답이다.

1. "우리 하나님을 힘입어."

    하나님께 가까이 하여, 하나님께 사랑함을 입은 자 그리고 자기 속에 살아 계시는 하나님을 가진 자의 용기를 가지라.

2. "하나님의 복음을…전하였노라."

    목사는 복음을 전하는 목소리가 되어야 하며, 기쁜 소식을 전하는 사자가 되어야 한다.

3. "많은 싸움 중에."

    목사는 하나님과 씨름을 하여야 하고, 사람들과도 씨름을 하여야 한다.

4. "부정에서 난 것이 아니오."

    목사는 마음과 눈과 말이 순결해야 한다.

5. "간사함이나…속임수로 하는 것도 아니라."

    간교한 속임수나 기만이 없어야 한다. 목사는 오직 단 하나의 목표만을, 즉 그리스도의 영광만을 목표로 가져야 한다.

6. "오직 하나님께 옳게 여기심을 입어."

    목사는 하나님의 것을 맡은 청지기라고 느껴야 한다.

7. "사람을 기쁘게 하려 함이 아니요 오직 우리 마음을 감찰하시는 하나님을 기쁘시게 하려 함이라."

    목사는 마음을 시험하시는 하나님께서 인정하실 것만을 말해야 한다.

8. "아첨하는 말…을 쓰지 아니한 것을."

    목사는 사람들을 그리스도께 인도하기 위해서라 할지라도 결코 사람들에게 아첨해서는 안 된다.

9. "탐심의 탈을 쓰지 아니한 것을."

    돈이나 선물 따위를 구하지 않는다. 한 마음으로 자기 일에 전념해야 한다.

10. "사람에게서는 영광을 구하지 아니하였노라."

    목사는 칭찬을 바라서는 안 된다.

11. "유순한 자가 되어 유모가 자기 자녀를 기름과 같이 하였으니."

12. "너희를 사모하여."

    자기 사람들의 구원과 성장에 대한 내면의 애정과 열망을 가져야 한다.

13. "우리의 목숨까지도 너희에게 주기를 기뻐함은."

    기꺼이 그들을 위해 손실을 입을 각오를 해라. 심지어 생명을 손실한다 할지라도, 그 손실을 당할 각오를 해라.

14. "밤낮으로 일하면서."

15. "폐를 끼치지 아니하려고…하나님의 복음을 전하였노라."[7]

   자기 사람들 그 누구에게도.

16. "거룩하고."

17. "옳고."

18. "우리가 너희 믿는 자들을 향하여 어떻게 흠 없이 행하였는지에 대하여."

   매일의 행실.

19. "각 사람에게…권면하고."

   목회의 개별성.

20. "아버지가 자기 자녀에게 하듯"

   권위와 사랑.

21. "우리가 하나님께 끊임없이 감사함은."

   목사는 쉬지 않고 감사하여야 한다.

22. "잠시 너희를 떠난 것은 얼굴이요 마음은 아니니"[8]

   몸으로 함께 있지 않을 때는 마음으로 자기 교우들과 함께 있어야 한다.

23. "너희 얼굴 보기를 열정으로 더욱 힘썼노라."

24. "우리의 소망이…무엇이냐…너희가 아니냐"

---

7 "To preach without being chargeable." 여기서 맥체인은 성경 구절을 그대로 인용하지 않고 약간 수정했다. - 역주

8 "in heart, when not in presence." 여기서 맥체인은 성경 구절을 그대로 인용하지 않고 약간 수정했다. - 역주

이것이 목사를 활기 있게 만든다.
25. "기쁨이니라."
즉각적인 기쁨.
26. "자랑의 면류관."
목사가 무덤 저 너머를 바라볼 때.

이렇게 심사숙고해서 일련번호를 붙여가며 세세하게 적어놓은 것 속에는, 경이로운 무엇이, 적극적이고 양날을 가진 검보다 더 날카로운 무엇이 있었다.

1838년 어느 오후, 맥체인이 교회 확장 일로 토마스 거스리(Thomas Guthrie) 목사와 함께 출타 중이었다. 그 당시 거스리는 알벌롯(Arbirlot)에서 에딘버러로 새로 옮겨와 있었다. 그 때 집에 있던 맥체인의 누나는 맥체인이 자기에게 보낸 편지의 내용을 읽어보고 깜짝 놀랐다.

사랑하는 엘리자 누나에게,

내가 거스리 목사님과 함께 귀가하지 않아, 누님이 깜짝 놀랐을 것입니다. 제가 돌뿌리에 넘어지는 바람에 내일까지 여기 남아 있는 것이 더 나을 것 같습니다. 내일 던디로 가겠습니다. 거스리 목사님이 어떻게 해서 내가 그리 되었는지 누님에게 말해 줄 것입니다. 제임스에게 오늘 저녁 수업은 없다고 전해주십시오. 사람들이 헛수고하지 않도록 제임스가 최선을 다해 모든 사람들에게 알려줘야 할 것입니다. 내가 수요일에는 블레어고우리(Blairgowrie)에 있기를 여전히 바라고 있습니다. 그렇지만 물론 아직은 모르겠습니다. 그리어슨

(Grierson) 목사님 부부는 아주 친절하신 분들이십니다. 뼈가 부러지지는 않았습니다. 멍이 좀 들었을 정도입니다. 그 멍 때문에 가슴통증이 좀 있습니다.

진지하고 마음이 여린 이 여성은, 이 받은 편지 뒷면에다 이렇게 써놓았다.

"로버트. 에롤(Errol)에서, 그의 모든 뼈를 보호하심이여 그 중에서 하나도 꺾이지 아니하도다(시 34:20)."

무슨 일이 있었던 것일까?

에롤에 있는 목사관 정원에는 철봉 몇 개가 있는데, 맥체인 자신이 그리어슨 목사의 어린 아들을 즐겁게 해주기 위해 세운 것이다. 그리어슨은 고우리(Gowrie)의 강가 저지대에 있는 아주 아름다운 마을의 목사였다. 그 자신이 남자답고 활기가 많은 사람이어서, 그는 맥체인 목사에게 한 번 철봉 기술을 보여 달라고 도전을 했다.

그런데 맥체인이 발꿈치와 손이 땅에서 1미터 80센티쯤 떨어진 곳에 매달려 있을 때, 그 철봉 한 개가 갑자기 뚝 하고 부러졌다. 그리고 보는 사람이 끔찍할 정도로, 그는 엄청나게 크게 '쿵'하는 소리와 함께 떨어져 등을 땅에 부딪쳤다. 맥체인 목사가 몹시 아파했으므로 그를 목사관 안으로 옮겼다. 그러나 하나님께서 지켜보고 계셨다. 그 사고의 결과는 생각보다 덜 처참했다. 적

어도 겉보기로는, 곧 그 나쁜 일은 지나갔다.[9]

그럼에도 불구하고 그의 육신은 약했다. 던디에서 보낸 첫 몇 년 동안 맥체인은 자신의 육신이 약하다는 것을 자꾸 생각해보게 되는 일들이 생겼다. 그것에 대해 싸울 수 있는 한, 맥체인은 패배를

---

9   거스리 박사의 자서전에는 이 사고의 결과가 어쩌면 너무 과도하게 과장되어 있을지도 모른다. 거기에는 "그를 죽음으로 몰고 간 병이 시작되었다"고 기록되어 있다. 그리고 덧붙이기를, "이전과는 다른 사람이 되었다." 그러나 보나(Bonar) 양의 친절함 때문에, 나는 그녀의 아버지에게 에롤의 그리어슨 박사가 1874년 8월에 쓴 편지 한 통을 입수했다. 그리어슨 박사는 그 당시 84세의 노인이었다. 그는 가 버린 지 오래된 그 여름의 아침에 일어난 사건을 아주 생생하게 회상하고 있다.
그 일은 1838년 8월 28일에 일어났다. 로버트 맥체인은 4주 전에 있었던 우리의 성찬식에 참여했었다. 맥체인은 친절하게도 몇 가지 체조 운동 기술을 아들에게 보여주기도 하고 가르쳐주기도 하면서 그 당시 10살이었던 나의 큰 아들을 즐겁게 해주었다. 맥체인은 이 목적을 위해서 간단한 운동기구 하나를 세우는 것이 어떻겠냐고 나에게 제안했다. 이 제안은 서로 약 1미터 20센티쯤 떨어지게 똑바른 기둥 2개를 세움으로써 이루어졌다. 그 중의 한 기둥은 나무에 못을 박아 고정시켰다. 각각의 그 두 기둥에는 둥그런 구멍들을 뚫어놓았다. 수평으로 가로 막대기 양 쪽 끝을 끼우기 위해서였다. 아침을 먹은 후에 로버트는 자기가 추천한 것이 현실화되고 있는 것을 보고 기뻐한 나머지, 자기 스스로 그 기구를 한번 사용해보고 싶어 했다. 그래서 그 나무로 만든 철봉이 충분히 튼튼한지 물어보았다. 수직 압력만 주로 생각했던 나는 맥체인보다 훨씬 더 체중이 무거운 남자가 그 수평봉에 매달린 적이 있었다고 말했다. 맥체인은 수평봉까지 자기 턱을 끌어올렸다.
그러더니 맥체인 목사는 그 봉 위에 냉큼 뛰어오르더니 땅에서 거의 1미터 80센티나 높은 그 봉에 걸터앉았다. 갑자기 휙 옆으로 당기는 힘에 의해, 내려오면서 공중제비를 하니까, 그의 몸무게의 영향력은 곧은 나무 봉 하나로 지탱하기에는 너무 무겁다는 것이 증명되었다. 아래쪽 구멍 중 하나가 쪼개졌던 것이다. 그래서 안타깝게도 거스리 박사가 언급했던 바와 같은 떨어지는 사건이 일어났던 것이다.
즉시로 응급 처치가 이루어졌다. 심각한 부상을 당하지는 않았다. 이틀 뒤에 맥체인은 자기 조랑말을 타고 던디로 돌아가서 주일에 자기 교회에서 설교를 했다. 그 다음 날에는 블레어고우리에 있는 자기 친구 맥도날드 목사를 방문하러 갔다. 철봉에서 떨어진 이 사건에 대해 극단적으로 말해도 된다면, 그 사건은 맥체인이 고된 성경 연구와 설교, 그리고 다른 목회 일들로부터 휴식을 얻기 위한 추가적 이유로 보는 것이 정당하다고 볼 수밖에 없다는 것이다.

인정하려 하지 않았다. 맥체인 속에는 군인다운 구석이 있었다.

"저는 감기가 걸리면 별것 아닌 것 같이 한두 번 툴툴대지요, 마치 채석장에서 잔돌이 우르르 떨어져 내리는 것 같이 말입니다."

맥체인은 자기 어머니를 안심시킨다.

"그러면 다른 데도 모두 다 괜찮아지고 힘이 납니다."

맥체인의 어머니는 아들을 위해 '백포도주를 넣어 쑨 귀리죽'을 처방했으리라. 그러나 맥체인은 더 효험 있는 치료법을 알고 있었다.

"어제 설교할 때는 훨씬 컨디션이 좋았습니다. 가벼운 모든 감기에는 설교보다 더 좋은 치료법이 없습니다."

맥체인의 "사랑하는 친구이자 의사"인 깁슨 박사는 때로 그렇게 용기 있고 고집스럽게 병을 인정하기 싫어하는 환자를 보면 어찌할 줄을 몰랐다. 엘리자가 병에 걸렸다 회복된 후, 깁슨 박사는 그 두 사람에게 건강에 좋은 강의 내용을 읽어줄 기회를 붙잡았다.

> 엘리자는 여전히 아주 철저한 병관리가 필요하고, 이 점에 있어서는 자신의 사랑하며 존경하는 오빠가 보여준 모습보다 훨씬 더 잘 모범을 따라갈 것이고, 또 동시에 오빠에게도 그 모범을 보여줄 것이라 저는 확신합니다.

질병과 싸움

맥체인이 병으로 쓰러져 결국 의사를 부르지 않을 수 없었을 때, 증상이 사라지자마자 맥체인은 얼마나 기쁘게 자신의 증상을 회상하면서 치료비를 지불하겠다고 고집부렸던가!

> 친애하는 의사 선생님,
> 제가 당신의 처방전과 명령과 지시사항의 책에서 종이 한 장을 빌리도록 허락해주세요.
> "이 금(金)과 종이"(Hoc aurum et papyr)를 혼합하고 주머니에 넣고 "가루약"이라고 부르세요.
> 그리고 재빠르게 삼키세요.
> 의사 선생님,
> 제발 그렇게 해주셔야만 합니다.
> 나의 의사 선생님이 진료비 없이 일하시는 것보다는 제가 사례비가 없고, 만찬이 없고, 마실 차가 없는 것이 낫습니다.
> 이런 강요를 용서해주세요.
> 그리고 제가 바쁜 것을 이해해주세요.
> ―당신을 친애하는 R. M. 맥체인으로부터.

> 적절할 때 어리석게 행동하는 것은 달콤합니다
> (Dulce est desipere in loco).

그런데 1838년이 끝나갈 무렵, 맥체인은 아주 심하게 병이 들었다. 철봉에서 떨어졌던 그 사건의 결과가 질질 오래 끌어서도 아니고, 양쪽 폐에 있는 해묵은 문제 때문도 아니었다. 두근두근 마구 뛰는 심장 때문이었다. 이것은 온 몸이 약해질 것이라는 전조이고 신경이 엉망이 되었다는 징후이다.

맥체인은 어쩔 수 없이 얼마동안 던디를 떠나 에딘버러 집으로 돌아가 있어야 했다. 한 주, 또 한 주가 지나가면서 그렇게 시간이 흘러갔다. 하지만 맥체인은 여전히 거기 있었다.

그리고 1839년 이른 봄에, 전혀 기대하지 않았던 일이 맥체인의 앞에 벌어졌다. 그의 회중이 맥체인 목사를 다시 볼 수 있기까지 몇 달이 지나서야 했다. 성도들을 사로잡은 그 슬픔은 이루 다 말할 수 없었다. 꼬리에 꼬리를 물고 에딘버러로 편지들이 날아왔다.

한 가난한 여인은 "우리 금촛대요 빛나는 별"이 없음을 애통해했다. 맥체인 목사의 건강에 대해 알려달라는 한 통의 간청서에 세 명의 성도가 각각 자기의 이름을 서명했다. 그들은 말하기를, "마음에 가득 찬 것이 있을 때 그 입술은 말하지 않을 수 없습니다"라고 했다.

교회 직분자 한 분이 교회로부터 떠나계신 목사님에게 매주 목회 편지를 쓰시게 해서 목요일 기도회 시간에 읽어주게 하는 것이 어떻겠냐고 제안했다. 그래서 맥체인은 자주 그렇게 했다. 장로들이 개인적으로 모이는 한 작은 모임에는 장로가 아닌 다른 이들도 몇 사람 나왔는데, 이 모임은 월요일 저녁에 시작되었다. 맥체인 목사의 회복과 목자가 없는 양떼에게 하나님의 축복이 함께 하시기를 간절히 중보 기도하는 긴급한 목적을 가지고 모이는 모임이었다.

앤드루 보나 목사가 성 베드로교회를 방문하고 와서 후에 다음과 같이 맥체인에게 보고했다.

목사님은 목사님의 양을 선한 목자인 그분의 손에 맡겨두셨습니다. 그 중 몇이 음매~하고 푸념하는 소리를 들었습니다. 그러나 주님이 그들을 먹이실 것입니다.

맥체인이 은거 생활을 하는 것이 하나님의 계획의 일부라는 것과, 그 추수는 맥체인이 일을 맡아 수고하였던 그 때만큼이나 풍성할 것이라고 보나는 또한 확신했다.

우리 시대는 성령을 무척 필요로 하고 있습니다. 그래서 만약 기도하는 자기 종들을 하나님께서 '황무한 곳에 따로 떨어져' 있게 인도하셔야 할 일이 생긴다면, 그것은 전혀 놀랄 일이 아닐 것입니다. 하나님은 엘리야가 증거 하였던 그 수많은 이스라엘 사람들에게서 엘리야를 데려가셔서 갈멜산에서 혼자 지켜보면서 비가 오기를 일곱 번 기도하게 하셨습니다.

그것은 때에 맞는 말이었고, 진실로 주님의 날이 가까이 와있음을 예보하는 것이었다.

5. 저 거룩한 들판

『회고와 유고』(*Memoir and Remains*)에 보존되어 있는 맥체인의 설교 중 한 편은 바울의 서신을 본문으로 하는 "먼저는 유대인에게요"이다. 그 원고의 날짜는 1839년 11월로 되어 있다. 그러나 이 설교의 초기 형태가 이미 2년전에 존재했다. 그때 그 설교의 논지와 예증은 그 내용을 압축시켜 줄인 형태로 보존하고 있는 수많은 원고들이 들어있는 그의 공책에서 찾아볼 수 있다. 맥체인은 묻는다.

어째서 복음은 먼저 이스라엘의 아들들과 딸들에게 전파되어야 하는가?

네 가지 이유가 있다.

첫째, 하나님의 명령이 있다. 그리고 이 문제에 대한 하나님의 뜻이 얼마나 뚜렷하고 단호한지를 입증하기 위해 구약과 신약이 인용되어 있다.

둘째, 자기의 옛 백성의 친구들에게 하신 하나님의 약속과 그들의 적들에 대한 하나님의 위협들이 있다.

셋째, 심지어 이스라엘이 포로 상태에 있을 때도 이스라엘을 향한 하나님의 사랑과 여전히 이스라엘을 기억하시는 그치지 않는 사랑이 있다.

넷째, 또한 이 세상의 생명과 건강에 대한 이스라엘 백성들의 중요성이 있다. 세상의 황무지와 세상의 갈급한 백성들에게 거듭난 이스라엘은 "여호와께로부터 내리는 이슬 같"을 것이다(미 5:7). 이렇게 초창기 사역에서, 맥체인은 유대인들을 위해 고동치고 있는 자기 마음속의 따스한 애정을 보여주었다.

이제 맥체인은 팔레스타인을 직접 보게 될 것이다. 이것은 그가 병든 몸을 가지고 던디를 떠날 때는 꿈도 꾸어보지 못했던 놀라운 일이었다. 그러나 그의 몇몇 친구들에게는 병이야말로 맥체인이 그곳에 가야 하는 주된 이유로 보였다. 풍경과 주거지가 바뀌기 마련인 여행이 맥체인의 연약한 체구에 왕성한 힘을 불어넣어줄 것이라고 그들은 생각했던 것이다.

이보다 시간적으로 조금 앞서서, 스코틀랜드 교회는 그리스도의 왕국의 진보를 위한 교회 내적 자극을 통한 새로운 염려에 의해, 성지(聖地)와 동유럽과 중유럽의 여러 나라들에 유대인들의 수와 상태와 특성을 파악하기 위한 조사대를 보내기로 결정을 했었다. 유대인들의 수와 상황, 성격 등 그들의 실태를 알아보고 오라는 사명을 주었던 것이다.

두 명의 노련한 전문가가 선발되었다. 이들의 "학식과 경건과 열정과 신중함"은 총회를 충분히 만족시켰다. 그들은 바로 성 고레스(St. Cyrus) 교회의 목사이자 예언이라는 주제에 대한 여러 권의 책을 저술한 저자인 알렉산더 키스(Alexander Keith) 박사와 애버딘(Aberdeen)에 있는 마리스칼(Marischal) 대학의 신학 교수인 알렉산더 블랙(Alexander Black) 박사였다.

이들과 함께 서부 지역의 존경받는 장로인 글라스고우(Glasgow)의 로버트 워드로우(Robert Wodrow) 씨가 함께 가기로 되었다. 이 사람은 그 『선집(選集)』(*Analecta*)의 필자의 증손이었다. 그 날이 끝나갈 무렵, 자신이 이 대규모 사업에 함께 참여할 수 없다는 것을 워드로우 장로가 알게 된 것은 정말로 애석한 일이었다. 이 사업의 생각 자체가 사실은 그에게서 나온 것이었고 수년간 간절히 품어온 꿈이었기 때문에 더더욱 안타까웠다.

그런데 이제 이 사업에 주된 책임을 맡고 있는 캔들리시(Candlish) 박사가, 로버트 맥체인 목사와 앤드루 보나(Andrew Bonar) 목사가 이 대표단의 일원으로 가는 것이 좋겠다고 제안한 것이다. 1839년 3월 8일, 보나 목사는 맥체인에게 다음과 같이 쓰고 있다.

> 하늘에 계신 당신의 의사께서 얼마나 친절하신지 보십시오. 목사님을 위한 그분의 치료 수단은 바로 '레바논(Lebanon)의 향기'요, 하나님의 땅의 훈훈한 공기입니다. 오 임마누엘(Immanuel).

그러나 얼마동안 보나 목사는 이 조사대에서 자기 자신이 해야 할 일에 대한 확신이 서지 않았다. 보나는 같은 편지에서 이렇게 말하고 있다.

목사님의 길은 분명합니다. 소리 없이 아픈 시련을 당하고 있는 목사님에게 그 여행길이 틀림없이 위안을 줄 것이므로 나는 그 위안으로 인해 기쁩니다. 이전과는 다른 방법으로 목사님의 발이 평안의 복음을 나르게 될 것이기 때문입니다.
하지만 나의 길은 분명할까요?
내가 당신의 입술에 넣어준 이 노래를 내가 아직도 부를 수 있다고 생각하지 않습니다.

하나님은 우리에게 빛을 비추어
일으키시는 주님이시다.

나의 문제점들은 다음과 같습니다.
1) 목사님께서 블랙 박사와 함께 가시기에, 언어적인 면에서 나의 도움을 별로 필요로 하지 않습니다.
2) 그 주제가 대단히 중요하니 내가 함께 가야한다는 것이 목사님의 주장이지만, 그 주장은 다음과 같은 이유에서 외면당할 수밖에 없습니다. 비록 네 번째 사람이 혹시 에브라다(Ephratah)의 들판에 남아 있을지라도, 대표단을 구성하고 있는 그 세 명의 재능 있고 자격을 갖춘 사람들이 그 여행의 모든 목표를 달성할 수 있을 것입니다.
3) 나는 아직 나의 교구 사람들에게 공급해줄만한 아무런 빛도 얻지 못했습니다. 반면, 문의는 해보았지만, 내가 그 대원이 될지 아닐지도 나는 확인조차 할 수 없습니다. 지금 나의 교인들을 이 상태에 내버려두고 떠나는 것이 나에게는, 자기 목자의 음성을 아는

양떼를 풀밭으로 불러내고서는 곧 그 양들을 울부짖고 있는 이리들의 위험에 방치하고 있는 어떤 목자 같이 보입니다. 그 사람들 중에 회심한 자들이 있는지 아직 모르는 바로 이 상황이야말로, 나에게는 가지 말아야 하는 이유가 되는 것 같습니다. 이 사람들은 이제 막 사람의 모양을 어느 정도 갖춰가고 있는 중이어서, 그 일이 시작되기 전 해의 에드워즈(Edwards) 목사의 교인들처럼 설교에 전폭적으로 집중하고 겉으로 보이는 모습도 더 좋아졌으며, 젊은이들은 목사의 조언을 기쁘게 받아들이고 있는데, 이런 일은 흔치않은 일이거든요.

앤드루 보나는, 빌립보 교회에게 편지를 썼던 사도 바울처럼, "그 둘 사이에 끼었으니"(빌1:23)와 같은 상황이었다. 그러나 마침내 그의 길을 방해하고 있는 모든 장애물들이 제거되었다. 만일 자기가 그 조사대에 참여한다면, "어쩌면 이스라엘의 그 큰 목적에 유익이 될 지도 모른다"는 것을 그가 깨닫게 되었던 것이다.

그리고 콜래이스(Collace)에 있는 그의 교구 교인들에 관해서는 하나님의 은혜의 해의 전날 밤에 이렇게 말했다.

"나의 교구민들의 영혼을 주께 맡기는 일을 나는 두려워하지 않으리라. 세례 요한이 지나가자, 그리스도 그 분 자신이 오셨다."

자기의 친한 친구가 자기 옆에 있게 될 것이라는 것은 맥체인으로서는 정말 잘된 일이었다. 이 사역이 진행될 때, 연장자인 그 두 목사가 동료들보다 먼저 시리아의 뜨거운 열기와 수고를 포기하고 떠나지 않을 수 없었다. 그때 다윗과 요나단은 그 거룩한 사역을 끝까지 수행하기 위해 뒤에 남아서 있어야만 했다. 그리고 이들 두 사람은 그들을 스코틀랜드 집으로부터 멀리 이끈 그 사역을 하면서 모두 진정한 기쁨을 느꼈었다.

성 베드로교회는 맥체인에게 축복을 보냈다. 장로들은 3월 11일에 다음과 같이 썼다.

> 우리는 그 제안에 동의하며, 목사님이 사명감에 따라 지금껏 행동해 오셨다는 것을 잘 알고 있습니다. 목사님에게 자신의 건강에 영향을 끼칠 수도 있는 여러 가지 점들을 잘 생각해보시라고 강요한 적은 없었지만, 목사님의 교인들인 우리들로서는 목사님의 건강이 좀 염려가 되기는 합니다. 우리는 그 계획에 방해가 되는 어떤 걸림돌도 놓을 생각이 전혀 없습니다. 이스라엘의 집뿐 아니라 그리스도의 교회에게도 깊이 관련성이 있는 결과물들이 그 계획 속에 가득 차 있기 때문입니다.

그 편지는 이렇게 계속 이어졌다.

> 비록 얼마간 서로 떨어져 있게 되기는 하겠지만, 우리는 은혜의 보좌로 나아가는 특권을 사용할 것입니다. 그리고 우리 서로에 대한 염려와 바람들을 그 보좌의 발등상에 내려놓을 것입니다. 거기서, 우리는 우리와 떨어져 있는 목사님을 종종 생각하게 될 것입니다. 또한 목사님도 거기에서 자신의 교인들을 잊지 않고 기억해주실 줄 우리는 잘 알고 있으니까요.

그 편지는 선생과 그의 가르침을 받는 자들을 결속시켜주는 애정 어린 친밀감을 구구절절이 잘 표현하고 있다. 그리고 문장마다 그 편지를 작성한 그 사람들의 지혜와 선함 또한 잘 드러나고 있다. 그 길고 긴 작별 편지는 이렇게 아름답게 끝을 맺었다.

> 하나님께서 목사님의 여행길에 동반자가 되어주시기를 바랍니다. 하나님께서 목사님에게 하나님의 사랑을 풍성히 알게 하심으로, 목사님의 영혼에 힘을 북돋아 주시기를 바랍니다. 또 하나님께서 목사님을 목적지까지 안전하게 인도해주시기 바랍니다. 한때는 영광스러웠던 성전의 폐허 한 가운데에, "터가 높고 아름다워 온 세계가 즐거워"(시 48:2)했던 저 시온 산 위에 목사님이 두 발로 우뚝 섰을 때, 성령님 그분께서 "헐몬의 이슬이 시온의 산들에 내림 같"이 목사님 위로 내려오시기를 바랍니다. 거기서 주님께서 복, 곧 영생을 명령하시기를 원합니다(시 133:3). 다시 말씀드리거니와, 우리는 아브라함과 이삭과 야곱의 하나님께서 목사님을 반드시 지켜주실 줄 믿습니다.

이런 목사와 이런 직분자들을 가진 그 교회는 세 배, 네 배로 축복받은 자들이다. 여행의 세부적인 이야기로 미적거리며 시간을 끌 필요는 없다. 여행에 착수했던 그 당시에는 이런 여행은 매우 보기 드문 것이었고, 또 성취한 것 역시 특이한 것이었기 때문이다. 『유대인들에 대한 조사 파견 임무 이야기』(*Narrative of a Mission of Inquiry to the Jews*)의 저자들은 다음과 같이 말하고 있다.

이전에 스코틀랜드 교회의 어떤 성직자가 저 거룩한 성을 방문하는 특권을 누린 적이 있었는지 우리는 알지 못한다. 우리 네 사람은 우리에게 향하신 하나님의 선하신 손으로 여기까지 왔다. 그러므로 우리는 그것이 좋은 일이 있을 징표일 것이라고 믿었다. 그리고 어쩌면 우리가 사랑하는 교회에 보다 더 밝은 날이 밝아오고 있는 것일지도 모른다고 믿었다. 흩어져 있는 이스라엘과 죽어가고 있는 세상을 위하여 자기를 부인하고 넓은 마음으로 분발하는 날이라고 믿었다.

위에서 언급한 『유대인들에 대한 조사 파견 임무 이야기』에 그 자세한 이야기가 나와 있다. 이 책은 앤드루 보나와 로버트 맥체인 이 두 사람이 돌아와서 함께 쓴 책이다. 이 책에 관해 찰머스 박사는 그 두 사람 중 한 사람에게 다음과 같이 편지를 썼다.

저는 이 책을 아주 귀중하게 여기고 있습니다. 이 책은 이 시간까지도 읽을 만한 가치를 충분히 가지고 있기 때문이지요. 이 책이 성경에 대해 빛을 던져주고 있기 때문입니다. 그리고 책의 장들마다 아브라함의 씨를 향한, 즉 오랫동안 길을 잃어버렸으나 그 보다 더 오랫동안이나 귀히 여김을 받았던 하나님의 자녀들을 향한, 고동치는 사랑의 열정이 있기 때문이기도 합니다.

그리고 여기 맥체인이 자기 집으로 보냈던 상세하고 꼼꼼하며 생생하게 쓴 편지들도 있다. 모두 다 해서 열다섯 통이다. 이 편지들을 보면, 맥체인의 여행일정은 1839년 3월 29일 햄프스

테드(Hampstead)에서부터 시작하여, 프랑스와 이탈리아, 발레타(Valetta), 알렉산드리아(Alexandria), 갈멜산(Carmel) 자락에 있는 격리 수용소와 베이루트(Beyrout)와 서머나(Smyrna), 갈라츠(Galatz)와 타노폴(Tarnopol)과 브레슬러(Breslau)를 거쳐, 11월 6일에 템즈강(the Thames)으로 다시 돌아오고 있다. 그 사람들이 꽉꽉 채워 쓴 지면을 통해서 그가 보았던 경치들이 어떻고, 그가 만났던 사람들이 어떤 사람들이었는지 대충 훑어보기보다는, 맥체인의 인간적인 면모를 조명해주는 것을 찾아보기로 한다.

"해바라기가 늘 저 위대한 태양을 따라 돌고 있듯이," 맥체인은 자기 생각과 마음을 하나님과 더 나은 세상을 향해 들어 올리는 것에 아주 본능적으로 익숙해져 있었다. 이 둘 중 그 첫째 즉 하나님을 따르고 있는 것은 분명하다. 에딘버러에서 배를 타고 런던으로 가고 있을 때, 맥체인은 바다 갈매기들이 배를 따라오고 있는 것을 보았다. 갈매기들은 똑바로 따라오지 않고 이쪽저쪽으로 날면서 따라왔다.

> 저렇게 내 영혼도, 내가 원하는 것이 아니라 그리스도를 계속 따른다. 그렇게 하면 나는 그분으로부터 떨어져 나와 길을 잃고 방황하지 않고, 오히려 지칠지라도 이리 저리 따를 것이다.

누군가 바람이 순조로우냐고 묻는 소리가 들렸을 때, 맥체인은 선장이 대답하는 소리를 들었다.

"아주 좋습니다. 그렇지만 돛을 올릴 정도는 아닙니다."

맥체인은 이렇게 회고하고 있다.

외견상 하나님의 성령을 꽤 충만하게 가지고 있는 것 같이 보이는 그리스도인들이 많다. 하지만 돛을 올려도 좋을 만큼 충분히 가지고 있지는 않다. 그래서 앞으로 나아가지 못하는 것이다.

저 멀리 크로머 돌출해안(Cromer Point)에서 등대의 불빛이 규칙적으로 깜빡거리는 것이 보였다.

하나님의 목사들도 저렇게 물 위를 비춰주는 등불이 되게 하소서. 그리하여 잔잔한 바다에서 항해하는 사람들과 파선 직전에 있는 사람들을 안전하게 안내하게 하소서. 또 이 등대 불빛처럼 목사들도 360도 늘 회전하게 하소서. 그래서 자기들의 영향력이 미치는 범위 안에 있는 사람 모두에게 축복의 말씀을 전하게 하소서.

런던이라는 광야가 맥체인을 경악시켰다.

"이 도시는 나의 생각과 정서를 모두 다 갉아먹는다."

그러나 활도 이따금 휘지 않을 수 있다는 것을 발견하게 되어서 우리는 기쁘다. 안내원과 함께 맥체인은 콜리시엄 극장(the Coliseum)을 가보고 거대한 도시의 "참으로 놀라운 전경"을 증언했다.

"머리가 어찔하였다. 성 바울교회의 꼭대기에서 떨어질까 봐 건너편을 바라보기조차 무서워했었다."

프랑스에 도착하자, 맥체인은 자신의 주의와 관심을 불러일으키는 신기한 것들을 많이 발견하였다. 애버빌(Abbeville)에 있는 숙소에서는 만족스럽다기보다는 놀랍다고나 해야 할 거창한 저녁 식사를 하였다.

먹을 것들이 너무나 많아서 나는 오히려 굶주려 죽는 쪽이 낫겠다고 생각했다. 하프를 타는 사람은 식사 내내 우리들을 즐겁게 해주었다. 이것은 전도서에 기록되어있는 솔로몬의 경험과 같은 것이다.

맥체인은 한탄했다.
"불쌍한 도시 파리는 주일을 전혀 모르고 있다."
맥체인과 그의 동료들은 바쉬르오베(Bar-sur-Aube)에서부터 부지런히 마차를 타고 다니면서 차창 너머로 지나다니는 사람들과 마을 도로에 전도지를 뿌리느라 하루 종일 바빴다.

그 일은 대표단 중에서 나이가 젊은 단원이 먼저 시작하였다. 그런데 이 전염병은 이내 급속하게 퍼져나가서, 급기야는 신학 교수가 전도지를 나누어주든가 또는 들판에서 일하고 있는 사람들에게 바람결에 전도지들을 날려 보내면서, "여기요! 당신의 자녀들을 위한 소책자예요!"(Voilà! Un petit livre pour votre enfant!)하며 외치는 즐거운 광경도 보게 되었다.

느릿느릿 달리는 지루한 승합마차의 감옥에서 벗어나, 싸온(Saône) 강이나 론느(Rhone) 강에서 배를 타는 자유도 누리게 되었다. 아비뇽(Avignon)에서, 맥체인은 자기 누이에게 이렇게 말하고 있다.

화살같이 빠른 론느 강은 정말 멋진 강입니다. 넓고 깊고 빠르게 흐른답니다. 돛을 모두 올리고 그 강을 따라 내려가는 것은 세상에서 가장 멋진 일 중의 하나일 것입니다.

그런데 강 입구에서 그들은 거세게 추운 바람의 폭력을 만났다. 그 바람은 지중해로부터 불어오고 있었다. 그 폭풍 속에서 배를 모는 프랑스 사람들은 대단히 큰 실수를 저지른 사람들보다도 더 왜소해 보였다.

> 만일 위험스럽지만 않았더라면, 그 사람들이 이리 저리 뛰어다니는 모습을 보는 것은 정말 재미있었다. 한 사람은 닻을 내리러 달려가고, 또 한 사람은 밧줄을 가지러 달려가고, 또 한 사람은 조타실로 뛰어가고, 사람들이 모두 허둥지둥 대고 있다.

성 베드로교회에서는 성례일로 지키고 있을 그 주일에는 부득이하게 한 작고 외로운 섬에서 보냈다.

> 대략 열 두 채 정도 되는 어부들의 통나무집과 정원에 있는 무화과나무 한 그루, 문 밖의 포도나무 한 그루, 한 떼의 당나귀들, 그리고 별것 아닌 물건들 한 무더기가 그 곳 경치의 전부였다. 우리는 한 나무 밑에 앉아 멜리다(Melita)에서 파선한 바울 이야기를 읽었다. 그리고 대체적으로 조용하고 즐거운 주일을 보냈다.

그리고 나서 '그 영광스런 제노아(Genoa) 만(灣)'에 왔다. 나중에는 회당과 레그혼(Leghorn)의 랍비들을 만나러 다니느라 일주일을 다 썼다. 그곳에서는 스코틀랜드의 선교사들과 그들이 하고 있는 심부름 때문에 신나는 일이 많았다. "아주 멋진 기선과 군수 관리 정보체계를 갖춘" 리컬거스(Lycurgus) 호(號)를 타고, 레그혼에서 말타(Malta)까지 항해를 했다. 맥체인은 말하였다.

> 나는 갑판에 누워서 온 사방 수평선까지 완전히 빙 둘러 있는 바다를 이쪽저쪽으로 둘러보는 것이 참 기분 좋았다. 그렇게 하니까 내 자신은 아주 작게 느껴졌고, 반대로 하나님은 아주 크게 느껴졌다.

발레타와 알렉산드리아 사이를 여행할 때, 맥체인은 "육군 소령 도날드가 말했던 서인도(the West Indies)의 하이랜드(Highland) 상사의 이야기가 생각나기 시작했는데, 그 상사는 매일 아침 사투리로 "소령님, 또 날이 뜨거울 것 같습니다!"라고 말하며 자기 상사에게 경례를 붙이곤 했다. 여기 이 위도(緯度)에서도 매우 덥다.

그러나 그리스 섬들 사이를 여행할 때, 앤드루 보나와 맥체인은 그런 사소한 불편쯤은 잊고서 서로에게 호머(Homer)의 시구를 인용하며 "이카리아(Icaria)와 낙소스(Naxos) 사이를 바라보고 또 바라보았다. 왜냐하면 사도 요한이 하나님께 그렇게도 큰 은혜를 입었던 곳 밧모스(Patmos) 섬을 혹시라도 볼 수 있지 않을까 해서였다."

알렉산드리아에 상륙할 때 그들은 흥분했다.

> 당신은 상상도 못하실 거예요! 말로 어떻게 표현할 수조차 없습니다. 당나귀를 끌고 가는 소년들, 낙타를 끌고 가는 남자들, 거칠게 보이는 짐꾼들, 그리스인들과 터키인들, 모든 사람들이 낭랑하게 울려 퍼

지는 아라비아말로 아우성치면서, 우리 몸뚱이와 짐들을 맡으려고 서로 열을 내었습니다.

와그혼(Waghorn) 목사가 보내준 사람의 도움을 받아 우리 짐을 사람의 등에 지우고 우리 몸뚱이는 당나귀에 올라탔습니다. 이 대리인은 허리춤에 막대기를 가지고 있었습니다. 여인들은 눈만 빼고 얼굴 전체를 가리고 있었습니다. 어떤 여인들은 어린 아이들을 어깨위에 목말을 태워 데리고 다녔습니다.

우리는 좁은 길을 전속력으로 달렸습니다. 고행 수도자들, 군인들, 어린 아이들, 모두 우리를 피해 종종 걸음을 치지 않으면 안 되었습니다. 그리고 구경하고 있던 많은 터키인들이 자기 입에 물고 있던 담뱃대를 빼고서는 어떤 이상한 사람들이 이렇게나 급하게 지나가는가 하고 우리를 쳐다보았습니다.

로버트 맥체인은 동방이 가진 매력의 첫 한 모금을 마시고 있었다. 그 다음에는 사막을 통과하여 행진할 준비를 해야 했다. 융단과 이불도 구입했다. "야곱이 벧엘에서 잠들었을 때는 가지고 있지 못했던 훌륭한 베개도" 샀다. 당나귀들과 천막과 당나귀 몰이꾼들을 고용했다. 우리 시중을 들어줄 사람들도 두 사람 확보하였다. 이브라힘(Ibrahim)은 체격은 작으나 잘생긴 애굽인이었고, 아크멧(Achmet)은 요리사였는데 흰 터번(turban)을 두르고 검은 다리를 가진 성격 좋은 흑인이었다. 그렇게 순례는 진행되었다.

"사랑하는 엄마! 엄마는 걱정이 되실 겁니다. 하지만 평안히 계셔서 하나님께서 하나님 되심을 알게 되시기 바랍니다."

그들은 고단하기도 하였고 어려운 일도 많이 있었고 위험한 일들도 있었다. 그 불상사들 중에 가장 심각하고 놀랄 일은 블랙(Black) 박사가 자기 낙타에서 떨어진 일이었다. 그래도 그들은 안전하게 사막을 통과하였다. 마지막에는 시작했을 때보다 "훨씬 좋은 상태에" 있게 되었다. 맥체인에 대해서 말하자면,

> 펄떡대는 내 심장의 고동이 완전히 조용해졌다고 어머니는 상상해서는 안 됩니다. 왜냐하면 심하게 뛰는 내 심장의 고동이 종종 저를 찾아와 저를 겸손하게 만들고 또 제가 살아있음을 증명해주고 있기 때문입니다. 그런데 그 증상은 그리 자주 일어나지 않습니다.

소안(Zoan) 언덕들 사이에서, 그들은 직접 토기조각과 유리같이 변성한 돌들을 발견하기도 하였고, 두 개의 스핑크스(sphinx)와 많은 오벨리스크들(obelisk)도 보았다.

블레셋 족속의 지역에 들어섰을 때, 맥체인은 그 땅이 과거의 모습과 유사하면서도 동시에 달라진 모습에 깊은 인상을 받았다.

> 이곳이 애굽에서 나와 가나안으로 올라가는 그 길이다. 요셉과 마리아가 헤롯의 분노를 피해 아기 예수를 안고 내려갔던 그 날과는 조금 달라져있었다.
> 조금 달라져있었다고, 내가 그렇게 말했나?
> 전부 달라져있었다! 애굽의 강, 가사(Gaza)의 와디(Wady), 에스골(Eshcol), 소렉(Sorek), 이스라엘 백성들이 건넜던 시내는 모두 말라 있어 물 한 방울도 없었다. 그 땅은 변해있었다. 더 이상 비옥하지도

않았다.

장악력을 누가 쥐느냐를 놓고 모래는 풀과 싸우고 있다. 그 성들도 변해 있다.

그 성들은 어디 있는가?

그 사람들도 변했다. 그 무지막지했던 블레셋사람들은 어디 가고 더 이상 아무도 없다. 시므온의 자손들도 더 이상 존재하지 않는다. 이삭도 없고 그의 목자들도 없다. 다윗과 그의 목자들도 없다. 단지 비참해 보이는 아랍인 목자들, 아무 생각도 없이 살아가는 무지한 사람들, 가난하고 걱정거리 많고 퇴보한 목자들만 있었다.

"우리 평생에 가장 영광스러운 날들 중의 한 날"이 된 6월 7일에, 맥체인은 드디어 예루살렘을 처음으로 보았다.

> 나는 낙타에서 내려서 낙타를 앞질러 그 불타버린 돌무더기 위로 달려갔다. 30분이 지나자 예루살렘이 시야에 들어왔다.
>
> 어째서 이 성은 홀로 앉아 있는가?
>
> 한 때는 사람들로 가득하지 않았었던가?
>
> 이것이 아름다움의 극치란 말인가?
>
> 어째서 하나님께서는 시온의 딸을 진노 속에 구름으로 덮어놓으셨는가! 정말 황무하기 그지없구나. 예레미야 애가의 처음 두 장을 읽어보라. 그러면 우리가 보고 있는 것의 그림을 생생하게 보게 될 것이다.

그 다음 열흘 동안은, 감람산에 있는 숙소에서 베다니와 베들레헴과 헤브론까지 당일치기 여행을 하면서 훌륭한 그 도시 예루살렘을 드나들었다. 그리고 나서 이 대원들은 북쪽을 향하여 길을 떠나게 되었다. 왜냐하면 전염병이 사람들이 북적이는 길거리들과 위생환경이 좋지 못한 주택가에서 급속히 퍼지고 있었기 때문이었다.

이 일행이 일주일 이상이나 캠프를 쳤던 곳은 갈멜산 밑자락이었다. 그곳은 지중해의 푸른 바닷가에 있었다. 엘리자에게 보낸 그 다음 편지에서 맥체인은 다음과 같이 썼다.

> 저는 누나를 위해 사론의 수선화 한 송이를 꺾어서 내 안장 밑에 숨겼답니다. 하지만, 아이고 세상에나! 그만 그 꽃이 떨어져 사라져버리고 말았어요. 내 보기에는 그 사론의 수선화가 아름다운 철쭉 같이 생겼습니다. 이 꽃은 아주 많이 군락을 이루어 여기 피어 있습니다. 그것은 그리스도 같았습니다. 완전히 아름다운 그 분 같았지요.

얼마 후에 베이루트에서 지금까지 함께 여행해왔던 친구들과 헤어져야 했다. 맥체인은 다음과 같이 설명하고 있다.

> 우리의 존경하는 동행자 블랙 박사가 그 동안 시리아의 뜨거운 열기와 이 여행 방법이 부담이 되었었다. 그래서 블랙 박사와 키스 박사는 다뉴브 강 길을 타고 돌아가기로 결정했다. 우리는 헤어지기가 정말 섭섭했다.

비교적 나이가 젊은 두 사람만 남았다. 그러나 자상하게 지켜주시는 하나님의 섭리 속에 새로운 길이 그들에게 열렸다. 그리스도인이 된 한 유대인을 베이루트에서 만났던 것이다. 이 사람은 런던을 지나올 때 만났던 사람이기도 했다. 에라스무스 칼맨은 단에서부터 브엘세바까지 팔레스틴을 다 잘 알고 있었고, 영어는 물론이고 아라비아어, 폴란드어, 독일어도 꽤나 잘 하는 사람이었다.

"그래서 조사하는 일에 관한 한, 이전보다 훨씬 더 쉬워질 것이다."

그들은 다시 남쪽으로 갔다. 이브라힘과 아크멧에게 작별을 고했다. 이번에는 양쪽 사람들 모두 눈물을 흘렸다. 이제 맥체인 일행은 로마가톨릭 신자 두 사람을 하인으로 고용했고, 노새 모는 사람도 두 사람 썼는데, 한 사람은 마론파[1] 교인이었고, 다른 한 사람은 드루즈파 교인[2]이었다.

이 작은 대열에 온갖 종류의 종교 신앙이 드러나 있었다. 시돈을 본 후, 두로의 폐허를 보고 나서, 그들은 노새를 돌려 동쪽으로 향했다. 그러자 싸페드와 갈릴리 바다와 다볼산과 나사렛과 아는 사이가 되었다. 머지않아 그들은 베이루트에 돌아와 있었다. 그곳에서 자기들을 서머나로 데려다줄 기선을 기다렸다.

그런데 여행의 이 시점에서, 로버트 맥체인이 더 멋진 여행, 즉

---

1 주로 레바논에 거주하며 동방 의식을 채용하고 있는 로마가톨릭의 한 파-역주.
2 이슬람교 시아파의 한 분파-역주.

하나님의 보좌 앞으로 가는 여행을 떠나야 할 것처럼 보이는 일이 생겼다. 그런데 바로 그녀-늙은 맨체스터 백작이 '죽음, 생명의 어머니여'라고 부르는-가 우리를 하나님의 보좌로 인도한다. 그리고 죽음은 마라가 아니라 나오미이다.

"생명(life), 오 아름다운 말이여, 세상에서 가장 멋진 단음절어로다!"

자기 병의 원인이 무엇인지 맥체인은 말할 수가 없지만, 아마도 글라스고우에서 온 한 젊은 청년으로부터 열병이 전염된 것 같다. 맥체인은 병원으로 그 청년을 찾아가 뜨거운 이마에 자기 손을 올려놓았었다.

왕진한 의사는 열병에 걸린 맥체인을 베이루트의 탁한 공기를 떠나 해발 300미터의 산비탈 위로 보냈다. 거기서 지낸지 며칠 후, 그는 병세가 많이 좋아져 바로 서머나로 항해하는 것이 좋겠다고 생각했다.

처음에는, 시원한 바다 바람이 기운을 북돋워주는 효과를 보였다. 그래서 해질 무렵에는, 아직 기력이 딸리기는 했지만, 맥체인은 몇 사람의 유대인과 대화를 나누기조차 했다. 이 사람들은 벌써 네 번째로 만난 사이로, 맥체인이 아파 누워있는 걸 보자 정말로 안타까워했다. 그러나 그 밤에 맥체인은 잠을 이루지 못했다. 구브로 연안에서 배가 몇 시간 정박하고 있던 아침에 그에게 고열이 있었다.

사람들은 천막을 치고 그 아래 갑판 위에 눕게 해주었습니다. 그러나 나는 이전에는 한 번도 느껴보지 못했던 것을 감지했습니다. 나에게는 나의 죄를 용서하시고 구속해주신 하늘 아버지가 계시다는 것을 알고 있으므로, 나는 아무 해도 두려워하지 않기로 결심했습니다. 내 목소리는 아주 약해져서 거의 들리지 않을 정도가 되었습니다. 내 머리가 둘로 쪼개지는 줄 알았습니다. 마침내, 내 몸의 기능들이 하나씩 하나씩 사라지기 시작했습니다. 우리가 어디로 가고 있는지 기억도 나지 않았습니다. 그렇지만 여전히, 나는 여러분 모두를 생각했습니다. 그리고 비록 여러분을 다시 볼 수 있을 것 같지는 않지만, 나의 모든 평생이 여러분들에게 축복이 되었다면, 이제는 나의 죽음이 나의 평생보다 더 여러분에게 축복이 되기를 나는 기도했습니다.

그러자 하인이 구브로에서 거머리들을 구해 와서 아픈 맥체인의 머리 뒤쪽에다 붙이자, 맥체인의 병세는 조금 좋아졌다. 그래서 여행은 계속되었다. 좀 나아졌다 나빠졌다를 반복하면서, 마침내 감사하게도 이 환자는 서머나에 도착하게 되었다.

그러나 거기에는 여관이 형편없었다. 벽은 너무 얇아서, 태양이 중천에 떠올라 있을 때는 방이 마치 뜨거운 오븐 같았다. 방들은 작아서, 밖에서 선원들과 길거리 사람들과 상인들이 내는 소음들이 다 들려 끔찍했다.

다행히도, 여관 주인 쌀보(Salvo)는 아주 친절한 마음의 소유자였다. 시골로 한 시간 가량 달려가면 보우자라고 불리는 한 마을에 숙박업소를 또 하나 가지고 있는데, 나그네가 그렇게 멀리 갈 모험을 할 수 있겠냐고 그가 물었다. 관계된 모든 사람에게는 그것이 최선의 길인 것 같이 보였다. 그래서 쌀보 자신이 그들을 동행해주기로 했다. 맥체인의 당나귀 모는 사람이 가파른 길을 올라가야 할 때에는 거들어주기도 하였다. 그래서 시편 91편의 약속은 성취되었다.

> 저가 너를 위하여 그 사자들을 명하사 네 모든 길에 너를 지키게 하심이라(시 91:11).

하나님께서 지금까지 지켜주신 것 그 이상으로 보우자에서도 지켜주셨음이 분명하였다.

그렇게 생각하는 이유는 다음과 같았다.

첫째, 그 당시 한 척의 돛 단 군함의 장교들이 서머나 길을 가고 있었는데, 이들이 마침 그 날 이 마을까지 마차를 타고 나갔었기 때문이다. 그들 중에는 의사가 있었는데, 그 의사가 이 병의 심각성을 즉각 알아차리고 이 환자를 돌보느라 바삐 움직여주었다.

둘째, 보우자에는 영국 군목과 그의 아내, 곧 루이스 부부가 있었는데, 이들은 '두 사람 다 마음에 드는 그리스도인'이었다. 이 부부가 보우자에 집을 가지고 있었다. 그래서 그 여관에서 하룻밤을 보낸 후에, 루이스 목사는 이 환자를 소파에 실어서 자기 집 지붕 밑 조용한 처소로 옮기게 했다.

루이스 부인은 3주일 동안 마치 맥체인의 어머니가 보살피는 것처럼 그렇게 맥체인을 보살펴 주었다. 앤드루 보나와 에라스무스 칼맨이 서머나를 떠나 콘스탄티노플로 간지 8일이 지났을 때, 마침내 맥체인은 그들을 뒤따라 잡을 수 있었다.

맥체인은 곤경과 구원의 그 이야기를 이렇게 요약하고 있다.

이 모든 것을 마음에 새겨두십시오. 내가 얼마나 쉽게 죽었을지도 모른다는 것을 여러분은 보셨습니다. 그리고 하나님께서 어떻게 나를 죽지 않고 살려두셔서 여러분과 함께 하게 하셨는지도 보셨습니다. 오, 여러분이 그분의 자비를 받아들여 그분을 아버지로 받아들이시기를 바랍니다. 하나님은 당신의 아들의 피로 씻음 받은 모든 사람들에게 아버지가 되시기 때문입니다!

맥체인 그 자신에 대해서 말하자면, 그는 자기 머리 위에 아낌없이 부으셨던 하늘과 땅의 그 사랑을 결코 잊은 적이 없었다. 맥체인은 이렇게 감사의 노래를 불렀다.

>보호자여, 안녕!
>하나님의 손이여 송축받으소서
>그 손이 나를 당신의 고요하고 한적한 곳으로 인도하셨나이다.

맥체인은 감사한 마음을 그렇게 노래했다.

>그 짙은 녹색 사이프러스 나무들을
>간절히 보고자 하나 이제는 볼 수 없구나.
>보우자의 향기로운 재스민이여
>나를 위해 그렇게도 자주 꺾이었도다.

맥체인이 스코틀랜드로 돌아가기까지 두 달 반의 여행이 아직 남아있었다. 그 두 달 반 동안에 몰다비아와 루마니아 그리고 오스트리아와 프로시아령 폴란드에 있는 유대인들의 주요 센터들을 방문하였다. 다뷰브 강에서, 맥체인은 '때때로 검투사의 허름한 오두막집을 떠올리며, 많은 다키안족 어머니들과 어린 야만인들이 모두 놀고 있는 모습을 보았다.'

갈라츠에서는, 영국 영사가 고등학교 동창생 찰스 커닝햄이라는 것을 안 후, 맥체인은 무척 기뻐했다.

> 우리가 함께 했던 과거의 추억들을 떠올리는 것에 우리는 큰 기쁨을 느꼈다. 의사가 검진을 한 후에 가도 좋다는 허락을 해주었을 때, 우리는 마치 새장에서 풀려난 새들 같은 기분이 들었었다.

부카레스트에서, 맥체인은 여우 가죽으로 만든 외투 한 벌을 샀다. 그 후 맥체인이 자기 친구들과 함께 끝이 없을 것 같이 덜컹거리는 길 위로 이 역에서 저 역으로 급히 다니는 동안, 이 외투가 밤낮으로 그를 따뜻하게 해주었다.

어느 날 밤 재씨(Jassy)에서 맥체인은 유대인 결혼식에 참석하였다. 그는 엘리자가 신부가 어떤 모양의 드레스를 입고 있었는지 자기에게 물어볼 것을 알고 있었기에, 이렇게 그 모습을 묘사하고 있다.

"너는 베일에 가린 신부의 얼굴에서 우리 스코틀랜드 신부들이 얌전함의 미덕을 많이 배워야 한다는 것을 지금 보고 있다."

맥체인에게 오스트리아는 모든 나라들 중 가장 편견이 많으며 의심스러운 곳이었다. 브로디의 세관에서 겪은 일이다.

내가 다가간 책상은 관계 공무원들이 심도 있게 조사할 수 있을 정도로 그 표면 면적이 넓었다. 거기에는 비밀스러울 것이 전혀 없는 스케치와 계획표와 자필로 쓴 것들이 놓여있었다. 나의 교구를 그린 지도가 그들의 관심을 끌었다. 그래서 나는 우리 모두 이것 때문에 감옥에 가게 되나보다 하고 생각했다. 왜냐하면 한 직원이 그것이 러시아 것이라고 우기는데다, 그 사람들이 그것을 아주 탐냈기 때문이었다.

갈리시아 지방 한 마을 외곽에서 맥체인은 못된 두 목자들의 손에 하마터면 부상을 당할 뻔하였다.

그 사람들은 내가 자기들과 함께 가야 한다고 몸짓으로 말하였다. 나는 거절했다. 그 목자들은 내가 함께 가야 한다고 또 시늉으로 말하였다. 나는 내 갈 길을 가겠다고 우겼다. 그 사람들이 내가 있는 길을 가로막자, 나는 그 사람들을 옆으로 밀어젖히고 냅다 달렸다. 나는 그들을 쉽게 따돌렸다. 하지만 무척 빨리 달릴 때 심장이 마구 뛰는 것처럼 그렇게 내 심장이 뛰게 만들고 싶지는 않았다. 그래서 나는 달리던 길을 멈췄다. 그리고는 믿음직한 나의 지팡이를 잡고 방어태세를 취했다. 그 사람들을 칠 마음은 없었다. 그러자 이내 그들이 내게 가까이 다가섰다. 우리는 뒤엉켜 드잡이 씨름을 하였다. 그러는 와중에 나의 코트가 위에서 아래까지 쭉 찢어졌다. 나는 피곤하여 땅바닥에 주저앉았다. 그러자 무슨 이유에서인지는 모르겠지만, 그 사람들이 나를 그냥 놔두고 떠났다. 나는 조용히 집으로 갔다. 후에 들은 바에 의하면, 그 작자들은 나에게서 돈을 빼앗으려고 했었는데, 양심이 찔려서 차마 칼을 사용하지는 못했다고 한다. 이것은 하나님께서 나를 멋지게 보호해주신 또 하나의 예에 불과하다. 확실히 나는 살아가면서 하나님을 늘 찬양해야 마땅하다.

그런데 고향에 있는 친구들에게 글로 보여주고 싶은 더 유쾌한 일들이 생겼다. 맥체인은 크라코우에서 유대인들에게 많은 수고를 하고 있을 뿐 아니라 영어도 할 줄 아는 선교사와 그아내 그리고 자기와 함께 여행하고 있는 동료들에게 성찬식을 베풀었다.
"이렇게도 어둡고 생명이 없이 죽은 지역에서 거룩한 성례를 하며 함께 연합하니 정말 좋았다."
그리고 사건도 많았던 그 여행이 끝나갈 무렵에 그 대원들은 함부르크에 와 있었는데, 맥체인이 영국을 떠난 이후 처음으로 설교를 하게 되었다. 그는 이보다 더 좋을 수 없었다.
이것은, 맥체인을 사랑하는 자기 양들을 목회하는 일에 다시 회복시키는 것이 하나님의 뜻이라는 약속이 아닐까?
맥체인의 영혼은 잊지 못할 이 한 해의 경험들로 인해 자기 자신과 다른 이들에게 드러난 것 이상으로 좋아졌다. 이 경험들이 분명하게 보여준 한 가지는, 맥체인의 측은지심과 열망의 그 크기였다. 학창 시절에 맥체인은 한 외국 선교사의 삶을 부러워 했다는 것이 이미 암시되었다. 하지만 불확실한 그의 건강과 그것을 막으시는 하나님의 지혜로운 인도하심으로 그런 일이 그에게 일어나지는 않았다.
하지만 유대인 선교로 인해 그 옛날의 간절한 소원이 밖으로 드러나게 되었고, 그 소원은 이전보다 더욱 더 깊어지게 되었다. 그의 기독교 신앙은 교구 차원이나 교회 차원 또는 부분적 차원의 모든 것으로부터 멀리 떨어져 있다는 것을 그것을 통해 알 수 있다. 유대인 선교는 맥체인으로 하여금 자기 나라와 자기 나라 사람들보다도 다른 나라들과 다른 민족들을 더 많이 사랑하고 기도하게 만들었다. 특히, 그것이 이스라엘에게 빚을 지고 있다는 생각과 수세기 동안 빚을 진 그 무거운 빚을 갚고 싶다는 그의 간절함을 잘 예시해주고 있음은 물론이다.

총회가 자기에게 위임한 그 신뢰를 성취하려 함에 있어 대충대충 형식적으로 하거나 직업적으로 하는 일은 없었다. 모든 것이 사랑에서 하는 일이었다. 그리고 그 사랑은 많은 물이라도 끌 수 없는 그런 하나님의 사랑과 같은 종류의 사랑이었다. 그리고 그 사랑의 숯불은 매우 격렬한 불꽃으로 타올랐다.

그래서 그는 그랜튼 부두에서 런던 부두로 가는 배에 승선했을 때, 토비아라는 이름의 젊고 겁이 많은 한 유대인과의 진지한 대화 속에서 이 일을 시작했다. 그 유대인은 신사차림을 하고 있었고 현란한 옷을 입고 있었으며 사치스러워 보였다. 이 사람은 자신의 기도서와 율법서를 커다란 여행 가방 맨 밑 바닥에 넣어 가지고 다녔다. 맥체인은 이 유대인에게 히브리어로 시편 1편을 읽어주었다. 그리고 밤낮으로 하나님의 법을 묵상하라고 간곡하게 말해주었다.

이런 식으로 맥체인은 유대인 선교를 계속해나갔다. 회당을 방문할 기회가 있거나 랍비와 토론할 기회가 있으면 어디서나 그 때를 절대로 놓치지 않았다. 할 수만 있으면 유대인이 경영하는 숙소에서 머물렀다. 그리고 동유럽과 중앙 유럽의 드넓은 지역을 횡단할 때에는 할 수 있는 대로 자주, 유대인 운전수를 고용하여 자기를 태워다 주게 했다. 맥체인은 함부르크에서 모리츠씨와의 흥미로운 대화를 마지막으로, 아브라함의 자손들에게 파송된 기독교 선교사로서의 일을 끝마쳤다.

맥체인이 집으로 보낸 모든 편지의 모든 페이지에는 하나님의 옛 백성의 구원에 대한 꺼질 줄 모르는 열망이 잘 나타나 있었다. 다시 스코틀랜드에 돌아와 있는 동안, 때를 얻든지 못 얻든지 자신의 열정과 열심에 교회가 마음을 같이 하게 만들려고 맥체인은 부단히 애를 썼다. 1839년 이래로 그 교회가 이스라엘 집의 잃어버린 양들을 모아들이게 하려고 무언가를 계속 해온 것은, 대부분 로버트 머리 맥체인의 『여행 기간』(*Wanderjahr*)에 기인한다.[3]

---

[3] 1841년에 다니엘 에드워드 목사가 유대인들에게 파송하는 최초의 스코틀랜드 교회 선교사가 되었다. 그의 사역은 내씨, 렘버그, 브레슬러에서 진행되었다. 이 사역은 풍성한 영적인 능력이 나타난 사역이었는데 54년간이나 연장되어 진행되었다. 에드워드 목사가 맥체인에게 길게 쓴 흥미로운 편지들이 지금까지 남아있다. 부다페스트 선교는 그 다음 해인 1842년으로 거슬러 올라간다. 키스 박사와 블랙 박사가 헝가리를 거쳐 팔레스타인에서 돌아왔다. 부다페스트에서 키스 박사는 한 동안 위태로울 정도로 심하게 아파서, 왕권을 부여받은 헝가리 공주 마리아 도로테아의 간호를 받게 되었다. 이 공주는 개신교도였다. 스코틀랜드 목사에 대한 그녀의 개인적인 관심으로부터 전도의 위대한 사역이 촉발되었다. 랍비 던컨은 첫 부다페스트에 파송된 선교사들 중 한 사람이었다. 그 선교의 초기 회심자들 중에는 아돌프 사피르 박사와 알프레드 에더샤임 박사도 들어있었다. 앤드루 무디 박사는 40년간 이 선교가 세운 학교들과 예배당 그리고 많은 자선단체들을 이끌었다. 제임스 웹스터 목사는 선임자들 못지않은 훌륭한 후임자가 되었다. 가장 정보가 풍성하고 기쁜 부다페스트 선교에 대한 가장 최근의 이야기들은 몬타우반 대학의 두머그 교수가 쓴 「헝가리 칼빈주의자들」(La Hongrie Calviuiste)에 잘 나타나 있다 (툴루즈, 1912, pp. 52-56). 두머그 교수는 다음과 같이 말하고 있다. "유대인에 대한 선교는 헝가리 개신교 가운데 사상들과 모범들과 자극을 가져왔고, 밝고 따뜻한 집과 같습니다"(La Mission chez les Juifs apporta des idées, des modèles, des excitations, et elle fut comme un foyer lumineux et chaud, au sein du protestantisme hongrois).

맥체인의 측은지심을 넓은 원둘레에 비유한다면, 그의 생각과 중보기도에는 하나의 중심이 있다. 그 중심은 맥체인의 모든 생각과 중보기도를 지속적으로 그 중심에 이끌려 되돌아와 있게 만들었다. 맥체인이 던디에 있지 않고 성 베드로교회에 있지 않은 그 일로 인하여, 하나님께서 친히 묶어놓으셨던 그 결속은 더욱 굳건해질 뿐이었다.

론 강에서 맥체인은 이렇게 쓰고 있다.

"내 마음은 온통 사랑하는 나의 교인들과 함께 있다."

베이루트에서는 다음의 것들이 맥체인의 소망이었고 고백이었다.

> 어쩌면 위대하신 나의 주님께서 나를 완전히 회복시켜주셔서 성 베드로교회 사람들에게 그리스도의 측량할 수 없는 풍성함을 한 번 더 설교하게 하실지도 모르겠다. 나는 때때로 이런 생각을 해본다. 내 마음을 이 일에 너무 많이 쏟고 있는 게 아닌가, 그리고 하나님께서 그들을 구원하실 수 있고 또 내 도움 없이도 그들을 먹일 수 있다는 것을 나에게 가르쳐주시기 위해 나를 멀리 보내버린 것이 아닌가,

---

19세기의 80년대가 되어서야, 자신의 교회가 팔레스타인의 국경 안에 선교 본부를 세울 수 있게 해달라는 맥체인의 기도가 응답되었다. 「이야기」(Narrative)에서 맥체인과 앤드루 보나는 다음과 같이 쓰고 있다. "이렇게 하여 우리가 사페드에서 마지막으로 보낸 밤은 끝이 났다. 사랑하는 우리 교회가 이곳에 선교본부를 설립하도록 허락해주실 때가 오리라는 열망을 간절히 품지 않을 수 없었다…여름에는 본부를 사페드에 두고 겨울에는 디베랴에 둘 수도 있을 것이다." 오늘날 자유교회 연합은 설교자, 의사, 간호사, 교사 등 선교사들을 남녀 불문하고 디베랴에도, 사페드에도, 헤브론에도 보낸다.

그래서 내 뜻이 아니라 그분의 뜻이 이루어져야 한다고 생각해본다.

고린도에서 사도 바울이 데살로니가에 있는 제자들에게 그랬던 것처럼, 타르노폴에서 맥체인은 사랑의 마음이 성 베드로 교인들을 향해 달려갔다. 그는 이렇게 부르짖었다.
"사랑하는 성도들, 나의 마음이 멀리서도 그 사람들을 동경하는구나."
맥체인과 자기 성도들의 관계는 어머니가 자기 아이들을 사랑스럽게 돌보는 것과 같았다. 맥체인은 어머니처럼 그들에게 자상했던 것이다. 디베랴의 호숫가에서도 맥체인은 마음이 두 가지 다른 방향으로 달려갔었다. 팔레스타인은 눈앞에 펼쳐져 있는데, 스코틀랜드의 추억과 느낌이 새록새록 기억나기도 했기 때문이다.

너의 깊고 푸른 물결이 내게는 정말로 상쾌하구나.
오 갈릴리 바다여!
구원하러 오신 영광스런 그분이
네 곁에 종종 서 계셨기 때문이리라.

내가 사랑하는 그 땅의 호수들도 아름답도다.
소나무와 야생화가 자라는 곳.
하지만 너 갈릴리는 더욱 아름답도다.
자연이 줄 수 있는 그 이상으로.

가버나움은 수천 마일 떨어져 있는 테이강⁴가에 있는 그 도시에게 엄숙한 메시지를 외치고 있다.

> 말해 다오, 너 썩어가고 있는 향내여, 말하라.
> 그리스도 그분의 도시가 여기 있느냐?
> 하늘로 들어 올림 받았던 네가 이제 지옥에 떨어져 있느냐?
> 눈물 흘리는 자 하나 없이.
>
> 나의 양무리가 그대로부터
> 은혜의 날들이 얼마나 빨리 달아나는지를 배웠으면 좋겠구나.
> 자신을 내어주신 그리스도에게서 돌아선 모든 자들이
> 마침내 너처럼 슬피 울게 되리라!

그리고 갈릴리는 맥체인의 귀에 소환장처럼 들렸다.

> 그것이 바로 이 바닷가였던가.
> 구주께서 세 번 말씀하셨던 곳이.
> '바요나 시몬아, 네가 나를 사랑하느냐
> 그러면 내 양들을 먹이라.'
>
> 하나님의 오른편에 오르신 구주,

---

4 영국 스코틀랜드 중부를 흘러 테이만으로 흘러 들어가는 190km의 강-역주.

여전히 동일한 구주시네,
이 아름다운 해변과 이 모든 향기로운 산이
내 마음 위에 새겨져 있네.

오! 주님 주소서. 거룩한 이 파도로 인하여
하나님의 사랑을 세 배나 주소서.
제가 저의 무덤에 이르기까지
당신의 것이요 저의 것이기도 한 주님의 양떼를 먹일 수 있도록.

오순절의 권능이 자기 고국에서 한 번 더 나타났다는 소식이 함부르크로 전해져 왔을 때, 이러한 소원들과 이러한 기도와 이러한 사랑이 차오르면서 맥체인의 가슴은 마구 뛰었다. 템즈강을 거슬러 올라가는 레이디 론즈데일호를 타고 가는 동안, 맥체인은 자기 아버지와 어머니에게 다음과 같이 편지를 썼다.

우리는 킬시트에서 부흥의 역사가 일어났다는 소식을 들었습니다. 어느 신문에서 그 사건을 다룬 기사를 보았습니다. 또한 그것과 관련하여 던디라는 이름이 거명된 것도 보았습니다. 그래서 저는 우리 교회에 유익한 일이 일어났기를 진심으로 바라고 있습니다. 높은 곳에서 내린 이슬들이 우리 교구들에게 물을 충분히 대주었기를 바랍니다. 또 자기 교회 목사들이 이곳저곳을 돌아다니고 있는 동안 양무리들이 그 축복을 함께 나누었기를 소망합니다. 우리는 그 역사에 대한 사실들을 자세히는 잘 모르고 있습니다. 우리가 그 일에 대해 간절히 듣고 싶어 한다는 것을 어머니 아버지는 믿어주시기 바랍니다.

며칠이 지나면, 그 간절함은 놀람과 기쁨으로 바꾸어질 예정이었다. 맥체인의 입에는 웃음이 가득하고, 그의 혀에는 찬송으로 가득 차게 될 것이다.

6. 하늘에서 이슬방울들이 떨어졌다

여행을 떠날 날을 기다리고 있는 동안, 맥체인의 마음에는 한 가지 무거운 짐이 있었다. 자기가 두고 떠나야 할 교인들에 대한 생각이었다. 저 위 하늘나라에 계신 큰 목자께서 그 필요를 돌봐 주실 것이라는 데는 자신이 있었다. 그러나 그 무리들을 가까이서 돌보아줄 인간 목자가 있어야만 했다.

어디서 이런 진실한 사람을 찾아내야 하나?

알렉산더 소머빌이 근심에 싸인 맥체인 목사를 도와 이 문제를 해결하였다. 1839년 3월 1일에 '사랑하는 로버트에게'라고 쓴 편지에는 다음과 같이 기록되어 있다.

나는 당신의 말을 번즈에게 전달했습니다. 번즈는 당신 대신에 얼마 동안 목회한다는 생각을 대단히 좋아했습니다. 물론, 그렇게 하는 것이 자기 권한 속에 있는 것인지 아닌지는 말할 수 없었습니다. 번즈 목사는 식민지 선교 위원회 소속이라 그 위원회의 결정을 따라야 합니다. 아마도 번즈 목사는 미국으로 가든지, 아니면 세일론으로 가든지 할 것입니다. 그렇지만 자기에게 어떤 결정이 내려질지는 곧 알게 될 것입니다. 그러면 당신의 편지에 번즈 목사가 직접 목사님께 답장을 쓸 것입니다.

알렉산더 소머빌이 예견했던 어려운 점들은 곧 제거되었다. 윌리암 번즈의 목적지는 인도도 아니었고, 뉴 브룬즈윅도 아니었던 것이다. 그 달 11일 경에 번즈는 던디에 얼마든지 헌신하겠다고 맥체인에게 전할 수 있게 되었다. 일주일 앞서, 번즈는 자기의 도움을 간절히 바라고 있는 그 목사에게 특징 있는 어법으로 자신의 벌거벗은 영혼을 내려놓았던 것이다.

저는 그럴 자격이 없는 사람이기 때문에, 고되지만 가장 고상한 이 목회 사역에 종사하기에는 저는 정말이지 적합하지 않은 사람입니다. 저는 어둠입니다. 저는 죽음입니다. 저는 육적이어서 죄 아래 팔린 사람입니다. 하지만 그 다음에는 어떻게 되었을까요? 예수께 영광을 돌립니다. 그분의 은혜가 저에게는 족합니다. 왜냐하면 그 능력이 약할 때에 저는 완전해지기 때문입니다.

요약하면, 이 사람은 삯꾼이 전혀 아니었다. 이 사람은 선한 목자였다. 어린양들을 먹이고 양들을 잘 돌볼 사람이었다. 성도들의 집합 나팔 소리를 듣고 윌리암 찰머스 번즈는 로버트 머리 맥체인과 똑같이 높고 웅장한 위치에 섰다. 번즈 목사의 인생 이야기는 이상하리만치 대조적인 두 부분으로 나누어진다.

첫째 부분은, 영국과 캐나다에서 일어났던 부흥의 역사로 인해 사람들이 몰려들었던 시절이다. 이때는 어마어마하게 많은 군중에게 설교했던 때였다. 이때는 또 황홀하고 열광적인 흥분의 도가니가 연이어 일어났던 시기이기도 하다.

둘째 부분은, 사실은 영광스러운 일이지만, 중국에서 여러 해를 인내로 기다리며 선구자로서 열심히 일했던 시기이다. 이때는 단순하며 굽히지 않는 믿음 위에 좋은 씨앗을 뿌렸을 시기였지만, 곡식단들은 아직 보이지 않았을 때였다.

그럼에도 불구하고 번즈는 처음부터 끝까지 한 조각 통으로 짜여 있는 그런 사람이었다. 항상 그의 성실성은 눈이 부실 정도였다. 언제나 그의 용기는 두려움이 없었고, 그의 용기는 두려움이라는 그 말의 의미 자체를 몰랐다. 언제나 많은 사람들을 보기만 하면 그는 불쌍히 여기는 마음이 일었다.

언제나 그는 세상적인 것과는 거리가 멀었다. 우리에게는 불가능한 희생이라고 생각되는 것이 그의 생각에는 전혀 희생이 아니었다. 언제나 그는 자기 자신을 믿지 않았다. 그리스도 외에는 그 어떤 영광을 취하지도 않았고 친구도 없었다. 해외에서 하나님의 어린양이요 사람의 구주이신 그분의 완전성을 자랑하기 위해서만 살았다.

번즈는 다음과 같이 말했다.

"내 마음이 간절히 바라는 것은, 죽기 전에 세계 일주를 한 번 하면서 모든 사람의 귀에 복음을 들려주는 것이다."

싸늘한 11월 어느 날 밤, 킬시트에 있는 번즈의 아버지 집 문간에서 어렸을 적 한 친구가 번즈에게서 들었던 마지막 한 마디는,

'우리는 달려야 한다!'라는 말이었다. 최후의 순간까지 번즈의 발은 민첩함을 신고 있었고, 자기 십자가를 지는 사랑의 신발을 신고 있었다. 죽기 한, 두 달 전, 니우창에서 만난 무역선의 노동자에게 번즈는 이렇게 말했다.

> 우리는 편안함을 학습해서는 안 됩니다. 전투의 전선으로 나아가는 사람들은 축복을 받습니다. 숨어 행동하는 사람들에게 축복은 없습니다.

그의 마음속에는 숨어야겠다는 생각 따위는 결코 없었다. 그의 어머니는 번즈를 녹슬어서 닳아진 것이 아닌, 베는 일을 너무 많이 해서 닳아진 칼에 비유했다. 그리고 그도 그렇게 되기를 소원했다.

번즈는 어디를 가든지, 아무것도 가지지 않은 자 같으나 모든 것을 가진 자라는 바울 사도의 대조법은 그에게 정확하게 적용되었다. 번즈의 형제이자 그의 전기를 쓴 작가는 다음과 같이 쓰고 있다.

> 일 년하고 조금 더 전에 트렁크를 열었을 때의 그 순간을 저는 아직도 아주 생생하게 기억하고 있습니다. 그 트렁크는 중국에서 집으로 부친 것이었는데, 번즈가 세상에 남기고 떠난 거의 모든 재산이 그 속에 다 들어 있었습니다. 그 가방을 열었을 때 궁금해 하는 젊은이들이 있었습니다. 중국어로 된 몇 가지 유인물과 중국어 사전 한 권과 영어 사전 한 권, 낡은 필통 하나, 작은 책 두어 권, 중국제 손전등, 중국 옷 한 벌, 그리고 '복음선'(福音船)이라고 쓰인 파란 깃발 하나 그게 전부였습니다.

모두 놀라 할 말을 잃고 있던 사람들 중에서 한 어린 아이가 작은 소리로 말했다.

"목사님은 무척 가난했었나 봐요! 진짜로!"

그 말은 절대적으로 사실이었다. 그리고 동시에 절대적으로 거짓말이었다. 그리스도가 자기의 것이므로 그리고 그리스도께서 자기를 사용하시기로 계획하셨으므로, 탐욕을 가진 자들이 꾸는 꿈 그 이상으로 번즈는 자기 자신을 부유한 사람으로 간주했었다.

번즈의 동생은 계속 써나가고 있다.

> 이스라엘의 목자이신 주님과 연합하는 것, 또 태양이요 방패이신 그 분에게 아주 가까이 행하는 것, 그것은 이 땅과 천국 사이에 있는 한 가난한 죄인을 행복하게 만들기 위해서 그가 필요로 하는 것 모두가 포함되어 있다.

번즈가 그리스도를 즐거워한다는 것은 숨길 수가 없었다. 그것은 모든 것에 드러나 있다. 예를 들자면, 그의 모든 편지의 서명에도 그것은 드러나 있다. 때때로 그 서명들은 이러했다.

> 가장 사랑하는 분 안에서.
> 네가 하나님의 아들에게 순복하기를 바라면서.
> 이만 총총, 몰인정한 사람의 애정 어린 소원과 함께.
> 임마누엘 안에서.
> 언제나 우리의 소망 예수 안에서.

애버딘 장로회는 신중하고 지혜로웠는데, 이 장로회가 번즈를 데려가서 생동감 넘치는 이들 서명에 대한 과제를 맡겼다. 그런데 펜이 영혼보다 빨리 달릴 위험부담이 있다는 것을 인정하는 한편, 두려움으로 깨어있지 않은 그 어떤 전통적인 언어에 자기는 조금도 만족하지 못한다고 그는 이에 반대하였다. 그럴 수 없었으리라. 번즈는 자기의 주님이요 구주이신 예수 그리스도의 것이었다. 이 일에 한 치의 주저함이나 망설임도 없었다. 한 동료 선교사가 소리쳤다.

"목사님, 그분을 아세요? 중국 전체가 그분을 압니다. 그분은 살아있는 사람들 중에 가장 거룩한 사람이에요."

맥체인을 대신하여 던디에 와 있는 임시 목사 번즈는 그런 사람이었다. 그는 24세의 젊은 설교 면허소지자로 성 베드로교회에 왔다. 번즈 목사와 번즈 목사가 자리를 대신하고 있는 설교자 맥체인 사이에는 닮은 점과 다른 점이 둘 다 뚜렷했다.

교육과 문화적인 측면에서,[1] 인간 전체를 소유하고 다스리는 기독교를 물려주었다는 점에서, 자신의 청중들을 자신의 주님께로 인도하고자 하는 열망에 깊이 빠져있다는 점에서, 하나님의 성령의 세례와 기름부음을 받았다는 점에서, 이 두 사람은 비슷했다.

하지만 기질과 언변, 사역의 방식에 있어서는 두 사람이 아주 달랐다.

---

1 킬시트에서 있었던 부흥회에서, 윌리암 번즈 목사는 헬라 고전들을 읽음으로써 자신의 정신적인 긴장을 해소시키곤 했다.

맥체인은 몸이 약했다. 번즈는 정복당할 수도 없고 지칠 줄도 모르는 정력을 가지고 있었다. 맥체인은 설교를 마치고 강단을 내려올 때는 심장이 팔딱거리고 요동쳤다. 반면에 번즈는 기진맥진 하루 일과가 끝나고 나면 마치 어린 아이처럼 곤하게 잠을 자고서는, 다시 달리기를 하는 건장한 사람처럼 아침에 거뜬하게 그리고 상쾌하게 일어났다.

비록 과도한 설교 횟수 때문에 듣기 좋았던 목소리가 거칠어지고 깨지기는 했지만, 맥체인은 설교에 상상과 정서와 아름다움을 가지고 있었다. 번즈는, 실내에서건 하늘을 천막 삼아 하는 야외에서건, 아무리 많은 청중들 앞에서도 다 들리게 할 수 있는 엄청난 크기의 목소리를 가지고 있었지만, 자기 친구의 시적인 언어나 부드러운 설득의 어조를 가지고 있다고는 할 수 없었다.

번즈는 다이아몬드처럼 투명했고, 강제력이 있었고 주목하지 않을 수 없었고, 항상 직접적이었고 설득력이 있었으며, 흔히 직설적이었고 담대했다. 설교에서 그가 '우화들을 꽃피웠을' 때, 그 우화들은 극적이고 잊지 못할 그런 것이 되었다. 그 우화들은 '거칠고 장엄한 그 옛날의 마틴 루터'의 우화와 흡사했다. 그 우화들은 '가시금작화 위에 놓인 꽃들'과 같아서, 어쩌면 '훌륭할수록 더 세련되지 못하게 들릴 수도 있었다.' 설교와 우화는 같이 붙어 있어 서로 밀착되어 있었던 것이다. 우화들은 청중들을 안절부절 못하게 만들었고 그리고 불안하게 만들었다.

맥체인은 자신의 공적인 일을 할 때 차분했다. 그리고 영원을 위해 무엇인가를 성취하고자 하는 의식을 좀처럼 잃은 적이 없다. 번즈는 훨씬 더 주관적이었다. 그러나 이따금이라도 자기

멋대로 하는 경우가 없었다. 예를 들자면, 물렝에서와 같은 경우이다.

> 나는 매우 어둡고 생기가 죽어 있는 사람이라서, 설교를 빨리 끝내야만 했었다. 그래서 그 때 온 세상을 위하여 설교하는 일은 이제 하지 못하겠노라고 캠벨 목사에게 말했었다.

그런데도 축도를 하고 난 이후에 아무도 자리를 뜨지 않았다. 그래서 기도를 올렸다.

> 예수의 원수들에게 장갑을 던지면서도, 나는 오랫동안 그러한 도움을 받으며 설교했다. 마치 내가 그 장갑을 흔들어 산산조각으로 낼 수 있었을 것 같은 느낌이 들었다. 그 광경을 보면서 나는 하나님이자 인간이신 그리스도의 영광을 보았으며 영원한 죽음으로부터 죄인들을 구원하시려는 그분의 속죄의 희생의 그 영광을 보았다. 바람에 쓰러지는 옥수숫대처럼, 말씀이신 그분 아래 사람들이 엎드렸다. 그리고 고집 센 많은 죄인들이 펑펑 울었다.

맥체인의 설교로부터는 하나님의 강물이 흘러나와 치유하며 시원하게 하며 기운을 북돋아주었다. 보통은 그 진행이 조용하고 평온하게 이뤄졌다. 번즈로부터는 주님의 강하고 휘몰아치는 바람이 뿜어져 나와 크게 울렸다. 폭풍이 시작되기 이전에 죽음을 내몰아냈던 것이다.

그리고 그 보기 드문 에너지로 즉각적이고 승리적인 생명을 창조하였다. 오늘날 활동하고 있는 한 가수가 윌리암 부스에게 바쳤던 그 가사를 번즈에게 적용해도 될 것이다.

> 그의 목소리는
> 바다 바람 같았다.
> 그것이 불었을 때,
> 소금 황무지에서 길을 잃고
> 자기 자신들의 소리와 물보라로 귀가 먹고 눈이 먼
> 사람들의 영혼은
> 파도처럼 무수히 하나님께로 밀려왔다.

재능이란 다양하다. 그러나 그렇게도 겸손히 헌신하고 그렇게도 완전한 곳에는 동일한 성령이 계신다. 맥체인에게도 그리고 번즈에게도 이 중요한 말은 딱 들어맞는다.

후자의 이야기를 해보자. 블레어 애톨에서 한 늙은 하이랜드 여자가 매일 매일 번즈의 설교를 듣기 위해 찾아왔다. 비록 영어가 그녀에게는 알아들을 수 없는 외국어였지만, 그 노파는 강단으로 올라가는 계단에 앉아서 한 마디도 빼놓지 않고 말씀을 흡입했다.

"목사의 설교를 들어봤자 무슨 소용이 있습니까?"

이런 질문을 받자, 그 노파는 대답했다.

"오! 성령님의 영어는 알아들을 수 있어요!"

성 베드로교회의 이 두 대변인은 성령의 영어를 잘 알고 있었다. 그들은 다른 언어는 사용하지 않았다. 수 천 명의 사람들이 자기들이 하는 말을 이해하였다는 것에 이 두 목회자는 수그러들

줄 모르는 활력과 기쁨을 느꼈다.

1839년 4월에 교회 목회 일을 맡게 되었을 때, 윌리암 번즈 목사는 이미 씨가 뿌려지고 물을 준 밭에 자신이 와있다는 것을 알게 되었다. 그곳에서는 푸른 잎들이 이미 자라나고 있었던 것이다. 이곳은 땅을 갈아엎어 씨 뿌릴 준비를 시켜야 하는 휴경지가 전혀 아니었다. 로버트 맥체인이 끊임없이 수고하고 위하여 항상 기도하던 문제들이 이제 분명하게 드러났다. 그의 수고와 중보기도가 헛되지 않았다는 증거가 나타날 것이었다.

비록 이것이 하늘에 계신 농부의 원리요 법이라는 것을 우리 주께서 우리에게 가르쳐주셨을지라도, 우리는 다른 사람이 들어서서 추수를 거둬들이는 것이 이상하다고 생각하게 된다. 자기 없이도 하나님께서 어떤 식으로 자기 백성들을 구원하시고 축복하실 수 있는지를 가르치고자 하는 긴급 목적을 위해 아마 자기를 먼 나라로 보내셨나보다고, 멀리 베이루트에서 맥체인이 자기 느낌을 고백하는 말을 우리는 이미 들어보았다.

그렇지만 맥체인의 모든 계획과 수고와 간구와 눈물이 있었음을 잊지 말기로 하자. 보리 추수의 시작에 앞서 이러한 것들이 우리 스코틀랜드의 베들레헴, 즉 생명의 떡 집에 있었던 것이다. 맥체인이 그의 후임자 못지않게 그 기쁜 수확에 한 몫을 했다는 것을 보게 될 것이다. 번즈 목사는 그렇게도 충성스럽게 그리고 그렇게도 풍성한 열매로 드려진 예배들이 있었음을 재빨리 알아차리고 영광을 돌렸다. 번즈는 다음과 같이 썼다.

목사님의 교인들을 제가 목회하게 되었을 때, 자기가 죄인임을 확신하게 된 사람들 속에서 그리고 회심한 죄인들 속에서 주님이 역사하셨다는 증거를 발견하였습니다. 이 발견은 진실로 내 영혼을 시원하게 해주었습니다. 제가 주님을 알게 된 그 때로부터 유감스런 순간이 없이 7년 이상을 보낸 뒤, 저는 공개적이고도 가시적으로 단 한 번 사역지를 옮겼습니다. 이곳에서 어둠에서 빛으로, 그리고 사탄의 권세로부터 하나님께로, 옮겨지는 역사를 대단히 많이 보게 된 것입니다. 여기서 목사님의 사역 하에서 사망에서 생명으로 이미 옮겨진 사람들을 많이 발견하였습니다. 그리고 게다가 저 얼음장같이 차가운 공적 신앙고백의 영역을 넘어선 사람들도 많이 발견하였습니다. 그러한 신앙고백에서는, 하나님을 향하여 살아있는 사람들조차, 자기들의 거듭난 영혼의 은혜로운 활동들을 약간 말하는 정도 그 이상을 넘는 말은 하기를 두려워합니다. 왜냐하면 그런 활동들은, 육적인 신앙고백자들을 즉 믿기는 하지만 경건하지는 못한 세대를 거룩한 자리에서 정죄하는 것이 되기 때문에, 매우 불쾌하게 여기는 사람들이 많기 때문입니다.

    토양과 분위기는 준비되었다. 그것은 결코 놀랄 일이 아니었다. 하나님께서 기뻐하시는 열매들이 드러나는 것은, 하나님의 위대하고 귀중한 약속들과 조화를 이룬 것이었고 하나님의 나라의 자명한 원리들과도 조화가 되는 일이었다. 윌리암 번즈가 거의 자기 임무에 착수하자마자 그 열매들은 드러났다. 전에도 교회는 사람들로 가득 찼었다. 그런데 이제는 모여든 사람들이 더 빽빽해졌고 그 어느 때보다 사람들의 열심도 더했다.

사람들은 번즈 목사에게 매달리다시피 설교를 들었다. 마치 그 옛날 갈릴리에서 보통 사람이 말하는 것같지 않게 말씀하시던 그분의 입술에 사람들이 매달렸던 것처럼 그랬다. 전하는 말씀의 단순함과 가차 없이 전하는 메시지의 그 통렬함, 설교자가 오직 그 한 사람에게만 주시는 말씀을 전하고 있다는 느낌을 주는, 즉 각 사람을 사로잡는 그 확신, 이런 것들이 즉각적인 효과를 발했다. 사람들은 위압감을 느꼈다. 하나님께서 자기들 가까이 와계심을 알았기 때문이다. 사람들은 '무언가 갑작스런 일'을 예상하고 기대했다.

하나 둘씩 연이어 사람들이 번즈 목사에게로 갔다. 자기들이 받아 누리고 있는 영적인 혜택과 유익이 어떤 것인지를 그에게 알려주기 위해서였다. 번즈는 그 말에 귀 기울여 듣기가 두려웠다. 사람들의 그러한 신뢰가 자신의 흡족감과 자만심에 불을 붙일 쏘시개 노릇을 할지도 모른다는 것이 두려웠던 것이다.

> 6월 6일, 아침. 이 기쁜 표정으로 나에게 와서, 지난 두 주일 동안 자신의 문제가 모두 해결되었다고 말했다. 그리고 지금은 마치 맥체인 목사의 목회를 받고 있는 것 같다고 말했다. 몹시 흥분된 나의 마음속에 지옥의 작은 불씨를 던지지 말고 그 대신에 하나님께 감사를 드리고, 사람을 칭찬하는 일을 경계하라고 나는 그녀에게 말해주었다.

번즈는 다른 그 어떤 누구보다도 자기 자신을 더 엄격하게 다루었다. 그는 격렬하고 단호하게 자기 자신의 기분을 적대시했다.

수욕의 골짜기를 떠나게 만들려는 미혹을 받게 될까봐 그는 매일 벌벌 떨었다. 그곳은 한 때 주님께서 자신의 시골 별장을 가지셨던 곳이고, 그분의 종들이 여전히 그분을 만나게 될 줄을 확신하고 있는 곳이기 때문이다.

그럼에도 불구하고 번즈 목사가 던디에 머물렀던 그 첫 넉 달은 나중에 오게 될 더 나은 것들의 서곡에 불과했다. 7월이 끝날 무렵, 킬시트에 계신 자기 아버지가 성찬을 나눠주는 일을 도와주기 위해 번즈는 성 베드로교회를 비우게 되었다. 그리고 8월 8일에 돌아왔는데, 그 전에 번즈는 자기 평생에 최고의 경험을 하게 되었다.

일반적으로 행해지는 성례가 끝났다. 번즈는 주일 저녁에 '굉장한 도움도 별로 되지 않고 효과도 그리 놀랄만한 것이 없는' 설교를 하였다. 그러나 그가 설교를 마치자, 친구들이요 이웃사람들인 이 사람들의 구원에 대해 걷잡을 수 없는 불안감이 그에게 몰려왔다.

이 사람들은 어린 시절을 함께 보낸 그런 사람들이었다. 화요일 오전 10시에 시장바닥에서 다시 한 번 더 설교를 하겠다고 광고했다. 던디로 되돌아가는 여행길이 시작되는 바로 그 같은 날이었지만, 출발을 좀 늦추기로 했다.

화요일 아침이 밝았다.

"하나님의 뜻 안에서 구속의 역사 속의 한 시대로 영원 전부터 확정이 되어 있는 아침이었다."

전날 밤, 킬시트의 경건한 사람들은 제대로 잠을 못 이루었다. 기도하느라 너무 바빴기 때문이었다. 그 동안 몇 주 동안이나 번즈는 휴식을 취하지 못했었다. 그리고 자신의 주님께도 휴식을 드리지 않았다. 왜냐하면 성 베드로교회가 필요로 하는 것들을 통하여, 성령께서 주시는 하늘의 힘과 지혜와 또 불쌍히 여기는 마음이 자신에게 더 필요하다는 것을 알게 되었기 때문이었다.

그 날은 비가 많이 왔다. 그래서 사람들을 시장에 모이게 하기보다는 넓은 예배당 안으로 들어오게 하는 것이 더 낫겠다는 생각이 들었다. 의자, 계단, 통로, 현관 입구 등 모든 곳이 사람들로 붐비지 않는 곳이 없었다. 남자, 여자, 아이들 할 것 없이 모두 평상복을 입고 왔다. 그들 중에는 그 지방 전체를 통틀어 가장 악한 자들과 가장 방탕한 사람들도 몇 사람 있었다. 그들은 시편 102편을 노래했다. 설교자가 가사를 읽어 주었다.

"지금은 그를 긍휼히 여기실 때라. 정한 기한이 다가옴이니이다."

'지금은'이라는 말이 번즈 자신의 마음에 와 닿았다. 그래서 하나님의 정하신 때가 실제로 가까이 와있다는 소망을 더 갖도록 만들어 주었다.

설교의 본문은 또 다른 시편, 즉 110편에서 선택했다.

> 주의 권능의 날에 주의 백성이 거룩한 옷을 입고 즐거이 헌신하니
> (시 110:3).

설교는 그 배열이 잘 정돈되어 있었으며 그 가르침은 강해가 주를 이루었고 칼빈주의적이었다. 청중들은 마치 대못으로 박아 놓은 듯이 설교에 집중해서 들었으며, 조용히 눈물을 흘리면서 그 말씀을 들었다.

설교가 결론에 도달하자, 번즈는 그 교회 여정의 그늘진 곳에 햇볕을 만들어주셨던 성령님이 여러 번 되풀이하여 찾아오셨던 이야기들 중에서 몇 가지를 들려주었다. 그리고 그 이야기들 중에는, 젊은 존 리빙스톤이 설교했을 때인 1630년도의 숏츠의 커크에서 일어났었던 부흥 이야기도 있었고, 500명이나 되는 사람들이 납골당 같은 자신의 동굴을 벗어나 그리스도의 자유인들이 누리는 그 놀라운 자유를 얻었던 이야기도 들어있었다.

그 이야기를 계속하는 동안, 번즈는 성령의 능력이 자신을 사로잡아 들어 올리며 또 그 능력이 증대되는 것을 느꼈다. 리빙스톤처럼, 번즈는 자기 눈앞에 있는 불신자들에게 하나님의 자비로운 제안을 즉시 받아들이라고 간청하고서 설교를 끝냈다. 사람들이 감정이 너무 북받친 나머지 자제하기가 힘들어질 때까지, 번즈는 계속해서 이런 식으로 했다. 사람들의 감정은 결국 밖으로 터져 나와 울고 통곡하고 울부짖고 신음을 토해냈다.

오후 3시가 되어서야 그 모임은 간신히 해산되어 사람들은 집으로 돌아갔다. 그리고 교회는 텅 비었다. 번즈 본인은 그 날 저녁 던디로 돌아갈 생각이 전혀 없었다. 나중에 얼마 동안이라도 돌아가 있어야겠다는 생각도 없었다. 결코 버려서는 안 되는, 자기에게 할당된 하나님의 일이 여기에 있었다.

그것은 이 땅 위에서 실현된 천국의 많은 날들이 킬시트에서 일어난 시작에 불과했다.

이윽고 사람들이 떠나버린 술집과 석탄 구덩이의 컴컴한 지하 세계, 추수꾼들과 이삭 줍는 사람들이 곡식 단들 사이에서 하나님을 찬양하는 들판, 옷감 짜는 사람들의 작업장, 고요한 강변 저지의 초지와 협곡, 이 모든 것들은 그리스도의 기적의 시대가 지나간 것이 아니라, 아직도 그 옛날처럼 그분은 문둥병자를 깨끗하게 하고 눈먼 자들에게 시력을 주고, 죽은 자들을 일으키시며 가난한 자들에게 기쁜 소식을 전파하고 계시다는 표적이요 증언인 것이다.

은혜가 충만했던 이 경이로운 지역을 떠나, 번즈는 성 베드로 교회로 다시 돌아왔다. 여전히 번즈는 번즈였지만 전과는 다른 사람이 되어 돌아온 것이다. 자기부인(自己否認)으로 겸손하게 더욱 자기를 낮추고, 하나님에게는 그 어느 것도 불가능한 것은 없다는 아무도 꺾을 수 없는 확신이 더 강해져 있었던 것이다. 데이빗 브레이너드가 『인디언 가운데 있는 하나님의 놀라운 일들』 (*Mirabilia Dei inter Indicos*)[2]라는 자신의 일기를 썼던 것처럼, 번즈도 이제 자기 일기를 가지고 있었다. 그 일기에는 '1839년 던디에서 다른 많은 죄인들과 나를 위해 주께서 하신 놀라운 일들'이라고 기록되어 있다.

번즈가 하루 더 자기 임무지에서 보내야 했던 그 주간의 특징은, 지존하신 그분이 능력의 오른손을 뻗치셨다는 점이다. 번즈는 목요일 저녁 예배에서, 어째서 자기가 원래 계획했던 것보다 더 오래 교회를 떠나있지 않으면 안 되었는지를 설명해주었다. 그리고 혼자 힘으로 하나님과의 화평의 길을 찾고 있는 사람들

---

[2] 영문 책 제목은 *The rise and progress of a remarkable work of grace amongst a number of the Indians in the provinces of New-Jersey and Pennsylvania* – 역주

은 자리에 남으라고 했다. 약 백 명 정도의 사람들이 남았다.

> 그 사람들의 불안한 영혼에 엄숙한 설교가 끝나갈 무렵, 갑자기 하나님의 능력이 내려오는 것 같았다. 그리고는 모든 사람들은 눈물바다가 되었다.

금요일 밤에는 하나님의 위엄과 자비가 좀 더 기억에 남는 형태로 나타났다. 교회에서 전도 집회가 있었다. 집회가 끝난 후에는 목사 가운을 갈아입는 방에서 또 연장 집회가 열렸다. 하지만 그 방은 밀려들어온 사람들이 모두 다 있기에는 너무 작았다. 열정이 있는 영혼들은 하나님 나라를 침노하는 법이다.

그 사람들 중에는 괴로워하지 않는 사람이 하나도 없었다. 몇몇 사람들에게는 영의 괴로움이 너무나 완연했다. 그래서 그런 사람들은 서 있을 수도, 앉을 수도, 무릎을 꿇을 수조차도 없었다. 그래서 바닥에 넙죽 엎드려 있었다.

저녁마다 이러한 광경들이 되풀이되었다. 여러 주 동안 계속 매일 밤 집회가 열렸기 때문이다. 이내 사람들의 숫자가 너무 많이 불어나서 집회가 야외에서 모이지 않으면 안 되게 되었다. 처음에는 강변의 낮은 풀밭에서 모였는데 치안판사가 그것을 금지하자, 그 다음에는 성 베드로교회의 묘지에서 모였다. 죽은 자들의 묘지가 죄를 짓고 회개하고 슬퍼하고 기뻐하는 사람들의 출생지로 바뀌게 되었던 것이다.

사람의 마음을 녹이는 노력을 해야 할 그 때에는 번즈를 돕는 사역자들이 수없이 많았다. 록스버그 목사, 박스터 목사 그리고 마칼리스터 목사, 알렉산더 소머빌과 제임스 해밀턴과 로버커 맥도날드와 호레이시어스 보나와 패트릭 밀러가 그들이었다.

일기가 나타내고 있는 바와 같이, 번즈는 그 타오르는 불길 한 가운데에 서있었다.

> 나는 뛰어올라가 사탄의 무리들에게 기소를 재개했다. 나는 그럴 마음이 생겨서, 사람들이 흔히 많이 짓고 있는 죄들을 매우 평범한 용어들을 써서 설교하였다. 많은 사람들이 엉엉 울었다. 한 사람은 쓰러졌다. 그리고 설교가 거의 끝나가고 있을 때, 나는 설교를 중단하고 자리에 앉아서 5분 정도 묵도를 하였다. 모든 사람들이 예수를 영접하게 해달라고 간곡히 기도하였다.

하루에도 20명, 30명, 40명의 사람들이 번즈에게로 나아왔다. 그리고 와서는 빌립보 감옥의 간수가 하였던 옛날의 그 똑같은 질문을 하였다.

> 어떻게 하여야 구원을 받으리이까?(행 16:30).
> 교회 바깥쪽으로 난 방에 옹기종기 모였다. 그리고 목사와의 개인 면담을 받으러 자기 차례를 기다리고 있는 동안, 함께 통성 기도를 하며 자기들의 마음을 하나님 앞에 쏟아놓았다. 조용히 혼자서 기도하는 사람들도 있었다.

육군 중장으로 국회의원이 되었던 사람이 사랑하는 자기 딸 브리짓 아이어톤에게 편지에도 썼듯이, 이렇게 구원을 찾고 있는 사람들은 이미 구원을 찾은 사람들 다음으로 좋은 부류의 사람들일 때도 있었다. 이 사람들은 밤이 늦어질 때까지 번즈를 잡고 놓아주지 않았다. 사람들이 집회에서부터 번즈를 따라와 하는 수 없이 발걸음을 멈추고, '바람 따라 흘러가는 거무스레한 구름들 사이로 희미하게 빛나고 있는 별빛 아래 언덕 길 가에서' 그들과 함께 기도하는 때도 심심치 않게 있었다.

번즈가 흥분할만한 이런 사건들과 기회와 특권들 때문에 사람이 달라졌을까?

그렇지 않다. 그 이유는, 모든 찬양을 그리스도께로 돌리고 자기 자신은 합당치 않은 사람이라는 신념을 점점 더 가지게 되었기 때문이었다. 9월 어느 토요일 저녁 '20분전 12시에,' 자비와 은혜와 사랑의 한 주간을 보내고 나서 드린 이 기도는 자신을 고발하는 기도였다.

> 오 불신의 구름과 안개를 흩어주소서. 이것들이 용의 서식지 곧 육적인 내 마음에 고여 있는 습지로부터 새롭게 다시 숨을 내뿜나이다.

그리고 이것은 그의 찬양이다.

> 오 하나님의 어린양이여, 영광을 받으소서!
> 오 성부여 영광을 받으소서!
> 오 성령이여 영광을 받으소서!
> 영원하시고 하나이신 하나님이시여!

자신에게 하나님께로부터 받지 않은 것이 하나도 없음을 윌리엄 번즈는 잘 알고 있었고 또 그것을 인정했던 것이다. 함부르크에 머물고 있던 맥체인에게 도착한 것은, '높은 곳에서 내려온 이슬방울들'에 대한 소문이었다. 이 소식은 그가 이곳저곳 다닌 여행길의 마지막 시간들을 감사함으로 충만하게 채워주었다. 던디로 돌아왔을 때, 맥체인은 이 각성이 실재했었다는 많은 증거를 곧 보게 되었다.

우리에게 남아있는 것은 여섯, 일곱 가지 정도의 보고서이다. 이 보고서들은 그 은혜의 해 12월에 맥체인 본인의 요청에 따라 그 교회의 교인들이 마련한 것이었다. 이들은 이 보고서에서 사적인 기도모임들이 다양하게 열렸다는 이야기를 전하고 있다. 부흥의 자극을 받아 기도모임들이 시작되었다는 것을 우리는 알 수 있다.

이 보고서 대부분의 필체는 엉망이다. 철자법도 틀린 데가 상당히 많다. 그러나 이 보고서들을 읽고 있으면 읽는 사람의 눈에 눈물이 글썽이게 된다. 그리고 이 보고서가 기념하고 있는 바와 같이, 그런 계시와 주의 현현과 승리를 간절히 열망하는 마음이 자기 마음속에도 생기게 된다.

라이클리 부인은 한 작은 여성 기도회에 대해 이야기하고 있다. 이 기도회는 그녀의 병실에서 모였었는데, '번즈 목사도 전혀 모르는 사람들이 많이 그리스도를 믿게 되었고, 그리고 맥체인 목사의 목회를 받은 수많은 사람들이 더 잘 그리스도를 믿게 된 것에' 대해 기뻐하고 있다. 이 현재의 순간이 올 때까지는, 이 사람들이 그리스도를 믿게 될 것이라고는 아무도 꿈도 꾸지 못했었다. '진짜 동전과 가짜 동전'을 분간할 수 있도록 '사랑하는 목사님에게 그것을 분별할 줄 아는 판단력을' 주시기를 그 부인은 간절히 바라고 있다.

교회가 우는 자들의 장소인 보김과 같은 곳이 되기를 맥체인 목사가 얼마나 바랐는지 아그네스 크로우는 잘 기억하고 있다.

> 하나님의 영이 우리들 중에 오셔서 돌 같은 마음을 산산이 부숴놓은 이후로 눈물이 뺨을 타고 계속 흘러내렸다. 전에는 죄 때문에 우는 것을 본 적이 없는 그런 눈물이었다.

앤드루 캔트는 주일 아침마다 7시 기도회의 사회를 보았다. 그리고 교회에 예배가 없는 주일 저녁에는 호크힐의 타이츠 가에 사는 루이자 린지의 집에서 찬양과 기도, 그리고 서로 덕을 세우는 집회가 열렸다. 캔트는 이 기도회에 참석하는 사람들의 이름을 일일이 기록에 올려놓고 있다.

데이빗 케이는 자그마치 세 개나 되는 그와 유사한 모임에 대해서 관심을 보이고 있다. 어린이 기도회도 두 개나 있다. 그 하나의 인도는 토마스 싸임이 맡았고, 다른 하나는 토마스 브라운이 담당하였다. 어린 아이들은 자기 이름을 모두 적어 놓고, 목사님이 얼른 와주시기를 바라고 있다.

맥체인이 돌아와서 하나님의 은혜를 보고 기뻐하였을 때, 그것이 놀라운 일이었을까?

7. 풍부한 비와 풍성한 추수

맥체인은 '타고난 성품이 야심이 큰' 사람이었다고, 보나 박사는 우리에게 말하고 있다.

어쩌면 – 누가 알랴?

마음속에 후회스런 생각들이 그를 좀 괴롭혔을 수도 있을 것이다. 그리고 그의 마음속에 숨어있는 에스드랄론에서 서로 상반되는 생각들이 싸웠을 수도 있을 것이다. 자기 자신이 아닌 또 한 사람의 중개인을 사용하여 하나님께서 자기 백성들을 구원하고 계시다는 사실을 말로 표현해도 순수하고 순수한 기쁨 외에 아무 것도 느낄 수 없기 전에는, 그랬었을 수도 있다.

그러나 그 후회거리들은 혹시 나타났다 하더라도 곧 사라졌다. 맥체인 안에 있는 믿음의 주요 온전케 하시는 이의 능력 덕택에, 서로 충돌하는 생각들은 그 후회가 시작되기도 전에 거의 끝나버린 것이다.

다시 한 번 옛 임무지로 돌아온 맥체인은 1839년 11월 26일에 자기 아버지와 어머니에게 편지를 썼다. 그 편지는 명료성으로 가득 차 있었고, 자기희생으로 가득 차 있었으며, 감사의 마음으로 가득 차 있었다.

던디를 처음 보았을 때, 저는 새롭게 활력이 솟았고 기운이 샘솟았습니다. 제가 이곳에 작별을 고한 이후로 하나님께서 저를 인도하셨던 그 방식에 경이로움과 감사함을 느꼈습니다. 닐슨 목사와 토마스 목사, 알렉산더 타인과 블레어고우리의 로버트 맥도날드가 저를 맞이하기 위해 기다리고 있었습니다. 물론 저의 사랑하는 교인들도 많이 나와 있었습니다. 저는 그 날 저녁에 설교를 했습니다.
전에는 그렇게 많은 사람이 교회에 모인 것을 본 적이 없었습니다. 록스버그 목사, 아놋 목사, 로우 목사, 해밀턴 목사 그리고 다른 목사들이 저를 지원해주러 왔습니다. 교회 안에는 빈자리가 한 곳도 남아있지 않았습니다. 통로와 계단마다 모두 사람들로 꽉 찼습니다. 그 광경에 저는 그만 압도되었습니다. 그렇지만 고린도전서 2:1–4을 본문으로 하여 설교할 때 저는 굉장한 자유를 느꼈습니다.
저는 그렇게 많은 사람들에게 설교해본 적이 없었습니다. 흐느껴 우는 사람들도 아주 많았습니다. 무척 많은 사람들이 영생의 말씀을 기다리고 있었습니다. 저는 다른 어느 곳에서도 그렇게 아름답게 찬송하는 소리를 지금껏 들어본 적이 없었습니다. 마치 그 사람들이 그 자리에 임재해 계신 하나님을 찬양하고 있다고 느끼고 있기라도 하는 것처럼, 그 찬양은 너무나도 사랑에 넘쳐있고 감동적이었습니다.
밖으로 나와 보니, 교회 앞 길 전체가 어른들과 어린 사람들로 가득 차 있었습니다. 그래서 저는 한 번에 스무 명의 사람들과 악수를 해야 했습니다. 저의 집 문 앞까지 저를 따라온 사람들도 부지기수였습니다. 그래서 그 사람들에게 한 번 더 설교를 하고 기도를 해주고 나서야 그들은 집으로 돌아갔습니다. 여기 이곳 사람들에게 위대한 변화가 온 것이 분명합니다. 비록 단순히 육신적으로 각성이 되고 흥분하는 사람들이 많이 있다는 것은 예상할만한 것이기는 하지만, 그럼에도 구원을 받아 변화된 사람들이 상당수 있다는 것을 저는 확실히 알고 있습니다.

주일에 저는 번즈 목사에게 오전 예배와 저녁 예배 때 설교해 달라고 부탁했습니다. 그리고 저는 오후에 설교했습니다. 그 날은 매우 엄숙한 날이었습니다. 역대하 5:13,14이 저의 설교 본문이었고, 번즈는 히브리서 4장의 은혜의 보좌에 대해서 설교했습니다. 번즈는 확실히 매우 탁월한 설교자입니다. 그의 문장은 단순 명백하고 힘이 있으며 긴박성이 있습니다. 저는 그 사람을 도저히 따라가지 못하겠습니다. 번즈 목사는 하나님의 일들에 대해서 매우 분명한 시각을 가지고 있는데다, 놀라운 힘을 가진 목소리와 신체를 가지고 있습니다. 그리고 무엇보다도, 성령의 나타나심으로 하나님께서 정말로 그의 설교에 함께 하고 계시는 듯 보입니다. 남들이 보지 않는 곳에서는, 회자되고 있는 말을 듣고 알게 된 것보다 훨씬 더 겸손하고 일편단심인 사람이라는 것도 알게 되었습니다. 번즈 목사가 어떤 일을 맡게 될지 우리는 아직 아무 것도 정한 것이 없습니다. 저 높은 곳으로부터 인도하심이 있기를 저는 기도하고 있습니다.

어떤 도구를 통하여 구원을 받든, 저의 교인들이 구원받는 것 외에 저는 바라는 것이 없습니다. 전에는 알아차리지 못했었는데, 제가 사역할 당시에 구원받은 사람들이 많이 있다는 것을 알게 되었습니다. 그 사람들은 지금은 자기가 믿는 사람이라고 고백하기를 두려워하지 않습니다. 영혼에 대해 관심을 갖는 것은 이제 아주 흔한 일이 되었습니다.

11월 바람 부는 저 회색빛 날들 속에 영광스런 여름의 그 기쁨이 있음을 맥체인은 알고 있었다. 그래서 윌리암 번즈를 통해 하나님께서 거두신 그 승리에 대해 감사를 올렸다. 그리고 누구를 수단으로 쓰시던지 자기가 목회하고 있는 사람들이 구원받는 것, 그것 외에는 아무 야망도 가지고 있지 않았다.

얼마 동안이었지만, 성 베드로교회 안에 나는 바울 파요 라고 말하는 사람들도 있었고, 또 어떤 이는 나는 아볼로 파라고 말하는 사람들이 있었음은 의심의 여지가 없다. 인간의 본성은, 그것이 그리스도에 의해 변화의 과정 속에 있을 때에라도, 금방 그 성향과 그 선호에 작별을 고하지는 못한다.

제임스 해밀턴은 '자기들에게 하나님의 사자처럼 되었던 그 사람을 대체할 수도 있는 한 사건을 거의 비난하다시피 하는 사람들과, 자신의 목사가 돌아온 것에 대해 실망을 숨기지 못하는 사람들'에 대해 쓰고 있다. 하지만 해밀턴은 덧붙여 쓰고 있다.

"자기 자신과 번즈 목사에게 있는 사랑과 아량으로 말미암아 그 시련은 지나갔다."

다툼이 있어서는 안 된다고 바울과 아볼로가 직접 결단했을 때, 그 배경을 사랑하시고 자신에 대해서는 아무 말씀이 없이 오직 예수만을 영화롭게 하시는 온유하고 관대하신 성령님으로 말미암아 주님 자신의 겸손 속으로 그 두 사람이 세례를 받아 들어가자, 부득불 시기와 질투, 경쟁과 언쟁은 부끄러운 일이 되어버렸고, 면목이 없어 고개를 푹 수그리지 않으면 안 되게 되었다.

번즈는 맥체인만큼이나 예의바르게 처신하였으며 자신을 잊을 정도로 헌신적으로 일했다. 그 다음 3년 동안 성 베드로교회의 담임목사에게 번즈가 쓴 스물일곱 혹은 스물여덟 통의 편지보다 더 멋진 읽을거리는 없을 것이다. 그 편지들은 그의 영혼의 발로라고 할 수 있다.

번즈 목사의 영혼은 '가득차서 흘러넘치고 있는' 그리스도 한 분만으로 만족해하는 열정으로 타오르고 있었다. 그 영혼은 사람들이 회개하고 믿기를 목말라 헐떡거리고 있었다. 그 영혼은 또 자신의 강한 자존심을 짓밟아 뭉개버리고 있었으며 자신이 으스러져서 먼지와 가루가 되기를 바라고 있었다. 때로는 의식의 빈곤과 무능의 구덩이에서 벗어나고자 울부짖기도 했다. 번즈는 다음과 같이 고백하였다.

"나는 정말이지 이 땅의 훼방꾼일 뿐이다."

채찍을 휘두르는 자의 채찍질보다 더 심한 상처를 자신에게 가하고 있는 저 자기고발을 통해, 번즈는 자신의 '우매한 마음'을 몇 번이고 되풀이해서 채찍질하였다.

맥체인은 언제나 '예수 안에서 번즈의 사랑하는 형제'였다. 그는 '주 안에서 번즈를 사랑하였다.' 그는 말하였다.

"목사님의 귀중한 글은 약한 내 영혼에 주께서 보내주시는 시원한 냉수랍니다."

맥체인의 침묵이 너무 오랫동안 길어지자, 번즈는 항의하듯

"내 마음에 그보다 더 가까이 있는 사람이 아무도 없을 그 사람에게 나는 전혀 낯선 사람이 되어있었습니다"라고 말하기도 했다. 또한 그는 황홀한 자필로서 이렇게 편지의 마지막에 서명을 하였다.

"영원한 결속 안에서 당신의 형제가(어린양에게 영광을!)."

번즈는 자기 친구가 단지 자기 듣기에 좋은 말, 신나는 말만을 하게 만들지 않으려 했다. 번즈는 마음속으로 신뢰할 수 있었던 맥체인의 영적인 통찰력과 솜씨로 자신의 일에 대한 위험성과 결점들을 더욱 분명하게 알게 되기를 간절히 바랐던 것은 매우 감동적이며 매우 고상하기까지 하다. 번즈는 1840년 1월에 퍼스에서 다음과 같은 편지를 썼다.

> 내가 책망을 듣기에 진력이 났다고 생각하지 마시기 바랍니다. 만일 목사님이 그리스도 안에서 저의 사랑을 받기 원하신다면, 제가 마귀의 올무에 걸려들지 않도록, 오! 저에게 진실한 말만을 해 주십시오.

8월 말에 애버필디에서 번즈는 또 한 번 같은 요청을 하였다.

"오 자비로우신 하나님의 보좌 앞에 계신 기도 시간에 저를 꼭 기억해주십시오. 그리고 저에게 성실한 조언을 보내주십시오."

만일 맥체인이 타고난 성품이 야심이 큰 사람이었다면, 아마도 번즈는 오만한 마음으로 자기주장을 하고 싶은 미혹을 받았었을 것이다. 쉴 줄 모르고 불타오르는 저 에너지를 가지고 연이어 여러 가지 행사를 서둘러 벌이는 그런 사람이었기 때문이다.

그렇지만 번즈 목사는 자기를 비워 종의 형체를 택하신 주님의 겸손과 인내에 자신을 녹아들게 만드는 체제는 그 무엇이라도 간절히 갈망하고 있는 그런 사람이었다. 그러니 번즈가 예수 그리스도의 비밀을 더 잘 알아가도록 틀림없이 맥체인이 번즈를 도와주었을 것이다. 왜냐하면 맥체인은 가난할 때 부유했으며, 자신의 부족한 것을 채우려 할 것 같지 않은 사람이기 때문에 오히려 자격이 있는 그런 사람이었기 때문이다.

어떻게 해서 킬시트와 던디에서 붙은 불이 스코틀랜드 전역으로 퍼져나가게 되었는지 로버트 맥체인에게 보낸 윌리엄 번즈의 이 편지들이 자세히 이야기하고 있다. 그 편지를 쓴 사람은 초조하고 성급한 영어로 편지를 썼다.

이 편지들을 읽고 있으면 마코레이 경의 봉화불 그림이 저절로 떠오르게 된다. 그 봉화불은 스페인의 무적함대가 도착한 그 밤에 그 칠흑 같은 어두움을 떨쳐버려 주었던 불이다. 그 불빛들이 성 미가엘 산꼭대기에서 그리고 비치 곶 꼭대기에서, '에디늣톤에서부터 버윅크 경계까지, 린에서부터 밀포드 만까지' 비추어주었다.

'남쪽의 여러 주(州)를 따라 곳 넘어 곳마다 반짝이고 있는 그 지점들을 그 스페인 군인들은 보았다.' 그러자 서레이의 작은 산들로부터 그리고 햄프스테드의 거무스름한 황무지로부터, 사람들은 도망쳐서 북쪽을 향해 껑충껑충 뛰어갔다. 마침내 '스키도우에 타오르는 붉은 불빛이 칼리슬의 주민들을 분발시켰다.' 그리고 한 국가는 깨어나서 '그 위대한 무적함대'를 부숴버렸다.

이것처럼, 번즈가 설교하자, 1840년도 전체와 1841년도 일부 내내 복음의 불길과 불빛은 스코틀랜드에 급속도로 퍼져나갔다.

그리고 그 모든 곳에서 사람들이 깜짝 놀라 잠에서 깨어나 살아나기 시작했다.

첫 번째로 신비롭고 불가항력적인 동요가 일어난 곳은 퍼스였다. 번즈는 거기 성 레너드 교회로 갔다. 존 밀네 목사를 돕기 위해서였다. 존 밀네는 최근에 그 교구를 담당하게 되었다. 번즈가 애초에 계획한 것이라고는 던디를 며칠간 떠나 있는 것뿐이었다. 그러나 현실에서는, '여기서 그분의 뜻 가운데서 임마누엘 주님의 임재가 나타난 것' 때문에 퍼스에 있던 번즈는 석 달 이상이나 지체하였던 것이다. 1839년 12월 30일에 번즈는 맥체인에게 다음과 같이 말했다.

> 지난 밤에 나타난 그 역사는 너무나도 영광스러워서, 대략 150명가량 되는 사람들 중에 그 말씀과 그 영이 주신 그 깊은 감동을 받지 않은 것처럼 보이는 사람은 단 한 사람도 없는 것 같았습니다. 그리고 마음에 찔림을 받은 사람들도 많았다는 것도 분명한 사실입니다. 또 무거운 짐에 눌려있는 사람들도 몇 사람이나 나와 하나님의 자녀가 누리는 그 자유를 누리게 되었습니다.

새해가 되어 1월 24일에, 번즈는 더 많은 것을 보고했다.

> 어제 밤 약 30여명의 젊은이들이 저와 함께 남아서 대화도 하고 기도도 하였습니다. 제가 알아본 결과, 그들 각자의 사례들은 매우 흥미로웠는데 전적으로 현재 나타나고 있는 역사의 열매였습니다.

상세한 이야기들이 빠르고 의미심장하게 적혀 있다. 이 사람은, 언제나 화급을 요하는 왕의 사무를 담당하는 전달자와 같은 사람이었다.

"저는 한 순간도 남아도는 시간이 없습니다."

이 정해진 문구로, 번즈는 퍼스에서 부친 두 통의 편지의 끝을 맺고 있다.

6월이 시작되는 첫 주간에 번즈는 '가난하고 땅이 바싹 말라 버린 곳, 사망의 음침한 골짜기' 같은 또 다른 지역에서 편지를 썼다. 그리고 한 달 뒤에는 '안스트루더에서 꼬박 하루를' 보냈더니 그 골짜기의 우울한 음침함도 다소 걷혔다.

> 오후와 저녁 시간에 교회 마당에 쳐 놓은 천막에서 주변의 여러 마을에서 온 많은 사람들과 더불어 그 곳 주민 전체가 함께 운집해 있는 것을 보는 것은 우리 많은 사람에게 매우 감동적이고 즐거운 일이었습니다. 국교에 반대하는 교회들은 모두 자발적으로 자기들의 예배장소 문을 닫았습니다. 주님의 사람들은 정말 그리스도 안에서 모두 하나라는 것이 눈에 보였습니다. 그 이름에 찬양을 드립니다!

8월과 9월에 번즈는 브레달베인의 산과 황무지 여기저기를 돌아다녔다. 이제 정금 같은 왕 예수의 승리들이 어떤 것인지 잘 보여주고 또 현저하게 드러나게 되었다. 그의 대장에게 바치는 신임장에는 이렇게 선포하고 있다.

방금 막을 내린 여섯 주간은, 공중 집회 수용 능력에 있어 제가 지금 껏 누려보았던 것들 중에서 가장 놀라운 숫자였습니다. 록 타이 쪽에 있는 로어즈와 아디어나이그에 다녀왔습니다. 포팅걸과 애버펠디, 그랜드털리, 로지어라이트, 물린, 테난드리, 커크마이클에도 다녀왔습니다. 그리고 이 지역들 그 어디에서도 우리가 주님의 은혜로운 임재의 증거들을 보지 못하고 떠난 곳은 없었습니다. 로어즈의 캠벨 목사가 말한 대로, 그것은 하나의 부활 사건과 같았습니다. 성령의 역사가 너무나 광범위하고 강력하게 그리고 사용된 수단과는 별개로 일어났기 때문입니다. 나는 하나님께서 이보다 더 분명하게 주권적으로 일하시는 것을 본 적이 없었습니다. 많은 사람들의 사례들을 살펴보았을 때, 나는 그것이 대단히 필요했다는 것을 알게 되었습니다. 그래서 한 공중 집회가 끝났을 때, 자신의 구원 여부에 대해 불안해하는 사람들을 자리에 남게 한 것은 참으로 잘 한 일이었습니다. 자기 양심에 더 가까이 다가가게 하기 위해서 그리고 그 사람들에게 거저 주는 구원에 대하여 자기 입장을 분명히 밝히도록 하게 하기 위해 그렇게 했었습니다. 그러나 여기서는, 그렇게 할 필요가 없었습니다. 주께서 통상적인 예배 시간에 자신의 역사를 수행하셨기 때문입니다. 그래서 축도를 한 다음에는 그 사람들을 즉시 해산시켜서 주님과의 은밀한 만남을 갖도록 하는 것이 바람직하다는 것을 나는 항상 발견하였습니다.

하나님께서 온건주의 목사들로 하여금 퍼스셔 지방의 이 지역에 우레의 아들이요 위로의 아들인 그런 목사를 자기들의 교구와 강단에 기꺼이 서게 하신 방법은 참으로 놀라웠다. 포팅걸의 맥도날드 목사와 물린의 캠벨 목사, 로지어라이트의 뷰케넌 목사의 깍듯한 예절보다 더 은혜로운 것은 없었을 것이다. 이 세 사람 중 마지막 사람은 '매우 다정하고 매우 진지했다.'

> 우리는 쉬는 시간도 없이 다섯 시간동안이나 천막 안에 있었다. 그리고 성령이 장악하고 있는 말씀의 능력도 너무 대단해서, 수백 명이나 되는 사람들이 눈물을 흘렸으며 소리 내 우는 사람들도 많이 있었다.

번즈는 맥체인에게 주님께서 자신의 충만함을 믿음 밖에 있는 이 사랑스러운 사람들에게 다 쏟아 부어주시도록, 자기와 함께 주님과 씨름하는 이 일을 하자고 간청했다. 주께서 머지않아 곧 그들에게도 휘장을 걷어 올리셔서 가장 거룩하신 자에게로 들어가는 길을 열어주시도록 하자고 간곡히 부탁했던 것이다. 그러나 다시 한 번, 맥체인은 늘 마음에 품고 있는 자기 자신의 부족함을 머리에 떠올렸다.

> 목사님께서는 저에게 아름다운 일을 하자고 이끄셨습니다. 그러나 그것은 저를 어쩔 수 없이 자기본위가 되게 만듭니다. 주께서 불쌍한 저의 영혼에 따라다니는 위험으로부터 저를 구원해 주시기를 바랍니다. 그리고 목사님은 저를 용서해 주십시오. 그리고 제가 임마누엘의 발 앞에 엎드려 토기장이 손에 있는 진흙덩이처럼 되도록 저를 위해 더욱 더 많이 기도해 주십시오.

애버딘으로부터 그 다음 급보들을 보내왔다. 애버딘에서는 그 싸움이 더욱 힘들었다. 이것은 10월 17일에 썼다.

> 기도하면 희망의 여지가 여전히 있기는 하지만, 좋은 소식에 대해서는 제가 별로 드릴 말씀이 없습니다. 교회에 다니는 대부분의 신앙고백자들은 거의 틀에 박힌 사람들처럼 보입니다. 지난 열흘 동안 저는 계속해서 설교를 하였습니다. 찰머스 박사라면 집회에 오기로 선택된 사람들에게 '인기거리'라고 말했을 원리들에 대해서 설교했지요. 열흘간의 설교를 마친 후, 저는 어제 밤 한 학교 건물에 버림받은 가난한 사람들을 모으기로 계획을 세웠습니다. 예배당에서 집회를 했을 때보다, 거기에 주님의 임재가 더 많이 나타난 것 같이 보였습니다. 그런데 집회가 끝나 제가 그 곳을 떠나려고 할 때, 말씀 한 구절이 저를 매우 힘 있게 내리쳤습니다. 내가 백성 아닌 자로써 너희를 시기가 나게 하며 그들의 마음에 질투를 일으키겠다고 하신 말씀이었습니다. 또한 혼인 잔치의 비유도 저에게 새롭게 다가왔습니다.

그로부터 거의 일 년 뒤, 그 봉화불 이야기를 모두 열거하기란 불가능하기도 하지만 이야기를 급하게 전해야 했으므로, 번즈는 남쪽으로 방향을 바꿔서 뉴캐슬의 보더강을 건너갔다. 옛날에 더글라스와 같은 사람들이나 암스트롱과 같은 사람들이 했던 것보다 더 성스러운 급습이었다.

"오, 여기 사람들의 마음을 움직이셔서 우리가 하는 일이 옳음을 변론하여 주옵소서!"

그는 간절히 빌었다.

> 아직 더디기는 하지만 그래도 진보가 나타나고 있습니다. 우리는 중대국면으로 치닫고 있습니다. 그분께서 무엇인가 위대한 일을 행하실지도 모른다는 희망을 저는 가지고 있습니다. 그분만이 놀라운 일들을 하시기 때문입니다.

번즈는 맥체인을 통해 '던디에 있는 하나님의 자녀들'에게 전해질 수도 있었으므로, 자신의 친구에게 합심 기도를 해달라는 당부를 했다. 램브란트 화풍 같은 어두운 색채를 띤 그 당부의 무게감있는 활력과 뜨거운 열기는 청교도와 왕당파가 길고도 치명적인 싸움을 벌이고 있을 때의 크롬웰의 편지를 생각나게 만든다.

> 제가 이 편지를 보내는 것은, 목사님에게 우리 하나님 아버지 손에서 우리가 함께 보고 맛보았던 모든 것들을 상기시키기 위함이며, 그리고 쉬지 않고 기도하시는 목사님의 기도에 여기를 향하신 주 예수님의 뜻을 기억해달라고 간곡히 부탁드리기 위함입니다. 이 동네는 소돔과 같아서, 완전히 불신앙과 극도의 악함에 빠져 있습니다. 사단의 참호는 깊고도 넓습니다. 그 성벽들은 튼튼하고 높습니다. 그 수비대는 크고 두려움을 모릅니다. 인간이 할 수 있는 모든 노력은 마치 놋 성벽을 향해 화살을 쏘는 것 같을 뿐입니다.
> 오, 어떻게 해야 할까요?
> 사랑하는 목사님, 저는 목사님에게 말할 필요도 없습니다. 영이신

하나님은 전능하셔서 그분의 손가락을 대기만 해도 그분의 원수들을 기가 죽게 하실 수 있고 또 그들의 성채들을 완전히 파괴시키어 무너지게 하실 수 있다는 것을 목사님은 이미 알고 계시기 때문입니다. 여리고의 성벽이 수양의 뿔로 만든 나팔 소리에 무너져 내린 것은 그분께 얼마나 영광이 되었었는지요! 벌레 한 마리에 의해 산들이 완전히 무너져 내려 먼지가 되어 공중으로 날려버려진 일은 하나님께 또 얼마나 영광이 되었던지요. 믿는 자들이여, 오십시오. 우리 주를 바라봅시다. 소원과 소망은 있으나 그것이 이루어지지 않아 괴로울 때, 가만히 서서 하나님의 구원을 바라보도록 합시다. 싸움은 시작되고 있습니다. 끔찍한 싸움을 치르지 않고서는 원수가 항복하려 하지 않을 것입니다. 우리 손을 높이 올리세요. 주님을 쉬게 하지 맙시다. 때가 되면 승리의 소식이 올 것을 바라봅시다.

윌리암 번즈의 말을 듣고 있으면, 효과 없는 우리의 기도와 힘 없는 우리 믿음, 그리고 인색하기 짝이 없는 우리의 희생과 생기 없이 안일하기만 한 우리 열심이 부끄러워진다. 저 편지들을 기억해서 우리 영혼에 잘 간직해두려면, 우리는 굉장히 긴장을 해야 할 것이다.

1842년 새해 첫 날에 번즈는 레이스에 있었다 "야외에서 세 시간 반 동안," 그리고 "그 감동은 너무나 커서 우리는 훨씬 더 오래 계속할 수도 있었을 것입니다." 그 다음 주일, 거의 세 시간 동안 부둣가에서 교회에 다니지 않는 수많은 군중을 향하여 설교를 외쳤다.

그러한 상황에서 그렇게나 많은 젊은이들이 주님의 말씀을 들으러 나왔다는 것은 매우 충격적이었습니다. 나는 그 수고가 헛되지 아니하기를 바라고 있습니다.

두 달 뒤 에딘버러에서 번즈는 싸움의 수장이 되어 철도 회사와 수그러들 줄 모르는 전쟁에 앞장섰다. 철도회사가 주일 열차 운행을 개시하였던 것이다. 그 열차는 아침 일곱 시에 역을 출발한다고 광고를 하였다.

만일 주님께서 저에게 능력을 주신다면, 저는 그 시간에 역에 나가서 거기에 온 모든 사람들에게 전도지를 나누어 줄 것입니다. 그리고 그 열차가 떠난 후에는 바로 그 개찰구에서 전송 나왔던 사람들에게 복음을 설교할 것입니다. 이곳에 머물고 있는 동안 이 일을 계속할 작정입니다.

맥체인이 자기 옆에 있었으면 하고 번즈는 바랬다. 왜냐하면 하나님의 법을 이렇게 어기는 것을 반대하는 일에 자기 친구도 자기처럼 열심을 낼 것이기 때문이다.

"덤빌 테면 덤벼봐라! 한 사람의 책망에 천 명이 달아날 것입니다. 두 명이 책망하면 만 명을 도망가게 만들 것입니다!"

이 일련의 편지들 중 뒤에서 두 번째 것은-마지막 편지는 다음에 할 이야기를 위해 남겨두어야 한다-1842년 12월 16일에 라르고에서 보낸 것이다. 그것은 앞선 편지들만큼이나 기억해둘 만하다.

그 편지를 쓴 이는 교회의 임박한 분열을 내어다보고서, 던디의 동료 사역자와 자신이 폭풍이 불어 닥치기 전에 한숨 돌릴 공간을 최대한 많이 만들어 놓아야 한다는 것에 신경을 많이 쓰고 있다.

> 전도의 수고로 이 땅에 복음을 널리 뿌리고 있는 것에 관해 목사님은 어떻게 생각하고 계십니까?
> 외부의 상황이나 혹은 내부의 편견에 대해서도 주께서 당신을 준비시키고 계시다고 목사님은 생각하십니까?
> 어떤 조치를 취해야 하든, 그 일을 빨리 시행해야 되지 않겠습니까? 왜냐하면, 목회자들이 시골에 있는 자기 교회를 텅 비어있게 내버려둔다면, 우리 중 그 어느 누구에게도 자유가 오랫동안 주어질 것이라고 기대할 수 없게 될 것이기 때문입니다. 이렇게 하면, 자기들의 후임자의 편안한 목회에—이건 저주받은 평안이지요!—지장을 주게 될 것이기 때문입니다. 그 동안에 하루하루가 귀합니다.

이리하여 비록 한겨울이기는 하지만, 어떻게 해서 자신이 순회집회를 그만둘 수 없어 이제까지 한 달이나 꼬박 파이프에서 두 손만 가지고 체류해왔는지 계속해서 이야기하고 있다. 그 다음에 계속되는 문장들에는 개구쟁이의 기미가 엿보인다.

> 엘리 지역의 밀리간 목사의 강단조차 주중 저녁에 두 번씩이나 저에게 내주었습니다. 그런 기회는 자주 오는 것이 아니었으므로, 그 두 번 중 나중 저녁에는 강단을 전혀 떠나지 않은 채 다섯 시간이나 설

교하였습니다! 다행히도 그 목사님이 다른 지역에 가 있었으므로 저를 저지할 수가 없었지요.

브라운 목사를 마음에 들어 했던 라르고에서는 비록 윌리암 번즈가 다른 곳에서 보았던 것처럼 주님이 영으로 임재하시는 것이 그렇게 명백히 강력하게 나타나지는 않았지만, "집회마다 사람들이 꽉 들어찼을 뿐만 아니라 매우 엄숙하기까지 했습니다. 자기들의 영적 상태에 대해서 좀 불안해하는 사람들이 많이 생겼다는 말을 들었습니다." 이 목사 본인에 관해 하자면, 만일 그 교구 교회가 자기에게 주어지지 않았다 하더라도, 다른 문들이 넓게 열려있다는 것에 그는 기뻐했을 것이다.

> 저는 독립 교회, 분리 교회[1], 안심 교회[2] 등 모든 종류의 교회에서 설교하고 있습니다. 하나님의 참 백성들끼리 마음을 같이하는 것은 참으로 기쁜 일입니다. 한 배에서 태어나 흩어진 새끼들은 밤이 다가오고 있을 때는 그 어머니의 날개 밑으로 모여야 합니다. 그래서 어미 새는 자기 새끼들이 알아들을 수 있는 독특한 곡조로 새끼들을 부르는 것이지요.

---

1 1733년 스코틀랜드 국교로부터 분리한 장로교회-역주.
2 1761년에 스코틀랜드 국교로부터 분리한 장로교회-역주.

이 긴 편지는 끝을 맺고 있다. 그러나 편지에 서명을 하고 봉인을 하였을 때, 그 편지는 다시 개봉되어 기다란 편지와 마찬가지로 기다란 추신이 또 추가되었다.

맥체인 목사가 와서 자기 곁에 서 있지 않을까?

그리고 맥체인이 그 일을 즉시 행하지 않겠는가?

> 오, 주님께서 제가 좋아서 머물고 있는 이 들판으로 목사님과 우리 형제들 몇 명을 더 보내주셨으면 얼마나 좋을까요! 누군가가 예수의 이름으로 자기 이름을 불러줄 때까지, 사람들이 시장에서 기다리고 있습니다. 많은 지역들은 비 한 방울도 받지 못하고 있는데, 어째서 성 베드로교회는, 또 다른 교구들은, 연이어 장맛비를 받고 있어야 합니까? 시간이 없습니다. 주님을 도우러 오십시오. 사단과 싸우고 계시는 주님을 도우러 어서 와주십시오!

우리는 달려야 한다. 이것은 윌리엄 번즈가 늘 하는 말이었다. 스코틀랜드와 뉴캐슬의 환경과는 매우 다른 환경인 중국에서 하나님은 그에게 두 번째 교훈을 가르쳐주셨다. 우리는 기다려야 한다. 그러자 그의 교육이 끝났다. 번즈는 저 완벽한 유산을 받을 준비가 되었다. 그 유산에 대해서는 로버트 맥체인에게 보내는 『오 거룩한 황홀함!』(*O Altitudo!*)에서 다음과 같이 쓴 바 있다.

"천국에서는 시간과 날수를 세지 않는다! 할렐루야!"

자, 이제 다시 던디로 돌아가, 그곳에서 성령의 불이 어떻게 타올랐는지 그리고 처음으로 생명의 역사가 일어났던 그 곳에서 그 생명이 어떻게 성장하고 심화되었는지 알아보기로 하자. 성 베드로교회의 담임목사 맥체인은 성지에서 집으로 돌아와 있었는데, 자기가 동방을 향하여 출발하기 전에 수고로이 섬겼던 회중들 가운데 어떤 사람이 들어있는 것을 발견하였다. 그 교회를 떠나 있는 동안 내내 그 사람의 구원을 위해 기도해왔던 바로 그 사람이었다. 조사단의 동료들과 헤어진 지 한두 주 후에, 맥체인은 앤드루 보나에게 다음과 같이 말했다.

> 감지할 수 있을 정도로 위엄 있는 성령의 징후가 얼마동안 지속될 것처럼 보인다는 말을 덧붙이기는 했지만, '이곳의 모든 것은 내가 기대했던 것보다 더 훌륭한 상태에 있습니다.'

그러면서 하나님께서 '곧 그 어느 때보다도 더 크신 능력으로 돌아오실 것이라는' 자신의 확신을 맹세하기까지 하였다. 그는 말하기를, 영원한 세계가 매우 가까이에 와 있는 듯 하다고 하였다. 의심할 바 없이, 사실 그랬다.

2년 뒤인 1841년 12월, 맥체인을 던디에서 모셔가겠다는 제안이 한 번 더 있었을 때–이번에는 파이프셔의 케틀로 오라는 것이었다–맥체인은 그런 생각을 품는 것조차 거부하였다. 그리고 완전히 설득력 있는 이유를 대었다.

"이 교구에서조차 한 달간 설교해서 몇 명의 사람도 구원으로 인도하기가 어렵습니다."

카시스가 라자러스에게 말했던 것처럼, 행복한 목사와 행복한 성도들, 이들에게는 그들의 정상적인 삶 주변에 언제나 영적인 삶이 있었다. 그리고 이들의 주일 예배와 주중의 생활로부터 하나님께서 멀리 떠나계신 적이 한 번도 없었다! 마치 한 대륙의 곶과 갑들이 바다로 돌출해 있는 것처럼 자명하게, 저 귀한 성령의 날에 성 베드로교회에서 시간의 세계는 계속 부서지고 부서져서 눈에 보이지 않는 영원한 세계가 되었다.

사람들은 친히 그 세계의 탑과 첨탑들을 보았고, 그 황홀한 멜로디를 들었고, 그 신비스런 열매들을 맛보았으며, 그 세계의 주시요 왕이신 하나님의 아들이자 사람의 아들이신 그분과 동행하며 이야기를 나눴다.

계속해서 성도들의 삶에 진보가 있었고 또 무르익어갔다는 좋은 증거들도 많이 있다. 그 기간 동안에 성찬에 참여하고자 하는 젊은이들에 대한 짤막한-짧지만 일목요연하고 그 사람에게만 해당되는-특징 묘사가 그것이다. 하지만 먼저, 맥체인이 그 젊은이들에게 받아쓰게 한 질문들을 여기에 적어보기로 하자. 이 질문에 대한 답은 아무도 모르게 하나님께만 해야 한다.

1. 그대가 성찬식에 참여하러 나오는 것은 그대의 부모나 이 땅위의 어떤 사람을 기쁘게 하기 위함인가?
2. 그대가 성찬식에 참여하러 나오는 것은 그대의 친구들과 동무들이 오기 때문인가? 또는 참여가 관례이기 때문인가?
3. 그대가 인생에 있어 어떤 시점에 도달했기 때문인가?
4. 어떤 사람이 성찬식에 참여해야 하고 또 어떤 사람은 참여하지 말아야 한다고 생각하는가?
5. 진정으로 회개하고 믿은 사람이 아니라도 성찬에 참여해야 한다고 생각하는가?

왜 그렇게 생각하는가?

6. 그대가 개종하지 않았다는 것을 그대 자신이 깨달았다면, 그 래도 그대는 성찬식에 오겠 는가?

7. 구원받지 못해 불안한 마음이 좀 있기는 한데 그래도 그리스도께 나와 신앙고백을 하지는 않은 사람들도 성찬식에 와야 하는가?

8. 그대는 자신의 죄를 깨달았다고 생각하는가?

그리스도께 나와 믿음을 고백했다고 생각하는가?

거듭났다고 생각하는가?

9. 그렇게 생각하는 근거는 무엇인가?

10. 손에 떡과 포도주를 받는다는 의미는 무엇인가?

그대는 진심으로 그리스도를 영접하였는가?

11. 떡과 포도주를 먹는다는 의미는 무엇인가?

그대는 진정으로 그리스도를 먹고 그분으로부터만 힘을 얻고 있는가?

12. 같은 성찬상에 앉은 그대 옆의 사람들에게 떡과 포도주를 넘겨 준다는 것의 의미는 무엇 인가?

그대는 그렇게 그 형제들을 사랑하고 있는가?

이 질문들은 마음속의 생각 그 자체와 그 의도를 발가벗기려는 면밀한 탐색이요, 꿰뚫는 빛이요, 이튜리엘의 창이다[3]. 어디 한적

---

3 이튜리엘은 밀턴의 실낙원에 나오는 천사로서 사단의 정체를 폭로했으며, 이튜리엘의 창이란 말은 진위를 가리는 확실한 기준을 비유함.-역주

한 곳에서 혼자 이 같은 면밀한 조사에 스스로 답을 해보고, 빛의 투과와 불꽃을 쪼이고, '어떤 거짓도 통할 수 없는' 창끝과 같은 하늘의 성질을 느껴본 후에, 교리 문답자들은 자기 목사에게로 간다. 허락을 받았으니, 1840년과 1841년, 1842년의 기간에 그 사람들에 대해 맥체인이 언급한 말과 그들 속에서 발견한 것들에 대한 맥체인 본인의 이야기를 읽어보기로 하자.

물론, 여러 차이점들이 있었다. 실망한 점들도 있었다. 아직도 문이신 그분을 더듬어 찾아가고 있는 중이고, 자비라는 이름을 가진 그분을 찾아가고 있는 중이어서, 준비가 안 되어 있는 사람들도 더러 있었다. 어떤 사람들은 심지어 '마음이 강퍅하고 무관심하기조차 하다.' 목사가 그런 가슴 아픈 형용사들을 사용하지 않으면 안 되었을 때, '아마도 무지하기 때문에'라는 말을 덧붙일 용의가 있기는 했지만, 아무튼 그랬다.

그렇지만 그리스도께서 자기 능력과 사랑의 표시를 나타내고 계시며 초인적인 역사를 아직 그만두시지 않았다는 증거는 많았고 또 분명했다. 성찬식 신청자들의 연령대는 다양했다. 소수의 몇 사람은 14세였고, 많은 수가 15세였으며, 그보다 더 많은 수는 16세, 17세였다. 다른 사람들은 그보다 상당히 나이가 많았.

자, 맥체인이 이 사람들에 대해서 무엇이라 기록해놓았을까?

여기서 그 이름들을 밝힐 필요는 없다. 우리가 관심이 가는 것은, 그들의 마음과 생활에 대한 맥체인의 평가이기 때문이다.

1840년 10월, 표제어에는 다음과 같은 것들이 있다.

윌리엄 번즈의 목회 당시에 신앙심을 높이고 싶어 교회에 나오다.

확실하게 알기는 어려운 일이지만, 진짜 하나님의 자녀인 것 같이 보인다.

신앙의 진보를 바라는 것이 분명하다.

참으로 진심인 것 같다.

진심으로 그리스도께 나아온 것 같다.

전에는 회심의 경험 없이 왔었으나, 지금은 깊은 관심을 가지고 있는 것이 분명하다.

조용하고 찬찬하고 잘생긴 젊은 여성.

가르침을 잘 받았으며 성령의 가르침을 받고 있는 것처럼 보이며 매우 말이 없음.

믿다가 안 믿다가 기도를 받고 다시 각성이 됨. 죄에 대해 많은 눈물을 흘리고 깊은 감정을 보임.

윌리엄 번즈 목사 목회 당시 진짜로 구원을 받은 것 같음.

자신이 구원받을 자격이 없다고 생각해 오랫동안 거리를 두었었음.

지금은 은혜의 보좌에서 기쁨을 느끼고 있음.

이제 우리는 1841년 3월로 간다. 이 날에 다음과 같은 것들을 읽게 된다.

정말로 하나님에 대한 것들을 배웠음.

진정으로 울었음.

사랑스런 아일랜드 소녀.

'그리스도를 발견하셨나요?'

'그렇다고 믿고 있으며 또 그랬기를 바랍니다.'
위 소녀의 쌍둥이 자매, 대답이 명확하며 잘 했음.
언제 믿게 되었는지 시간에 대해서는 아무 것도 말할 수 없음.
아직도 자기 영혼을 잘 관리하고 있음—이것은 14세의 한 어린 제자이다—그리고 예수를 사랑함:
'그리스도의 보혈이 저에게 평안을 줍니다. 그리스도는 저에게 귀중하신 분입니다.'
윌리엄 번즈 목회 당시 각성함.
그리고 다시 세상으로 돌아갔음. 지난 성찬식 때 다시 각성함. 여기에 하나님의 무언가가 있다고 생각됨, 말이 없음.
내가 보는 한, 확실하게 구원받았음.
잘생긴 진지한 소년, 확실하게 자리를 잡은 것은 아님.

1년 후 1842년 4월, 영혼에 대한 간략한 묘사가 좀 더 있다.

윌리엄 번즈가 여기 있었을 때 신앙에 대해 더 알고 싶어 했으나 그 생각이 사라졌다. 지금 다시 관심이 생김. 그러나 잡은 것 같이 보이지는 않음. 본격적으로 믿음을 구하고 있는 것 같이 보이나, 자기가 주 예수를 찾았다고 말하지는 못한다. 올해에 성 베드로교회에서 정말로 그리스도께 나아온 것같이 보임. 지난해 성 베드로교회에서 정말로 구원받은 것같이 보임. 고루하고, 머리가 좀 아둔해 보이며 평안해 보임. 열 처녀 비유를 듣고 최근에 깨달음. 매우 진지해 보임. 그러나 이번에는 성찬을 받지 않는 것이 좋을 것으로 생각됨.
'저는 큰 죄인입니다. 그렇지만 저는 그리스도를 믿습니다.'

아홉 달 전, 석 달마다 거행된 성찬식 때 각성했음. 매우 집중하고 있으며 구원받기를 간절히 바람. 아직 지식이 많지도 분명하지도 않음. 더드호프에서 윌리엄 번즈 목사 밑에서 각성함. 최근 매우 깊이 각성했음. 보나 목사와 이야기를 나눈 후 마음이 편해진 것 같음. 1년 전 킬스핀다이에서 온 이후 성 베드로교회에서 내가 사역할 때 각성함. 진리에 대한 분명한 지식이 있고 진리를 가슴으로 체득한 듯함.

이번에는 여섯 달을 건너 뛰어, 1842년의 성찬식으로 가보기로 하자.

아버지께서 주신 잔을 내가 마시지 아니하겠느냐?(요 18:11)
이 말씀 때문에 그녀는 그리스도께 나아온 것으로 생각됨. 깊이 각성되어 있음. 그녀는 그리스도께 나아왔다고 생각됨. 흥미로운 경우임. 1년간 깊이 관심을 가져왔음. 2년 전 내가 목회할 때 각성하였음. 그리스도를 구하고 있다는 것이 솔직한 마음인 것 같이 보임. 가르침을 더 많이 받기 원하고 있음. 진실로 하나님의 자녀인 것 같음.

이들 메모가 급하게 쓴 것인데다가 온전한 문장도 아니어서 별로 가치가 없어 보이고, 밍숭밍숭하니 별로 감동도 없고 재미도 없다고 생각되는가?

그와는 반대로, 이 메모들은 모두 또 하나의 특성을 가지고 있다. 각 메모는 한 인간의 마음속을 들여다 볼 수 있도록 열려 있는 문이다. 각 문장은 한 사람의 영혼에 빛을 비춰 그것을 잠깐 들여다볼 수 있도록 해주는 신기한 거울이기도 하다. 보다시

피, 이 영혼은 생수를 목마르게 찾고 있으며, 십자가가 서있는 곳에서 얼마 떨어져 있지 않는 곳에 방금 도착해 있거나, 아니면 그리스도께서 잡힌 자를 자유롭게 만들어주신 해방과 그 해방이 가져다주는 것들을 최근에 맛보았던 것이다.

영혼이 울고 있고, 영혼이 기뻐하고 있다. 이 영혼의 슬픔과 이 영혼의 기쁨은 최고의 것들에 대한 것, 즉 죄와 구원, 영혼의 파산, 영혼의 친구인 주님의 측량할 수 없는 풍성함에 대한 기쁨이요 슬픔인 것이다.

이것들과 비교해볼 때, 다른 모든 전기(傳記)들은 보잘 것이 없다. 세속적인 역사들은 모두, 심지어 가장 재미있는 역사라 해도, 사소한 것이고 재미도 없다. 그 당시의 던디에 살고 있는 사람이라면, 조지 허버트가 찬사를 보내고 있는 시간의 손실과 이득을 잘 알고 있었다.

어떤 손실이 있기에 이렇게도 잃지 않으려고 기를 쓰게 만드는 것일까?

어떤 이득이 이렇게도 희귀하고 완벽할까?

> 왜냐하면, 주님의 부재가
> 우리가 알고 있는 그 어떤 거리보다 탁월한 것처럼,
> 그렇게, 가까이 계신 주님은 앞장서 나가십니다,
> 두 존재를 하나로 만들면서.

맥체인 본인은 그 몇 년 사이에 연단을 받아 거룩함과 열심을 새롭게 품게 된 듯하다. 여전히 설교 원고는 대부분 그 전체를 글

로 쓰고 있고, 항상 생각과 배려의 증거를 지니고 있으며, 그 설교문 속에는 그리스도를 높이고 사람의 마음과 의지를 움직이고자 하려는 갈망이 더 많이, 열정이 더 많이, 그리고 하나님의 재촉이 더 많이 들어 있었다.

우리의 시선을 사로잡는 것은, 일단 설교 원고 작성이 끝나면 맥체인이 자기 설교에 짧은 외침을 부록처럼 덧붙이는 습관이 있는데, 이 외침은 화살같이 빠른 기도이다.

> 주님, 사람들의 마음이 주님을 향하여 달려가게 하소서.
> 약한 저를 강하게 하소서.
> 성령의 단비를 보내주소서.
> 깨어라, 오! 북풍아, 깨어라.
> 주님의 진리를 듣고 죄인들이 회심을 하고 성도들이 위로를 받게 하소서.
> 오! 세상의 생명이시여 저를 도우소서.
> 주 예수여 도우소서!

맥체인은 스코틀랜드 종교 개혁 단원 로버트 브루스의 이야기를 되새기고 있다. 브루스의 기도는 짧다. 하지만 그 기도는 '천국을 향해 쏘아올린 매우 튼튼한 화살'이다. 어느 주일 오후, 라버트에 있는 자신의 교회에서-맥체인은 이 교구를 아주 잘 알고 있다-브루스 목사가 예배를 시작하려는 것 같이 보이지 않아서 교인들은 깜짝 놀랐다. 그래서 사무직원을 보내 작은 방에 있는 그 목사님을 찾아내었다.

한 예배가 끝나고 또 다른 예배가 시작되는 그 중간에 그 방은 브루스 목사의 기도실로 사용되고 있었다. 그 직원은 문지방에 멈춰 섰다. 안에서 면담이 진행되고 있는 소리가 들려왔기 때문이었다. 그래서 그 사무직원은 회중들에게 돌아가, 목사님이 지금 누군가와 말씀하고 계시는데, 자기 혼자서는 예배당으로 들어갈 수도 없고 들어가지도 않겠으니 그 상대방이 자기와 함께 꼭 가셔야만 한다고 반복해서 간절히 조르고 있다고 보고했다.

그러므로 강단에 설 준비를 다 마쳤다고 해도, 신비스러우시며 형언할 수조차 없는 그 동행자가 자기와 함께 가셔서 자기를 통해서 그분 자신이 기뻐하시는 일을 성취해주시라고 강청할 때까지는, 자기는 아직 설교할 준비가 안 된 것이라고 맥체인은 생각하게 되었다. 그 시절에 속한 것이 또 있으니, 그것은 저 인상적인 「나 자신의 점검과 개혁에 관한 결의서」이다.

이것에 관해서는 보나 박사가 『회고』에 상세하게 기록해놓았다. 복음을 전하는 사람은 이 결의서를 아무리 자주 읽었어도 자주 읽었다고 말할 수 없고, 아무리 겸손하게 그리고 충실하게 숙고해보았다고 해도 겸손하고 충실하게 숙고했다고 말할 수 없다. 우리의 참회를 더 분명하게 하고 우리 은혜를 더 성장시키기 위해서, 이 결의서의 문장들 몇 개를 발췌해보기로 하자.

> 나는 지금 누리고 있는 행복의 최고치에 도달할 것이고, 나는 하나님의 영광과 인간의 유익을 위하여 최선을 다할 것이며, 언제나 그리스도의 피로 씻음 받은 양심을 유지함으로써, 항상 성령으로 충만하여 있음으로써, 그리고 구속받은 죄인이 이 세상에서 도달할 수

있는 최고치로 정신과 의지, 마음이 그리스도를 완전히 닮아감으로
써, 나는 영원한 세상에서 최고로 완전한 상을 받게 될 것이다.

나의 꿈과 떠오르는 생각들과 좋아하는 것들뿐만 아니라 자주 반복
하고 있는 행동들과 원수에 대한 비방과 비난, 또 친구들에 대한 정
감어린 농담들까지도 잘 살펴보아서, 죄가 나를 이기고 있지는 않은
지 그 흔적들을 찾아내야 한다.

나는 나의 신앙 고백의 죄를 고백해야 하며—그 완벽하지 못함과 그
잘못된 목적과 자기를 의롭게 여기는 그 경향을—자신을 희생시켜
나의 죄를 완벽하게 고백해주신 그리스도를 바라보아야 한다.

그리스도께서 흘리신 피에는 나의 모든 죄를 위해 무한대로 초과 지
급하신 것이 있다는 것을 나는 알아야 한다. 비록 치러야 하는 무한
대의 공의 이상으로 고난을 받지는 않으셨을지라도, 그리스도께서는
무한대의 죄 값을 지불할 필요 없이 고난을 전혀 당하지 않으실 수
도 있었다.

나는 중보자이신 그리스도를 힘써 알아야 한다. 나는 그분의 흉패
위에 있다. 만일 옆방에서 그리스도께서 나를 위해 기도하시는 소
리를 내가 들을 수 있다면, 나는 백만의 원수들을 두려워하지 않을
것이다. 거리는 전혀 중요하지 않다. 그분이 나를 위해 기도하고 계
신다는 것이 중요할 뿐이다.

나는 보혜사 하나님을 더 많이 알아야 한다—그분의 신성(神性)을, 그
분의 사랑을, 그분의 전능하심을.

'이것에 귀를 기울이고, 이것을 자세히 들여다보고, 이것에 대해 말
하는 것이 내 직책에 꼭 필요하다'라고 나는 말한다. 지금까지는, 이
말이 맞다. 그러나 사탄이 이런 나의 주장에 끼어들어 있다는 것을

나는 분명히 알고 있다. 나는 하나님의 인도하심을 구해야 한다. 그래서 이와 같은 나의 생각이 나의 사역을 위해서 얼마만큼 유익할지 그리고 나의 영혼을 위해서는 얼마만큼이나 해로울지를 알기 위해서, 반드시 그렇게 해야 한다.

나는 기도의 요소 중-고백, 경배, 감사, 간구, 그리고 중보-그 어느 것도 생략해서는 아니 된다. 어쩌면 기도할 때마다 이 모든 요소들을 다 갖추어야 하는 것은 아닐 수도 있다. 그러나 하루가 다 지나가기 전에, 시간을 내어 각 요소에 해당하는 기도를 드리지 않으면 안 된다.

나는 하루 중 누군가를 보기 전에 먼저 기도부터 해야 한다. 늦잠을 자거나 아침 일찍 다른 사람들을 만나고 식탁에서 가족 기도를 하고 아침식사를 하고 오전 방문객들을 맞이하고 나면, 11시나 12시가 되어야 은밀한 기도를 시작하게 될 때가 자주 있다. 이것은 형편없는 시스템이다.

내 앞에 기도 계획서를 놓고 기도한다면, 나는 한층 더 기도하고 싶게 될 것이다.

이 말들을 읽고 있으면, 이 사람 맥체인은 하나님을 잘 알고 있으며 하나님께 주파수를 제대로 맞추고 있다는 것을 누구라도 알게 된다. 그의 입술에 있는 하나님의 나팔이-지금은 쇠 나팔이지만 그때는 은 나팔이-어째서 방황하고 있는 사람들을 먼 나라에서 아버지 집으로 불러들이게 되었는지도 발견하게 된다.

자신의 "검토록"에서, 맥체인은 자신의 중보기도에 관해 말하고 있다. 그의 중보기도는 점점 더 체계적이 되었고 점점 더 집중적으로 하게 되었다. 그의 공책 한 권에는 그의 중보기도 계획이 상세하게 드러나 있다. 맥체인에게는 기도로 채워진 동심원이 네 개 있다. 가장 작은 원은 자기 가족과 친척을 위해 하는 기도를 의미한다.

그 원의 바깥쪽에 있는 원은 가까운 친구들을 위해 기도하는 원이고, 그 다음 원이 자기 회중을 위해 기도하는 원이다. 가장 큰 원은 사역을 위한 큰 원인데, 던디와 라버트와 에딘버러와 블레어고우리와 콜레이스와 앤더스톤과 켈소에서부터 땅 끝까지-인도와 중국, 아프리카, 로마가톨릭 땅들과 유대인들에게 나가 있는 선교사들에게까지, 그의 중보기도는 뻗치고 있다.

특별히 우리는 세 번째 원에 관심이 있으니까, 그것을 살펴보기로 하자. 이 원은 자기 회중을 둘러싸고 있고 또 끌어안고 있다. 맥체인은 그 사람들을 각각 자그마치 열 개의 등급으로 분리하고 있다.

그 첫 네 등급은 무엇일까?

'무관심한 사람들'-맥체인은 이들의 영적 분발을 위해 간청하고 부르짖을 것이다. 그리고 그 축복을 받기까지는 하나님을 놓아드리려 하지 않을 것이다.

'구원을 사모하는 사람들'-여기에는 시온의 대로를 찾고 있는 13명의 남녀의 이름이 적혀있다. 이 사람들을 대신해서 그 길을 다니고 있는 왕께 애걸하고 탄원함으로써, 맥체인은 이 사람들이 그 성에 도달하도록 도와줄 것이다.

'평안을 찾은 사람들'-모두 19명의 이름이 있다. 맥체인은 무릎을 꿇고서 각 사람의 이름 앞에 멈추어 각 사람이 그 이웃사람들로부터 분리되기를 기도하고 감사를 드린다.

'그리스도인들'은-이 사람들이 믿는 기독교에 대해서는 전혀 의심할 것이 없다-성전(聖戰)에 참전하고 있는 맥체인의 동료 병사들이다. 열 개의 이름이 열거되어 있다. 맥체인은 이 이름들 하나하나를 기억하고 있으므로 그의 기도는 먼저 찬양 속으로 올라간다. 그 다음에 간구로 돌아가서, 자기 자신의 마음속과 그리스도의 마음속에 있는 이 친구들이, 주님을 믿는 우리들을 향하신 하나님의 능력이 엄청나게 위대하심을 더 알아가도록 기도한다.

'다시 불붙은 눈들'이 맥체인의 발자국을 따라갔다는 것은 놀랄 일이 아니다. 맥체인이 '대오에서 뒤쳐진 사람들은 기억하고' '지친 사람들에게 생기를 북돋워주기' 위해 자신의 하나님을 매일 이용했다는 것도 놀랄 일이 아니다. 또한, 맥체인에게는 아래의 내용도 놀랄 일이 아니다.

> 자기 몸으로 구원할
> 많은 사람들이 주어졌으니
> 충성스런 한 목자는
> 하루가 저물 무렵
> 자기 양을 품에 안고 돌아 온다.

1840년 12월에, 애버딘 장로회는 나라를 각성시키고 있는 부흥운동에 대해 조사해보라는 임무를 한 위원회에 맡겼다. 이 장로회의 질문에 답변하고 있는 맥체인의 말을 인용함으로써, 우리가 다루고 있는 역사의 이 장(章)을 끝낸다.

이 곳에서 하나님의 성령의 역사가 단연 가장 현저하였던 시기가 1839년도에 있었다. 그 당시 나는 해외에 나가 있었다. 이 시기에 이 땅에 머무를 수 있는 특권을 누렸던 사람들은 결코 그 일을 잊지 못할 것이다.

외국에서 돌아온 이후로 자주, 굉장한 권능이 동반된 말씀을 목사님들이 설교하는 것을 스스로 보아왔다. 영원한 실체들이 매우 가깝게 다가와 있어서, 사람들은 거룩한 감정을 억누를 수가 없었다. 그러한 때에는 숨소리도 들릴 정도의 지독한 침묵이 회중들에게 퍼져있는 것을 나는 보았다. 청중 한 사람 한 사람은 설교에 완전히 몰입해서 집중적으로 듣는 자세를 취했기 때문에, 몸이 모두 앞쪽으로 쏠려 있었다. 진지한 사람들은 얼굴을 두 손으로 감싸고서 시온의 왕께서 쏘는 화살들이 죄인들의 마음에 힘있게 꽂히기를 기도하였다.

그러한 때에, 많은 사람들의 가슴으로부터 반쯤 억누른 탄식이 터져 나왔다는 말을 나는 들었다. 그리고 눈물에 젖어있는 사람들도 많이 보아왔다. 또 다른 때에는, 깊은 침통함이 청중 전체를 휩싸고 있는 동시에, 교회 이곳저곳에서 소리 내어 흐느껴 우는 소리도 들었다. 어떤 경우에는, 마치 화살에 관통상이라도 입은 것처럼 사람들이 큰 소리로 울부짖는 소리도 들렸다.

이렇게 침통한 광경들은 설교를 했던 다른 여러 목사들도 증언하고 있다. 때로는, 매우 부드러운 목소리로 복음을 영접하도록 초청하는 시간에 일어나기도 했다. 예를 들면, 한 번은 목사가 '주님은 아주 좋으신 분입니다'라는 말씀에 대해 부드럽게 설교하고 있을 때, 거의 모든 말 한 마디 한 마디가 끝날 때마다 그들은 심

한 고통의 울부짖는 반응을 보였다.[4]

그러한 때에는, 사람들이 아주 기진맥진해서 혼자서는 걷지도 서지도 못하는 것을 본 적이 있다. 이미 믿는 신자들도 자신들의 충만한 기쁨 때문에 그와 유사하게 영향을 받은 경우들을 나는 알고 있다.

그러한 각성들이 있어야 진정으로 개종할 수 있다고 나는 믿는다. 한 때 깊은 번민에 빠져 교회에서 울부짖었던 사람들이 지금은 매우 겸손하고 온유한 신자가 되어있다. 그런 사람들의 이름을 대라면, 많이 댈 수도 있다. 또한 어떤 경우에는, 하나님께서 축복하셔서, 교회 사람들을 조롱하러 왔던 경솔한 죄인들이 이렇게 말씀의 관통을 입은 영혼들을 보고 정신을 차리는 경우도 나는 보았다.

회심할 때는 이런 깊은 경고의 징후들이 언제나 일어난다고 믿는다거나, 또는 하나님의 영이 좀 더 조용히 일하시는 경우는 흔하지 않다고 말하고 있는 것이 아니다. 하나님은 때로는 폭우같이, 때로는 잔잔한 이슬같이 찾아오신다.

그럼에도 불구하고 영혼 구원을 추구하는 것은 모든 사람의

---

4 맥체인이 '교회는 동산이요 샘이다'라는 주제로 설교하고 있을 때 이 설교의 개요는 『회고와 유고』에 들어있다. 그 날은 믿는 자들에게 설교할 생각이지만, 그러나 저 믿지 않는 사람들도 그 장소에서 일고 있는 기쁨을 담벼락 너머로 그리고 문빗장 사이로 슬쩍이라도 보지 말라는 법은 없다고 말함으로써 그 설교를 시작했다. 그리고 이 힌트가 한 사람 이상의 청중을 뒤흔들어 놓아, 이들이 '담장으로 둘러싸여 있는 정원과 봉인되어 있는 샘'을 찾아 나서게 되었고 그들은 결국 찾아냈던 것이다.

의무라고 나는 겸손히 나의 신념을 말하고자 한다. 그리고 그것은 특히, 그러한 엄숙한 시간들이 오기를 고대하고 기도해야하는 목사들의 의무이기도 하다. 잠자고 있는 우리 회중들이 '사람들아, 우리가 어떻게 하여야 할까?'라고 부르짖도록 만들어야 할 것이다.

오소서!
오소서!
오! 하나님의 생기여,
사방에서 불어오소서!

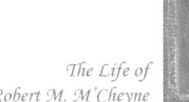

8. 날이 저물어가고 본향으로 가는 마지막 분량의 짐을 싣다

1. 유대인설교

　해가 갈수록, 맥체인이 유용하게 쓰임 받는 영역은 넓어졌다. 성지에서 돌아온 후, 기독교 선교단체가 유대인을 선교해야 한다는 대의를 옹호하면서 보냈던 시간을 맥체인은 결코 낭비로 여기지 않았다. 이스라엘을 선교해야 할 의무가 모든 사람에게 있다는 주제로 연설하기 위해서라면, 그는 어디든지 달려갈 준비가 되어 있었다.

　자기 회중에게 이슬과 소낙비 같은 부흥이 왔을 때, 자기 백성을 기억하고 계시는 하나님의 은혜로운 이야기를 맥체인의 입에서 듣고자 하는 사람들이 많이 생겨났다. 하나님의 넓은 포도원 한 모퉁이에 있는 자기들에게도 꽃피는 4월과 열매 맺는 가을을 주셨으면 하고 바라고 있었다.

　자신의 이중 메시지를 출판하기 위해 맥체인은 한두 번 아일랜드를 다녀왔다. 이 메시지는 두 종류의 다른 대상을 가졌다기보다는 하나라고 보는 것이 더 맞을 것이다. 왜냐하면 위로부터 시작되었던 한 모교(母教) 안에 유대인과 이방인을 모두 한 목자의 양 우리에 모아들이고자 하는 새로운 열정이 필연적으로 탄생했기 때문이다.

　더군다나 맥체인은 교회확장위원회 일로 동분서주하느라 여전히 바빴다. 그래서 윌리엄 번즈가 우리에게 알려주고 있는 바와 같이, 맥체인의 조랑말에 다음의 말이 이름과 직함으로 주어졌다.

　자기 주인과 같이 지칠 줄 모르는 충성심과 인내심을 가지고 주인의 심부름을 하느라 터벅터벅 걸었던 것은, 그 옛날의 툴리 아였던가 아니면 그 후임자인가?

　그런데 이제 소환 명령이 또 한 번 그의 귀에 명쾌하게 울렸다. 그 소리 때문에 맥체인은 자기 존재의 깊은 곳으로 향하게 되었다. 그 몇 해는 스코틀랜드 교회의 분열이 임박해 있어 사건이 많았던 때였다. 총회의 대다수는 복음주의자여서, 그리스도만이 그분 자신의 영역과 신자들의 공동체를 다스려야 한다는 결정을 내렸다. 전국에 걸쳐 말없이 하나님을 경외하고 있는 사람들도 이와 유사한 신념을 가지고 있었다. 이 사람들은 정부가 교회에 간섭하는 것에 반대하는 사람들이고, 그들에게 영적 독립 교리는 생명 그 자체보다 더 소중한 것이었다.

　그러나 총회에서나 나라에서나 똑같이, 반대 의견을 가지고 있는 사람들의 숫자도 만만치 않았다. 그래서 파당 간의 논쟁은 위험한 단계에까지 이르렀다. 성직수여권자들이 목회자들에게 사사건건 강요함으로써, 대다수의 성도들이 원하는 방향이 아닌 방향으로 나아가게 만들고 또 장로회들이 결정한 사항에 저항하는 방향으로 나아가게 만들었기 때문이다. 그리스도로 말미암아 자유롭게 된 사람들의 자유를 에라스투스[1] 식의 사고방식을 가지고 개입하려는 사람들이 아직도 교회와 나라 전체에 퍼져있었다.

일을 더 심각하게 만든 것은, 그 분쟁의 해결권이 법정 판사들의 결정에 맡겨졌을 때, 그 사람들이 만장일치로 판결을 내리는 것이 아니라 과반수 결정으로 판결을 내리고 있어서, 회중들과 장로회는 성직수여권자들의 뜻에 머리를 숙여야 하며 자신들이 좋아하지도 않고 신뢰하지도 않는 목회자들을 받아들여야 한다는 것이다.

만일 이 판결들이 실행된다면, 그리스도의 나라에서 살고 있는 시민들의 절대 특권들은 도대체 어디에서 찾아야 하는가?

그리스도께서 자기 피로 사신 나라에 그리스도 자신이 머리가 되신다는 진리는 어디에 존재하겠는가?

그리하여 그 당시 스코틀랜드에서는 서로 반대되는 계층들이 맞서서 싸웠으며, 이 싸움에 가담하는 사람들의 숫자도 늘어났다. 그러자 곧 교회는 둘로 찢어질 운명에 처해 있었다. 경건하고 담

---

1 토마스 에라스투스는 16세기 스위스의 의사이자 신학자였다. 그는 그리스도인의 죄는 교회가 아니라 국가가 벌해야 한다고 주장하였다.

대한 사람들은 하늘에 계신 자기 주님의 권리들을 조금이라도 약화시키고 그분의 위엄과 통치를 침해하기보다는, 구(舊) 교회의 집에서 나가는 쪽을 더 선호했기 때문이었다.

진실이 어느 쪽에 놓여 있는지에 대해, 맥체인의 머리 속에는 한 점의 의심도 없었다. 그는 확신에 차 있었고 열렬한 불간섭주의자였기 때문이다. 불간섭주의가 높은 담으로 둘러싸인 새 예루살렘에서 왔다는 것 빼고는, 그 희생과 그 영광에 실제로 문제될 것이 아무 것도 없음을 보았던 것이다.

만일 맥체인이 살아있었더라면, 1843년 5월 18일에 성 안드레 교회에서 출발하여 탠필드 건물까지 행진하였던 그 큰 무리들 속에 맥체인이 끼어있었을 것이다. 그가 죽기 2, 3일 전, 폭스 모울 목사가 그 문제를 하원 앞에 들고 나왔을 때, 맥체인은 한 친구에게 다음과 같은 편지를 썼다.

> 오늘은 영국 국회에서 큰 사건이 있는 밤이다!
> 왕이신 예수께서 또 한 번 이 지상의 재판정에 서신다.
> 그리고 그 사람들은 그분을 제대로 알지 못하고 있다.

1842년 11월, 맥체인은 그 역사적인 대회에 모인 한 사람이었다. 그 대회는 에딘버러의 구 시가지에 있는 록스버그 예배당에서 열렸다. 465명의 목회자들이 그곳에 모였는데, 이들의 성향은 복음주의였고 이들이 원하는 것은 교회의 독립을 보존하자는 것이었다. 비록 정반대의 방침을 선호했던 사람들 중에도 훌륭한 사람들이 있었기는 했지만, 커크번 경의 말을 인용하자면, 이들이

'스코틀랜드 교회의 기사(騎士) 전부'였다.

로버트 맥체인은 연합 기도를 위한 제안서를 작성하였다. 이 제안서가 대회에 앞서서 카이트니스에서부터 윅타운셔까지 배포되었다. 이 대회의 맨 앞 시간에 경건회를 인도하였던 목사들 중에 맥체인도 들어있었다. 거스리 박사는 다음과 같이 쓰고 있다.

"우리는 보통 각 집회 때마다 세 번의 기도회를 했는데, 나는 그렇게 놀라운 기도를 그렇게 많이 들어본 적이 없었다."

맥체인은 27페이지에 달하는 그 잊지 못할 주간의 설교자들과 사건들을 보통 때보다 더 작게 깨알 같은 글씨체로 한 작은 수첩에 연필로 묘사해놓았다.

> 11월 17일 목요일에, 찰머스 박사가 성 죠지교회에서 어마어마하게 많이 모인 사람들에게 설교를 하였고, 연로한 맥도날드 목사가 기도를 했다.

이 두 이름은 매우 중요하다. 하나는 자기 당대에서 가장 위대한 스코틀랜드 사람이었다. 제임스 해밀턴 박사는 이 사람을 다음과 같이 말했다.

> 이 사람은 아주 쉽게 아담 스미스와 같은 경제학자가 되고, 라이프니츠 같은 철학자가 되며, 당대의 보쉐에 같은 유명한 웅변가가 되었을 법한 그런 사람이었다. 그러나 더 좋은 것을 얻은 그는 경제학과 철학과 언변을 자신을 바쳤던 제단에 내려놓았다.

다른 한 사람, 페린토시의 존 맥도날드 박사는 '북방의 사도'였다. 연설가요 복음 전도자요 성도였던 이 목사는 하이랜드 지방을 자기 손 안에 움켜쥐고 있었다. 설교에 있어 가장 중요한 일은 그리스도를 제시하는 것이라고 이 목사는 생각했다. 맥도날드 목사는 자기 자신에 관한 얽히고 설킨 두려움에서 자유롭게 되어, 자신의 모든 사역 속에다 자기가 가지고 있는 지속적인 영혼의 기쁨을 쏟아 붓는 사람이었다. 윌리엄 맥그리거 박사는 말하고 있다.

"성 킬다에서 타르밧 네스까지, 킨록버비에서 아드오네이그까지, 그의 능력을 모르는 교구는 하나도 없었다."

개회식 후에, 첫 날 저녁은 준비 순서가 진행되었다. 우리는 연대기 편찬자의 눈을 통해 보고 있기 때문에, 지금 록스버그 예배당에서 행해지고 있는 광경을 구경하는 사람들이 되어있다. 찰머스 목사가 사회를 보고 있고, 칵크펜의 토마스 핏케언 목사가 서기로 지명되었다. 저축은행의 창시자 루스웰의 던컨 박사와 맥체인 목사는 이 대회의 신앙고백과 감사와 간구를 쏟아 놓았다.

그 후, 회장이 청중들에게 자신의 생각과 감정을 말로 자유롭게 표현하라고 주문하였다. 왜냐하면 그들이 함께 모인 한 가지 목적은 진솔한 심의에 있기 때문이고, 또 교회의 생각이 무엇인지 철저하게 알아내어야만 하기 때문이었다. 그러므로 설교도 일상적인 구어체로 그리고 가능하면 탁상 담화에 아주 가깝게 하여야 했다.

곧 탁상 담화가 시작된다.

그 담화에 참여하고 있는 이 사람들은 모두 대단히 위대한 인물들이 아닌가!

교회에 가슴 아픈 일이라도 생기면, 그린오크의 맥파란 박사는 양심상 교회에서 가장 높은 유급 성직자 직책에서라도 물러날 인물이다. 페이터슨 박사는 『목사관의 앞마당』(Manse Garden)을 쓴 사람이고, 킬시트의 번즈 박사는 불타오르는 가슴, 피 흘리는 가슴을 가진 우리 복음전도자의 아버지이며, 그리고 알렉산더 키스와 제임스 뷰케넌, 헨리 콘크리프, 로버트 캔들리시가 있다. 이 마지막 목사의 말은 특별히 잘 들어두어야 한다. 캔들리시 목사는 전능하신 하나님께 기도해야 할 그 필요성을 강조하고 있다.

> 우리는 한 마음을 가지고 있는 사람들이기는 하나, 그럼에도 의견에는 다양성이 있을 수 있습니다. 본질적으로 우리는 한 치 앞도 내어다 볼 수 없는 사람들입니다. 우리는 보지 못해서 비틀거립니다. 그래서 우리는 더듬으면서 앞으로 나아가지 않으면 안 되는 사람들입니다. 오늘 밤 우리 중에 일어난 일이 그것을 증명합니다. 우리 자신의 지혜에 자신감이 없어 그 어느 때보다 우리는 더 조심스럽습니다. 이렇기 때문에 우리는 하나님의 선하신 영의 인도하심을 더욱 온전히 신뢰하여야 합니다.

그래서 그들이 앞으로 모일 시간을 정하고-열 한 시부터 4시, 그리고 7시부터 10시-휴회를 하였을 때에야, 대회의 첫 날이 끝났다. 다음 날 아침 그들은 다시 모였다. 시편 72편을 '대단히 열정적으로' 불렀고 이사야 60장을 봉독했다. 그리고 나서 맥파란 박사가 무슨 목적으로 자기들이 모였는지를 설명했다. 그는 성패가 달려있는 이슈들의 중대성에 대해서도 말했다.

> 이것은 우리 유급 성직자들의 문제가 아닙니다. 그것은 새발의 피일 뿐입니다. 이것은 스코틀랜드 교회가 그 근본 원칙들에 있어 앞으로도 동일할 것인지, 그리고 교회의 왕으로서 그리스도의 우위를 실제적인 면에서도 유지할 것인지에 관한 문제입니다.

그의 마지막 말에서 우리는 그가 강조하고자 하는 말이 무엇인지, 즉 신앙고백자들과 순교자들이 갖는 부담을 그들도 가져야 한다는 것을 알 수 있다.

"그 주요한 영광을 빼앗겨버린 교회의 목사로 남아있어도 될 자유가 저에게는 없습니다."

자유스럽게 의견을 나누는 탁상담화가 한 차례 더 있었다. 그 담화에서는 리버톤의 벡 목사와 에딘버러의 거스리 목사가 중요한 역할을 하였다. 그래서 그 대회의 결과물 중 하나로서, 교회의 진리와 명예와 일관성이 있게 하려면 교회가 어느 정도의 자유를 요구해야 하는지에 대해 일련의 결정들이 내려졌는데, 이것은 이 나라 사람들에게는 물론이요 정부와 의회에도 표명할 예정이었다.

금요일 밤에는 시편 91편을 노래하고 출애굽기 14장을 봉독해 올렸다. 이 두 성경 본문은 모두 위로와 인자가 넘치는 말씀이었다. 벡 목사가 동의를 하였는데, 이 동의안은 앞서의 그 결의사항들을 약간 수정해야하는 결과를 낳았다. 여기저기서 벡 목사의 견해에 같이하는 사람들이 있었기 때문이다.

그런데 캔들리시 박사가 자기는 "감히 후원제도를 폐지해야 한다는 편에 서지 않겠다"고 대답하고 있다. 후원제도가 필요하다는 것이다.

"우리의 판단을 바로잡아야 합니다."

그리하여 토요일에 맥체인은 이것을 다음과 같이 기록으로 남기고 있다. '많은 사람들의 눈에 눈물을 글썽이게 만들었던 찰머스 박사의 놀라운 연설이 끝난 후, 427명이 그 결의사항에 동의하였다.'

새로운 한 주간이 시작되었다. 일이 여기까지 진행되었으니, 목사들이 모여 규정하고 청구한, 교회에 대한 간섭 해제를 만일 의회가 거부한다면, 그 때는 어떻게 하여야 할지를 깊이 생각해 볼 수 있게 되었다. 실질적인 동의가 이루어졌다. 그럴 경우 더 이상 지체하지 말고 국교회를 떠나야 한다는 것이다. 벡 목사는 정말 루비콘 강을 이렇게 빨리 그리고 돌이킬 수 없게 건너야 하는 건지 확신이 없었다.

> 만일 꼭 그렇게 해야 한다면, 그렇다면 어떤 결과가 따라온다 할지라도 그렇게 해야 한다. 그러나 꼭 그렇게 해야 한다는 것을 증명할 수 없을 경우는 어떻게 할 것인가? 나는 그것이 증명되도록 모든 수단을 강구하지 않으면 안 된다.

그러나 찰스 브라운은 다음과 같이 대답하고 있다.

"우리가 어떤 불법적인 방법을 사용하여 성직자로서의 수입과 재산을 보유하고 있다고 생각하여 국가가 그런 생각을 선포한다면,"

그 수입과 재산을 모두 내려놓고 그것들을 떠나는 수밖에 없다. 그리고 토마스 거스리는 "정직한 한 사람으로서, 국가가 요구하는 모든 것을 하지 않고서 국가의 월급을 받을 수는 없다."고 주장하고 있으며, 원칙을 조금이라도 훼손시켜서 사들인 안락과 풍부함보다 '사랑이 있는 곳에서 채소를 먹는 것'이 훨씬 더 만족스러운 일이라는 것을 확신하고 있다.

폐회가 가까워가고 있는 한 모임에서도, 챔버즈 박사는 정치인의 선견지명을 가지고 완숙한 세부 묘사를 해가면서 목회자 생활 유지 기금에 대한 자신의 생각을 설명하고 있다. 이 기금으로 자유교회의 목회사역은 적절한 지원을 받을 수 있을 것이라고 말한다. 만일 최악의 경우가 연거푸 생긴다면, 이 땅의 기독교가 유지될 수 있다는 그 근거들을 자기가 실제로 증명해 보여주겠다고 챔버즈는 말하고 있다.

그리고 그는 자기가 한 약속을 지킨다. 그 일은 많은 액수의 힘에 의해서가 아니라 작은 액수의 힘에 의해서 성취될 수 있다고 그는 확신한다. 왜냐하면 각 가정이 일주일에 1페니씩 헌금을 드린다면, 10만 파운드의 돈이 모일 것이기 때문이다.[2]

23일 수요일까지 아침과 저녁으로, 거룩하고 활기찼던 그 집회가 완료되었을 때, 맥체인은 사랑하는 마음을 가지고 꼼꼼하게 그 절차를 따라가며 자세히 이야기하고 있다. 그렇게 하는 것이

---

2   1844년도에 열린 자유교회 총회에서 챔버즈 박사는 다음과 같이 말했다. '아주 작은 양의 힘은 대단히 놀랍습니다. 목성의 질량은 극소량의 것들로 구성되어 있습니다. 발라츌리시의 목사의 사례금을 만드는 일은 극소량의 힘에 있습니다!'

좋다는 것을 그는 알고 있었던 것이다. 탁상담화를 리드하고 있었던 한 목사의 말 다음에, 그 대회의 평결은 "자기의 피로 인을 쳐놓을 만한 가치가 있었다"라고 맥체인은 충성스럽게 자신의 아멘을 달아놓고 있다.

2. 형제애

이 글을 읽고 있는 독자는 교회의 수풀과 풀밭을 이렇게 오랫동안이나 침입해 돌아다니느라 피곤해졌는가?

그러나 만일 그렇게 하는 것이 맥체인의 인격의 일면을 이해하는데 도움이 된다면, 그것은 그만한 가치가 있는 일일 것이다. 그의 이름은 '진리를 위해 싸우는 용사' 목사였다. 그리고 그의 신앙심에는 군인다운 기질이 있었다. 주 그리스도의 특권에 해를 입힌다는 생각은 용납할 수 없었다.

일단 맥체인의 양심이 말씀과 성령으로 깨우침을 받았으면, 그 양심의 권위를 조금이라도 의심하거나, 양심의 민감성을 조금이라도 둔하게 만들거나, 양심의 여왕이 내린 분부에 시간을 지체하는 일 따위는 하지 않을 것이다. 맥체인은 또한 휴 맥카일과 제임스 렌위크와 같은 기질로 만들어진 인물이었다. 그러나 지금 우리는 11월의 그 중대한 주간이 있은 후 두어 달을 건너뛰어서, 매우 아름답고 거룩한 어떤 일로 되돌아가 보기로 한다.

1842년 8월에 맥체인은 덤프리셔에 있는 루스웰을 방문하였다. 자신의 소년시절에 자주 가던 그 오래된 곳 말이다. 이 방문을 통해서, 맥체인의 사촌 세 명이 진정한 삶이라고 할 수 있는 그런 삶 속으로 들어서게 되었다. 맥체인이 손가락으로 그 길을 가리키면서 사촌들에게 오라는 손짓을 했을 때, 그들은 거의 동시에 자연의 세계로부터 은혜의 세계로 그 경계선을 건넜던 것으로 보인다. 아마 맥체인의 모든 경험을 통틀어 그것보다 더 자신을 기쁘게 만들어준 것은 없을 것이다. 후에, 자기 아버지에게 다음과 같이 편지를 썼다.

> 제가 식구 모두를 위해 얼마나 깊은 걱정거리를 가지고 있는지, 그리고 식구들이 영원히 평안하기를 얼마나 바라고 있는지 아버지는 모르십니다. 그 오두막에 살고 있는 젊은 세 아가씨들은 구원의 문제에 있어 제가 쓸모 있는 역할을 하였던 일가친척 중 첫 번째 사람들입니다. 그들의 변화는 정말이지 무척 놀랍습니다. 그래서 만일 그들이 끝까지 믿음을 지켜준다면, 성령의 역사가 실재함을 믿지 못하는 불신자 한 사람 정도는 충분히 설득시킬 수 있을 정도입니다.

이 이야기는 간략하게 말할 수밖에 없다. 이 이야기는 상세하게 말하기에는 너무 개인적인 일이고 필설로 말하기도 어렵기 때문이다. 맥체인이 자기 집 문지방을 넘어 들어왔을 때, 마리아와 샬롯, 그리고 조지아나 딕슨은 이 사촌 맥체인을 어느 정도 경외하는 마음을 가지고 서 있었을 것이다.

그러나 무엇보다도, 보이지 않는 것들에게 단호하게 헌신하기로 유명했던 이 사람으로부터 어떤 것을 기대해야 할지를 그들은 모르고 있었다. 그러나 맥체인의 기독교는 비록 현저하게 철저하기는 하였지만, 동시에 놀라울 정도로 인간적이고 형제애가 있고 매력이 있는 것임을 곧 발견하였다. 그것이 그 사촌들을 끌어당겼고, 그것이 지금껏 자기들이 한 번도 배워본 적이 없는 바람직한 비밀들을 알게 해주었다. 그리고 자기들의 삶의 안락과 행복이 줄 수 없었던 기쁨도 알려주었다. 자기 자신을 사로잡은 그 주님에 관해서, 그리고 한 인간이 그것에 의해 구속을 받지 않는다면 부끄러운 일일 그런 맹세로 자기에게 묶어놓으셨던 그 주님에 관해서, 맥체인이 이따금 말했다는 것 역시 의심의 여지가 없다. 맥체인의 마음은 완전히 그리스도의 종이 되어 있어서 그 입술이 침묵을 지킬 수가 없었으니까 말이다.

그 결과는 지금껏 우리가 보아온 바와 같다. 맥체인이 그 집을 떠나고 나서, 9월 초에 마리아는 그에게 편지 한 통을 보냈다. 7개월 동안 그 세 자매들이 쓴 많은 편지들 중에 선구자 격이었다. 이 편지들을 통해서 그 자매들은 혈통으로 자기들과 아주 가까운 친척 한 사람과 교제를 해왔던 것이다. 이제는 믿음의 연합 속에서 그리고 하나님의 아들을 아는 지식 속에서 훨씬 더 가까워졌다.

> 오빠가 이곳에서 보낸 그 소중한 한 주간은 마치 꿈같았다고 말하셨지요. 저는 정말이지 오래 꾸어온 어두운 꿈에서 깨어난 것 같아요. 그래서 저를 더욱 더 일깨워주시고 각성시켜주시기를 간절히 기도한답니다.

아침이 좋았다.

그러면 그 오후는 더 좋지 않겠는가?

나중에, 맥체인은 루스웰 사촌들에게 엘리자와 자기가 있는 곳을 꼭 방문해달라는 제안을 했다. 이 제안은 대단히 열렬한 환영을 받았다!

"우리는 마차가 없으면 걸어서라도 갈 거야."

사촌 중 하나가 맹서까지 했다. 그 계획은 제 때에 시행에 옮겨졌다. 그리고 어린 동생들이 남쪽 집으로 돌아갔을 때, 마리아는 던디에 남았다. 그녀는 곰곰이 생각하고 숙고하는 습성 때문에, 두 동생이 복음이 주는 위로를 받아들였던 것처럼 그렇게 쉽게 그리고 그렇게 간단하게 그것을 받아들일 수 없었기 때문이었다. 그래서 마리아는 맥체인이 공적인 상황에서나 사적인 상황에서 자기에게 해줄 수 있는 모든 개인 지도를 받고 싶어 했다.

그러나 이 일 때문에 다른 자매가 화가 났다. 이 자매는 그 동안 그 집을 완전히 변화시키고 있는 이 모든 신기하고 새로운 생명의 분출과 에너지를 받지 못하였던 것이다. 그 자매는 편지에서 이렇게 말하고 있다.

> 이 세상이 하나의 '살아 있는 무덤'으로 바뀌어야 한다는 것은, 하나님께서 보시기에 필요한 일도 아니고 또 기뻐하시는 일도 아니라고 생각합니다. 마리아가 혼자 있는 시간을 너무 많이 갖게 만들지 마시기를 바랍니다. 사람의 마음이 한 가지 주제에 너무 전적으로 쏠려 깊이 생각하는 것은 –그리고 그 한 가지 주제에 우리가 묵상을 많이 하면 할수록, 그 신비와 그 애매함에 우리는 더 옴짝달싹할 수

없게 되는 법이지요—뇌에 영향을 주게 됩니다. 열렬한 신앙 즉 소위 칼빈주의자들이 말하는 '하나님과의 씨름'이라는 그 동일한 원인 때문에 뇌에 문제가 생긴 경우를 저는 많이 알고 있습니다.

비판적이고 적대적인 목소리는 우리를 끌어당기는 힘이 있다. 목소리를 높여 반대의견을 내고 날카롭게 비아냥거림을 한다는 것은, 그 목소리 뒤에 있는 마음이 별로 편치 않다는 것을 암시한다.

여전히 샬롯은 매우 열심이지만 이성적입니다. 불신자들에게는 일종의 불쌍히 여기는 사랑만 가져야 한다고, 그리고 그리스도인 친구들에게는 진정한 애정을 유지해야 한다고 배운 대로, 나에 대한 자기의 애정을 식혀보려고 애쓰는 것이 그녀에게는 상당한 고통이었다는 생각을 저는 해봅니다.

막내 여동생에 대해 말하고 있는 것을 들어보기로 하자.

만일 오빠가 로마가톨릭교인이라서 고행과 참회를 시행해야 했다면, 가엾은 죠지(Georgy)는 자기 자신에게 채찍질을 가하여 결국에는 죽고 말았을 것이라는 생각을 저는 자주 해보게 됩니다.

그리스도를 믿어 첫 사랑으로 인한 적극성과 그로 말미암아 사회 계급의 구별까지 무시하는 행동은 특히 기독교를 반대하는 사람에게는 혐오스러운 것이었다.

내 동생들이 너무 어리기 때문에, 그 애들이 교구 여기저기를 돌아다니면서 농사짓고 있는 모든 사람들에게 종교와 개종에 대해서 말을 건네서는 안 된다고 납득시키기가 어렵습니다. 스코틀랜드에 너무나 만연해 있는 평등 의식이라고 하는 것이 저에게는 끔찍스럽습니다. 하급 계층 사람들은 자기들 나름대로 잘들 살아가고 있습니다. 그러나 그 사람들은 자기들에게 어울리는 지역에 모여 살아야 합니다.

오빠, 그게 무슨 교만이냐, 우리는 하나님께서 보시기에 모두 똑같다고 말씀하십니다. 그 말이 맞습니다. 그러나 우리가 이 세상에 살고 있는 한, 계층의 구별을 유지시키는 것은 우리의 의무입니다. 그렇게 하지 않으면, 경건한 양초 제조업자들이나 땜장이나 농부들을 동생 남편이라고 나에게 소개시키게 되지 않을까 무섭습니다. 그리고 나서 그 사람들은 그리스도인들이니, 개종하지 않은 저보다 훨씬 더 훌륭한 사람들이라고 말하겠지요.

그렇다. 솔직하고 영리하며 신랄하고 타협할 줄 모르는 이 귀족적인 적대자에게 흥미를 갖지 않기란 불가능하다. 그녀는 자기를 '우물가의 그 여인'처럼 생각해서는 안 된다고 맥체인에게 말한다. 담을 쌓고 있는 것이다. 그러나 그것은 마치 양심과 성령이 그녀에게서 안식을 빼앗아가고 있는 것처럼 보이기도 한다. 그녀를 인도하기 위해서다. 그녀의 여동생들과 마찬가지로, 그녀가 알지 못하는 길을 통하여 안식을 주시는 그분에게로 인도하기 위해서이다.

이제 갓 등록한 어린 제자들은 교육이 처음 시작될 때부터 자신들 앞에 어려운 과제들을 안고 있었다. 그렇지만 그들의 교육은 그 과정을 따라가는 것이 우리에게 허락된 기간 동안에는 꾸준하게 전진하여 나아갔다. 머지않아 그 사촌들은 가슴 아픈 사별에 직면하게 되었다.³

그런데 그 자매들은 하나님의 은혜로 믿음이 떨어지지 않고 그 시련을 통해 오히려 신앙의 질이 높아지게 되었다. 우리가 그 세 자매를 마지막으로 보았을 때 그 속에는 비통함이 서려있었다.

1843년 3월 27일 월요일 아침 이른 시각에 그들은 일어났다. 그들 중의 한 사람이 6시 반이라고 적어놓고 있다. 메시지를 급히 써서 보내기 위해서였다. 그 메시지 속에 눈물 젖은 근심이 있음을 우리는 간파할 수 있었다. 그들의 사촌 로버트가 위독하다는 소식이 방금 도착했던 것이다. 그래서 그 자매들은 몇 가지 궁금한 점들과 기도를 써서 보냈다. 사실인즉, 맥체인의 영혼은 이미 이틀 전에 이 세상을 떠나갔다.

3. 마지막 집회

맥체인은 자기 생애의 마지막 몇 달 동안은 목사관과 교구를 비우는 때가 자주 있었다. 루스웰 방문을 통해 추수를 거두었지만, 이 루스웰 방문은 이러한 빈번한 출타가 있은 후에 일어났던

---

3 마드라스에서 남자 형제 하나가 자기 말 밑에 깔려서 사망했다.

것이다. 참으로 함께 멍에를 멘 네 명의 동료들, 즉 제드버그의 퍼브즈, 앤더스톤의 알렉산더 소머빌, 덤바니의 커밍, 그리고 켈소의 호레이셔스 보나와 함께 맥체인은 국경을 건너 노섬버랜드로 들어갔다. 뉴캐슬에는 윌리엄 번즈가 그들보다 앞서 가 있었는데, 그곳이 전도자들의 본부였다. 많은 경우에 이들 목사는 야외에서 설교했다.

맥체인 자신이 참석하였던 마지막 집회도 그랬다. 클로스 시장(市場)과 성 니콜라스교회 사이에 있는 넓은 공터에 모여든 천 명이나 되는 군중에게, 그는 '크고 흰 보좌'에 대해 설교했다. 별이 총총히 떠 있는 밤이었다. 예배는 밤 10시까지 계속되었다. 무리는 미동도 하지 않았다. 집으로 가려고 하는 사람은 아무도 없었다. 설교자는 자신의 호소를 마치려 하면서 이렇게 말했다.

> 심판의 보좌 앞에서 만날 때까지 우리는 모두 다시 만나지 못하게 될 것입니다. 그러나 우리 머리 위에 있는 이 영광스러운 하늘과 우리를 비추고 있는 밝은 달과 우리 뒤에 있는 이 고귀한 교회가, 제가 여러분 앞에 생명과 사망의 길을 제시하였다는 것을 증언할 나의 증인들이 될 것입니다.

자기의 남은 시간이 점점 짧아져가고 있을 때 자기 생명을 다해서 하고 싶은 일을 하고 있는 것처럼, 이 파수꾼은 자기 영혼을 쏟아놓았다.

맥체인 본인보다도 더 맥체인의 건강을 염려하는 장로들과 교인들의 뜻을 만류하고, 그는 다시 그 다음 해 2월에 던디를 출발했다. 이번에는 집회위원회의 일정 때문이었다. 이번에 그의 임무는 북쪽 디어와 엘론 지방으로 가는 것이었다. 이 지방은 온건주의가 오랫동안 거의 누구의 방해도 받지 않은 채 통치해 왔던 곳이다. 그래서 그리스도의 기쁜 소식을 분명하게 그리고 충만하게 선포해야 할 필요성이 많이 있는 곳이었다. 맥체인을 보좌해 줄 동료 한 사람, 커크칼디의 존 알렉산더 목사가 맥체인과 동행했다. 그리고 '한 달에서 4일이 빠진 날수 동안' 그 두 사람은 매우 분주했다.

맥체인이 그 대회의 모임들을 기념해서 써놓은 그 동일한 작은 수첩 속에는, 이 여행에 대한 회상도 들어있다. 성직자들이 쓰는 달력에서 맥체인은 엘론과 디어 두 장로회에 대한 통계가 인쇄되어 있는 부분을 잘라내었다. 거기에는 여러 교구들과 각 교구의 인구, 목사들의 안수 날짜와 교회 후원자들 등이 인쇄되어 있었다.

엘론에는 8개의 교구 교회가 있었다. 한 편 디어에는 네 개의 가톨릭 성당을 포함하여 13개의 교회가 있었다. 이 두 목록들을 맥체인은 수첩 두 면에 따로따로 붙여놓았다. 친절하게 영접해 줄 것으로 기대되는 장소와 그곳 목사들 이름에는 밑줄을 그어놓았다. 디어에서는 그런 경우가 5개 있었다.

엘론에서는 단 하나 밖에 없었다. 작지만 중요한 메모를 연필로 써서 덧붙여 놓았다. 모임이 있기로 정해진 날들과 시간에 대해서, 교회를 쓸 수 없을 경우에 사람들이 모일 수 있는 교실들에 대해서, 목사관들이 닫혀 있을 경우 선교사들을 환영해줄 가정들에 대해서도 메모가 되어 있었다. 그것은 수고가 많이 드는 작업이었다. 게다가 날씨는 매우 혹독하게 추웠다.

맥체인은 3월 7일 그 당시 에딘버러에 가있던 자기 누이에게 던디에서 이렇게 편지를 썼다.

> 이곳저곳 돌아다니다가 집으로 돌아오니 정말 좋습니다. 각기 다른 스물네 군데에서 스물일곱 번 설교와 강연을 했습니다. 게다가 이 지방들은 험한 스코틀랜드에서도 가장 어두운 지역들이었습니다.

'아직 농사를 짓지 못하고 있는 땅이 끝없이 펼쳐져있는 곳까지 멀리, 햇빛이 저를 붙잡고 있는 한 늦은 시간까지' 그는 천국의 작은 밀알을 손으로 훌훌 뿌렸다. 그리고 비록 그 땅이 철이 지나고 계제가 나쁘게 보이기는 했지만, 그 중에는 그 씨가 죽어 뿌리를 내리고 자라서 많은 열매를 맺고 있는 밭들도 부분적으로 있었다.

완전히 제한 없이 짓는 이런 이동식 농사에 자기 자신을 바치는 것이 맥체인의 사명이 아닐까?

맥체인을 성 베드로교회에 묶어준 그 소중하고 거룩한 인연조차 끊어버리는 것이 그의 사명은 아닐까?

그런 다음 지방의 이곳저곳, 북쪽과 남쪽, 동쪽과 서쪽을 두루 다니면서 "불쌍한 죄인들을 찾아내고, 복음을 전하고, 하나하나 말씀의 논증을 눈물과 함께 전달하며," 75년 전에 조지 화이트필드가 영국에서, 미국에서, 그리고 스코틀랜드에서도 그러했듯이, '보라 그가 우리를 얼마나 사랑하는가! 사람들을 울부짖게 만드는 것'이야말로 맥체인이 해야 할 일이 아닐까?

 스코틀랜드의 역사상, 사람들이 영적인 영향력에 특별히 민감한 때였고, 예수 안에 있는 진리는 그 은혜로운 의미가 설명되어 하늘의 능력으로 시행되어야 할 때였으며, 맥체인만큼 이 일을 잘 해낼 수 있는 사람이 별로 많지 않은 때였다. 국교회와 자유교회의 분열이 임박해 있었고, 전통적으로 추구해왔던 목표들이 흔들리고 있었다.

 어떤 희생을 치르더라도 맥체인이 그 오랜 결속들을 끊고서 더 넓은 사역에 자신을 바치기를 하나님께서는 원하셨다고, 적어도 맥체인의 친구 중의 한 사람은 확신하고 있었다. 3월 13일 키리무어에서, 윌리엄 번즈는 맥체인에게 놀라운 편지 한 통을 썼다. 이 편지 거의 전부를 인용해보기로 하자.

> 목사님은 자신이 가는 그 길에 빛을 이미 가지고 계시거나, 또는 빛을 정말로 받으려 하고 계십니까?
> 그렇게 하시려면 하루를 따로 떼어놓고 겸손히 금식을 하십시오. 이것이 어떻게 들릴지 모르지만, 지체 없이 목사님이 지금 하고 계시는 목회를 그만 두시고 사람들이 손짓하여 부르고 있는 이 밭으로 들어오셔야 한다는 것이 저에게는 아주 분명하게 보이는 듯합니다. 저는 영광스럽게도 이미 이 밭에 들어와 있습니다. 이곳 밭은 희어져 있습니다. 이곳저곳에서 저를 오라고 합니다. 아직 추수가 시작된 것은 아닐지 몰라도, 여하튼 추수가 다가오고 있다는 증표들이 없다고 한다면, 저는 속고 있는 것입니다. 제가 듣는 바로는, 이 지역 린트라덴에서 선한 일이 진행되고 있음이 확실합니다. 그리고 키리무

어 지역은 변화될 준비가 다 되어 있습니다.

목사님이 현재 하시고 있는 목회를 포기하지 않으신다면, 이쪽 사람도 저쪽 사람도 다 만족시키지 못할 것이고 그 어느 쪽 일도 최선의 효과를 거두기가 어려울 것입니다. 이러한 근거로 목사님이 그 자리를 포기하시면, 교인들 가운데 경건한 사람들과 목사님과의 연결이 약화되기는커녕 오히려 그 관계가 더 힘 있게 강화될 것입니다. 틀림없이 그 사람들은 목사님께서 좀 더 자주 교회를 비우셔도 좋다고 하면서, 목사님이 목회와 전도 일을 두 가지 다 할 수 있게 이런 저런 융통 방안을 내놓을 것입니다.

저라면 그런 제안 따위에는 귀를 기울이지 않을 것입니다. 제 경험으로 알건대, 목사님이 목회에서 자유로워질 때까지는 전도자의 일을 제대로 하지 못할 것이고 또 목사님의 목회가 효과적으로 되어가고 있음을 충분히 입증하지도 못할 것입니다. 제가 부족하기는 하지만 그래도 개척자로서 제가 목사님에게 여러 상황에서 도움이 되어 드릴 수 있을 것입니다.

목사님이 이 바닥에 들어오셔서서 꼭 사역을 해주셔야 할 필요성이 있음을 제가 다니고 있는 이곳저곳에서 저는 봅니다. 이 사역 분야는 이제 겨우 조금 길이 닦여져 있는 정도입니다. 목사님이 파이프의 연안을 방문해 주셨으면 좋겠습니다. 필요하시다면, 그곳까지 목사님이 가시는 길을 편안하게 모실 수 있습니다. 그리고 나서 이 지역으로 오시죠. 우리는 블레셋의 머리 위로 떨어져서 함께 그들에게서 동쪽을 탈환하여야 합니다.

교회 청빙을 기다리지 마십시오. 그리스도의 부르심이 더 낫습니다. 영혼들이 죽어가고 있으니까요! 이 사람들을 구원하러 갑시다. 그리고 물품 지키는 일은 다른 사람들에게 맡깁시다. 목사님은 제가 무슨 말 하려는 줄 아실 겁니다. 제가 교회 목회를 평가절하하려는 것이 아닙니다. 하지만 교회 목회가 있기 위해서는, 먼저 우리에 모아들인 영적인 양떼가 있어야 합니다. 이것이 없는 지역이 너무 많습니다. 목사님이 가지고 있는 고정 위치에 대한 타성을 경계해야한다는 것을 꼭 기억해 주십시오. 은혜와 평안이 있기를 빕니다. 빠른 답장 주십시오.

이 편지에 쓴 말들은 이 '버릇없는 목사'의 버릇없는 간청으로 거의 다 가득 차 있다. 하지만 번즈 목사는 보아너게인 것만큼이나 확실히 바나바이기도 하다. 비범하고 초자연적인 맥체인의 천부적 재능을 번즈는 알고 있었던 것이다.

번즈에게는 사람들의 유기된 영혼을 얻고자 하는 갈망이 있었다. 그래서 지체할 수 없었다. 그러나 그는 편지를 바로 부치지 않고 하룻밤 자기 옆에 놓아두었다. 그리고 다음날 아침에 그 편지가 너무 독단적으로 보일까봐 이렇게 추신을 덧붙였다.

어제 쓴 제 편지에 빠진 것이 있어서 몇 자 덧붙입니다. 하나님께서 이 문제에 관해 은혜롭게 그리고 정확하게 목사님에게 조언해 주시기를 바랍니다. 저는 이 문제에 관해 모험을 하듯 조심스럽게 말씀을 드린다고 하였습니다만, 너무 독단적인 것으로 들리셨을 수도 있을 것입니다. 제가 하고자 하는 말씀은, 우리가 만났을 때 제가 말씀드렸듯이, 결국 우리는 다른 사람의 눈으로는 볼 수 없다는 것입니다. 너의 길을 하나님께 맡기라―이 말씀은 귀한 말씀입니다. 여름에 여섯 달쯤 목회를 쉬시고 이곳에 오셔서 사역을 해보시는 것은 어떨까요?

이따금 성 베드로교회를 다녀오시면서요. 오, 우리 설교자들은 지금까지 알던 방식과는 다른 방식으로 하나님을 알 필요가 있다니까요! 죄에 대해 그리고 구원에 대해 제대로 설교하기 위해서 말입니다. 저는 이것을 느끼고 있습니다. 그래서 이런 경험을 전에 했었더라면 얼마나 좋을까 하고 생각해봅니다. 하나님의 역사가 만일 우리 속에서 풍성하게 일어난다면, 하나님의 일은 우리로 말미암아 더욱 풍성하게 성공을 거두게 될 것입니다.

말로도 또 글로도, 윌리엄 번즈는 자기의 견해를 강력히 권하였다.

그것이 또한 맥체인의 생각이기도 했을까?

명명백백하게 확실하지는 않다. 그렇지만 맥체인의 견해가 자기 친구의 생각과 같을 가능성은 높다. 에딘버러에 있는 엘리자 누나에게 3월 7일 편지를 썼을 때, 그 편지에는 이런 문장들이 들어 있었다.

교회는 당장 나에게 이동 사역을 위임해주어야 한다고 생각합니다. 런던의 감독이 웨슬리에게, '웨슬리 목사, 당신은 한 교구를 목회하는 것이 훨씬 나을 겁니다.'라고 말했을 때, 웨슬리가 '감독님, 세계가 저의 교구입니다.'라고 말했듯이, 하마터면 나도 그 똑같은 말을 할 뻔 했답니다. 웨슬리보다 더 위대하신 분이 밭은 세상이라고 말씀하셨습니다. 그러니, 만약 제임스 경이[4] 주님의 뜻을 이해하고 있다면, 우리는 곧 그 밭으로 보냄을 받게 될 것입니다.

역사책과 전기에서 많이 사용하고 있는 가정이기는 하지만, 만약 맥체인의 생명이 몇 주만 더 연장되었더라면, 그는 성 베드로 교회의 담임목사직을 사임하고 드넓은 스코틀랜드로 나가 우리 주 그리스도 예수 안에 있는 하나님의 사랑을 전파하고 또 권하고 있었을 것이다.

4. 사랑과 약혼

로버트 맥체인은 결혼을 하지 않았다. 그러나 남성이 여성에 대해 느끼는 그 사랑의 열기와 설렘으로 그의 감성이 요동친 적은 두어 번 있었다. 맥체인이 열여덟 살 때, 얼마 동안 그 사랑의

---

4 제임스 그라함 경은 국내 선교회 총무이다. 교구에 성직자를 임명하는 것에 반대하는 사람들의 주장에 대한 그의 적대감은 매우 분명하다. 처음에 찰머스 박사는 그에 대해 희망적이었다. 1839년의 면담 후에, 찰머스는 다음과 같이 썼다. '로버트 경의 극심한 경계와 냉담이 한 사람의 기분에 통풍조절판 같은 역할을 한다. 반면에 제임스 경은 점잖고 마음이 따뜻하며 정직하고 솔직하게 말하는 영국인이다. 그는 호의적이고 실제적인 생각을 가진 사람이기도 하다.' 그러나 10년간의 갈등이 종지부를 찍을 무렵, 복음주의자들에 대한 국내 선교회 총무의 반대는 숨김없이 적나라했고 수그러지는 법 없이 끈질겼다. '교회의 대다수가 기대했던 바와 같은 그런 일이 법이나 평등, 질서, 상식이 우세한 지방 어느 곳에서도 현실로 나타나지 못했다는 것에' 자기는 '만족한다'고 1843년 3월 7일 하원에서 그는 말했다.

마법에 걸린 적이 있었다.

위에서, 맥체인의 학창시절 때 가까운 친구였던 말콤 맥그리거에 대해서 언급한 적이 있다. 말콤에게는 몬디고 메리라는 특이한 이름을 가진 누나가 있었다. 그들은 원래 스코틀랜드 가문이었다. 이 맥그리거 가문은 고국을 멀리 떠나 보고타의 남부에 미국인들이 많이 살고 있는 지역에 정착했다. 그렇지만 그 부모는 말콤을 에딘버러에 있는 학교로 보냈다. 그래서 적어도 얼마 동안은 그의 누이가 동생과 함께 살았다. 동생을 보살펴주고 동생이 편안하게 지내도록 하기 위해서였다. 그리고 사람 좋은 맥체인 부인이 그 두 아이들의 후견인 노릇을 하였다.

퀸 스트리트에 있는 자신의 집에서 자기 자녀들을 부지런히 보살폈던 것처럼 똑같이, 맥체인의 어머니는 부지런히 이 외지인들을 보살펴주었다. 좀 나중에 쓴 말콤의 편지가 있는데, 그 편지에서 말콤은 감사하고 있는 자신의 마음을 진솔하고 아낌없는 말로 쏟아놓고 있다.

이렇게 해서 이 젊은이들은 서로 자주 보게 되었다. 그리고 로버트 맥체인의 마음속에는 좋은 친구 사이에 있을 수 있는 감정 이상의 뜨거운 감정이 메리 맥그리거를 향해 자라나게 되었다. 메리 쪽에서 보자면, 그녀도 맥체인에게 마음이 끌리고 있었다는 것이 한 앨범에서 증명되고 있다. 그 앨범은 처음에는 메리의 소유물이었는데, 그 앨범을 맥체인에게 선물로 주었기 때문에 후에는 맥체인의 것이 되었다.

그 앨범의 각 페이지에는 그녀가 아름다운 자필로 맥체인이 했던 말을 적어놓은 것들이 있다. 8년 전 한 숙녀가 우아하게 비스

듬히 쓴 글씨체였다. 그녀 쪽의 애정이 맥체인 쪽의 애정만큼 그렇게 강한 것이었는지는 의심의 여지가 있다. 그녀는 맥체인보다 몇 년 연상이었을 것이므로, 그렇게 쉽사리 자기 마음을 내어주지는 않았을 것이라고 추측해볼 수 있다. 얼마 되지 않아 메리는 런던에서 남편을 만나 그곳에다 자신의 가정을 꾸렸다.

  몇 달 동안이기는 하였지만 젊은 사람이 보통 그렇듯 맥체인은 꿈의 궁전에서 살았다. 메리는 그 궁전의 여왕이었다. 1831년 그녀의 생일을 위해, 맥체인은 수심에 잠긴 비탄조의 시를 썼다. 이런 투의 분위기는 그의 시구에서 매우 자주 드러나는 것이다. 하지만 특히 이 시에는 그 당시의 맥체인의 감정이 분명하게 드러나 있다.

    잠시 동안
    울고 웃으며
    사랑하고 후회하며
    버리고 잊으며,
    그리고는 나 또한 잊힌 존재가 된다.
    이 작은 싸움이
    우리 삶의 요약이지.
    이 땅은 영혼을
    묶어두려 하는데,
    천국은 보이지 않는 곳에 있네…

    하지만 우리 사이의 긴장이

냉담하고 헛된 것일지라도,

또 우리의 기쁨에 다른 것이 섞여있다 할지라도,

그리고 우리의 눈물과 웃음소리는 서로 다를지라도

희망과 두려움이

여기 뒤섞여 있는 동안에

우리는 간청하는 눈을

높이 들어

몬디고 메리를 축복하리라.

메리의 다음 생일이 돌아오기도 전에 많은 일들이 일어나게 되었다. 그녀의 에딘버러 체류가 끝났던 것이다. 맥체인 자신도 영적 변화를 심하게 겪었다.[5] '비록 한 동안 묶어두었기는 했지만,'

---

5 이 영적 변화가 얼마나 완전했었는가는 이 시기에 말콤 맥그리거에게 보낸 이 시구들에도 반영되어있다. 그의 시에 언제나 존재하는 것은 아닌 활기가 이 시에는 드러나 있기 때문에 이 시는 특별히 언급할 가치가 있다.

> 사랑하는 말콤, 그대의 친절한 조언에 감사하네.
> 그대의 친절한 도움말과 호칭들도 고맙네.
> 하지만, 자기 변호의 말도 들어보지도 않고 도둑을 교수대에 매단다는 것은
> 상식에 어긋나는 것이므로,
> 내가 보내는 몇 줄을 그대가 들어주기를 나는 기도하네.
> 내 친구여, 만일 이 모자가 자네에게도 잘 맞거든,
> 아, 그냥 흘려보내지 않기를 간절히 바라네.
> 오히려 그것을 써 보고 얼마나 쓸모가 있는지 생각해 봐주게나.
> 내가 처음 인생이라는 맹렬한 행진을 시작했을 때,
> (별로 오래 전도 아니지만) 내가 일찌감치 세웠던 계획은
> 자네가 지금 조언하고 있는 것 바로 그것이었다네.
> 먹고, 마시고, 웃고, 자고, 깨고, 그리고 그러면서 지혜로워지는 것.

아침부터 저녁까지, 저녁부터 상쾌한 아침까지 그렇게,
나는 장미에 입맞춤했지만, 그 가시에 대해서는 미처 생각하지 못했다네.
나의 눈, 나의 귀, 나의 취향,
나는 완전히 즐거움을 위해 안일하게 살았다네.
주술에 걸려 잠든 나의 잠은 깊었으며
그리고 삶은 마치 결혼식 종소리처럼 즐겁게 흘러갔지.
이내 나의 눈은 돌아가 다른 것들을 보았고
이내 다른 것들로 나의 눈이 돌아갔지.
그리고 내 가슴 속에서 젊음의 낭만이 불타올랐다네.
한 여성의 곁에 달랑 붙어 있다는 것이,
그리고 그녀의 사랑스런 눈길을 받고 있다는 것이
그 때는 나의 자랑이었다네.
나는 은혜와 손짓과 미소를 받으려 온갖 애를 썼고
그러한 노예근성적인 계략들에 의한 그녀의 발탁을 추구했었네.
생각 없는 무리들의 치기어린 장난들 중에
나의 노래와 웃음은 큰 소리들 중에서도 가장 두드러졌다네.
뻣뻣한 스퀘어 댄스와 왈츠를 추는 사람의 미소 어린 기쁨이
그 행복한 소년의 쾌락을 가득 채웠었네.
하지만 강한 슬픔이 슬그머니 나의 소매를 잡아당겼지.
그리고는 깨어나라고, 나의 모든 어리석은 짓들은 떠나가라고, 그것은 나에게 명했네.
세속인은 노예였으며 그의 모든 보물들은 자기의 무덤에서 끝났다고
그 슬픔이 나에게 말했다네.
저 아름다움과 명예와 부는 입을 헤 벌린 채 꿈을 꾸고 있는 자를
그도 모르는 사이에 잡으려는 올가미에 불과했었다네.
저 잘 생긴 팔다리와 비싼 천으로 안감을 댄 저 주머니들은
비루하고 불쌍한 한 인간을 위해 결단코 속죄해주지는 못할걸세.
저 선웃음을 띤 입술과 아첨하는 미소가
증오로 가득 차있는 열정을 그 동안 내내 덮어주었을지도 모르지.
여기 이 지상에서 좋은 것들을 받은 자들은
영원한 비통의 가장 깊은 것을 마시게 될 걸세.
그 강한 슬픔은 나에게 또, 옛 시간이 얼마나 빠르게 달려가는지,
그래서 날아가고 있는 자기 선물들을 몹시도 탐욕스럽게 사용하고 있다는 것도
가르쳐주었다네.
그 슬픔은 나에게, 그 놈의 발꿈치를 잡으라고,

그는 다시 자신의 하프로 돌아갔다. 그리고 '그 현들은 아직도 익숙한 그 소리를 알고 있다'는 것을 발견하게 되었다. 그리스도께서 맥체인을 다스리고 계시기 때문에, 최고로 사랑이 많으신 이분에게 메리가 아직 굴복하지 않고 있는 동안 그들을 갈라놓으신 이유를 하나님은 알고 계실 것이라고 맥체인은 믿을 수 있었다. 새로 쓴 시는 카우퍼(Cowper)가 메리 언윈(Unwin)에게 했던 말을 모방해서 지은 것이었다.

> 운명은 신비롭도다!
> 우리가 여기서 교제를 나누어야 한다는
> 그 발전의 전부를 그 짧은 한 해는 알고 있을까,
> 나의 메리여!
>
> 아니다! 내게는 돌봐주시는 성부 하나님이 보인다.

> 그래서 그 놈이 훔쳐가고 있는 한 시간, 한 시간으로부터 축복을 쥐어짜내라고, 나에게 명했네.
> 깊은 잠에서 벗어나라고,
> 내가 이 세상의 방해거리가 되지는 않을까 두려워하라고, 그 비통한 생각이 나에게 명했지.
> 아! 그러면 내가 하늘의 환상을 무시해도 좋고,
> 그리고 심각한 경고를 웃음거리로 받아들여도 좋을까?
> 그 비통한 슬픔이 준 그 자유를 내가 무시하고,
> 내 자신을 다시 노예로 이 땅에 팔아도 좋을까?
> 아니야, 말콤, 그럴 수는 없어! 자네라도 그 자유를 그런 식으로 누리지는 않을걸세.
> 그렇다면 더욱이 나는 살아있는 동안 이 여행을 계속하려 하네.

비록 알아차리지 못할지라도 그분은 나를 위해 일하고 계신다.
더 큰 해악에서 그분은 기꺼이 나를 건지시리라.
나의 메리여.

그래서 잠시 동안 그대를 나에게 주셨도다.
그리고는 우리를 난폭하게 찢어놓으셨도다.
나와 하나님 나라 사이에 그대가 끼어들까봐.
나의 메리여!

나의 구주는 한 가지 계획을 품고 계신다.
내가 해야 할 거룩한 일이다.
그리고 그분은 그대를 위해서도 뭔가를 품고 계신다.
나의 메리여!

그러면서도 지금껏 특별히 소중했었고 또 언제나 그러할 한 사람을 결코 잊을 수가 없었다.

내가 무릎 꿇어 기도할 때마다
하나님 나라와 더불어, 구하고 아끼며 간청하는
한 이름이 거의 맨 앞에 있으니
그것은 메리라.

그것은 소년의 환상이었다. 그 환상이 추구하고 있던 것이 거절당하고 말았던 것이다. 7년 후 맥체인이 런던에서 팔레스타인으로 갈 여행을 준비하고 있을 때, 과거의 이 메아리가 울려왔다.

> 맨체스터 가까지 먼 길을 달가닥 달가닥 마차를 타고 갔다. 웨튼 씨 네 가족들과 식사를 하고 저녁 시간을 보냈다. 그는 매우 친절한 사람인데 귀가 매우 심하게 멀어 있었다. 하나님의 일들에 대해 질문을 했다. 메리는 별로 달라진 것이 없었다. 그리고 별로 행복해 보이지 않았다.

이것이 우리가 그녀에 대해 마지막으로 들은 내용이다. 그러나 맥체인이 하나님께 중보 기도를 올리는 사람들 목록의 앞자리는 자신의 가까운 가족과 친척들 다음으로 '맥그리거 가족들'에게 할당되어 있었다.

맥체인의 생애 마지막 5, 6년간에 두 번 약혼한 일이 있었다는 사실을 기록하는 것은 별로 해롭지 않을 것이다. 자세한 이야기는 명료하고 명백하게 풀어쓸 수가 없다. 정확하게 그 약혼에 대해 설명해 줄 수 있는 사람들이 더 이상 우리와 함께 생존해 있지 않기 때문이다. 그러나 맥체인이 두 번 약혼했었다는 것만큼은 분명한 사실인 것 같다.

그 두 번의 약혼 중 하나에 대해서는 기록할 것이 거의 없다. 맥스웰 양은 던디에 사는 내과 의사의 딸이었다. 칭찬의 말을 하는 것이 아니면, 그녀의 이름을 입에 올리는 사람이 없었다. 후에 그녀는 블레보의 베튠 대령과 행복한 결혼생활을 하였다. 그러나 그녀가 이 왕자를 사랑하고 또 이 왕자의 사랑을 받은 것은 젊었을 때 누린 독특한 영광이었다.

이 왕자는 지금까지 우리가 그 삶의 이야기를 알아보고 있는 중인 성도 맥체인이다. 이 사람은 빛을 많이 발하였으며 그리스도를 닮았다. 이 두 사람 사이의 결합은 결혼으로까지는 이어지지 못했다. 맥스웰의 후손 몇 사람이 믿고 있는 바와 같이, 그녀의 가족 친척들이 끼어들어 두 사람의 결혼을 방해하였던 것이다.

친척들은 맥체인의 병약한 신체 때문에 그를 꺼려했다. 그래서 차라리 결혼을 하지 않는 것이 현명할 것이라고 판단을 내렸던 것이다. 이런 일들이 언제 일어났었는지는 정확히 알 수 없지만 대충 1837년과 1838년 사이였을 것으로 보인다.

1839년 알렉산더 소머빌 목사가 맥체인에게 쓴 편지 한 통 속에는 뭔가를 암시하고 있는 것 같은 말들이 들어있다.

"목사님의 부모님께 제 안부를 꼭 좀 전해주십시오. 실례가 안 된다면, 목사님의 그 친구분께도 같은 말씀을 드리고 싶습니다."

'친구'라는 말 밑에 겹줄로 밑줄이 쳐져 있다.

"하지만 목사님이 그걸 허락하실 것 같지는 않군요. 저는 잠자코 있습니다. 그러나 때때로 당신들에 대한 소식을 듣고는 있습니다."

모든 가능성을 따져볼 때, 암시하는 바는 블레어고우리 근방의 히스 파크에 사는 타인(Thain) 양을 말하는 것 같다.[6] 『회고와 유

---

[6] 타인 씨는 교회 분열 이전에 블레어고우리 교구 교회의 장로였으며, 던디에서 선주(船主)로 사업을 하였다. 1843년에 맥도날드 목사와 그의 성도들이 자유교회로 건너왔을 때, 그들에게 당분간 예배를 드릴 수 있게 천막으로 덮을 돛천을 준 사람이 타인 씨였다.

고』에는 맥체인이 이 젊은 숙녀의 어머니에게 보낸 편지가 서너 통 들어있다. 한 통은 어렸을 때 죽은 타인 양의 한 남자 형제 이야기를 하고 있고, 또 한 통은 한 오빠에게 쓴 편지인데, 이 사람은 후에 신학생이 되어 뉴 마카에 있는 자유교회의 목사가 된 사람이다.

타인 가족은 그 해에 얼마 동안을 던디에서 살았다. 던디에서 그 사람들은 성 베드로교회에 출석하였다. 이들은 그 교회 목사에게 매우 강한 애착을 가지고 있었다. 맥체인이 동방을 향해 출발하기 전에, 그 어머니가 자신이 가지고 있는 두 가지 우려에 대해 맥체인에게 말한 적이 있다는 것이 그 증거이다. 그 어머니가 맥체인 본인에 대해 가지고 있는 염려가 있었고, 또 한 가지 염려는 예리하고도 심오한 것으로서, 맥체인의 가르침과 도움을 상실하게 된 자기 가족들에 대한 것이었다. 그녀는 이렇게 말했다.

> 목사님 건강을 잘 보살피십시오. 목사님께서 우리 주님이 밟으셨던 그 땅을 밟고 계실 때 우리들도 상상 속에서 목사님과 함께 돌아다닐 때가 자주 있을 것입니다. 목사님께서 우리 가운데 다시 나타나실 날을 고대할 것입니다. 주님께서 주님 자신의 영광과 목사님의 유익을 위해 목사님의 여행을 성공적으로 인도하시기를 바랍니다! 그리스도인으로서 제가 마음 쓰고 있다는 한 작은 증표로서 동봉하는 성경을 받아 주시기 바랍니다. 그 성경이 목사님이 여행하시는 동안 호주머니 속의 동반자가 되었으면 좋겠습니다. 그것을 보시면서 몸으로는 떠나 있으나 영으로는 목사님과 함께 있는 어떤 가족을 때때로 생각해주시기를 바랍니다.

우리 가족은 목사님이 기도하실 때 우리를 위해 기도해주시기를 간절히 바라고 있습니다. 그리고 우리도 목사님을 위해 쉬지 않고 기도할 것입니다. 우리의 기도는 연약합니다. 그래도 보좌에까지 도달해 하나님께서 들으시고 응답해주시기를 바랍니다. 하나님께서 언제나 들으시는 주 예수님의 공로와 중재를 통해서요. 멀리 외국 땅에 떨어져 계시는 동안, 소중한 저의 아이들을 기억해 주시겠어요? 그 아이들을 위해 제가 어떤 마음을 품고 있는지 목사님은 아시잖아요. 그 아이들을 위해 목사님께서 하나님께 기도해주신다면 저에게는 큰 힘이 될 거예요. 지금 그 아이들을 위해 제가 할 수 있는 한 가지는 기도하는 것뿐입니다. 그런데 어떤 때는 그것조차 할 수 없을 때도 있어요. 은혜를 구하는 일에도 저는 은혜가 필요하답니다.

그 다음에 계속되는 말도 흥미롭다.

가련한 제씨(Jessie)는 목사님의 빈자리를 줄곧 심하게 느끼고 있습니다.[7] 이런 위기가 생겨서 그 애는 풀이 죽어 있습니다. 비록 자기 목사님은 멀리 가 계신다 하더라도, 예수께서는 언제나 가까이 계신다는 것을 그 애가 알게 되기를 바랄 뿐입니다.
목사님은 정말 자주 그 애의 마음을 즐겁게 해주셨지요. 구속의 사랑을 선포하실 때 말입니다. 그 애는 캐어드 씨가 부장으로 섬기는

---

7 여기서 기억해야 할 것은, 맥체인이 유대인 선교를 떠나기 전에 던디를 떠나 몇 달 동안 에딘버러에서 지냈다는 점이다.

주일 학교에 한 반을 몹시 가르치고 싶어해왔어요. 자기가 별로 큰 일은 할 수 없어도 이런 식으로나마 조금이라도 도움이 될 수 있다면 마땅히 하여야 한다고 생각하고 있습니다. 우리가 이곳 던디에 머물고 있는 시간만이라도 그렇게 하고 싶어 한답니다.

우리는 보나 박사의 책에서 이 편지에 대한 답장을 읽을 수 있다.

제씨가 주일 학교에서 작은 역할이라도 담당해줄 수 있다면 저야 무척 기쁠 따름입니다. 그것이야말로 말씀을 듣기만 하는 자가 되지 말고 말씀을 행하는 사람이 되라고 제가 항상 그녀에게 말해주었던 것이라는 점을 제씨는 알고 있습니다. 시간이 별로 많이 남아 있지 않습니다. 여기에서 하나님을 위해 일하지 못하게 될 날이 있게 될 것입니다.
오, 우리가 이 땅에서 그분을 영화롭게 할 수 있기를!…하나님을 굳게 믿고 의지하라고 제씨에게 말씀해 주십시오. 예수님은 언제나 일하고 계십니다. 그분은 순번이 바뀌지 않는 제사장직을 가지고 계시기 때문이지요. 다른 제사장들은 언젠가는 죽기 때문에 그 직분을 계속할 수가 없습니다.

타인 씨 부인 쪽이나 맥체인 쪽에도 똑같이, 침울함까지는 아니더라도 어떤 심각한 분위기가 서로의 편지 교환에 드리워져 있다. 이 타인 가족들은 병약한 사람들이다. 비록 우리 하나님의 따뜻한 사랑으로 말미암아 불안스럽고 무서운 그림자로부터 자유롭게 되었기는 했지만, 이 사람들은 저 세상의 침통한 그림자들이 드려져 있는 가운데 살아가는 때가 많이 있었다.

1842년 1월에 어린 존 타인은 둥글둥글한 어린애다운 필체로 콜래이스(Collace)에 있는 목사관에서 지내고 있는 자기 친구 맥체인 목사에게 편지를 썼다. 편지를 쓴 목적은 세 가지였다.

첫째, 다음과 같이 맥체인 목사에게 말하기 위함이었다.

"주님께서는 저를 시험하셔서 그분께로 인도하시기 위해서는 저에게 고난이 필요하다고 생각하셨습니다."

둘째, 다음과 같은 열렬한 자신의 바람을 토로하기 위함이었다.

"오, 주님께서 저를 그분의 어린양들 중의 하나로 만드시옵소서!"

셋째, 자기가 좋아하고 사랑하는 맥체인 목사의 조언과 도움을 구하기 위함이었다.

"목사님이 저에게 편지 한 통 써 보내주신다면 저는 정말로 기쁠 것입니다. 그 편지가 저에게 큰 유익이 될 줄로 믿습니다."

이 아이는 자기가 간청했던 그 편지를 받았다. 그리고 어린양들을 자기 팔로 모아 품에 안고 가시는 목자이신 주님의 더 풍성한 위로도 함께 받았다. 그리고 나서 그 아이는 그리스도와 함께 지내기 위해 이 세상을 떠나 먼 곳으로 갔다.

존의 형 알렉산더의 필체는 무의식적이겠지만 맥체인의 필체를 흉내낸 것이 명백했다. 그리고 알렉산더는 에딘버러 시 랜케일러 가에 있는 자신의 기숙사에서 맥체인의 편지들을 받아보곤 했었다. 우리가 이미 본 바대로, '사랑을 모두 담아'라는 편지 맺음말은 목회에 들어가서도 계속 사용되었다. 그러나 알렉산더 또한 애처롭게도 자기 길을 너무나 빨리 달려갔다. 얼마 안 있어, 성전 바깥마당을 지나 하늘에 있는 지성소로 들어갔던 것이다.

그렇다면, 그 자매 제씨도 신체가 튼튼하지는 않았을 것이다. 그녀와 로버트 맥체인 사이에 오고간 편지들은 그 편지들을 소유하게 되었던 그 친구가 없애버렸다. 호기심으로 바라보는 눈들에게 그들 두 사람의 밀착과 고결함을 비집고 들어갈 기회를 주어져서는 안 된다는 것이 아마도 최상의 해석이 될 것이다. 친척들이 쓴 편지에서도 왜 그 약혼이 그렇게 오랫동안 시간을 끌게 되었는지, 그리고 모든 것이 지나가고 끝이 났을 때 왜 결혼의 화관이 없었는지 그 문제를 밝혀줄만한 언급이 전혀 없다.

맥체인 자신의 건강처럼이나 연약하고 불안정했던 그녀의 건강 때문에 결합을 못했던 것일까?

아니면, 맥체인의 생애가 마침내 갑자기 끝났을 때도, 그 두 사람은 자기들의 것이 되지 못할 그 결혼을 여전히 고대하고 있었을까?

맥체인을 그녀에게 묶어주었고 또 맥체인을 그녀의 가족들에게 묶어주었던 그 인연들은 깨어지지 않고 지속되었다는 것을 우리는 알고 있을 뿐이다. 맥체인이 죽은 후에, 타인 부인은 맥체인의 어머니에게 여성스러운 위로의 말이 흘러넘치는 편지 한 통을 썼다. 그 편지에서 그녀는 자기 마음에서 흘러나오는 조의를 표현하였다.

> 가련한 우리 알렉산더는 이 땅에서 가장 좋은 친구를 잃어서 몹시 슬퍼하고 있을 거예요. 저의 집은 울음바다입니다. 제씨는 슬픔에 깊이 빠져 있습니다. 가능한 한 빠른 시일 내에 그 애가 자기의 사랑하는 친구 엘리자에게 편지를 쓸 것입니다.

그런데 더 중요한 것은 타인 양 본인이 쓴 한 통의 편지이다. 그 편지는 1844년 4월에 썼고, 로버트의 전기가 등장한 이후에 엘리자 맥체인에게 부친 것이다.

> 『회고와 유고』에 대해서 내가 어찌 생각하는지 너는 나에게 묻고 있다. 친절하게도 보나 목사님이 엄마에게 한 권 보내주셨어. 책이 도착한 그 날 저녁 그 책을 읽기 시작했단다. 그리고 그것을 다 읽을 때까지 쉴 수가 없어서 그 다음날 그 책을 마저 다 읽었단다. 비록 그 책이 굉장히, 굉장히 소중하게 보이기는 했지만, 그래도 내가 받았던 첫 느낌은 극심한 안타까움 같은 것이었다. 그 책은 너무나 짧아서 맥체인 목사님에 대해서 절반도 이야기 하지 못한 것 같다. 그러나 내가 그 책을 너무 급하게 읽기도 했고 또 그 책이 말하고자 하는 생각을 잘 파악하지 못했기 때문에 나는 이제 다시 읽고 있는 중이다. 첫 번째 읽을 때보다는 훨씬 더 많이 집중해서 읽고 있단다. 정말 좋다. 아주 짭짤하니 맛이 있구나.
>
> 사랑하는 엘리자,
>
> 이 책의 주제가 어떤 것을 달성하였는지를 알고 나니까 굉장히 활기가 솟는 것이 느껴지지 않니?
>
> 오! 맥체인 목사님이 죄를 보는 것처럼 그런 식으로 죄를 볼 줄 알았으면, 맥체인 목사님이 보혈을 소중하게 여기신 것처럼 그렇게 보혈을 소중하게 여길 줄 알았으면 얼마나 좋겠니. 목사님이 거룩한 삶을 그렇게나 간절히 사모하였다는 것이 이 책 전반에 걸쳐 구구절절이 잘 나타나 있구나. 죄 사함을 받은 한 죄인이 살 수 있는 최고의 거룩한 삶을 사는 것이 그분의 간절한 소원이었어.

그리고 나서 타인 양은 맥체인에 대한 기록이 간략한 것에 대해 실망했던 이야기로 다시 돌아갔다.

> 새로운 자료들이 그렇게나 많이 있는데, 이미 출판되었던 내용들로 책을 채운다는 것이 말이나 된다고 너는 생각하니?
> 목사님의 친구들이 세 번째 서한집 출판을 생각중이라는 말을 몇몇 사람들에게서 들었어. 그 사람들이 그렇게 말할 만한 근거를 가지고 있는 걸까?
> 그리고 아직도, 아직도, "그 땅의 금은 순금이요 그곳에는 베델리엄과 호마노도 있다(창 2:12)." 그래도 "오, 맥체인 목사님의 이 전기가 널리 읽혀질 줄 나는 믿는다!"

애정이 느슨해지지 않았다는 것은 분명하다. 이 두 사람은 실제로는 부부가 되지 못하였다 하더라도, 영적으로는 부부였다.

그러나 맥체인이 그리스도와 영원세계에 바쳐진 동정(童貞) 기사(騎士)로 남기를 하나님은 원하셨던 것 같다. 맥체인은 그 어떤 인간의 영혼의 샘에서도 실컷 마실 수가 없었던 것이다. 그는 이 지상의 사랑에 가까이 접촉하였었지만, 이내 거기에서 멀찌감치 물러섰다. 천국이 망루에서 그를 내려다보고 있었기 때문이다.

5. 임무 완수하다

맥체인의 싸움의 끝이 왔다. 북부 지방에서 전도 여행을 마치고 3월 첫째 주에 던디로 돌아왔다. 엘리자에게 이렇게 말했다.

> 내 건강은 괜찮아요. 이 원정에서 내가 살이 불었다고 모두들 말하더군요. 그리고 그건 사실입니다. 좀 과로를 한 탓인지 심장이 너무 심하게 뛰고 있습니다. 그것 말고는 별 문제 없어요.

그렇지만 그것은 너무 낙관적인 진단이었다. 5일 주일만 해도 맥체인은 설교를 세 차례나 하였다. 그 다음 주에도 내내 맥체인은 뭇사람들 속에 파묻혀 있어서 전혀 휴식을 취할 짬을 갖지 못했다. 그 다음 주일에도 맥체인은 오전예배 설교를 했고 또 오후에도 설교를 하였다. 오후 설교의 본문은 로마서의 저 중대한 질문이었다.

> 만일 하나님이 그 진노를 보이시고 그 능력을 알게 하고자 하사 멸하기로 준비된 진노의 그릇을 오래 참으심으로 관용하시고 또한 영광 받기로 예비하신바 긍휼의 그릇에 대하여 그 영광의 부요함을 알게 하고자 하셨을지라도 무슨 말 하리요(롬 9:22, 23).

다음 설교 본문의 분위기는 이 본문보다 더 유쾌하지만 반면에 덜 신비스럽고 덜 끔찍했다. 이 메시지를 가지고 맥체인은 저녁에 브로티 페리로 갔다. 이제 그는 선지자 이사야의 귀를 기울여 들으라는 명령어들을 설교한다.

> 일어나라 빛을 발하라 이는 네 빛이 이르렀고(사 60:1).

이것이 맥체인이 마지막으로 한 설교의 본문이다. 그리고 이 본문은 맥체인의 목회 전체를 상징하고 있기도 하다. 계시된 진리의 다양한 면들 모두를 공평히 다루고자 줄곧 노력하였다. 은혜를 설교했을 뿐만 아니라 주권을 설교했고, 위로와 사랑을 설교했을 뿐만 아니라 무시무시한 심판을 설교했으며, 겨울과 여름 둘 다 설교했다. 마지막 순간까지 하나님은 맥체인을 사용하셔서 굶주려 있는 인간의 마음에 자기의 축복을 전달하셨던 것이다.

죽음이 맥체인을 불러 데리고 가버렸을 때, 쪽지 하나가 개봉되었다. 맥체인이 병들어 누워있는 동안에 집배원이 문 앞에 두고 간 것이다. 그 쪽지는 전혀 모르는 사람이 쓴 것으로, 브로티페리에서 있었던 예배 시간에 대해 감사하는 내용이었다.

> 저는 목사님이 지난 주일 저녁에 하신 설교를 들었습니다. 제 영혼에 들려준 그 설교를 송축하는 것을 하나님은 기뻐하셨습니다. 저에게 감동을 준 것은, 목사님이 말씀하신 내용이 아니라 그 전달하는 모습이었습니다. 전에는 본 적이 없는 거룩함의 미(美)를 저는 목사님 속에서 보았던 것입니다.

맥체인이 가지고 있는 모든 것은 사람들을 그리스도께로 끌어당기는 힘이 있었다. 최고를 뛰어넘어, 맥체인은 살아있는 편지였다. 그 편지는 왕의 자필로 서명이 되어있었고 성령으로 봉인되어 있었다. 그것은 젊은 펠리아즈 경에게도 그랬던 것처럼 맥체인에게도 그랬다. 펠리아즈 경을 만나본 사람들은 그에 대하여 궁금해 했다.

왜냐하면 그의 얼굴은,

하늘에서 내려와 제물을 태우고 있는

불꽃에 어른어른 비치고 있는

늙은 제사장의 얼굴처럼, 빛이 났기 때문이었다.

월요일 밤에 성 베드로교회에서는 교회의 위기와 관련된 한 모임이 열렸다. 스코틀랜드 교회의 분열은 이제 피할 수 없게 되었기 때문이다. 그 때가 오면 스코틀랜드 교회에게 자유를 주는 쪽에 한 표를 던져야 한다고 서약하기 위해 장로들과 교인들이 모인 것이다. 막길 크리치턴 씨가 모인 사람들에게 몇 마디 말을 했고, 그리고 나서 그들의 목사 맥체인이 기억 속에 오래 남아있을 만큼 진지하게 그들에게 한 마디 했다. 과거에는 자기들에게 그렇게도 중요했던 그 목소리를 다시는 듣지 못하게 될 운명이었다.

그 모임이 끝났을 때, 맥체인은 피로가 몰려왔고 별로 몸 상태가 좋지 않았다. 그러나 다음 날 맥체인은 한 번 더 외출하여 자기 교인들 중 두 사람인 죠지나 앤더슨과 윌리엄 스튜워트의 결혼식을 주례하였다.

이 혼인 예배에 대해서는 이야기가 하나 전해진다. 손님으로 온 한 여자가 아파서 힘들어 하는 맥체인 목사의 거동을 놀려주고 싶은 마음이 생겼다. 그 여자는 한 어린 여자애 손에 꽃 한 송이와 배지를 들려주어 방을 가로질러 맥체인에게로 보냈다. 그 아이는 맥체인에게 달려가서 어린애 말투로 말했다.

"이 꽃 목사님 코트에 다실래요?"

맥체인은 대답했다.

"그러자꾸나, 애야, 그런데 네가 좀 도와주어야겠다."

그래서 그 아이는 그 꽃을 맥체인 목사의 단추 구멍에 꽂아 넣었고 배지도 코트에 꽂아주었다. 맥체인이 말했다.

"이제 네가 원하는 것을 내가 들어주었구나. 너도 내가 원하는 것을 해주겠니?"

그 아이는 "네." 하고 대답했다.

"네가 선한 목자 이야기를 잘 들어주었으면 좋겠구나. 그 목자는 양들을 위해 자기 목숨을 주었단다."

맥체인이 말을 하기 시작하자, 대여섯 명의 다른 어린아이들이 주변에 모여들어 맥체인 목사 가까이 서려고 서로 밀치었다. 맥체인은 언제나 강단에서 그랬듯이, 듣는 사람이 혹 빠져들게 이야기를 효과 만점으로 해주었다. 그리고 나서 후에 이 사건을 전하게 될 그 친구 맥길리브레이 목사에게로 돌아갔다. 그리고 말했다.

"저는 이만 가보아야겠습니다. 이마가 몹시 욱신거리는군요."

그 치명적인 열이 시작되었던 것이다. 이리하여 사전 계획 없이 어린이들에게 했던 그 설교가 맥체인의 마지막 설교가 되었다. 그것은 그의 기둥 꼭대기에 백합을 아로새겨 넣은 작업과 같은 것이었다.

발진티푸스가 그 교구에 유행하고 있었다. 자기 자신을 차단하고 보호하는 것은 그의 습관과는 거리가 먼 것이었으므로, 맥체인은 아무렇지 않게 병자들을 심방하였다. 맥체인이 그 질병에 감염되는 것은 거의 불가피한 일이었다. 더군다나 몹시 피곤하고 지쳐있는 상태에서는 더욱 그랬다.

처음에 맥체인의 침대 둘레에서 지켜보고 있던 사람들은 맥체인이 회복되리라는 기대감에 매달렸다. 예를 들면, 여기 3월 16일 목요일에 사랑하는 의사 깁슨 박사가 환자의 소식을 걱정스럽게 기다리고 있는 맥체인 부모들에게 급히 부친 편지 한 통이 있다. 안심시키려는 목적으로 쓴 편지이다.

> 이 저녁에 망설임 없이 몇 자 적어 보냅니다. 그럴 것이라고 제가 바랐던 대로, 맥체인 목사는 이미 많이 좋아져 있다고 말할 수 있어서 기쁩니다. 그래서 며칠 안으로 쾌차할 것임을 저는 의심하지 않습니다.

그러나 곧 사태는 악화되었다. 먼저는 아버지가, 그리고 후에는 어머니가, 맥체인과 함께 있기 위해 에딘버러에서 달려왔다. 얼마 안 있어 맥체인은 의식을 잃었다. 그리고 22일 수요일에, 맥체인을 그렇게나 충성스럽게 그리고 잘 섬겨주었던 그 자매 제씨로부터 앤드루 보나 목사에게 감동적인 작은 쪽지가 하나 도착하였다.

> 친애하는 친구 목사님, 할 수 있으면 꼭 와주십시오. 사랑하는 나의 목사님을 임종 병상에 눕히는 것을 하나님께서 기뻐하셨습니다. 하나님께서 우리를 위해 그분의 생명을 살려주신다면 혹 몰라도, 임종 침상에서 맥체인 목사님이 일어날 가능성이 없어 보이는 지 여러 날이 되었습니다. 발진티푸스 열병이라고 의사가 말합니다. 오늘이 9일째입니다. 어제 이 시간까지는 정신이 완전히 맑았습니다.

하지만 밤에는 아주 힘들었습니다. 몇 시간이나 목사님은 들릴락 말락 하는 작은 소리로 기도하면서 마지막 시간을 보내는 것처럼 보였습니다. 그리고는 교인들에게 아주 다급하게 말하기 시작하였기 때문에, 우리는 사랑스런 그분의 목소리를 간신히 들을 수 있었습니다. 그것은 아주 감동적이었습니다. 오늘, 보나 목사님이 언제나 아래층 식당쯤에 계신 걸로 생각했는지, 맥체인 목사님은 몇 시간 동안이나 기도 가운데 보나 목사님에 대해 언급했습니다. '보나 목사님을 제게로 올려 보내주십시오! 그분을 올려 보내주십시오! 어째서 하나님은 그분을 아래에 두시려 하시는 겁니까?' 그리고 나서 맥체인은 서머나 이야기도 했어요. 그리고 정말이지 바로 이 순간에도 여전히 보나 목사님 이야기를 하고 있습니다. 할 수 있다면 꼭 와주세요!

심지어 병으로 헛소리를 하는 와중에도 그는 인간 친구와 주 하나님께 충실했다. 그리고 자기에게 맡겨주신 교인들에게도 그랬다. 그것은 마지막 순간까지 동일했다. 한 번은 맥체인이 이렇게 기도한 적이 있었다.

"주님, 이 교구를! 이 사람들을! 이 지역 전체를!"

또 다른 때에는 그리스도께서 하셨던 간구를 가져다가 자기 자신의 기도로 만들었다.

"거룩하신 아버지, 아버지께서 저에게 주신 사람들을 아버지 자신의 이름으로 보존하소서."

3월 25일 토요일 이른 아침에, 깁슨 박사가 자기 옆에 서 있을 때 마치 축도라도 하듯 맥체인은 자기의 두 손을 번쩍 들어올렸다. 그리고 나서 떨어뜨렸다. 이렇게 맥체인은 본향 집으로 돌아갔다. 여기서 우리는 또 다시 맥체인의 주님이 생각난다.

> 예수께서…저희에게 축복하시더니 축복하실 때에 저희를 떠나 하늘로 올리우시니(눅 24:50, 51).

자기 갈 길을 다 마치고 자기의 변호인이자 자기의 친구 되신 심판주가 주시는 의의 면류관을 받으러 갔을 때, 로버트 맥체인은 아직 30살이 채 되지 않았다. 데니(Denney) 교수가 쓴 문장들이 있는데 날카롭고 탐색적이다. 여기에 써보기로 하자. 데니 교수는 사도 바울의 말씀, "너희의…사랑의 수고"(살전 1:3)에 대해서 주석을 하고 있다. 데니 교수는 이렇게 말한다.

> 우리는 모두 살아있는 동안에 피곤하고 고단하다. 그렇게 생각할 수도 있을 것이다. 우리는 사업하느라 수고했고, 야망을 추구하느라 수고했고, 어떤 성취를 이루기 위해 고생했고, 운동 기술을 숙달하느라 수고했으며, 또 쾌락을 추구하느라 수고를 했다. 완전히 지쳐 나가떨어질 때까지 우리는 그렇게 수고를 했다.
> 사랑하느라 그렇게 수고를 한 사람이 우리 중에 과연 몇 명이나 될까?
> 하나님을 위해서 열심히 수고하느라 피곤하고 고단한 사람이 우리들 중에 몇 명이나 있을까?
> 사랑의 수고라는 이 생각을 사도는 마음속에 가지고 있는 것이다. 그리고 이상하게 보일지 몰라도, 이것이 그가 하나님께 감사드리는 내용 중 하나이다.

사도 바울의 말이 옳지 않은가?

사랑이 강권하는 많은 일에 하나님께서 우리를 동역자가 되기에 합당하다고 여겨주시는 것은 감사할 일이 아니며 기뻐할 일이 아닌가?[8]

맥체인은 사랑하는 일에 애썼다. 이것이 그의 '고된 수고'(κόπος)였고, 계속 공을 들였던 그의 산고(産苦)이며 그의 노동이었다. 그는 자기 자신을 피로하게 만들었고, 자기 자신을 소모하여 고갈시켰으며, 하나님의 영광과 사람들의 유익을 위해 자기 몸과 자기의 모든 힘까지도 아주 기꺼이 주어버렸다. 그리하여 우리 대부분이 자기의 임무 시작을 꿈꾸고 있을 그 때에, 맥체인은 이미 자기 임무를 완수하였던 것이다.

---

8   *The Epistles to the Thessalonians*, p. 29.

9. 여파

　보통 그 말을 사용했을 때 붙어 다니는 설득력과 진실보다도 훨씬 더 큰 설득력과 진실을 나타내고자 한다면, 우리는 맥체인의 말을 인용해도 좋을 것이다. 맥체인이 선택한 단어는 집안에서 흔히 쓰는 말처럼 우리에게 친숙한 말이다.

　타키투스는 자신의 장인이자 영웅이었던 크내우스 줄리우스 아그리콜라를 인용했었는데, 그의 말 또한 우리에게 친숙한 말들이다. 우리는 또한 성 베드로교회의 그 목사님이 광채어린 자신의 삶 속에서 행복했었을 뿐만 아니라, 자신의 죽음의 순간에 있어서도 행복했었다고 단언해도 좋을 것이다.

　하나님께서 자기 일꾼들을 자기 앞으로 불러 모으셔서 그 사람들에게 상을 주실 때이다.

　"하나님은 결단코 자기의 때보다 앞서 행하지도 않으시고 또 결코 그 때보다 늦게도 행하지 않으신다."

　하나님께서 자기 아들의 젊은 군사였던 맥체인에게 이제 칼을 내려놓고 안식에 들어가라고 명하신 그 시간은, 특히 딱 들어맞는 것이 무언가가 분명히 있었다. 맥체인이 60살이나 70살이 될 때까지 살았다 하더라도, 스물아홉 살에 죽으면서 성취한 것 그 이상으로 더 많이 성취하지는 못했을 것이다. 그리고 그의 이름과 그에 대한 기억도 영향력과 감동과 압도하는 힘이 덜 했을 것이다.

그의 그런 성도다움과 또 그런 사역을 그렇게 짧은 기간 안에 해내었기 때문에, 로버트 맥체인은 자기 세대에게 독특한 매력을 줄 수가 있었던 것이고, 또 소수의 사람에게만 주어지는 매력과 충격이 언제나 그의 본보기에 따라다니게 된 것일 것이다.

이 일이 있고 나서 4분의 3세기쯤 흐른 지금도, 맥체인의 죽음이 야기했던 그 슬픔의 욱신거림과 아픔을 우리는 여전히 느낄 수 있다. 던디의 온 동네가 술렁이고 있었다. 맥체인의 장례식이 있던 날은 그 도시 역사에서 사람들이 가장 크게 그리고 가장 많이 압도되었던 날이었다.

맥체인의 부모는 에딘버러에 있는 성 쿠트버트 교회 첨탑의 그늘이 드리워진 자신들의 가족 묘지에 맥체인을 묻기를 원했다. 그러나 성 베드로교회의 이름이 맥체인의 목회로 인하여 그 향기가 퍼져 유명해졌으니, 맥체인의 시신은 이 교회의 부속 묘지에 안장되어야 마땅하다는 교회 회중의 끈질긴 간청에 못 이겨서 맥체인의 부모는 마침내 이에 동의했다.[1]

---

1 이것은 친구들 쪽의 반대가 전혀 없이 이루어진 것은 아니었다. 그러나 아담 맥

길거리 광장에는 사람들이 구름같이 운집했다. 압도적인 정적은 매우 인상적이었다. 수천의 늙고 젊은 사람들, 부유하고 가난한 사람들의 얼굴에 쓰여 있는 애도는 마음에서 우러나온 것이었으며, 그래서 굳이 감추려고도 하지 않았다.

맥체인 목사의 아버지 아담 맥체인은 어째서 하나님께서 이 땅에서 자기 아들의 삶을 그렇게 짧게 하셨는지 이해하겠다고 말했다. 그 이유는, 이 도시 사람들이 자기 아들을 자기들의 우상으로 만들지 못하게 하기 위해서였다.

스코틀랜드 전역과 그 국경을 넘어, 맥체인이 두어 번 갔었던 아일랜드에서도 그리고 영국의 다른 지역에서도 사정은 다르지 않았다. 그 애도는, 모든 유다와 예루살렘이 요시아왕의 죽음을 애도하였을 때 므깃도 골짜기 하다드리몬에서 있었던 애통과 거의 같은 것이었다. 어떤 정치인의 죽음이나 그 지방 영주의 죽음도 이보다 더 침통한 느낌을 주지는 않았을 것이다.

체인이 이 특정한 때의 정서를 훌륭하게 보여주었다. 성 베드로교회의 장로들과 집사들이 그에게 네 가지 해결방안을 보내었다. 이 방안은 3월 27일 월요일에 있었던 회의에서 통과된 것이었다. 세 번째 방안은 이런 말로 되어 있었다. '이것이 이 회의의 분위기에 가장 잘 어울릴 것이다. 그리고 교구민들과 교인들의 바람과도 조화를 이룰 것이다. 교인들이 사랑하는 목사님의 유해는 성 베드로교회의 묘지에 매장되어야 한다. 이 교회 묘지는 맥체인 목사님이 설교 중에 그렇게나 자주 가리켰던 곳이며, 그리스도를 섬기던 자로서 목사님의 이름과 노고를 언제나 연상시켜줄 곳이기도 하다.' 그리고 이것이 그 아버지의 대답이다. '나는 그 아이의 유해를 에딘버러로 운구해가지고 가서 가족들과 함께 매장하기로 결심했었다. 그렇지만 여러분들의 요청에 따라, 나는 기꺼이 그를 여러분과 함께 있게 하는 바이다. 그의 이름이 어느 정도는 던디 시와 연관이 있는 고로, 그리고 특히 성 베드로교회와 그 교구와 결부되어있는 고로, 나는 여러분의 제안이 적절함을 보게 되었고, 군사에게 가장 영예스러운 묘지는 전쟁터임을 인정하는 바이다.'

이 죽음은, 많은 경우에 맥체인 본인이 가장 바라고 바랐던 이 슈를 가지고 있다. 이 장례식으로 인해 하나님을 믿지 않던 사람들이 하나님께로 돌아오게 된 것이다. 이제는 맥체인의 묵언의 목소리가, 열심히 달리던 그가 그렇게도 빨리 툭 떨어뜨려야만 했던, 그 횃불이 된 것이다. 맥체인이 자기 설교에서 했던 그 어떤 말이나 그가 살아생전에 했던 그 어떤 것보다도, 이 죽은 목소리가 이 사람들에게 더 큰 영향을 끼쳤던 것이다. 성 베드로교회의 연로한 성도들은 맥체인이 가고 난 후에도 오래도록 그가 했던 이 말을 전하고 있을 것이다.

> 배가 부두에서 이미 떠났으면, 여러분은 죽어라 달릴 필요가 없습니다. 그렇다면 언제 달려야 할까요? 배가 곧 출발한다고 종이 딸랑딸랑 울리고 있을 때입니다.

이미 벌어진 상황을 연락받은 사람들이 많았다. 맥체인이 떠난 그날 토요일 아침은, 부두에서 배가 출발하기 전에 울리고 있는 종과 같았다. 마침내 그 사람들은 은혜의 때와 구원의 날을 당장 놓치지 않으려면 힘껏 달려가지 않으면 안 된다는 그 필요성을 깨달았던 것이다.

이런 종류의 이야기 또 하나는 특히 흥미롭다. 『회고』의 앞부분에는 맥체인이 한 어린 소녀에게 쓴 편지가 몇 줄 수록되어 있다. 그 소녀는 맥체인에게 사촌이나 친척 정도 되는 사이인데, 전에 "저는 세상이 살아가는 식대로 살기로 결심했어요."라고 말한 적이 있던 소녀였다. 마치 어떤 화가가 닥쳐올 지진과 일식의 물감에 붓을 찍어 그렸을 때처럼, 그 이 시구의 색깔은 어둡고 불길하며 경보를 울리고 있다.

> 그녀는 세상을 택했으며
> 세상의 보잘 것 없는 사람들을 선택했다.
> 그녀는 세상을 택했으며
> 세상의 끝이 없이 긴 수의(壽衣)를 선택했다.
> 베들레헴의 별이
> 그녀의 눈에는 보이지 않는다.
> 그리고 그 아이의 목적지는
> 진짜 항구에서 멀리 멀리 떨어져 있다.

맥체인 자신이 첫사랑을 하고 있던 그 시절에 두어 번 정도, 자기 주님이신 그리스도를 대신하여 맥체인은 콘스탄스 뷸런의 영혼에게 끈덕지게 권유했었다. 다음의 시 역시 1832년 봄에 쓴 것이다.

> 나비 날개의 색깔은 얼마나 아름다운가!
> 얼마나 즐겁게 펄럭이는가!
> 나비 날개는 나의 눈을 즐겁게 하고
> 나는 그것을 찬미하는 노래를 부른다.
> 하지만 나의 사랑은 그 노래처럼 가볍기만 하구나.

무지개의 빛깔은 종종 나의 눈은 황홀케 한다.
그것을 볼 때 나의 가슴은 터질 것 같다.
그러나 덧없는 그 허상은 나를 속이고 날아가 버린다.
그리고 그것에 대한 나의 사랑 또한 사라져버린다.

아, 변덕스러운 콘스탄스여. 얼마나 오랫동안이나?
아, 얼마나 오랫동안이나 그대는 존재를 펄럭이며 소모할 것인가?
할 만한 가치가 있는 사랑이란
하루 사랑하는 마음에 속한 것이 아니니라.

가서 나비에게 물어보라.
나비의 친구가 누구이며 나비가 쉴 수 있는 나무 그늘이 어디 있는지.
정원에 무자비한 폭우가 쏟아질 때
그리고 꽃의 아름다움이 다 사라질 그때에.

명랑하게 그리고 미친 듯이 나비는 오늘도 흥청거린다.
하지만 내일 나비의 영광을 찾아보라.
한 밤의 차가운 냉기 속에서 나비는 말라서 죽어버렸다.
그것은 어두움과 슬픔 속에서 사라져갔다.

삶의 들뜬 날을 춤추며 살며
쾌락을 사랑하는 아름다운 것은 그러하리라.
나비의 날개처럼 시선을 받고 찬사를 듣다가
쇠약해져 말라 버리리라.

깜빡이는 빛 같은 군중의 웃음소리 크기는 하지만
빛나는 얼굴에 띤 미소는 기쁨에 넘쳐있지만
머지않아 그들의 웃음소리는 울음소리로 변하리라.
미소는 미소이지만, 단지 겉보기에만 미소일 것이다.
아, 나의 콘스탄스여, 선의의 부담감을 받아들이고
그대의 양심 영역을 침범한 나를 나가라 명하지 말아주시오!
나는 그 어떤 맹세도 하지 않습니다. 그런 나의 수고는 아무 쓸데없고
진리만이 내가 섬기는 여신이니까요.

만족스럽고 평화로운 마음은
마음이 거짓된 무리들의 방에서 멀리 떨어져 있도다.
그녀의 초는 계속 타오르고, 그녀의 사랑은 진실 되며,
그녀에게서 아첨은 찾아볼 수 없으리.

11년 동안 그녀에게 권면의 말을 계속 보내고, 틈이 있을 때마다 반응 없이 조용한 그녀의 양심을 침입도 해보았지만, 그녀는 계속 본질보다는 허세를 좋아했고, 정금보다는 싸구려 반짝이 조각을 좋아했다. 그 때 맥체인의 죽음이라는 예상치 못했던 충격과 동시에 그녀를 부르는 소환장이 날아왔다. 그리고 마침내 맥체인이 승리를 거두었다. 그녀가 맥체인의 주님께 두 손 들고 나왔던 것이다.

한참 지나고 나서 1876년 6월에 있었던 밀드메이 컨퍼런스에서, 그녀는 보나 박사를 한쪽으로 끌고 가서 그 역사를 말해주면서, 자기 아들이 육군에 입대해 있으며 아들 또한 그리스도를 따

르는 사람이라는 말을 덧붙였다. 연이어 믿음의 경주가 일어나서, 모두 맥체인을 축복받은 사람이라고 부르게 되었다.

모든 성도들의 사귐에 있어, 맥체인의 전기를 쓴 사람에게 큰 빚을 지지 않은 사람은 아무도 없다.『회고와 유고』는 불멸의 영적 고전이다. 그리고 이 책은 지금까지 세계의 여러 나라들을 돌아다녔다. 1910년 여름에 이 전기의 저자 탄생 백주년을 기념하고 있을 때, '우리나라에서만도 약 20만부가 팔렸고, 이십 몇 년 전에' 미국에서는 그 숫자보다 더 많은 부수의 책이 팔렸다고 제임스 웰즈 박사는 신문에 기고를 하였다. 웰즈 박사가 그 원고를 쓰고 있었을 그 당시에, 다른 언어들로 번역된 책들도 포함하여 50만부나 되는 맥체인의 전기가 나돌고 있을 것으로 그는 추산하였다.

그러나 막상 저자인 앤드루 보나 목사는, 자기가 이 책을 출판해줄 출판사를 마침내 찾아냈을 때 자기가 얼마나 기뻐했었는지, 그리고 이 책의 역사가 시작되었을 때 그 책에 대해 갖고 있었던 자기의 소망이 얼마나 컸었는지, 한 판에 2천부를 찍으면 곧 그만큼의 책 구매자들과 독자들이 또 생겼다고, 종종 말하곤 했었다.

이 전기는, 하나님께서 책을 사용하셔서 승리하는 은혜의 기적들을 행하신 저 선택받은 책들 중 하나이다. 인간 삶의 성향과 흐름을 거꾸로 돌려놓는 힘이 그 책에서 뿜어져 나왔다. 그리스도의 사랑이 그 책의 각 장과 각 페이지에서 뛰어올라와 사람들을 사로잡아버렸다. 그리하여 사람들의 치유자요 왕이신 주님께 그들을 묶어버려 종이 되게 하셨는데, 이 종의 신분은 오히려 사람들의 자유와 기쁨이 되었다.

1859년에 있었던 각성이 지나고 나서 얼마 후, 아일랜드의 캐릭퍼거스의 거리에서 한 어머니가 자기 아이를 "로버트! 로버트 맥체인!"이라고 부르는 소리가 브로티 페리의 리욘 목사의 귀에 들려왔다. 율법의 산에서 울리는 천둥과 번개를 보며 그 어머니가 무척 두려워 떨고 있었을 때, 그녀에게 평안을 가져다주었던 것은 『회고와 유고』였다는 것을 리욘 목사는 알게 되었다. 자기의 무거운 짐이 벗겨지고 해방을 얻었다는 것을 감사의 마음으로 기억하면서, 그 어머니는 자기 아이에게 맥체인의 이름을 지어주었던 것이었다.

어느 주일에 애버나이트의 윌슨 목사는 성 베드로교회에서 설교하고 있었다. 예배가 끝나고 한 미국인 신사가 윌슨 목사에게 다가와서 이렇게 말했다.

> 저는 맥체인의 『회고와 유고』를 읽고 예수님을 믿기로 결심했습니다. 그래서 나의 첫 번째 주일은 맥체인 목사님이 목회하시던 교회에서 보내야겠다고 마음먹었습니다.

스코틀랜드의 고지에 있는 한 농장에 머슴이 있었는데, 그는 독한 술의 노예였다. 그래서 이웃사람들의 공포의 대상이 되었다. 그 머슴은 아무의 제재도 받지 않은 채 악한 길을 달려가고 있었다. 그러나 하나님은 그 사람을 불쌍히 여기셨다. 지팡이로 안위하시기도 하지만 그분의 막대기로도 안위하시는 하나님께서는 그 사람을 중병에 걸리게 하셔서 자리에 눕게 하셨다.

그 머슴은 책 몇 권이 놓여있는 창틀로 손을 뻗쳐 맥체인의 『회고와 유고』 한 권을 집어 들었다. 얼마 많이 읽지도 않았을 때, 성령께서 그 머슴에게 자신의 큰 죄를 깨닫게 하셨다. 그러자 괴로움이 그의 양심을 깊이 쑤시고 아프게 했다. 어쨌든 그는 자기가 읽던 책을 끝까지 읽어갔다. 그러자 자기를 냅다 후려쳤던 그 책으로 말미암아 그는 예수 그리스도의 구속 안에 있는 영원한 건강의 비밀을 알게 되었다. 그 책은 시드의[2] 칼과 닮아서, 회복시키고 치료해주려고 상처를 냈던 것이다.

한 젊은 영국인 성직자가 가게 유리창 안을 들여다보고 있었다. 그는 차후 몇 년간 리버풀에서 목회를 하였던 캐논 우드워드 목사였다. 유리창에 얼굴이 납작하게 눌린 채 『회고와 유고』의 표지를 보고 있었다. 그 표지에는 맥체인의 사진과 더불어 '영광받을 때까지 안녕히' 라는 자필 서명이 있었다. 우드워드에게는 이것이 기발하고 기이한 방식의 구독 권유로 보였다. 그래서 들어가서 그 책을 샀다. 그리고 그 책은 '그를 제대로 유인해서 죄사함을 받게 만들었다.'

아굴하스 곶 인근에서 파선한 배에 한 부부가 타고 있었다. 그들은 구조되어 육지로 올라왔다. 하지만 『회고와 유고』한 권만 빼고는 모든 것을 잃었다. 그 부인은 다음과 같이 말했다.

---

2   엘 시드를 가리키는 것 같다. 엘 시드는 11세기경 그리스도교의 옹호자로서 무어 사람과 싸운 스페인 영웅 로드리고 디아즈에게 준 칭호이다-역주.

> 저는 이 책과는 절대로 떨어지지 않을 거예요. 이교도들이 사는 이 땅에서도 성경은 또 한 권 구할 수 있어요. 하지만 맥체인의 책은 또 구할 수 없잖아요!

이 에피소드들은 이와 유사한 구원의 이야기 백 가지 중의 몇 가지의 예에 불과하다. 그 이야기들은 모두 죄를 고발하고 생명을 주며 삶을 개선시켜주는 맥체인의 전기를 중심으로 뭉쳐 있다. 그러니 로버트 맥체인은 결코 죽었다고 할 수 없다!

맥체인이 죽고 나서 두 달 뒤에 스코틀랜드 교회에 분열이 일어났다. 5월 24일 그 당시 성 베드로교회 교구를 임시로 맡고 있던 젊은 알렉산더 개더러가 콜레이스에게 편지를 쓰면서, 보나 목사에게 다음의 말을 하지 않으면 안 되었다.

> 우리의 친구가 그렇게나 자주 예언했던 어두운 날들이 이제 가까이 와 있는 듯 보입니다. 맥체인 목사가 살아있었다면 이 날들을 얼마나 많이 즐거워했을까요! 맥체인 목사가 살아있었다면 지난 목요일에 있었던 조처에 대해 얼마나 기뻐했을까요! 맥체인 목사님이 이런 전망을 미리 내다보면서 총회에서 보낸 편지에서, '이런 때에 살고 있어서 정말 행복하다!'라고 말씀하셨던 것이 생각납니다.

희미하게나마 빛나고 있는 소망의 불길로 인해 그 어두움이 모조리 파괴되는 것, 그것이 맥체인이 품고 있던 생각이었다. 만일 그것이 밤이라면, 별들이 빛나고 있는 밤이다. 그래서 웅장한 일출이 바로 코 앞 가까이에 와 있었다. 이 분열은 스코틀랜드 교회가 정부의 간섭과 통제로부터 독립한다는 선언 그 이상이었다. 그것은 하나의 신호이자, 영적 강화 운동이었다.

분열의 서곡이 되었던 그 준비 기간을 보면, 스코틀랜드 전역에 복음주의 신앙의 부활이 있었음을 알 수 있다. 그리고 자유교회가 그 갈 길에 들어선 것은, 바로 이 새로 태어난 개인 신앙의 분위기 속에서 그리하였던 것이다. 활기를 띤 이 세대를 만들어 내는 일에 있어 맥체인과 윌리엄 번즈는 하나님의 주요 도구들이 되어 왔었다. 스코틀랜드 교회의 자유를 위해 이 일의 높은 고지에서 찰머스와 커닝햄과 캔들리시가 싸우고 있는 동안, 맥체인과 윌리엄 번즈는 개개인의 영혼의 잠을 깨워 영적인 일에 관심을 갖도록 하였고, 회개와 믿음의 의미를 가르쳐주었으며, 넉넉히 죄를 사해주실 수 있는 구주 예수를 복음 안에서 그들에게 제시하였으며 또 지체 없이 영접하도록 설득하였다. 그 사람들은 구주의 것이 되었고 구주를 섬기게 되었다. 구주의 임재와 도움이 있어 그들이 구원을 받게 된 것은 참으로 놀라운 일이었다.

1843년과 그 이후의 스코틀랜드 교회는 종교는 국가에 종속되어야 한다고 주장한 에라스투스의 국가만능설을 믿지 않고 있었을 뿐만 아니라, 주 예수 그리스도에 대한 뜨거운 사랑에 뿌리를 내리고 있었고 또 그 사랑에 기반을 두고 있었다.

만일 두 토양이 다 좋다면, 후자가 둘 중에 더 좋았다는 것은 의심의 여지가 없다. 모든 성도들이 가지고 있는 이 최고의 사랑이 매우 우세하고 압도적인 힘을 가진 것은 교회의 설교자들과 성도들 덕분인 것만큼이나 또한 로버트 맥체인의 덕분이기도 하였다. 그것은 모든 축복을 주시는 하나님의 섭리 아래 이루어졌다.

그것은 '주피터' 칼라일의 세계와는 다른 또 하나의 세계였다. 무서운 상대였던 인버레스크의 그 목사가 자신의 무덤 속에 들어갔을 때 아직 40세가 안 되었다는 것이 믿겨지지 않는다.

긴급한 복음을 단순하게 선포하는 것 속에, 또 복음의 진리와 능력에 대한 최고의 주석인 거룩한 삶을 사는 것 속에는, 헤아릴 수 없는 미덕이 틀림없이 있는 것이 아닐까?

하늘이 땅보다 높은 것처럼, 많은 이유에서 맥체인은 알렉산더 칼라일을 능가한다.

우선, 맥체인의 메시지에는 본질적인 핵심이 들어있다. 여기에는 초보적인 도덕 개념에 대한 토론도 없고, 정치 경제에 대한 모험도 없으며 비판적인 논평도 없고, 예의를 차려야 하는 모임에서 어떻게 처신해야 하는가에 대한 조언도 없다.

맥체인의 메시지에는 영원한 실재에 대한 직접적인 비전이 있었다. 죄와 구원, 그리스도 십자가의 구속, 죽으시고 다시 살아나신 그분에 대한 절망적인 인간의 신뢰, 의를 굽히지 않으시지만 그 이름이 사랑이시며 이들 중 하나도 멸망하는 것을 원하지 않는 하나님을 대신하여 죄의식을 가진 사람들과 하신 확실한 거래만큼 그렇게 중대한 것은 아무것도 있을 수 없다는 의식이 있었다.

교만한 의지를 가지고 있는 사람들을 낮추고, 잠들어 있는 양심을 깜짝 놀라게 만들며, 상처받은 영혼을 치유하고, 탕자들을 집으로 돌아오도록 하기 위하여 필요한 주장과 설득과 간청을 모두 시도해보기까지는 만족하기를 거부한 사람이 바로 맥체인이었다.

그 다음에, 맥체인의 메시지에는 메시지 전달자의 바른 자세가 있었다. 온건주의 설교자들은 세상에 속한 사람들이어서, 강단 밖에서와 마찬가지로 강단에서도 자기들의 설교 수완을 보여주는데 신경을 썼다. 사회관습과 사회생활에서의 적절성, 상호간의 예의범절과 품위를 생각하여 언어와 제스처와 몸동작을 조절하곤 했다. 이러한 것들은 머리를 숙여 경외심을 나타내는 것과는 아무 상관이 없는 것들이다. 이 사람들은 주님이 지워주신 짐을 지고 있다는 엄청난 책임감과 신성한 특권 아래에 있으면서도 두려워 떨지 않았다. 자신들이 화목케 하는 말씀을 선포하기 위해 선택되었다는 것이 개인적으로 볼 때 늘 놀라운 일이 되어야 하는데, 온건주의 목사들에게는 그런 것이 없었던 것이다.

하지만 맥체인에게 이것은 언제나 놀라운 일이었다. J. H. 조윗트(Jowett) 박사가 최근에 이런 글을 썼다.

> 로버트 맥체인이 주님 안에서 얼마나 완전하고 섬세하게 자기 사역을 수행하고 있는지 앤드루 보나 목사가 우리에게 말해준 적이 있다. 이 두 사람이 대화를 하는 동안 맥체인은 자주 대화를 끊고서 기쁘고 심오한 놀람 속으로 빠져들어 가곤 했다. 자기 직업의 영광스러움이 마치 후광처럼 평범한 일을 환히 빛나게 만들었다. 그리고 하나님의 말씀은 그의 노래가 되었다.[3]

---

3 *The Preacher: His Life and Work*, p. 17, 18.

이것이 참된 태도, 적절한 자세가 아닌가?

그리고 메시지 뒤에는, 그 사람이 있었다. 자아와 죄로부터 그렇게도 깨끗해진, 그리스도의 갑옷을 입은 그 사람이 있었다.

> 맥체인 목사님은 내가 지금껏 본 사람들 중에서 가장 온유하고 가장 차분하고 가장 거룩한 신자였습니다.

맥체인을 아는 한 사람이 자기 어머니에게 이렇게 편지에 썼다.

로마가톨릭 신앙을 가지고 있는 한 고지대 지주였던 모라르의 말을 인용하여, 아내어스 로날드 맥도넬 또한 자기 자신만의 천진난만한 어조로 이와 동일한 증언을 하였다.

> 나는 단 한 번, 그것도 아주 잠깐 동안, 돌아가신 당신의 사랑하는 로버트와 한 자리에 있었던 적이 있습니다. 그렇기는 해도 제가 그렇게 누군가에게 호의적인 선입관을 가져본 적은 없다고 솔직히 말씀드릴 수 있습니다. 맥체인 목사님이 강단에서 전하는 뜨거운 설교를 들었을 때, 그분이 말씀하시는 설교가 너무나도 솔직하고 진지해서 그분의 마음의 경건함을 쉽게 알아차렸지요. 그래서 저는, '저 분은 천국에 예약이 되어 있구나'라고 혼잣말을 하지 않을 수가 없었어요.

다음의 말은 캔들리시의 찬사이다.

그 목사님은 제가 알고 있는 그 누구보다도 자기 주인님의 마음을 더 많이 가지고 있었으며, 또 성경 속의 그 사랑하는 제자 요한의 모습을 더 많이 가졌습니다.

끝으로, 제사장답게 절제하는 맥체인의 인품을 묘사하기 위해서, 맥체인의 친구, 리전트 스퀘어의 제임스 해밀턴의 말에 귀 기울여 보기로 하자. 해밀턴이 맥체인의 아버지 아담 맥체인에게 쓴 편지보다 더 아름답고 더 적절한 것은 없다는 것을 상상해볼 수 있을 것이다.

이것은 제가 목사가 된 이래로 생겼던 일들 중에 가장 엄숙한 사건입니다. 그 일 때문에 지난 이틀은 어둡고 우울한 날이 되었습니다. 왜냐하면 당신의 상실이자 맥체인 목사님이 목회하던 교인들의 상실이요, 그분을 형제처럼 사랑했던 우리에게도 상실이지만, 그분의 죽음은 스코틀랜드 교회와 이 나라에게도 큰 충격이기 때문입니다. 이러한 때에 그렇게도 밝았던 빛을 잃은 것은 의로운 심판이기는 하지만 끔찍합니다. 공개적으로 경고를 서슴지 않았던 그 사람을 잃고 싶지 않습니다. 왜냐하면 저 자신이 그 경고가 필요한 사람이기 때문입니다. 나태와 경박함과 불성실은 저를 괴롭히는 죄입니다. 맥체인 목사님이 살아계셔 존재하는 것만으로도 제게는 이 모든 죄에 대한 책망이 됩니다. 왜냐하면 때를 얻든지 못 얻든지 그렇게 즉각적으로 행하시고, 눈에 보이지 않는 실재들에게서 그렇게 감동을 받으며, 죄를 책망하며 그리스도를 증거 하는 일에 그렇게도 충실하신 분을 저는 알고 있지 못하기 때문입니다.

그분의 연약한 체구는 그분의 수고를 더욱 놀라운 것으로 만들었습니다. 그리고 세심하게 마음을 써주는 그분의 영혼이 있었기에, 그분은 뻣뻣한 사람에게도 세심한 마음으로 똑같이 대할 수밖에 다른 도리가 없었습니다. 그리스도에 대한 사랑이 그분의 모든 헌신과 일관성의 큰 비결이었습니다. 사무엘 러더퍼드 시절 이후로, 스코틀랜드 교회가 좀 더 천사와 같은 마음을 가지고 있는지, 즉 살아계시고 죽으신 주님을 향해 항상 불타오르는 그런 사랑과 사모함을 갖고 있는지 의심스럽습니다.

아드님이 하나님과 지속적인 교제를 하셨기에 그분의 인품에는 놀라운 성스러움이 더해졌습니다. 그리고 지난 11월 맥체인 목사님이 우리와 함께 보내셨던 그 주간에는, 마치 우리가 함께 거주하는 그곳에 성스러움이 흩뿌려진 것처럼 보였습니다. 그 방문은 많은 사람들에게 유익을 주었습니다. "온전히 주님을 따르라"는 그분의 주일 저녁 설교는 깊은 인상을 남겼습니다. 지난 월요일의 소식을 듣고서 다시금 새롭게 엄숙한 마음으로 그 설교를 되새겨보았습니다. 목사님께 방문해주십사 요청하도록 우리를 인도하신 것과 그 목사님이 그 요청에 응하도록 하게 해주신 것이 얼마나 은혜로운 섭리였는지, 지금 우리는 그것을 느낍니다.

금요일 저녁에 저는 기차역으로 가시는 맥체인 목사님을 바래다 드렸습니다. 목사님은 빈 마차에 한 자리를 얻고 싶어 하셨습니다. 묵상과 기도를 하면서 한가한 시간을 갖고 싶어 했기 때문이지요. 그러나 목사님의 생각대로 되지는 않았습니다. 승객 한 사람이 올라탔기 때문입니다.

월요일 아침 이후로, 저는 머리속에 맥체인 목사님만을 생각하고 있었습니다. 그리고 제가 당신에게 편지를 쓰고 있는 지금, 성 베드로 교회에서 보냈던 저 엄숙한 날들과 맥체인 목사님 그 분의 집에서 보냈던 저 거룩한 저녁들을 회상하면서 애통의 기쁨을 맛보고 있습니다. 그 날들이 다시는 돌아오지 않겠지요. 그 때 제가 그분 속에서 보았던 거룩함의 아름다움은 앞으로 살게 될 제 평생에 유익한 교훈이자 동기가 될 것 같습니다.

사랑하는 선생님, 이 어려운 시련 가운데 위로자 되신 성령께서 선생님과 선생님의 가족들을 거룩하게 하시리라 믿어 의심하지 않습니다. 가족을 잃고 애통해 하는 가정을 위하여 이렇게나 기도를 많이 드리는 것은 좀처럼 보기 어려운 일입니다. 측량할 수 없이 큰 주님의 임재하심 속에서, 선생님의 눈이 보고 싶어 하는 그 분이 가고 없다는 것이 바로 선생님을 위한 방책임을 알게 되시기를 바랍니다. 저의 혀에는 맥체인 목사님처럼 학식이 있지 않습니다. 그렇지 않으면, 이 슬픔의 때에 어울리는 말을 한 마디 말하려고 했을 것입니다. 그러나 선생님에게 이 땅의 위로 따위는 필요하지 않습니다. 우리 자신의 밤이 오고 그리고 나면 아침이 옵니다. 주님이 오실 때 슬픔은 달아나 버릴 것입니다.

"사무엘 러더퍼드의 시절 이후로, 스코틀랜드 교회는 천사의 마음을 품지 못하고 있습니다."

이것은 옳은 추측이고 매우 적절한 말이다.[4] 이제 우리는 이 역

---

[4] 제임스 해밀턴의 펜으로 그린 초상화에 로버트 맥도날드의 말을 첨가할 필요가

사의 끝에 도달하였다. 이 역사에는 내용이 별로 많지 않기도 하고 동시에 대단히 많기도 하다. 이 역사의 부요함과 열매는 오직 그리스도께서만 알고 계신다.

우리는 로버트 맥체인이 오랜 서리를 깨뜨리고 한 해의 봄을 맞아들이는데 어떻게 자기 역할을 다하였는지를 지금까지 알아보았다. 그것은 단순히 봄의 약속이 아니라, 여름의 뜨거운 더위

있다. 그 당시 맥도날드 목사는 블레어고우리에서 목회를 하고 있었고, 후에는 노스 리스에서 목회를 하였다. "내가 기억하기로, 내가 런던을 몇 번 방문했던 초기 방문 중 어느 날이었다. 나는 니스베트 씨의 상점으로 올라가고 있었다. 그 때 그 사람과 또 한 사람의 신사가 그 상점에서 나오고 있었다. 니스베트 씨가 그 다른 사람에게 이렇게 말했다. '이분은 맥체인 목사님의 친구 되시는 분입니다.' 그 신사는 금방 나를 잡고 이렇게 말했습니다. '당신이 저 훌륭한 분을 아십니까?' 나는 대답했다. '네. 맥체인은 제 친한 친구이지요.' 그는 계속해서 말했다. '그 분이 거룩한 비결은 무엇이라고 생각하십니까?' 그리고 지체 없이 그 신사는 자기 자신이 물은 질문에 대해 스스로 대답을 했다. '깨어있어 조심하는 것이라고 생각하지 않으십니까?'"

"내 생각에는 그 사람의 말이 옳았다. 곱씹을수록 그랬다. 맥체인은 블레어고우리에 있는 목사관에서 나와 함께 지낸 적이 자주 있었다. 그런데 그가 떠날 때는 언제나 축복의 말을 남기고 떠났다. 그는 언제나 경계를 늦추지 않았던 것이다. 미끄러져 넘어지는 것을 보면, 나의 옛 아담은 하마터면 기뻐했을 것이다. 나 자신 너무 많은 것들을 잊고 있었던 것이다. 이것이 그의 특징이었다. '자기를 깨끗하게 하면 귀히 쓰는 그릇이 된다.' 우리는 쓰임 받지 못하게 되어 황금의 기회를 놓치는 경우가 왕왕 있다. 맥체인 목사의 성결함은 그가 말 한 마디를 하기도 전에 알아차릴 수 있었다. 그의 외모에서 풍기는 경건함이 그를 대변하였던 것이다. 스코틀랜드 북부지방에 한 목사가 있었는데 맥체인은 그와 한 밤을 보내었다. 그 목사는 맥체인에 대한 그런 점 때문에 몹시 놀랐다. 그 목사는 그 방을 떠날 때 눈물을 왈칵 쏟으며 이렇게 말했다. '오, 저 분이야말로 내가 지금껏 본 사람 중에 가장 예수님을 닮은 사람이다.' 로버트 맥체인은 때때로 한 마디만을 말하거나 본문 한 절만을 인용할 때가 있었다. 그러나 그것조차 축복받은 것이었다. 그에게서 받은 메모 하나라도 너무 귀해서 나는 태울 수가 없었다. 그 속에는 보관할만한 가치가 있는 무엇인가가 항상 있었기 때문이다. 하나님께서는 그가 글로 쓴 모든 것을 축복하신 것 같이 보였다."

와 가을의 풍성한 추수를 의미하기도 한다.

> 보라 겨울도 지나고 비도 그쳤고 지면에는 꽃이 피고 새의 노래할 때가 이르렀는데 비둘기의 소리가 우리 땅에 들리는구나(아 2:11, 12).

오늘 우리는, 맥체인이 자신의 사역을 내려놓았던 1843년 3월 이후로부터 멀리 떨어진 시간까지 여행을 해 왔다. 우리가 알고 있는 바와 같이, 작금의 스코틀랜드 기독교는 맥체인이 설교했던 말씀과 또 그가 살았던 삶을 통해 울렸던 그 동일한 열정도, 강조도, 긴박성도 가지고 있지 않다. 죄의 해악과 그 삯의 확실성과 고통은, 그것이 맥체인을 압박하고 우울하게 만들었던 것만큼 그렇게 우리를 압박하지도 우울하게 만들지도 않는다. 우리의 주님이시요 구주이신 예수 그리스도께서 십자가에서 죄인들을 위해 준비하시고 이루신 그 구속에, 지금 우리는 그렇게 넋을 빼앗기고 있지도 않다.

우리가 이 중심 진리들을 부인한다는 말을 하고 있는 것이 아니다. 오히려 그 진리들이 옛 세대의 설교자들을 지배하고 있었던 것처럼 그렇게 도도하게 더 이상 우리를 지배하지 못하고 있다는 말을 하고 있는 것이다. 앞선 세대의 설교자들은 삼가는 일로 인해 녹초가 되기까지 하였다. 그 당시의 설교자들은 진리의 지배 아래, 사람들을 하나님과 화목하게 만들기 위하여 그리스도를 대신하여 사람들을 찾아다녔다. 길과 울타리로 나가 자기들의 형제들을 왕의 아들의 만찬에 오라고 강권하였었다.

우리 시대의 성경 연구는 그들의 시대의 것보다 진보되어 있다. 그들은 별로 모르고 있었던 학식의 보고에 지금 우리는 언제든지 들어가 볼 수 있다. 그 보고는 그들이 부러워할 만한 것이다. 정신의 영역은 우리들의 복음 제시에 충분히 제 몫을 하고 있다. 그런데 과거에 그랬던 것보다 마음이 하는 몫은 더 적어진 것 같다. 그렇기 때문에, 우리 선배들이 자기들의 사역에 그러했던 것처럼 우리는 우리 사역에 중보 기도와 눈물로 세례를 주지 못하고 있는 것이다.

두어 달 전, 던디의 한 시민이 조용한 거리를 걷고 있다가 한 기둥 위에 백묵으로 '아아, 맥체인!'이라고 써놓은 두 단어를 보았다. 그 두 단어는 '그토록 사랑하는 지도자에 대한 갈망'(*desiderium tam cari capitis*)이였을 뿐만 아니라, 그 두 말은-적어도 그것을 본 그 사람은 그렇게 읽었다-고아가 되어버려 회한에 차 있는 한 영혼이, 생각과 기질이 그리고 목표와 정신이 그 선임자와 동떨어져 있는 이 새 시대에 대해 내뱉은 비탄의 소리였다. 하지만 비관적인 생각을 가질 필요는 없다. 낙담은 용서받지 못한다.

18세기의 온건주의는 이제 신뢰가 떨어져 가망 없는 상태가 되었다. 그리고 수면 아래서는, 스코틀랜드 국교회를 전장에서 이기고 몰아낸 복음주의에 스코틀랜드의 신앙이 장단을 맞추고 있다.

게다가 부흥이 오고 있다는 증표들이 있다. 기대감도 감돌고 있다. 하나님께서 곧 자기 백성을 다시 찾아오실 것이라는 억제하기 힘든 신념도 있다. 하나님께서는 전에 보여주신 표적과 또 그것들보다 더 큰 표적들을 자기 백성들 가운데 성취하실 것이다. 오순절 이후 우리 세상에 불타오르고 있는 그 불은 꺼지지 않았고 또 꺼질 수도 없다. 그 불의 힘은 또 다시 나타날 것이다. 그리고 우리는 그 불에 우리 두 손과 마음을 쬐일 것이다.

> 내 이름을 경외하는 너희에게는 공의로운 해가 떠올라서 치료하는 광선을 비추리니(말 4:2).

새로운 이 아침에 동이 터올 때, 주의 소식을 선포하는 사람들은 굉장히 큰 무리가 될 것이다. 이들은 자기들이 전하는 메시지를 맥체인의 지방 언어로 전달하지 않을 것이다. 이들은 맥체인의 스타일을 그대로 재생하지 않을 것이다. 도리어, 이들은 복음의 본질적인 요소들을 사용해서 맥체인이 영화롭게 만들었던 그 복음을 거듭 천명하게 될 것이다. 맥체인이 영원히 영향력을 미치고 있는 것처럼, 이들도 두렵고 복된 하나님의 임재 속에서 큰 영향력을 미치게 될 것이다. 그리고 이들 선포자들은 맥체인처럼 그리스도의 옷, 곧 성도들의 의를 나타내는 희고 깨끗한 세마포 옷을 입게 될 것이다.

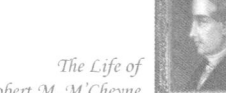

부록
제씨 타인의 일기 발췌문:
1. 일기

어떻게 해서 이 일기가 내 손 안에 들어오게 되었는지 몇 마디로 설명해보자. 로스셔의 딩월에서 목회하고 있던 고 윌리엄 맥파커하 목사가 한 번은 중고 신학 서적을 몇 권 산 적이 있었는데, 그 책들 중에 제씨 타인 양의 일기가 발견되었다. 그 책들의 원래 소유자가 누구였는지를 알려주는 이름은 그 책에 쓰여 있지 않았다.

맥파커하 목사가 사망한 후, 이 일기는 맥파커하 목사의 딸 헬렌 맥파커하 양의 애장품이 되었다. 그녀는 메리버에서 목회를 하고 있는 던컨 맥라클란 목사에게 이 일기를 맡겨 그 내용을 필사하도록 했다. 그 목사는 이 일을 하면서 남이 모르는 자기만의 기쁨을 느꼈다.

맥라클란 목사는 친절하게도 본 필자가 그 필사본을 사용할 수 있게 허락해주었다. 원래의 원고는 표시를 하는 등의 일체 손을 대지 않은 상태로 남겨두어야 한다는 것이 우리가 원하는 바였기 때문이다.

  맥파커하 양과 맥라클란 목사 두 분 모두 이 발췌문들을 인쇄하면 어떻겠냐는 제안에 기쁘게 동의해주었다. 자기의 자녀 중 한 사람의 펜으로부터 나온 이 소중한 영혼의 수기 원고의 일부를 하나님께서 그렇게 오랫동안 보존해 오셨다는 것이 절대 헛된 일이 아니었음을 우리는 느꼈다.

머독 캠벨
로스셔주 캐논 브릿지군 레솔리스에서,
1955년 9월

❖ **1843년 12월 31일**

나는 관심이 가는 것들을 메모해 놓아야지 하고 작정하는 때가 왕왕 있다. 그러나 질질 미루다가 뜻한 바를 아직 행하지는 못했다. 이제는 정말 그 일을 하고 싶어진다. 내 자신의 수많은 악행들을 잊지 않도록 또는 주님께서 많은 자비를 베푸신 경우들을 잊지 않기 위해서다. 나는 굴욕을 당할 것이다. 나는 계속 믿음을 저버렸기 때문이다. 또한 나의 영혼을 회복시키시고, "내가 그들의 배교를 치료할 것이다. 내가 그들을 아낌없이 사랑할 것이다"라는 저 좋은 약속을 성취하신 것에 대해 나는 하나님을 찬양할 것이다.

나의 수치로 인해 내가 더 이상 입을 열지 않게 하소서.

내가 주님의 말씀을 어긴 것들이 많이 있음에도 불구하고, 주님은 나와 화목하시다는 사실을 직시하기로 하자. 나 자신에게 이렇게 물어도 좋을 것이다.

"불의를 사하시고, 또 자기 기업의 남은 자의 죄를 간과해주신 하나님은 너에게 어떤 분이시냐?"

주님이여!

여기 기록되어 있는 것 모두 주님의 마음과 뜻에 맞도록 충실히 행하게 하소서.

그리고 모든 것이 우리 주 예수 그리스도로 말미암아 하나님의 영광이 되게 하소서.

오늘은 성찬에 참여하는 특권을 누렸다. 이 성찬식은 래트레이 자유교회에서는 처음으로 행한 것이다. 비록 내 옆에 나의 가장 사랑하는 친구 엘리자 맥체인과 함께 주님의 성찬상에 앉도록 허락을 받은 지 겨우 한 달 밖에 지나지 않았지만, 모든 성례 중에서 가장 엄숙하고도 가장 좋은 이 성찬식을 다시 기념할 기회를 가지게 되었다. 그래서 올해도 잘 마감하였다.

> 내 영혼아 주를 송축하며 그의 모든 은택을 잊지 말지어다(시 103:2).

오늘도 귀한 진리가 많이 선포되었다. 그래서 많은 사람들에게 주님의 임재를 상기시켜주는 성찬식이 되기를 바라지 않을 수 없었다. 비록 나는 성찬식을 정말로 즐겁게 누리기는 했지만, 내가 생각했던 만큼은 아니었다. 나 자신이 생기가 없었기 때문이라는 것은 의심할 바 없었다. 목사님은 '어린 양이 합당하도다'라는 제목으로 매우 적절하고 힘 있는 설교를 하셨다. 첫 번째 성찬식은 좋았다.

> 너희는 무서워하지 말라 십자가에 못 박히신 예수를 너희가 찾는 줄을 내가 아노라 그가 여기 계시지 않고 그가 말씀하시던 대로 살아나셨느니라(마 28:5-6).

이 말씀을 전하였기 때문이다. 빈 무덤과 주님이 앉으신 보좌에 대해서 말씀해주시고 믿는 자들에게 그들의 사망에 대해 말씀해주셨으니 우리는 하나님께 감사하여야 한다고 목사님이 말씀하셨다. 그 엄숙한 시간에 자기들이 어떤 상황에 놓여 있는지 그 사람들은 모르고 있다. 부드러운 사랑의 음성이 그들에게 하나님의 말씀의 약속을 속삭여주며 친절하고 사랑스런 손이 그들의 눈을 감겨줄 것인지, 아니면 모르는 사람들 사이에서 자기들의 일생을 끝마치게 될지, 그들은 모르고 있다. 그러나 예수님은 그 때와 그 장소와 그들이 어떤 식으로 죽을지까지도 알고 계신다.

'나의 때는 아버지의 손 안에 있나이다.'

이보다 더 좋은 손 안에 있을 수는 없다. 그들의 죽음은 한 방에 찾아올 수도 있다. 아니면 조금씩, 말하자면 서서히, 죽을지도 모른다. 그러나 죽음이 갑자기 온다 하더라도, 그 죽음의 쏘는 것이 죽음과 함께 올 수는 없으리라. 왜냐하면 예수께서 벌거벗은 자기 자신의 가슴으로 죽음이 쏘는 것을 받아버렸기 때문이다. 그래서 믿는 자들은 자기의 죽음에 쏘는 것도 있을 수 없고 저주도 있을 수 없다는 것을 확신할 수 있다. 그리스도의 죽으심이라는 유리창 안에 들어있는 자기들 자신의 죽음을 들여다봄으로써 믿는 자들은 위로를 받아야 한다.

나의 사랑이 식고 또 나의 마음이 미처 준비되지도 않았기 때문에, 나는 성찬을 받으러 나가는 것이 몹시 부담스럽게 느껴졌다. 전에도 자주 그랬던 것처럼, 하나님의 자녀들의 죄가 얼마나 큰지 모르며 또 믿기 이전보다 믿은 이후로 내 죄가 얼마나 더 깊어졌는지 모른다는 것이 나는 느껴졌다.

> 사람이 자기를 살피고 그 후에야 이 떡을 먹고 이 잔을 마실지니 (고전 11:28).

이 명령을 나는 제대로 다하지 못했다고 느껴졌다.

> 그러므로 너희 중에 약한 자와 병든 자가 많고 잠자는 자도 적지 아니하니(고전 11:30).

나는 이 말씀을 두렵고 떨리는 마음으로 기억하면서, 성찬식에서 심판을 받아 죽지 않으려면 나는 성찬식에 가서는 안 된다고 생각했었다. 그러면서도 또 성찬식에 참석하지 않으면 안 된다는 생각도 들었다. 만약 전에 예수님을 영접한 경험이 없었다면, 오늘이 성찬을 받는 순간에 영접하고 싶다는 느낌이 들었기 때문이다. 성찬 상으로 걸어 나아갔을 때, 나는 내 마음 속에 강력하게 떠오르는 이 말씀으로 위로를 받았다.

> 너는 두려워 말라 내가 너를 구속하였고 내가 너를 지명하여 불렀나니 너는 내 것이라(사 43:1).

또 하나님은 택하신 자들을 버리지 않으실 것이라는 말씀도 힘이 되었다. 성찬 상에서 비록 기운은 없었지만, 내가 예상했던 것보다는 더 많은 평안이 느껴졌다. 그래서 자기가 하나님의 백성인지 아닌지 의심스러워하고 있는 사람들에게 말씀하신 몇 마디를 붙잡았다. 그 말씀들이 마치 나에게 하신 말씀처럼 느껴졌던 것이다.

> 너는 지금 마음속으로 '나는 못된 사람이다'라고 말하고 있는 것이냐?
> 너는 그리스도를 소중하게 생각하느냐?
> 내가 응답했다고 생각해서 그로 말미암아 기뻐하는 모든 이들에게 기도가 특권이라고 너는 생각하느냐?

또 만일 누군가가 선택받아 사랑을 받는다면 그것은 모두 주권적인 은혜로 된 것이며 하나님께서 그들을 사랑하셨기 때문이라는 것이 진실이라고 느꼈다. 하나님은 은혜를 베풀 자에게 은혜를 베푸시기 때문이다. 구속받은 사람들이 영원토록 말하고 있을 이것을 하나님께서는 하셨던 것이다.

> 나의 나 된 것은 하나님의 은혜라(고전 15:10).

과거에 지은 나의 모든 죄를 용서해주시라고, 특히 창조주보다 피조물을 더 사랑했던 나의 우상숭배 죄를 용서해주시라고 하나님께 간구했다. 그리고 마음으로부터 말할 수 있다.

> 제가 더 이상 우상과 무슨 관계가 있습니까?
> 하늘에는 주님밖에 누가 제게 있습니까?
> 주님 외에는 제가 이 땅에서 원하는 것이 아무 것도 없습니다.

라고 말할 수 있게 해달라고 간구를 드렸다. 모든 무거운 짐과 또 아주 쉽게 나를 괴롭히는 그 죄를 벗어버릴 수 있도록 은혜를 주시라고 기도했다. 그래서 예수님을 바라보면서 내 앞에 놓인 경주를 인내심을 가지고 달릴 수 있게 해달라고 기도했다. 분발해서 하나님을 붙잡고, 더욱 영적인 일에 마음을 기울이기로 노력하자고 결심했다.

오 주님이여!

잠자고 싶다는 욕구 외에 아무것도 가지지 않고 있는 상태로부터 저를 구원하소서.

그리고 이 결심들이 지나간 날들에 했던 수많은 결심과 같이 되지 않게 하소서.

깨뜨리기 위해 하는 결심이 되지 않게 하소서.

내 자신의 힘으로는 아무 것도 할 수 없다 할지라도, 가만히 앉아 있지 말고 저 안식에 들어가도록 힘써야 한다는 것을 저로 기억하게 하소서.

새롭게 주님과 언약 관계에 들어가 나 자신을 그분께 드리려고 힘썼다. 그 당시는 내가 아무리 열의 없이 내 몫을 감당했다 할지라도, 다시 주님께서 나의 몸과, 혼과 영과 정신과 의지와 감정, 나의 모든 것을 취하셔서 그분의 생각과 뜻대로 나를 빚어 주시기를 간구했다. 내가 주님을 섬길 수 있는 길을 열어주시도록, 그분께 유용하게 쓰일 수 있게 문을 열어주시도록, 또 다시 나는 주님께 간절히 기도했다.

그래서 내가 더 이상 나 자신을 위해 살지 아니하고 나를 위해 죽으시고 다시 살아나신 그분을 위해 살 수 있도록 나는 그렇게 간구했다.

❖ 1844년 1월 1일 월요일 저녁

어제 저녁은 집 밖에 나가지 않았다.

> 아버지여 내게 주신 자도 나 있는 곳에 나와 함께 있어 아버지께서 창세 전부터 나를 사랑하시므로 내게 주신 나의 영광을 그들로 보게 하시기를 원하옵나이다(요 17:24).

박스터 목사님이 이 놀라운 구절을 본문으로 아주 훌륭한 설교를 하셨다는 말을 오늘 전해 들었다. 이 말씀에 대해 박스터 목사님이 설교하셨던 때를 나는 잘 기억하고 있다. 엘리자 맥체인과 내가 성 베드로교회에 참석했었던 것은 지난 주일이었다. 그 날 우리는 거기에 함께 있었다. 이 날은 쉽사리 잊을 수 없을 것이다.

어제보다 오늘은 건강이 훨씬 나아졌다. 주님이 베푸신 모든 은혜에 대해 주께 감사를 드리고 주를 찬양할 수 있었다. 올해 내 앞에 어떤 일이 벌어질지 나는 모른다. 하지만 주께서 내게 능력 주사 생각하고 말하고 행동하게 하시며, 전에 해왔던 것과는 다르게 성경을 읽고 기도하게 하시기를 바란다. 그러나 오늘 나는 이미 그분께 또 죄를 지었다. 모든 죄를 씻어주시는 그분의 아들 예수 그리스도의 보혈로 나는 다시 나아갈 수 있을 뿐이다.

> 영생의 말씀이 주께 있사오니 내가[우리가] 누구에게로 가오리이까(요 6:68).

내가 그렇게나 깊이 저항해왔던 주님께로 다시 피하는 것 외에 어디로 피할 수 있겠는가?

오늘 아침 사랑하는 엘리자 맥체인에게서 온 친절한 긴 편지가 나를 행복하게 만들어주었다. 그녀가 나를 위해 품은 모든 소망이 열 배가 되어 그녀의 가슴 속으로 돌아가기를 빈다.

오늘 저녁 베인 목사님이 "밤이 깊고 낮이 가까웠으니"라는 말씀을 본문으로 해서 하시는 설교를 들었다. 위로가 되면서도 엄숙하고 활기 넘치는 설교였다.

오늘 밤이 어느 정도는 어둡고 무지한 밤으로, 슬픔과 고통의 밤으로, 의심과 두려움의 밤으로 생각될지라도, 그럼에도 실제로는 그렇게 느껴지지 않는다. 그렇게 느꼈더라면, 나는 밝고 구름 한 점 없을 그 날, 축복되고 영광스러운 그 날을, 영원하고 변하지 않는 그 날을 더욱 간절히 바라고 있었어야 했을 것이다.

이미 과거가 되어버린 그 해에 내가 슬픔의 시간을 많이 보냈는데도, 이 먼지 같은 세상에 매달려있었던 때가 얼마나 많이 있었던가. 반대로, 이 세상을 떠나서 그리스도와 함께 있을 소망은 얼마나 적게 가지고 있었던가. 후자가 훨씬 더 좋은 것인데.

❖ 1844년 1월 14일

지난 주일 저녁에 주일학교에 갔다. 집에 돌아오는데 몸이 몹시 피곤했다. 하지만 갈 수 있어서 감사했다. 이 사랑스런 아이들의 영혼을 위해 계속 유익하게 쓰실 연약한 도구로 주님이여 저를 써주소서. 하나님께서 이미 구원하셨는지도 모를 저 아이들의 영혼을 위해 그리고 아직도 하나님의 것들에 대해 아무 생각이 없고 아무 관심도 없는 더 많은 수의 저 아이들을 위해 쓰임 받는 도구가 되게 하소서. 알렉산더가[1] 소녀들에게 쓴 긴 편지 한 통을 이 아이들에게 읽어 주었다. 아이들은 집중해서 들었고 몇몇 아이는 감동을 받은 것 같았다. 그 편지가 이 아이들에게 축복이 되었기를!

몸이 별로 좋지 않아서, 오늘 오전에는 집에 있었다. 오후와 저녁에 교회에 갈 수 있게 하기 위해서였다. 그러나 세상에! 주님의 날에 내가 성령 안에서 얼마나 형편없는 사람인가. 하나님의 안식에 들어가는 대신에-믿는 사람이라면 당연히 그래야 하는데, 특히 주일에는-나는 기어 다니면서 이 땅의 일들을 하고 있다. 하늘 처소에 그리스도와 함께 앉아 있는 대신, 나의 영혼은 이 땅에 들러붙어 있다. 주님이여 "안식일을 기억하여 거룩히 지키라"(출 20:8)는 계명을 늘 소홀히 하는 저를 용서하여 주소서.

❖ 1844년 1월 18일, 목요일

사랑하는 이사벨라 윌리암슨이 몬커씨와 결혼할 생각이라는 소식을 그녀로부터 지난 토요일에 들었다. 오! 이 계획이 주님께

---

[1] 그녀의 오빠 알렉산더 타인은 후에 자유교회의 목사가 되었다.

로부터 온 것이기를, 그리고 그녀의 행복을 위하고 또 주님의 영광을 위하는 것임이 증명되기를. 화요일에 내 머리 속에 무언가가 스쳐갔다. 사랑하는 우리 친구가[2] 여기에 있었고, 그 때 그를 마지막으로 보았던 것이 벌써 1년이 되었다는 것이다. 하루가 무엇을 가져올지에 대해서 우리는 아무것도 모르고 있다. 그 당시에는, 주 예수께서 모든 성도들을 데리고 다시 오실 때까지 내가 사랑하는 그의 얼굴을 다시는 보지 못할 것이라는 걸 꿈에도 몰랐었기 때문이다.

다음에 그를 다시 볼 수 있을 거란 생각을 하며 행복해해도 될까.

다음에 우리가 만날 곳이 예수님의 오른쪽이 된다면 얼마나 좋을까.

그 때 나는 분명히 주님의 기쁨의 면류관의 한 부분이 되어 있을 것이고 주님 안에서 기뻐하고 있을 거야. 그리고 맥체인을 마지막으로 보았을 때 그가 했던 기도를 계속해서 올려드릴 수 있기를 바란다.

오, 주님!

우리가 생각하고 행하고 말하는 모든 것이 주님의 보혈의 뿌림을 받아 주님 보시기에 기뻐하실 만한 것이 되게 하소서.

---

2 로버트 맥체인을 가리킴.

❖ **1844년 1월 23일, 화요일 저녁**

지난 주 이 시간에는 쿠퍼에서 있었던 어린이 모임에 참석했었다. 어느 방에서 차를 나누며 목사님들의 여러 가지 이야기를 들은 후에, 우리는 교회로 자리를 옮겼다. 그곳에서 어린이들은 앤드루 보나 목사님이 아주 엄숙한 자세로, 어린이들이 그리스도께 나아와야 할 그 필요성에 대해서 전하는 말씀을 들었다. 그것은 세 가지 이유에서였다.

  첫째, 어린이들이 처한 위험은 정말로 실제 상황이기 때문이다.
  둘째, 어린이들의 죄가 매우 크기 때문이다.
  셋째, 그리스도께서 기꺼이 어린이들을 영접해주시기 때문이다.

그 다음에는, 아치볼드 퍼거슨 목사님이 아이들에게 심각한 투로, 예수께로 나아오기를 미루는 것의 위험성에 대해서 설교를 했다. 주제에 대한 예화로는 말뚝을 꽉 붙잡고 있었기 때문에 물에 빠져 죽게 된 한 젊은 여자와 한 늙은 여자의 경우를 들었다. 그 두 사람은 모두 죽기로 정죄되었으며, 하나님의 진노의 파도가 그 두 사람 위에 더 높이, 더 높이 몰려와 두 사람의 머리를 덮었다는 것을 그 목사님은 어린이들에게 실감나게 잘 묘사해주었다. 미루는 것은 위험하니까 빨리 왕이신 주님께로 달려가서 죄 용서 받으라고 목사님은 아이들에게 독촉하였다. 아마 아이들은, 우리들은 달려갈 수가 없다고 말할 수도 있을 것이다. 그 여자들이 말뚝에 매여 있는 것처럼, 그렇게 아이들도 죄에 매여 있다.

그러나 만일 아이들이 뛰어갈 수 없다면 소리라도 외칠 수 있을 것이다. 그러면 주님은 정말로 자기를 부르짖어 찾는 모든 사람들의 음성을 들으신다. 만일 아이들에게 비싼 선물이나 금화 한 개, 혹은 멋진 옷 한 벌을 준다고 하면, 아이들은 나이가 많아질 때까지 기다리려 하지 않을 것이다. 그러니 아이들에게 주시려고 헤아릴 수 없이 많은 재물과 불에 단련한 금과 아름다운 옷을 갖고 계시는 예수께로 당장 달려가야 한다. 그 아이들이 세상을 살아가는 동안 그리스도보다 더 좋은 친구를 가질 수는 없다.

그리고 주님보다 더 훌륭한 안내자를 가질 수도 없다. 천국보다 더 좋은 집을 가질 수도 없다. 비록 길이 험해 보일지라도, 아이들이 그 땅에 도달하기만 하면 결국에는 그렇게 좋은 집으로 인도하는 그 똑같은 길을 아이들도 즐겁게 가려할 것이다. 그러므로 아이들은 지금 그리스도께로 나아와야 한다. 저 위대한 기도를 올려야 한다.

> 아침에 주의 인자로 우리를 만족케 하사 우리 평생에 즐겁고 기쁘게 하소서(시 90:14).

어떤 사람들은 말하기를 신앙이란 음울한 것이라고 한다. 그러나 모세는 우리 중 그 누구보다도 더 지혜로운 사람이었다. 그는 말하기를, "아침에 주의 인자로 우리를 만족케 하시리라"(시 90:14)고 했다.

그렇다. 만일 너희가 그리스도께로 나아온다면, 그것을 후회할 일은 결단코 없을 것이다. 너희는 지금은 어리다. 그렇지만 오래 산다하더라도, 예수께로 너무 일찍 나아와서 후회스럽다고 하는 사람을 너희는 절대로 만나보지 못하게 될 것이다. 오히려 더 일찍 나아오지 못한 것이 후회스럽다고 하는 사람들을 많이 만나게 될 것이다. (퍼거슨 목사님이 말씀하시기를) 주님께서 너희를 찾아내시기를 원하며, 너희들도 주님을 찾아낼 수 있게 하시기를 원한다.

그 다음에는 길리즈 목사님이 새 마음을 가져야 할 필요성과 그리스도께서 그 새 마음을 아이들에게 주고 싶어 하신다는 말씀을 전했다. 시간을 통제하는 것이 시계의 큰 태엽이듯이, 그들의 삶을 이끄는 것은 그들의 마음 상태라는 것을 잘 보여주었다. 마음은 원래 악한 것이라고 하나님께서 말씀하셨으니, 그 말은 틀림없이 진실일 것이다. 야생 능금나무가 저절로 맛있는 사과를 맺을 수가 없는 것처럼, 새 마음을 받지 않으면 새 삶을 살 수가 없는 것이다.

너희들이 거룩하게 될 때까지는 결단코 행복해지지 않을 것이며 거룩해질 때까지는 결코 천국에 가지 못할 것이라고 목사님은 말씀하셨다. 금붕어가 물속에 있지 않을 때 그 본래의 모습을 잃은 것처럼, 만에 하나, 귀신이나 거듭나지 못한 사람이 천국으로 들어간다면, 그들은 천국을 떠나고 싶어 할 것이다. 그리스도는 아이들에게 새 마음을 주고 싶어 하신다. 그래서 어린이들은 "새 마음을 너희에게 주되"(겔 36:26)라는 저 약속이 이루어지기를 간구해야 한다.

그 다음에는 쿡 목사님이 주일학교 교육의 중요성에 대해서 말씀하셨다. 주일학교 교육이 가정과 교회에서 어떤 유익을 가져오는지 주로 그 효과에 관련해서 말씀하셨는데, 자신이 직접 본 몇 사람들의 사례를 예로 들어 설명하였다.

　그 다음에는 몬커 목사님이 부모들에게 주는 설교를 했다. 자기 아이들을 바라보기만 해도 행복해지는 부모들이 여기 계실지도 모르겠다고 말씀하시면서, 그것은 좋은 일이라고 했다. 또 어떤 부모들은 자기 아이들이 무덤 속에 있기 때문에 바라보고 싶어도 바라볼 수도 없는 그런 사람들도 있을 것이라고 말씀하셨다. 또 지금은 자기 아이들을 보고 있지만 내년 이맘때쯤이면 바라볼 아이들이 없을 수도 있는 그런 부모들도 있을지 모르겠다고 했다.

　목사님의 이 말씀을 듣고 단 한 부모라도 좋으니 하나님께 가정 제단을 쌓는 일이 생겼으면 그 목사님은 몹시 기뻐할 것이다. 부모들이 이 똑같은 일로 모두 함께 다시 모이는 일은 없을 것임을 부모들에게 명심시키고, 집으로 돌아가서 기도하라고 강력히 촉구하셨다.

　그 다음에는 베인 목사님이 교사들에게 짧게 말씀하셨다. 영원한 세계에 대해 가르쳐줘야 할 불멸의 영혼들이, 곧 어린이들이, 교사들에게 있다는 생각을 교사들에게 심어주시려고 목사님은 애쓰셨다. 교사는 모든 경우를 하나님께 가지고 나아가야 한다. 아이들이 이렇게 많은 목사님들에게서 말씀을 듣고서도 그리스도 없이 자리를 뜬다면 얼마나 안타까운 일이냐고 말씀하셨다.

　어린이들이 들은 모든 말씀이 그 아이들에게 축복이 되기 위해서는, 아이들에게 하나님의 성령이 필요하다. 어느 설교를 듣고 있을 때 한 어린 소녀가 말했던 것을 다른 아이들도 똑같이 말한다면 목사님은 얼마나 기뻐하실까. 그 아이는 자기도 그리스도의 어린 양들 중에 하나가 되고 싶다고 말했었다. 언젠가 하나님의 보좌 앞에서 우리 모두 만나자는 말씀을 끝으로 베인 목사님은 설교를 끝냈다.

❖ 1844년 1월 25일, 목요일

지난 주일 저녁 주일학교에서 여자 아이들이 읽어달라고 하는 바람에, 그 아이들에게 알렉산더의 편지를 두 번째로 읽어주었다. 주여, 이 편지가 주님께서 이 아이들에게 보내시는 권세 있는 메시지가 되게 해주소서.

친애하는 이사벨라 윌리암슨이 반 아이들 절반의 청을 들어주었다. 그래서 나는 보통 때보다 좀 더 자유롭고 편안하게 아이들을 가르칠 수가 있었다. 끝났을 때, 내 죄와 나태함을 생각해보자 나는 주님의 선하심과 사랑에 놀라움을 금치 못했다. 그렇지만 오, 나는 악한 마음을 가지고 있고, 저기에는 나를 시험하는 사탄이 있다. 내가 아이들을 가르칠 수 있었던 것은 아마도 우연히 된 일이고 나에게 아이들을 가르칠 자유를 주신 것도 주님이 아닐 것이란 생각이 방금 들었기 때문이다. 그러나 즉시 마음 속으로 말했다.

사탄아 내 뒤로 물러가라(마 16:23).

이 일로 인해 나는 주님께 나의 죄를 용서해달라고 간절히 빌었다.

"오 나의 원수여 나를 대적하여 기뻐하지 말라. 내가 넘어지더라도 나는 다시 일어나리라."

오 다음에는 좀 더 조심하게 되기를, 그리고 주께서 곧 사탄을 내 발 아래에서 상하게 하시기를.

주일 오후에 시편 15편에 대해서 설교하신 쿡 목사님의 설교가 좋았다. '의를 행하는 자'에 대한 목사님의 말씀은 매우 훌륭했다. 우리 안에 계신 그리스도의 생명은 섬김의 행위에서 싹이 튼다. 그리고 우리 이웃의 선한 이름에 먹칠을 할만한 악평을 하지 않거나 그런 악평을 받아들이지 않는 일에서도 그것은 싹이 튼다.

마찬가지로, 주를 경외하는 자들을 우리가 존귀하게 여겨야 한다는 면에서, 목사님은 모든 그리스도의 형제들 사이에 존재하는 친밀한 연합에 대해서도 강조해주셨다. '자기 자신에게 해가 되게 맹세하는 자'에 대해서 목사님은 엄하게 설교하셨다. 맹세를 한 사람들 중에는, 성찬식에서 주님의 사람이 되겠다고 약속을 해놓고서는 그 약속을 깨뜨리는 사람들이 있다고 하셨다.

이 시편에 대해 하신 목사님의 설교 때문에, 전에 이 목사님에게서 들었던 다른 모든 설교 내용이 다른 힘을 가지고 내게 다가왔다. 목사님은 설교 준비를 제대로 못하셔서 자기 자신의 연약함이 너무나 많이 느껴졌으므로 차마 입을 열기가 두려우신 것처럼 보이신다. 이것은 주께서 자기 종들의 힘이 되신다는, 또 하나의 증거에 불과하다. 주님은 자기 종들에게 설교할 말씀을 주시고, 그 종들이 주님께 자기 자신을 내어던졌을 때 그들의 연약함 속에 주님 당신의 힘을 완벽하게 채우시는 것이다.

❖ **1844년 2월 3일, 토요일 저녁**

2,3일 전에 아치볼드 퍼거슨 목사님이 우리 교회에 오셨다. 지난 주일날 설교하셨던 쿡 목사님과 교대하신 것이다. 즐거운 날이었다. 퍼거슨 목사님은 훌륭한 설교자이시기 때문이다. 지난 목요일 저녁에 길리즈 목사님 교회에서 하시는 설교를 들었던 것을 제외하고는, 전에 이 목사님이 설교하시는 것을 들은 적이 없었다. 목사님이 설교를 위해 택하신 본문은 "베드로가 멀찍이 따라가니라"(눅 22:54)였다. 목사님은 다음과 같은 내용으로 설교하셨다.

> 첫째, 자연 법칙과 우리의 결심은 우리를 구주께 연합시키지 못한다.
> 둘째, 영혼은 점진적으로 부패한다.
> 셋째, 신앙의 타락은 기만적이며 위험하다.

설교는 매우 강렬했고 엄중했다. 그리고 묘사 부분은 매우 자세했다. 지난 주일 설교가 그래도 더 좋았고 더 힘이 있었다. 지난 주일 설교에서는 목사님이 성경 지식이 많다는 것이 보였고, 그 보고(寶庫) 속으로 파고 들어가 풍성한 지식을 찾아내 보여주셨다.

내가 더 많은 것을 기억해낼 수 있으면 얼마나 좋을까.

아직 그 목사님의 설교 스타일에 익숙해지지 않았다는 부분적인 이유 때문에, 나는 그분의 설교를 좀 더 잘 기억해내지 못하고 있다. 목사님은 직유법을 아주 많이 사용하시고 그의 문장 스타일은 명쾌하다. 누가복음 9장 51절부터 53절까지 하신 설교는 가르쳐주는 바가 매우 많다. 성막은 인간 그리스도의 육체의 한 예표로써, 그 위에 머물고 있는 영광의 구름과 함께 광야의 성막에 대해 말씀하시는 것으로 설교를 시작하셨다. 그리고 그 성막이 가나안 땅으로 옮겨졌듯이, 그리스도도 영광 속으로 올려가 하늘의 영접을 받았다.

목사님은 그 후에도 많은 것들을 말씀하셨다. '그리고 때가 왔을 때'-그 시간의 종이 울렸을 때, 그리스도께서 가시려고 하는 곳 즉 예루살렘에 대해서도 말씀하셨고, 그분이 어떤 식으로 가셨는지도 말씀하셨다-'그분은 단호히 결심을 하셨다.' '내가 그니라'고 말씀하셨을 때 몸이 뒤로 휘청했던 그 사람들을 쉽게 죽이실 수도 있었다. 말고의 귀를 낫게 하셨던 그 동일한 능력으로 그들을 멸망시키실 수도 있었을 것이다. 그러나 예수님을 십자가에 붙잡아맨 것은 사랑이었다.

그렇지만 예루살렘에는 왜 가시려고 했을까?

예표였던 속죄양은 아무도 살지 않는 광야 속으로 보내졌는데, 왜 예수님은 예루살렘으로 가시는가?

그분에게는 사람들이 많은 성읍보다 더 광야인 곳은 없었기 때문이다.

대제사장의 궁전처럼 그렇게 광야인 곳이 주님께 또 있을 수 있었겠는가?

'그리고 자기 앞서 사자들을 보냈다.'

이 말은 그리스도의 신성을 보여준다. 그분은 하고 싶을 때는 언제나 종들에게 명령할 수 있다. 갈릴리 바닷가를 걷고 있었을 때, 저 가난한 목수가 '나를 따르라'고 말씀하심으로써 사람들에게 자기 일과 자기 친척을 떠나서 주님이 어디로 가시든 주님을 따르게 만들 수도 있었을 것이다. 선천적으로 가지고 있는 마음과 애정의 끄나풀들은 그리스도의 끌어당기는 은혜 앞에서 그 힘을 잃는다. 그 사자들은 자기들이 들은 것만을 말한다. 만일 사자들이 그리스도의 말씀을 충실하게 전달하지 못한다면, 그들은 자기들의 주께 성실하지 못한 것이다.

'자기 앞서.'

예수는 그 종들 뒤에 올라오신다. 종들의 주인의 발자국 소리는 그들 뒤에서 들려온다.

'그분을 위해 준비하라.'

그들의 첫 번째 관심사는 예수님을 지지하는 것이었다. 이것이 목사들의 최고의 목표가 되어야 한다. 이것은 목사들이 도달해야 할 가장 축복받은 지점이다. 모든 것들보다 먼저 자기들의 주님의 영광을 간절히 원해야 한다. 이것은 요한이 말한 것처럼 말할 수 있을 때에만 일어날 수 있다.

'그는 흥해야 하겠고 나는 쇠하여야 하리라.'

'그리고 그들은 그를 영접하지 않았다.'

이 말씀에서 사람들은 잔인성과 어리석음과 무지함을 보여주었다. 그리스도께서 가시는 길에 마실 물도 주지 않았으니, 친절과 대접의 모든 규칙들을 어겼을 만큼 잔인했다. 어떤 이들은 부지중에 천사들을 대접했으나, 이 사람들은 어리석고 무지했다. 예수께서는 그들에게 신세진 것들을 풍성하게 갚아주셨을 것이다. 그리고 주님의 은혜라는 더 좋은 축복들도, 심지어 생명의 떡도, 그들에게 주셨을 것이다.

'그분의 얼굴은 예루살렘으로 가려고 하시는 것 같았기 때문이다.'

사람들이 예수님을 영접하지 않은 이유는, 예수께서 그리심산을 지나서(성경 다른 곳에서뿐만 아니라, 우물가의 여인이 예수께 말한 것이 사마리아 사람들이 예배하는 곳이었다는 점으로 보아 이것은 분명한 것 같다.) 계속해서 예루살렘으로 가고 계셨기 때문이다. 그렇게 하심으로 자신이 그들의 거짓 예배를 경멸하고 있음을 사람들에게 보여주셨기 때문이다.

이 모든 것에서 세 가지 점을 배운다.

첫째, 그리스도께서는 자기 백성을 위해 기꺼이 죽고자 하셨다. 아무도 그분에게 고난을 강요할 수 없었을 것이다. 그렇지만 예수는 말씀하셨다.

'보라, 그 책 속에서 내가 온다. 그 책은 나에 대해 쓴 것이다.'

둘째, 비록 너희가 그분을 뵌 적이 전혀 없다 할지라도, 너희에게는 그리스도를 배척하였다는 죄가 있다. 예수님이 몸소 이 마을에 들어가지 않았었을 수도 있다. 하지만 그분이 보낸 제자들이 그분의 이름으로 배척을 받았다. 만일 그리스도께서 보낸 사람들이 그분의 사역이나, 그분의 섭리나, 그분의 말씀으로, 우리에게 왔을 때, 우리가 그 사자(使者)들을 배척한다면, 예수께서는 우리가 그분 자신을 거부한 것으로 그 모든 것을 동일하게 간주하신다.

셋째, 우리 시대에도 사마리아 고을과 같은 곳이 많이 있지 않은가?

예수님을 모셔드릴 만한 공간이 없다고 여러분은 말하고 있는가?

여러분은 세상을 받아들일 공간은 있고, 정욕을 용납할 공간도 있고, 죄를 지을 여유도 있고, 요컨대, 갈릴리에서 온 고단한 한 여행자를 빼고는 무엇이라도 받아들일 여지가 있다고 나는 대답한다.

여러분이 그분을 영접하는 데 무슨 비용이 들 것 같아서 그러는가? 글쎄, 주님을 영접하려면 당신의 오른손이나 오른 눈을 희생시켜야 할지도 모르기는 하다. 그러나 예수님은 여러분에게 풍성하게 갚아줄 것이다. 그분은 아무에게도 빚을 지지 않으시기 때문이다. 핍박을 받으면, 그분이 여기 이 땅에서 백배나 주실 것이고, 오는 세상에서는 영생을 주실 것이다.

우상 숭배를 하고 있어서 그분을 배척하고 있는가?

우리의 우상에게 매어달리고 있는가?

만일 우리가 그분을 영접하기만 하면, 그분은 우리에게 그리심 산보다 더 좋은 무엇인가를 가져다주실 것이다. 그분이 우리를 시온 산으로 인도하실 것이기 때문이다.

❖ **1844년 2월 6일, 화요일**

28일 주일 오후에 퍼거슨 목사님이 마음에 위로가 되는 좋은 설교를 하셨다. 본문은 "네 믿은 대로 될지어다"(마 8:13)였다. 이 설교 내용을 조금밖에 기억하고 있지 못해서 속상하다. 하지만 기억하고 있는 그 적은 내용이라도 잊어버리지 않기 위해 머리에 떠오르는 것을 적어놓아야겠다. 하나님은 결코 인색한 후원자가 아니시라는 말씀으로 목사님은 설교를 시작하셨다.

하나님은 자기 손을 넓게 펴서서 여러 가지 축복을 부어주십니다. 하나님은 한 나라의 왕같이 행동하십니다. 그분은 자신의 해를 악한 자들과 선한 자들 위에 똑같이 비추어주십니다. 하나님은 받은 돈만큼 상품을 달아주는 상인과 같지 않으십니다. 만일 하나님께서 저울을 사용하기라도 하신다면, 그것은 자기 백성이 필요로 하는 시련이 얼마쯤인가를 달아보기 위해서입니다. 즉 자기 백성에게 필요한 고난이 얼마나 적어야 하는지를 보시기 위함입니다.

그러나 더욱 분명한 것은, 하나님은 가장 좋은 것으로 많이 주시는 분이기 때문에, 그분은 군주처럼 행하신다는 점입니다. 섭리는 은혜와는 많이 다릅니다. 모든 사람이 자기들이 원하는 것을 받기로 되어 있다면, 아라비아 사람들은 모래사막을 가지지 않았을 것입니다. 라플란드[3] 사람들은 그렇게나 오랫동안 태양을 보지 못한 채 지내야 할 필요가 없을 것입니다. 낮에는 무척 수고를 많이 해야 하고 밤에는 피곤에 곯아떨어지는 그런 날들을 견뎌야 할 필요가 없을 것입니다.

그러나 하나님의 섭리적 일처리에 관해 당신이 아무리 많이 기도한다 할지라도, 태양은 건장한 남자처럼 계속해서 그 달려갈 길을 달려갈 것이고, 죽음은 인간 후손들의 운명이 될 것입니다. 이런 눈에 보이는 일들은 현재처럼 계속 굴러갈 것입니다.

그러나 (지금 당신을 비추고 있는 저 태양보다 훨씬 더 좋은) 의의 해는 당신의 영혼에 온기를 주고 빛나게 하기도 할 것입니다. 광야와 적막한 곳이 기뻐할 것이고, 사막이 기뻐하며 장미처럼 꽃을 피울 것입니다. 하나님은 당신에게 "믿은 대로 될지어다"라고

---

[3] 핀란드의 한 지방-역주.

말씀하실 것입니다.

　하나님께서 여러분을 그렇게 하고 싶어 하도록 만드시지 않으시면, 여러분은 이러한 축복들을 절대로 받지 못할 것임을 우리가 생각해 볼 때, 하나님께서는 왕과 비슷한 분임을 우리는 알 수 있습니다.

　여러분은 지혜를 구합니까?
　하나님은 얼마든지 주시고 꾸짖지 않으십니다.
　여러분은 투덜대고 불평하고 있습니까?
　"나는 아무것도 없어! 아무것도 없어!"라고 말하고 있습니까?
　이 말을 조심하십시오. 여러분은 하나님 안에서 고생하고 있는 것이 아니라, 여러분 자신 속에서 고생하고 있기 때문입니다. 오직 여러분의 입을 넓게 여십시오. 그러면 하나님께서 그것을 채우실 것입니다. "믿은 대로 될지어다"라고 하나님께서는 여러분에게 말씀하실 것입니다.

　자 이것이 거듭난 영혼 속에 있는 세 가지 소원입니다. 이 가나안 여인의 딸은 안타깝게도 귀신의 괴롭힘을 받고 있었습니다. 예수께서는 그녀의 청을 단번에 들어주지 않았습니다. 그녀가 가고 있는 믿음의 길에 돌을 놓아 걸려 넘어지게 하기 위함이 아니라, 그녀의 믿음을 좀 더 밝은 곳으로 끄집어내기 위함이었습니다. 자, 여러분도 안타깝지만 귀신의 괴롭힘을 받고 있습니다. 그래서 여러분은 주님으로부터 오는 구원을 청하고 있습니다. 마치 빚을 진 자가 간수로부터 풀려나기를 간청하고 있는 것처럼, 종이 포학한 주인으로부터 놓임 받기를 청하고 있는 것처럼, 여행자가 자기를 불러 세운 노상강도로부터 벗어나고자 간청하는 것과 똑같습니다.

　새로워진 영혼은 이렇게 말합니다.

　나는 예수께서 나의 보석금을 지불해줄 보증인이 되어주셨으면 좋겠다. 그리고 나는 예수께서 나의 주요, 나의 주인이요, 나의 왕이 되어주셨으면 좋겠다. 나는 예수께서 나의 동무가 되어주셔서 천국까지 가는 동안 나와 함께 동행해주셨으면 좋겠다.

　만일 당신이 진정으로 이런 것들을 바라고 있다면, 당신은 기꺼이 그럴 마음이 있게 이미 만들어진 것입니다. 오네시모가 빌레몬에게서 도망쳤던 것처럼, 한때는 당신도 하나님에게서 도망치고 있었습니다. 당신이 한 걸음 한 걸음 발걸음을 떼어놓을 때마다 당신은 아버지의 집에서 점점 더 멀어지고 있는 것입니다.

　비록 교회의 성례에 정기적으로 참석하고 있다 하더라도, 그것은 마치 오네시모가 자기 주인을 섬기는 일에서 도망치고 있는 내내 자기 어깨 너머로 힐끔힐끔 뒤를 돌아다보는 것과도 같이 말입니다. 그러니 당신은 성례 참석에 있어서는 충실했다고 말할 수도 있을 것입니다. 그러나 그것은 말하자면, 어깨 너머로 하나님을 조롱하면서 그분에게서 도망치고 있는 것과 다를 바 없습니다. 당신은 율법으로부터 구원받아야 합니다. 공의와 양심과 사탄이 울부짖고 있습니다.

　네가 빚진 것을 나에게 갚아라.

　자, 누가 당신을 구해줄 것입니까?

　한 분 밖에 아무도 없습니다. 가장 높은 곳에 있는 천사라 해도 보증인이 되어 죄인들의 보석금을 지불할 수는 없을 것입니다. 왜냐하면 복 받은 존재인 이들 천사는 각자 자신이 할 수 있는 모든 것을 드리도록 되어 있기 때문에, 다른 사람의 죄 값을 치를 여러분의 능력이 남아있지 않기 때문입니다. 그러므로 그리스도를 제외한 그 누구도 우리의 보증이 될 수가 없는 것입니다. 그래서 당신이 기꺼이 그분을 당신의 것으로 삼기만 한다면, 당신은 '믿은 대로 될지어다'라는 나의 본문을 응답으로 받게 될 것입니다.

여러분을 구원하는 일은 전능해야만 가능한 일입니다. 한 영혼을 구원하기 위해서는 하나님의 전능한 힘이 발휘되어야 합니다. 예수께서 당신들의 죄를 정복하고 당신을 성화시키도록 허용한 것은 여러분이니까, 여러분이 예수께 영광을 드리고 있는 것이 아닌가 하고 혹시 생각할지도 모르겠습니다.

그러나 자연과 은혜 사이에는 큰 격차가 있다. 여러분이 새롭게 될 때마다, 여러분은 자신을 낮추게 된다. 최고로 높은 위치에 있는 천사를 보면, 주 안에서 무한하게 겸손하다. 그러나 여러분 자신과 같은 그런 사람을 보면, 훨씬 덜하다. 그렇다면 달려가서, 주님의 두 팔 속으로 자기 자신을 던져버리라. 그러면 "믿은 대로 될지어다"라는 설교 본문에 대한 응답을 받게 될 것입니다.

당신의 빚이 탕감 받았다는 것과 당신의 정욕이 진압되었다는 것을 귀하게 여길 뿐만 아니라 현재 누리고 있는 천국 사회도 소중하게 생각하겠습니까?

천국으로 가는 길에 예수께서 여러분의 동무가 되어주셨으면 좋겠습니까?

그렇다면, '믿은 대로 될지어다.'

여러분은 흙으로 만든 이 집에서 영원히 살고 싶지는 않을 것입니다. 주님과 함께 영원히 있기를 바랄 것입니다. 여기서 나는 이렇게 충만하고 강력한 설교를 얼마나 보잘것없는 말로 기록하고 있습니까?

　주님은 나의 기억력을 축복하사 이 풍성한 말씀의 풍미가 나에게 있게 하소서.

　벌써 오래 전에 읽었어야 했던 책을 지난 주일 저녁에 읽기 시작했다. 헤더링턴의 『스코틀랜드 교회사』였다. 이 책을 읽어나가는 동안 나의 이해력에 빛을 비춰 주사 이 책이 다루고 있는 그 위대한 원리들을 충분히 이해할 수 있게 하소서. 그리고 내 마음이 감동되어 내 선조들의 교회에 더욱 더 많은 관심을 갖게 하시고, 또 요셉의 고난에 대해서도 불쌍히 여기는 마음이 많이 생기게 하소서.

❖ 1844년 2월 28일, 수요일 저녁

　하나님께서 곧 나를 불러 가실지도 모른다는 느낌이 최근에 들었다(아마 지난 두 주간 동안 좀 기운이 없었기 때문이리라). 몇 년 전에도 이런 느낌이 자주 있어왔던 터라 아예 내 머리 속에 각인되어 있다.

　비록 그 당시에 내가 얼마큼 살 것이라 생각했던 것보다는 더 오래 지금 살고 있기는 하지만, 이런 예감들에 대해 나는 감사를 드리곤 했었다. 그런 것을 내 머리 속에 집어넣어주신 분이 주님일지 모른다고 생각했기 때문이다. 나를 무기력한 상태에서 빠져나오게 하기 위해서, 그리고 나에게 '너의 손이 해야 할 일이 어떤 것이든, 너는 힘을 다해 그 일을 하라'는 계명을 상기시켜주시기 위해서, 그렇게 하셨을 것이다.

이 땅에는 영원히 존재하는 성(城)이 없으니, 장차 올 새로운 성을 열심히 찾고 찾는 내가 되기를!

월요일에 엘리자 맥체인으로부터 다정한 편지가 한 통 왔다. 이 편지에서 엘리자는 과거에 있었던 몇 장면에 대해서 말하고 있다(엘리자의 애정 어린 친절한 마음씨 때문에 나는 감동을 받을 때가 종종 있다). 이사벨라 윌리암슨이 4월 첫 주 대신에 3월 마지막 주에 결혼식을 하게 되었다는(나는 이 결혼식 날짜가 마음에 안 든다) 소식이 왔다. 그녀는 25일 화요일을 그 날로 말하고 있었으나, 사실 월요일이 25일이므로 이것은 실수이다.

동시에 받은 이 편지 두 통으로 인해 나는 완전히 속이 상했다. 그래서 심장이 터질 것 같아 나는 펑펑 울었다. 한바탕 울고 나니까 마음이 다소 편해졌다.

지난 주일에는 눈이 무척 많이 내렸기 때문에 집에서 조용히 보냈다. 그 날은 사랑하는 자니(Johnnie)가 '그리스도와 함께 거하기 위해' 떠나간 지 2년이 되는 날이다. 하기야 그리스도와 함께 있는 것이 훨씬 더 낫기는 하다. 그 날, 몇 가지 일들이 내 앞에서 일어나고 있었다. 그 중에서도, 매우 신실하면서도 무척 다정하고 그러면서도 또 슬픔을 당한 우리 가정을 안쓰럽게 여기는 어떤 분이 저녁 때 찾아와주었다.

예수께서 뒤숭숭한 나의 마음에게 '나의 평안을 주노라. 잠잠하라'고 말씀해 주시면 얼마나 좋을까. 그렇게 해주시면, 내 마음이 안정을 되찾을 텐데.

고통은 모두 저에게 돌리시옵소서.

월요일에는 엘리자 앤 아일랜드로부터도 친절한 편지가 배달되었다. 주께서 자기 오빠 알렉스를 주님과 함께 거하게 하실 준비를 차근차근 해 오셨다고 자기 식구들은 긍정적으로 생각하고 있다고, 편지에서 엘리자는 말하고 있다. 그 말을 들으니 나는 기뻤다. 진실로 우리 하나님은 자비로우시고 은혜로우시다.

　오늘 앤 클라크에게서 쪽지를 하나 받았다. 카펫으로 쓸 사각형 모양의 매트를 하나 엄마와 내가 바느질해 주었으면 한다는 내용이었다. 스코틀랜드의 귀부인들이 전도사 생활비 보조금을 위해서 하는 일이다. 우리는 즐겁게 이 일을 도울 것이다.

❖ 1844년 3월 9일, 토요일 저녁

　지난 주일 쿡 목사님이 베인 목사님과 교대를 하셨다. 우리는 베인 목사님에게서 명료한 복음 설교 두 편을 들었다. 오전에 '지옥으로 내려가지 못하게 구원하라. 내가 대속물을 찾았노라'라는 말씀을 들었다. 오후에는 목사님이 루디아의 회심에 대해서 설교하셨다. 하나님께서 예수의 복음 안에서 마련하신 해결책의 충분성과 효율성이 명확하게 개진되었다.

　목요일에는 쿠퍼에서 열린 장로회에 두 번째로 참석하였다. 퍼거슨 목사님이 사도행전 8장 1절에 대해 해박하고 흥미로운 설교를 해주셨다. 목사님은 스데반을 언급하셨는데, 목사님이 말씀하신 몇 가지 것들이 나에게 적지 않은 영향을 끼쳤다. 그 몇 가지 것들은, 전에는 믿음과 성령으로 충만했었으나 현재는 잠들어있는 사람에게 적용하면 좋을 것으로 보였다.

우리는 연로하신 휫슨 여사를 보았다. 그녀는 생기가 전혀 없었고, 외모로 보아 수명이 다 하신 듯 보였다. 작별할 때 엄마가 그분에게 하나님의 것들이 주는 위로에 대해 말해주자, 그분은 그것을 모두 수긍하면서 그것만이 위로의 유일한 근원이기는 하지만 그것을 꽉 붙잡는 것이 어렵다고 말했다. 그분은 또 말하기를, 빛 가운데 있든 어두움 가운데 있든 우리는 힘써 '하나님의 뜻이 이루어지이다'라고 말해야 한다고도 하였다.

오! 우리는 얼마나 부지런히 확신을 구해야 할까.

만일 우리 마음이 우리를 정죄하지 않는다면, 그 때 우리는 하나님을 향해 담대함을 가지게 되기 때문이다.

오! 속임 당하는 자의 비참함이여.

우리가 하나님의 자녀임을 하나님의 성령이 우리 영과 함께 증거 하는 것의 복됨이여. 나는 정말이지 자주 뉴턴의 말로 표현하지 않을 수 없다.

> 나에게는 간절히 알기 원하는 한 가지가 있다.
> 그 일로 나의 생각이 안절부절 불안해 할 때가 자주 있다.
> 나는 주님을 사랑하고 있는가?
> 아닌가?
> 나는 그분의 것인가? 아닌가?

❖ 1844년 3월 16일, 토요일 저녁

    지난 주일 오전에, 이전에 하셨던 그 어떤 설교보다 훌륭한 설교를 쿡 목사님이 하셨다. 주제는 '경건은 모든 일에 유익하다'였다.
    정말 그렇다.
    인생의 슬픔과 고난의 무게를 덜어주는 것도 경건이다. 육체에 쾌락을 주는 의식주에 대한 욕심을 누그러뜨리게 하고, 경건 특유의 즐거움을 주는 것도 경건이다. 사망의 쏘는 것이 가진 용기를 꺾어 버리는 것도 경건이다. 무덤으로부터 승리를 쟁취하는 것도 경건이며, 또 앞으로 올 세상에 대해 우리를 준비시켜주는 것도 경건이다.
    맥도날드 목사님이 주일 아침과 오후 예배 때이다.

> 우리가 알거니와 하나님을 사랑하는 자 곧 그 뜻대로 부르심을 입은 자들에게는 모든 것이 합력하여 선을 이루느니라(롬 8:28).

    이 본문을 가지고 설교하셨다. 간단명료하지만 활기 있는 설교였다. 주일날 따로 하나님의 말씀을 열심히 배우고자 하는 사람들에게 그분은 '서로 자기 죄를 고백하라'고 말씀해주셨다. 맥도날드 목사님이 구약에서 인용하셨던 "하나님께 가까이 함이 내게 복이라"(시 73:28)고 하신 이 한 문장을 잊어버리는 일이 결코 없게 하소서.
    또 항상 그렇게 말할 수 있게 하소서. 하나님은 나의 최고의 선이요, 나의 최고의 기쁨이요, 나의 기업이요, 나의 모든 것이라고도 늘 말할 수 있게 하소서.

맥도날드 목사님, 길리즈 목사님, 베인 목사님, 퍼거슨 목사님, 쿠퍼 박사와 쿡 목사님이 목요일에 여기서 식사를 하셨다. 그 목사님들 중에 어떤 분들은 생기가 넘쳐흘렀다.

하나님의 얼굴빛이 영혼에 비침으로 말미암아 생긴 마음의 기쁨으로부터 흘러나오는 거룩한 상쾌함을 갖게 하소서!

수요일 저녁 집회에 갔다. 예배시간에 성경 강해를 들었는데, 맥도날드 목사님께서 '나그네와 순례자와 같은 너희들에게 간구하노니, 육적인 정욕을 금하라'는 좋은 말씀을 해주셨다. 우리는 언제나 이 세상을 우리 집으로 삼으려 하였고, 하나님께서는 우리가 그렇게 하지 못하도록 항상 애쓰셨다고 목사님이 말씀하셨다.

화요일 오전에, 베인 목사님과 길리즈 목사님, 맥도날드 목사님, 퍼거슨 목사님이 의논하실 것이 있어서 여기서 모이셨다. 그 후에 쿠퍼 박사님과 쿡 목사님이 합류하셔서 우리와 함께 식사를 하셨다. 퍼거슨 목사님은 남으셔서 우리와 함께 밤을 보내셨다.

퍼거슨 목사님이 우리에게 축복이 되시고, 우리 또한 그분을 돕는 조력자가 되게 하소서.

요일로 따지면, 그 날이 나의 소중한 친구이자 친절한 조언자였던 그가 더 이상 병으로 고생하지 않게 된 지 꼭 일 년째 되는 날이다. 나에게는 1년이 아니라 2, 3년은 족히 된 것 같다.

❖ **1844년 3월 18일, 월요일 저녁**

　패트릭 밀라(Millar) 목사님이 토요일 밤에 들어오셨을 때, 감정이 여러 차례나 격해지지 않을 수 없었다. 그 목사님은 사랑하는 로버트 맥체인과 친하게 지내셨을 뿐만 아니라, 로버트가 죽은 이후로 밀라 목사님을 한 번도 뵌 적이 없었기 때문이었다.
　저녁에 우리 반에서 가르칠 내용을 좀 더 자세히 확대시켜야겠다는 생각이 들었다. 그래서 (내가 말하는 것은 비록 볼품없을지라도) 가르치는 그 내용으로 인하여 그 아이들을 축복해주시도록 주님께 간구했고, 또 내가 하는 말이 주님의 마음과 뜻에도 맞기를 기도했다. 학생들이 영적인 것에 관심을 가지고 있다는 것이 눈에 보이는 징후들을 한 번 더 나타나 내 눈으로 볼 수 있다면 얼마나 좋을까(부흥회 때 그런 일은 없었다고 부정하는 사람들도 있었다).
　학생들이 내가 전하는 말씀을 들을 때에 주님께서 그 굳어진 마음들을 녹이기 시작하고 계신다는 것을 내가 느낄 수 있다면 또 얼마나 기쁠까.

❖ **1844년 3월 23일, 토요일 저녁**

　지난 일 년 간 한 번도 가보지 못했던 던디에 갔다. 수요일 저녁에 있을 사랑하는 이사벨라 윌리암슨의 결혼식에 참석하고 싶었기 때문이다. 우리가 탄 마차가 그 마을에 들어서자 성 베드로 교회의 첨탑이 보였다. 나는 마음이 매우 힘들었다. 무엇보다도,

거기 머무는 수일 동안 그가 가고 없다는 생각이 늘 내 머릿속에서 떠나지 않았다. 오후에는 우리들의 친구가 영면하고 있는 그 소중한 곳으로 갔다. 그곳에 서 있는 동안 감정이 북받쳐서 나는 아무것도 생각할 수가 없었다. 그렇기는 했지만, 맥체인이 전에 했던 말은 그 사람에게 정말 잘 어울리는 말이었다.

> 하늘에서 신랑을 만나기 위해
> 그 아래 누워 있는 저 귀한 흙은
> 예수의 음성을 듣고 일어나리라.
> 거기서, 거기서, 우리는 다시 만나게 되리라.

그 날을 고대하면서 나는 떨어지지 않는 발걸음으로 그 장소를 떠났다. 그 사랑스런 교회의 외벽들조차 내 마음 속에 있는 그와 관련된 수많은 끈들을 건드리며 아픈 나의 마음에 많은 이야기를 해주었다.

수요일 저녁에 거행된 결혼식은 모든 것이 잘 진행되었다. 결혼식 내내 나는 마음이 숙연해졌다. 거기에 예수님이 임재하고 계시다는 생각이 들었다. 오후에 이사벨라와 나는, 그리스도께서 자기 백성과의 연합을 결혼을 예증으로 들어 설명하시는 일이 왕왕 있다는 대화를 잠시 나누었었다.

아! 이 연합은 얼마나 친밀하고 얼마나 애정이 넘치며 또 얼마나 오래 지속되는가.

오, '내가 너와 영원히 혼인을 하리라'는 저 은혜로운 말씀이 나에게 성취되었다는 것을 내가 확실히 알도록 만들어주시면 얼마나 좋을까. 이 연합은 영원하므로, 천사나 마귀나, 아무 사람이라도 예수께 연합되어 있는 사람을 떼어놓을 수 없다.

❖ 1844년 3월 25일,[4] 월요일 저녁

오늘 날짜를 적는다는 것이 쉽지 않다. 사랑하는 우리의 친구가 안식에 들어간 지 오늘로서(요일로서는 지난 토요일이었지만) 날짜로서는 꼭 일 년이 되는 날이기 때문이다. 그 사람은 더 이상 연약한 육체를 느끼지 못한다. 또 자기 자신의 죄에 대해 애통하지도 않으며, 다른 이들의 죄에 대해서도 슬퍼하지 않는다. 자신의 아름다운 영혼을 짓누르던 슬픔도 그 사람에게는 더 이상 없다. 그 사람이 본 적이 없어도 사랑하였던 그 예수님의 임재 안에서 그 보좌 앞에 있게 된 지도 어언 일 년이 되었다. 그 사람에게는 사는 것이 그리스도였기 때문에 그래서 죽는 것도 유익했다.

그렇기는 하지만 오, 나에게는 그 사람이 우리의 지구를 떠난 지가 일 년이 아니라 2, 3년은 된 것 같다. 그 사람 안에 있는 것들 중에 내가 잃어버린 것을 주님 그분께서 내게 채워주시기를 바란다. 다른 사람들을 보면 볼수록, 그 사람과 같은 사람을 다시 만나지는 못할 것이라는 생각이 든다.

오! 내가 그 사람의 지도를 받으면서 더욱 더 신앙이 나아졌었

---

4 맥체인 목사의 기일

더라면 얼마나 좋았을까.

그리고 하나님께서 그 사람에게 주신 모든 은혜를 내가 더욱 더 많이 사용했었더라면 하는 생각을 해본다.

하지만 아아, 그 사람은 여기 함께 있어 믿음 충만하고 엄중하나 동시에 친절하고 자애로운 말을 더 이상 나에게 해주지 못하는구나.

오 주님, 저로 하여금 오늘부터 하나님의 사랑하시는 이신 주님만 의지하고 광야에서 가나안으로 올라갈 수 있게 힘을 주소서.

가나안 저 너머에 있는 더 나은 땅 하늘나라에 나의 눈을 의도적으로 고정시키게 하소서.

여자애들 가르치는 일에 평상시보다 더 많은 권능과 자유와 기쁨을 느꼈다. 아이들도 집중해서 잘 들어주었다. 몇몇 아이들은, 감동을 받았다 할 정도까지는 아니더라도, 많은 관심을 보여주었다.

❖ **1844년 3월 28일, 목요일 저녁**

진실로 나는 하나님의 자비가 어떤 것인가를 보여주는 기념비와 같은 존재이다. 내가 게으름을 피우고 준비도 제대로 잘 되어 있지 않다는 것을 생각해보면, 하나님께서 내 입을 막아버렸을 수도 있었다.

오 되풀이되고 있는 하나님의 선하심이 나를 회개로 이끄시기를.

내가 학생들에게 뭔가 유익을 끼치고 있다는 증거를 나에게 좀 보여주시기를.

그 아이들의 구원을 나는 정말로 바라고 있다.

주님이시여, 그 아이들을 돌이키소서. 그러면 그 아이들은 돌아설 것입니다.

그 아이들을 끌어당기소서. 그러면 그 아이들은 예수님을 위하여 주님 뒤를 따라갈 것입니다. 아멘.

2, 3주 전에 우리는 맥체인의 『유고(遺稿)』의 제2권을 보았다. 거기에 수록되어 있는 편지들이 다정하고도 유익하게 느껴졌다. 어제 오전에 그 책을 다시 들여다보려고 하니, 책이 두 군데가 펼쳐졌다. 그곳에서, 아간의 우상들과 그에게 끊임없이 붙어 다니는 죄에 대해서 맥체인은 기탄없이 그리고 충실하게 말하고 있다.

오 주님, 비록 주님의 종이 죽었기는 하지만, 아직도 나의 영혼에 힘 있게 외치게 하소서.

그리고 무엇보다도 모든 죄에 대한 저의 죄책감을 씻어주시고 또 그 죄의 권세도 멸하여 주소서.

저의 모든 생각을 다 사로잡아 그리스도께 복종시켜 주옵소서.

오 주님을 위하여 모든 것과 기꺼이 작별할 수만 있다면 얼마나 좋을까. 비록 그것이 오른손이나 오른 눈이라 할지라도.

제 자신을 부인하고 저의 십자가를 지고 주님을 따르게 하소서.

주님이여, 제가 에브라임에게 '내가 다시 우상과 무슨 상관이 있으리오'라고 반박할 수 있게 하옵소서.

모든 무거운 것과 나에게 끊임없이 붙어 다니는 죄를 내려놓게 하시고, 예수님을 바라보며 내 앞에 놓인 경주를 인내심을 가지고 달려가게 하소서.

아버지가 어제 저녁에 그 책 두 권을 꺼내오셨다. 오늘 컨디션이 별로 좋지 않기는 했지만, 『회고』를 전부 읽었다. 책이 너무 압축되어 있다는 것이 안타깝기는 했지만, 그래도 여전히 그 책의 내용은 매우 귀중해서 책을 읽어 나가는 동안 나는 그 내용이 되살아나는 듯한 느낌을 받았다.

오, 맥체인이 그러했던 것처럼, 죄를 보면 피 뿌림을 소중히 여길 줄 알고, 또 거룩함을 갈망하게 되기를.

바울처럼 나는 말하리라.

'뒤에 있는 것은 잊어버리고 나는 이 한 가지를 하노라.'

오 주님, 양떼의 발자국을 따라갈 때에 저를 인도하소서.

이제 믿음과 인내로 약속들을 유업으로 받은 저 사람들을 따라가는 자로 저를 만들어 주소서.

지난 2, 3일간 조지 필립스의 짧지만 충격적인 경험 이야기를 읽었다. 어떤 부분에서는 나 자신의 경험을 닮았다. '하나님께서 기뻐하시고, 그리스도께서 기뻐하시고, 성령께서 기뻐하시고, 내가 기뻐한다 하더라도, 여전히 나의 욕심은 만족을 모른다'고 말한 필립스의 말에 동감한다. 오히려 아직도 나는 그리스도를 위하여 기꺼이 모든 것과 작별하게 되지가 않는다. 아마도 나를 따라다니는 죄의 올무가 나를 장악하려 하는 것이 틀림없다.

주님이 권능으로 오시는 그 날에는, 내가 기꺼이 그 모든 것과 작별하게 되게 해주소서.

비록 나는 물같이 연약할지라도, 나의 연약함 속에서 주님의 능력이 온전히 나타나시리라. 그래서 '너희 중에 자기가 가진 모든 것을 버리지 않은 자는 나의 제자가 되지 못한다'는 그 말씀을 나는 늘 기억하게 되리라.

❖ 1844년 4월 8일, 월요일

최근에 존 베인 목사님께서 엄중하고 훌륭한 설교를 한 편 하셨다. '만일 의로운 자로서 구원받은 자가 적다면, 경건하지 못한 자들과 죄인은 어디에 서리요?'라는 제목의 말씀이었다. 오후에는 위로가 되는 말씀을 설교하셨다. 본문은, "수고하고 무거운 짐 진 자들아 다 내게로 오라 내가 너희를 쉬게 하리라"(마 11:28)는 말씀이었다. 목사님의 설교를 즐겁게 들었다. 목사님의 말씀 속에 있는 무게가 느껴졌다. 어려운 일로 인해 목사님이 힘이 빠져 보였기 때문이다.

오 주님, 제가 어느 때이든 무감각한 자가 되게 하지 마옵시고, 언제나 주님의 손으로 치는 매에 겸손히 엎드리는 자가 되게 하소서.

저녁 때 우리 반 아이 아이들 가르치는 시간이 별로 즐겁지가 못했다. 나 자신이 가르치는 게 무척 불편했으니, 아이들에게도 별 유익이 되지 않았을 것이다. 내 마음은 하나님의 말씀으로 녹아지지 못했고, 내 입은 굳게 닫혀 있었다. 내 마음이 하나님이 하신 일들에 별로 감동을 받지 못했으니, "마음의 가득한 것을 입으로 말함이라"(마 12:34)는 말씀이 어찌 진실로 들어나겠는가. 또 내가 그렇게 무덤덤하게 가르치는 일이 자주 생기는 것도 놀랄 일이 아니다.

오 주 예수여, 제 마음이 주님을 향한 사랑으로 가득 흘러넘치게 하여 주소서. 그러면 제가 선한 것으로 충만케 될 것이며, 또 제가 참다 참다 지쳐서 아이들 곁을 떠나는 일도 없을 것입니다.

거룩하신 하나님 아버지, 내 입을 열어 주소서. 그러면 나의 입이 하나님의 영광을 나타낼 것입니다.

❖ 1844년 4월 29일, 월요일 저녁

어제 저녁 격주로 우리 반을 가르치시는 케어드(Caird) 목사님의 말씀을 즐겁게 들었다. '흙으로 만든' 첫 아담에 대해서 말씀해 주셨는데, 이 첫 아담은 둘째 아담, 그러니까 '하늘에서 오신' 주님의 표상이라는 것을 가르쳐주셨다. 선지자와 제사장과 왕이신 주님은 자기 직분들을 더욱 확대시키셨다.

어째서 아담이 그전이 아니라 여섯째 날에 창조되었는지 그 이유에 대해 생각해보았는데, 그 이유는 아담이 그 다음 날 하루 전체를 하나님과 교제하면서 즐겁게 보내도록 하기 위함이며, 하나님께 영적으로 예배하면서 자기 인생을 시작하도록 하기 위함이었을 것이라고 케어드 목사님은 나중에 말씀하셨다.

케어드 목사님은 주일학교 아이들 전체에게 다윗이 므비보셋에게 친절을 베푼 일에 대해 간략하게 말씀해주셨다. 목사님은 그 이야기를 들어 하나님께서 죄인들에게 베푸신 사랑을 예증하신 것이다. 요나단의 아들은 전혀 힘이 없었다. 그래서 다윗은 그를 다윗의 왕궁으로 억지로 데리고 왔다. 다른 한 사람 즉 요나단을 위하여 다윗은 므비보셋에게 친절을 베풀어주었다. 므비보셋은 다윗 왕의 식탁에서 계속해서 식사를 하게 되었다. 이것은 당신의 사랑하는 아들을 위하여 우리에게 베푸시는 하나님의 친절과 흡사하다. '그리스도 예수로 말미암아 우리에게 베푸시는 하나님의 사랑 안에서, 앞으로 올 세대에 자기 은혜의 엄청난 부요를 보여주시기 위해 하나님께서 하늘나라에 앉아계신다'는 이 말은 정말로 말할 수 없이 복된 말씀이다.

수요일에 던디에 갔다. 이사벨라와 한 주간을 함께 보내고, 또 지난 18개월 동안 한 번도 참여한 적이 없었던 성찬식에 참여하기 위해서였다. 금식일 오전에 맨슨(Manson) 목사님의 훌륭한 선교를 들었다. 설교 본문은 "나의 하나님, 나의 하나님, 어찌하여 나를 버리셨나이까?"(마 27:46)였다.

목사님의 설교 요지는 다음과 같았다.

이 버림의 성격, 이 버림의 원인들, 이 버림으로부터 생긴 결과들. 목사님은 기도와 설교에서, 이미 죽고 없는 사랑하는 사람들과 이미 가버린 행복한 시절에 대해 몇 가지 언급을 하셨다. 나는 성 베드로교회 안에 다시 와 있자니 감정이 북받쳐 올랐다. 기분이 매우 흥분되고 혼란스러웠었는데, 오후가 되니까 안정이 되어 다시 차분해졌다. 보나 목사님의 시편 102편의 강해는 귀중했다. "그러므로 만일 그리스도 안에 무슨 위로가 있거든"이라는 빌립보서 2장 1절과 2절에 대한 설교는 풍부하고 자세했다. 보나 목사님은 하나님 아버지의 자비에 의지하는 것은 마치 베개에 머리를 누이는 것과 같다고 말씀하셨다.

저녁에 더드호프에서 퍼거슨 목사님 설교를 들었다. 목사님은 마태복음 2장 1절과 2절을 가지고 '예수께서 탄생하셨을 때'라는 제목의 훌륭하고 흥미로운 설교를 하셨다. 예수께서는 베들레헴의 마구간과 같이 매우 더러운 우리 마음속에 영광스런 소망으로 탄생하셨다고 목사님은 말씀하셨다. 하나님의 자비가 언제나 얼마나 시기적절한지도 언급하셨다. 그리스도는 하나님의 대의가 쇠퇴하였던 헤롯왕 시대에 탄생하셨다.

우리가 하늘의 새 예루살렘 문에 들어설 때 우리가 하게 될 기쁜 소리는 "유대인의 왕으로 나신 이가 어디 계시냐 우리가… 그에게 경배하러 왔노라"(마 2:2)고 했던 동방 박사의 말과 비슷할 것이라는 즐거운 아이디어로 목사님은 설교를 마치셨다.

오 주님, 이 땅의 모든 나라들이 이 평강의 왕 앞에 엎드릴 그 복된 날이 어서 오게 하소서. 모든 민족이 주님을 예배할 그 날이 속히 오게 하소서.

금요일 저녁에 보나 목사님은 설교 본문으로 열 처녀의 비유를 택하셨다. 목사님은 우리가 성찬식에 참여할 준비를 잘 하여야 한다는 말씀을 주로 하셨다.

토요일에 성 다윗교회에서 사무엘 밀라 목사님의 설교를 들었다. 예비일인 토요일에 아주 적절한 설교였다. 설교 본문은 "내 아버지여 만일 할 만하시거든 이 잔을 내게서 지나가게 하옵소서"(마 26:39)이었다. 예수님이 '고민하고 슬퍼하'셨다고 성경이 말씀하고 있으니, 그리스도의 큰 고난은 그 때 이미 시작되었다고 말씀하셨다. 예수께 지워진 짐은 너무나 커서 그분의 몸은 그 짐에 눌려 쓰러졌다. 비록, 수백 년 동안, 모형과 예언 속에서 그것을 바라보아왔었지만, 주께서 그 무거운 짐을 지셨을 때 주님은 몹시 경악하셨던 것이다.

신자들은 많은 환난을 통해서 천국에 들어가게 되어 있다는 것을 목사님은 상기시켜주셨다. 믿는 사람들이라면 슬픔의 잔들을 자기 손에 들게 될 것이지만, 그러나 예수께서 마셔야 했던 그 잔과는 매우 다른 것이다. 왜냐하면 주님의 잔에는 저주가 있었던 반면에, 성도들이 가진 잔에는 저주라는 것이 없기 때문이다. 하나님의 아들의 그 끔찍한 고난에 대해 묵상해보면 충격적인 감정이 솟구친다.

오! 하나님으로 하여금 당신의 아들 예수를 버리게끔 만들었던 그 크신 사랑을 더 잘 이해할 수 있다면 얼마나 좋을까. 또 예수로 하여금 그러한 고민거리에 자기 자신을 굴복시키게 만들었던 그 크신 사랑을 좀 더 잘 알 수 있다면 얼마나 좋을까. 모든 성도들과 함께, 그 넓이와 길이와 깊이와 높이를 알 수만 있다면 얼마나 좋을까.

아이슬레이 번즈(Burns) 목사님이 주일날 좋은 설교를 해주셨다. '그리고 만일 내가 땅에서 들림을 받으면, 모든 사람들을 나에게로 이끌리라'는 말씀이었다. 성찬식에서 첫 번째로 하신 설교는 '나의 사랑 나의 어여쁜 자야 일어나서 함께 가자'(아 6:11 참조)라는 아가서 구절에 대한 말씀이었다. 성찬상에 앉았을 때 나는 마음에 평안이 별로 없었다. 하지만 이 구절이 내 마음에 와 닿아 위로를 받았다.

> 내가 네 허물을 빽빽한 구름같이, 네 죄를 안개같이 없이하였으니 너는 내게로 돌아오라 내가 너를 구속하였음이니라(사 44:22).

베인 목사님 또한 '우리는 구름같이 허다한 증인들로 둘러싸여 있다'는 말씀을 가지고 활기찬 성찬식 설교를 해주셨다. 그리고 예증으로는, 거의 아무도 그렇게 달리지 않는 매우 드문 식으로 달리기를 했던 한 사람을 언급해주셨다. 그럼에도 이 사람은 우리를 인정해주는 증인이 되거나, 아니면 우리를 책망하는 증인이 될 것이다.

번즈 목사님이 마지막으로 "일어나라 함께 가자"(마 26:46)라는 짧은 말씀을 전하셨다. 일어나 할 일을 적극적으로 하고, 일어나 마침내 영광의 자리로 가자는 말씀이었다. 은혜로운 하루였다. 과거의 성찬식과는 달랐다. 사람들도 흐트러짐 없이 엄숙하였는데, 그 분위기가 아주 좋아 보였다. 성 베드로교회의 슬픈 변화에도 불구하고, 나는 여전히 이 장소가 축복받은 곳으로 느껴졌으며 내가 가 본 그 어떤 교회와도 다르게 보였다. 이 교회에 다시 오니 참 좋다.

그러나 오! 나는 마음이 악하고, 마귀는 유혹한다. 성찬식에서 돌아온 후에도 나의 생각들은 많이 방황하고 있고, 내 마음은 여러 가지 우상들을 좇아가고 있다.

오! 주님, 거룩해야 할 나의 마음과 생각들이 짓고 있는 큰 죄를 용서하소서. 시험에 빠지지 않게 늘 깨어 기도할 수 있게 하소서.

길리즈 목사님이 월요일에 '왜 염려하느냐?'라는 은혜로운 설교를 하셨다. 믿는 자들이 그리스도 안에서 가지고 있는 근심거리에 대해 말해주셨다. 그리스도는 믿는 자들의 신랑이시요, 친구시요, 불쌍히 여기는 대제사장이시요 신비한 머리이시다. 그 다음에는, 믿는 자들을 위하여 자기 목숨을 내어주시고 믿는 자들에게 자기 생명을 내어주셨던 그 사건 속에서, 예수께서 이미 이루어놓으신 일들을 잘 생각해보라고 목사님은 말씀하셨다. 그 분이 어떤 것들을 약속하셨는지, 그분이 지금 무엇을 하고 계신지, 그리고 믿는 자들을 위해서 하늘에서 어떤 것들을 준비하고 계시는지도 우리 믿는 자들은 깊이 생각해보아야 한다.

이런 식으로 예수께서 자기 자신을 주신 것이야말로 자기 백성의 행복을 위한 갈망과 사랑과 자비를 잘 나타낸 것이라고 목사님은 말씀하셨다. 주님의 백성들이 염려할 때, 그것은 그리스도를 욕되게 하는 것이며 그분을 대단히 슬프게 만드는 것이라고 목사님은 말씀하셨다. 여러분이 염려가 될 때 이런 것들을 깊이 묵상해보고, 그뿐 아니라 또한 보혜사 성령을 주시라고 기도하라고 하셨다.

> 주 예수께서는 여러분들에게 이 말을 반대로 하신다고 저는 불신자들에게 말하고 싶습니다. 그분은 불신자들에게 이렇게 말씀하실 것입니다. '왜 염려하지 않느냐?' 너희들은 모든 것이 다 걱정거리다. 주님께서 마지막 날을 절기 축제의 큰 날로 만드신 적이 과거에 얼마나 많이 있었습니까?

월요일 저녁 모임은 정말 엄숙했다. 그래서 "그대는 지금까지 좋은 포도주를 두었도다"(요 2:10)라고 말하지 않을 수 없게 만들었다.

이렇게 은혜로운 날들이 이 땅에서 내게 또 찾아올까?

❖ 1844년 6월 28일, 금요일

지난 주일을 보내고 또 일주일 만에 래트레이(Rattray)에서 성찬식에 참여하였던 것은 실로 특권이 아닐 수 없었다. 길리즈 목사님이 아가서 1장 12절의 본문을 가지고 귀한 설교를 들려주셨다. 설교의 주요 대지는, 그리스도께 주어진 명칭들, 신부가 자상한 자기 배우자와 누리고 있는 다정한 교제, 그리고 그리스도와 나누는 교제가 신부 자신의 영혼에 미친 거룩하고 복된 결과들, 이 세 가지로 나누어졌다. 이렇게 가르침을 받아서 이 풍요로운 책 아가서의 의미를 영안을 가지고 분간할 수 있으면 좋으련만! 성찬 예배에서는 '모든 것이 예비 되어 있다'와 '주께서 오실 때까지 주님의 죽으심을 전하라'는 제목의 설교 말씀이 있었다. 길리즈 목사님은 또 아주 적절한 본문이었던, 출애굽기 23장 20절과 21절에 대해서, '보라 네 앞에 천사를 보내노라'는 제목으로 설교를 해주셨다. 하지만 나는 몸이 너무 피곤하고 기운이 없어서 내가 바라던 만큼 그 설교에 집중할 수가 없었다. 저녁에는 퍼거슨 목사님이 창세기 8장의 마지막 세 구절을 가지고 설교하셨다. 노아가 이 번제를 드린 일에 대해 목사님은, 이 제물은 지정된 것이었고, 속죄를 위한 것이었으며, 대속물이었고, 대표적인 것이었다고 말씀하셨다.

비록 거기서 보냈던 지난 성찬 주일처럼 그렇게 마음에 부담이 되지는 않았지만, 그래도 은혜로운 날이었다. 하지만 나의 마음이 방황하지 않았었더라면 더 좋았을 것이다. 월요일에는 베인 목사님이 히브리서 7장 25절에서 아주 훌륭한 설교를 하셨다. 목사님은 하나님의 구원의 범위, 그 구원의 대상에 대해서 자세히 설명해주셨다. 가장 큰 죄인이라도 구원을 받을 수 있다고 말씀하셨다. 죄를 지으면 당연히 따라오는 모든 결과들로부터도 하나님은 구원하신다.

모든 방해에도 불구하고 하나님은 구원하신다. 끝까지 하나님은 구원하신다. 또 이 구원은 그리스도의 생명과 중보에 근거하고 있기 때문에 믿는 자는 구원이 보장된다는 점에 대해서도 목사님은 상세히 말씀해주셨다.

❖ 1844년 7월 3일, 수요일

래트레이에서 성찬식이 있은 후 다음 목요일에, 우리는 야외에서 주일 학교를 했다. 찬양과 기도로 시작했다. 푸른 풀밭에서 한 시간 이상을 보낸 후, 우리는 예배당으로 자리를 옮겼다. 거기서 퍼거슨 목사님이 먼저 기도라는 주제로 우리에게 말씀을 전해주셨다. 기도의 힘을 예증하기 위해, 목사님은 아이들에게 하늘로 날려 올린 연 이야기를 하셨다. 시은소라는 보좌에 앉아계신 하나님께 기도를 날려 보내라고 목사님은 아이들에게 힘주어 강조하셨다. 그러면 하나님께서는 다함이 없는 부요함으로 아이들을 부요하게 하실 것이다. "기도해서 용서받고, 기도해서 그리스도께 가까이 나아가고, 기도해서 유익한 삶을 살고, 기도해서 복된 죽음을 맞이하라"고 목사님은 말씀하셨다.

어떻게 기도해야 하는가?

경건하게, 담대하게, 겸손하게, 믿음으로, 진실하게, 인내하면서 기도하라.

아무리 죄가 크더라도 누구나, "보라 하나님의 손이 짧아서 구원할 수 없는 것이 아니다"(사 50:2 참조)라는 마음을 가지고 기도해야 한다. 므낫세는 죄를 무척 많이 지었으나 하나님의 손이 므낫세를 붙드셨다.

'하나님의 귀가 둔하여서 들을 수 없는 것이 아니다.'

요나는 고래의 뱃속에서 기도했다. 요나의 기도소리는 고래를 뚫고, 바다를 뚫고, 창공을 뚫고, 구름을 뚫고 하나님의 귀에까지 도달했다.

그리고 나서 길리즈 목사님은 요시아 왕에 대한 설교를 하셨다. 아이들이 이 세상에서 왕이 될 수는 없겠지만, 영광 속에서는 왕이 될 수 있음을 어린이들에게 상기시켜주셨다. 요시아는 어렸을 때부터 경건하였다. 길리즈 목사님은, 어렸을 때 그리스도 안에 들어와 있는 사람들을 화단에서 제일 아름다운 꽃, 장미 꽃봉오리에 아름답게 비유하셨다. 예수께서는 생애의 아침에 해당하는 시기에 자기에게로 나온 이들을 특히 사랑하셨다. 이 어린 왕 요시아는 하나님의 말씀을 사랑했다. 요시아 왕은 또 평안하고 복된 죽음을 맞이하기도 했다. 그가 평안히 무덤으로 내려갔다고 성경이 말씀하고 있는 것을 보니 그렇다.

베인 목사님도 아이들에게 짧은 설교를 해주셨는데, 성경은 하나님께서 우리에게 쓰신 편지라고 하셨다. 성경은 우리에게 두 가지를 가르쳐주고 있다고 하시면서, 목사님은 북부 지역에서 목회하고 계시는 어떤 목사님의[5] 아름다운 이야기를 예화로 들려주셨다. 그 목사님은 한 어린 소녀에게 이렇게 기도하라고 말씀해주셨단다.

"하나님, 저에게 저 자신이 어떤 사람인지 보여주세요. 하나님, 저에게 하나님이 어떤 분이신지 보여주세요."

맥도날드 목사님이 다음과 같이 두 길에 대해서 설교해주시고 설교가 모두 끝났다.

> 한 길로 들어가는 것은 다른 한 길로 들어가는 것보다 쉽습니다. 한쪽 문은 넓습니다. 다른 쪽 문은 좁습니다. 그 좁은 문에는 이렇게 금지의 말씀이 쓰여 있습니다. '거듭난 사람 외에는 아무도 하나님의 나라에 들어올 수 없다.' 한 쪽 길로 가는 것이 다른 길로 가는 것보다 쉽습니다. 한 길은 넓고 다른 길은 좁기 때문입니다. 한 쪽 길은 내려가는 길이고, 다른 길은 올라가는 길이기 때문입니다. 한 길은 다른 길보다 다니는 사람들이 훨씬 더 많습니다. 한 쪽 길은 죄짓는 쾌락의 길이고, 다른 쪽 길은 행복과 평안의 길입니다. 한 쪽 길은 지옥으로 가는 길이고, 다른 쪽 길은 천국으로 가는 길입니다.

오늘 모임의 열매가 성결로 인도하여서 그로 말미암아 그 끝에는 영생이 있기를 바란다.

---

[5] 레솔리스(Resolis)에서 목회하고 있는 헥터 맥파일(MacPhail) 목사를 가르킨다.

❖ **1844년 7월 14일**

　토요일에 퍼거슨 목사님이 '너희는 살아계신 하나님의 성전이다'라는 제목으로 정신이 퍼뜩 들게 하는 설교를 해주셨다. 목사님은 이 성전의 성격과 이 성전의 소유주와 이 성전의 세입자에 대해서 말씀하셨다. 겨우 첫 대지에 대해서밖에 설교를 들을 시간이 없었지만, 그래도 그 말씀만 해도 굉장했다. 그 말씀 속에는 무언가 고귀한 생각들이 들어있었기 때문이다. 성전의 성격에 관련해서 목사님은 성전은 영적인 것이며, 이미 사들인 것이고, 준비되어 있는 것이라고 말씀하셨다. 그리스도로 말미암아 확보되어가고 있는 성령님의 역사에 관해 목사님이 설교하신 말씀은 정말 은혜로웠다.

　주일에 맥도날드 목사님께서 "왕은 우리 만 명보다 중하시오니"라는 사무엘하 18:3의 말씀을 가지고 열렬히 설교를 해주셨다.

> 예수님은 그 순전한 인격이, 그 지혜의 깊이가, 그 사랑의 강도가, 그 권능의 크기가, 그 은사의 크기가, 그리고 그 영광의 밝기가, 우리 만 명이 합친 것보다 중하십니다. 그분이 우리 만 명을 합친 가치를 가지고 계신 것이 확실하다면, 그분은 우리가 잘 기억하고 있어야 마땅할 가치가 있는 분입니다. 우리가 이 세상의 다른 그 어떤 것들보다도 더 사랑해야할 분이 예수님입니다. 그리스도 같이 이렇게 귀한 선물을 안 받겠다고 거부하는 죄는 정말로 끔찍하기 짝이 없습니다.

성찬식에 나아가기 전에는 별로 마음이 가볍지 않았다. 그런데 성찬상에 앉아 주님의 사랑을 나에게 나타내달라고 주님께 기도하였을 때, 마치 선한 목자이신 주님에게서 오기라도 한 것처럼 내게 은혜롭게 들리는 이 말씀으로 큰 위로를 받았다.

내가 영원한 사랑으로 너를 사랑하기에 인자함으로 너를 이끌었다 (렘 31:3).

그리고 이 말씀도 좋았다.
'내가 나의 말로 너를 인도할 것이요 후에는 너를 영광 속으로 받아들이리라.'
오! 이 귀한 약속의 말씀들이 모두 정말로 나의 것이 되기를. 이 세상의 기초가 놓이기 전에 내가 그리스도 안에서 선택을 받았었기를, 그리고 주님이 끝까지 사랑하시는 성도들 중에 내가 들어있기를 기원한다.
저녁에 클루니의 밀러 목사님이 "예수께서 대답하여 가라사대 너희가 성경도, 하나님의 능력도 알지 못하는 고로 오해하였도다"라는 마태복음 22:29의 본문 말씀을 가지고 길지만 기막히게 은혜로운 설교를 해주셨다. 하나님의 말씀을 공부하는 사람들이 되되, 마치 성경을 읽는 사람들이 세상에 우리들뿐이라도 되는 것처럼 집중해서 성경을 읽으라고 우리들에게 권면해주셨다. 성경을 좀 더 많이 읽어야겠다고 나는 결심하였다.
오! 성경의 귀한 진리들의 힘을 날마다 더욱 더 많이 느껴보고 그 속에 계신 성령님의 마음을 볼 수 있다면 얼마나 좋을까. '내가 주님의 법을 사랑합니다'라고 말하는 것만으로는 충분하지 못하다. '내가 주님의 법을 하루 종일 묵상합니다'라고 말할 수 있어야 한다.

월요일에는 박스터 목사님이 "사랑하는 자들아 우리가 지금은 하나님의 자녀라 장래에 어떻게 될 것은 아직 나타나지 아니하였으나"라는 요한일서 3:2의 말씀을 가지고 훌륭한 설교를 해주셨다. 목사님은 말씀하셨다.

> 믿는 사람들은 그리스도와 연합하여 중생하고 양자를 삼으심으로써 하나님의 자녀가 됩니다. 믿는 자들이 가진 현재의 위신과 특권에 대해 말하자면, 믿는 사람들은 하나님 안에서 아들의 지분을 갖으며, 양자의 영을 가지고, 하나님의 가르침을 받게 되며, 여호와께로부터 양식을 공급받습니다. 하나님은 또한 믿는 자들을 징계하시기도 합니다. 믿는 자는 모두 위의 것을 유업으로 받을 자격을 갖습니다. 믿는 자들의 앞날이 이렇게 멋진데 이 사람들은 천국에 대해 아는 게 별로 없습니다. 천국이 어떤 곳인지 사람들에게 말해줄 수 있으려면, 우리가 먼저 그곳에 가 있어야 합니다. 천국에 대해서 확실하게 알려진 것들이 많이 있습니다. 그리스도가 거기에 계십니다. 성경이 이것을 믿는 자들에게 말하고 있고, 그리스도인의 체험이 또 그렇게 말하고 있습니다. 천국은 그리스도의 영광을 볼 수 있는 곳이라는 것을 믿는 이들은 압니다. 천국은 또한 믿는 자들이 완벽하게 그리스도를 닮아있는 곳이고, 스가랴 선지자가 말한 대로, 여호와의 전에 가나안 사람들이 다시 있지 아니한 그런 곳입니다.

내가 그 자녀들 가운데 있다는 뚜렷한 증거가 있다면 좋겠다. 또 예수께서 나타나실 그 때를 위해, 모든 권속들이 그리스도를 닮아 있을 그 때를 위해, 믿는 사람들이 그리스도를 있는 그대로의 모습으로 직접 보게 될 그 때를 위해서이다. 내가 제대로 준비되어가고 있다는 보다 분명한 증거가 있다면 얼마나 좋을까.

❖ 1844년 8월 16일, 금요일

2주일 전 어제, 우리는 약간 북쪽에 있는 지방으로 떠났던 여행에서 돌아왔다. 화요일 아침에 이 여행을 떠났다. 던(Dunn)씨(2, 3주간 우리 집에 계셨었음)와 몬커 부부, 사라 윌리암슨과 램씨, 그렇게 우리 집안사람들로 구성된 팀이었다. 날씨는 비가 좀 내렸었기 때문에 기분이 별로 나지 않았다. 그래도 그런대로 우리는 여행을 즐겼다.

첫 날 우리는 켄모어까지 아름다운 길을 드라이브했다. 그리고 가는 도중에 모네스 폭포에도 들렸다. 폭포는 정말 아름다웠다. 수요일 오전에 우리는 태이머스의 아름다운 땅을 여기 저기 둘러보면서 시간을 보냈다. 차분하면서도 기분 좋은 날이었다.

그 날은 또한 나의 생일이기도 했다. 생일에는 나는 언제나 숙연해진다.

지나간 날들에 지은 죄를 애통해하는 부드러운 마음을 주소서.

또 그 동안 나를 인도해 오신 것에 대해 주님을 찬양할 줄 아는 감사의 정신을 주소서.

여기까지 주께서 나를 도우셨으니 나는 기억의 돌 에벤에셀을 들어 올려야 하는 것이 마땅하다.

나이가 더 많아질수록 나의 주님이시요 구주이신 예수 그리스도의 은혜와 그를 아는 지식에서 자라가게 하소서.

내가 또 한 해를 살 수 있는 은혜를 입는다면, 지금의 나와는 아주 달라지게 하사 시온으로 가는 길에서 훨씬 더 많은 진전이 있게 만드셔서, 이 세상 것들을 내 발로 밟아버리고 천국의 것들을 나의 눈에 더 많이 담게 하시고 예수를 바라보며 내 앞에 놓인 경주를 더 빠른 걸음으로 달려가게 하여 주소서.

오! 주님, 주님의 마음과 뜻대로 나를 빚어주소서. 그리고 말과 행실로 제가 무엇을 하든 주님의 찬송과 영광을 위해 모든 것을 할 수 있게 하소서.

오! 이 세상에서 주님을 섬기고자 하는 간절한 마음의 소원을 제게 주소서. 제가 어떤 상황에 처해 있더라도 그런 마음을 잃지 않게 하소서.

그리고 만일 주님 뜻이면, 오! 주 예수여, 제가 주님을 섬기고 있는 곳 어디서나 신속하게 길을 열어주소서.

그 어떤 것들보다도 주님의 이름이 높임을 받게 되기를 바라면서, 저는 주님의 영광스러운 은혜를 찬송하며 살겠나이다.

이 같은 날 오후에, 그러니까 수요일에는, 터멜 개리 강둑길에서 마차를 타면서 즐거운 시간을 보냈다. 다음 날, 달나카독에서 블레어 아톨로 가는 도중에, 브루아 폭포에 가보았는데, 이 폭포는 그렇게 멋지지도 않고 험준한 바위에는 나무도 별로 없었지만 모네스 폭포보다 물줄기도 더 거셌고 크기도 더 컸다. 이 길에서 가장 멋진 부분은 블레어 아톨과 던켈드 사이에 있는 킬리크랭키 오솔길이었다. 산이 굉장히 높았지만 나무 또한 아주 많고 아름다웠다.

목요일 밤 늦게 집에 도착했을 때 우리는 모두 무척 피곤해 있었다. 하지만 그 모든 아름다운 경치 때문에 마음은 행복했다. 죄로 물들지만 않았다면 이 세상은 얼마나 아름다웠을까!

이 모든 것을 그 손으로 빚으신 그 하나님은 무척 능력이 많으신 분임이 분명하다!

> 만물이 그로 말미암아 지은 바 되었으니 지은 것이 하나도 그가 없이는 된 것이 없느니라(요 1:3).

자연의 경이로운 모습들을 바라보면서, 나의 구원자가 저것들에게 아름다움을 모두 주셨다고, 그렇지, 내 아버지께서 저것들을 모두 지으셨다고 말할 수 있으니, 얼마나 감사한 일인가.

❖ 1844년 9월 28일, 토요일

수요일 전에 오셔서 우리와 함께 하셨던 메인(Main) 목사님이 화요일에 떠나셨다. 목사님의 방문이 나는 무척 즐거웠다. 사랑하는 우리 친구가 우리를 떠나간 후에 내가 해보았던 그 어떤 활동들보다 목사님의 방문이 가장 나를 행복하게 했다고 해도 과언이 아니다. 성전 안에서 하셨던 이 목사님의 사역에서 나는 많은 가르침을 받았고 세움을 입었다. 우리 집에서 성경을 강해해주신 것에서도 배운 바가 많았다. 목사님의 방문이 우리 식구와 교인들에게 커다란 축복이 되었기를. 그리고 목사님이 기도하신 바대로, 여기서 하신 짧은 사역의 열매들을 목사님이 영원한 세상에서 꼭 보게 하여 주시기를 기원한다.

빌립보서 1장에 대해서 목사님은 매우 은혜롭게 주석을 하셨다.

> 이기는 그에게는 내가 하나님의 낙원에 있는 생명나무의 과실을 주어 먹게 하리라(계 2:7).

이 본문 말씀에 대해서는 지적으로 우리를 고양시켜주는 생동력 넘치는 설교를 하셨다. 오후에는 "내가 어떻게 하여야 구원을 받으리이까"(행 16:30)라는 주제로 성찰적이고 실제적인 설교를 하셨다. 목사님은 또 "우리가 이 소망을 가지고 있는 것은 영혼의 닻 같아서 튼튼하고 견고하여 휘장 안에 들어가나니"(히 6:19)라는 구절을 가지고 매우 강력한 설교를 하셨다.

서론으로, 목사님은 소망의 은혜의 성격에 대해 말씀하셨다. 소망의 은혜는 인생의 위안이요 감미료라고 말씀하셨다. 또 인생의 항해에 대해서도 말씀하셨는데, 모든 것은 닻이 던져져 박혀있는 그 땅의 성질이 어떠냐에 달려있다고 하셨다.

믿는 자의 소망인 닻은 성소의 휘장 안에 있는 것, 그 속으로 들어간다. 그 닻은 그리스도께 단단히 매여져 있고, 그 닻은 그리스도께서 이루어놓으신 일에 단단히 걸쳐져 있다. 그러나 만일 모든 것이 닻이 던져진 그 땅의 성격에 따라 달라진다면,

그리고 만일 그리스도께서 반석이시라면, 그렇다면 우리는 어떻게 그분께 닻을 던질 수 있을까?

아, 그 반석이 갈라져 있지 않다면 어떻게 그럴 수 있을까?

그리스도는 만세 반석이시다. 가련한 죄인이 자기 소망을 그분께 두게 하려는 바로 이 목적을 위하여, 이 만세 반석은 갈라져 있는 것이다. 하나님의 진노는 모두 이미 그리스도께 쏟아 부어졌다. 세상은 일시적이며 변하는 것들 위에 영원한 것들의 닻을 주고 있다. 그러나 우리는 우리의 닻을 죽지 않는 것 그리고 지속적인 것 위에 던져야 한다.

믿는 자가 가지고 있는 소망은 그 사람을 늘 견고하게 지탱해 준다. 만일 배가 항구에서 물건을 사고파는 교역을 해야 한다면, 배는 그 항구에 정박할 닻이 필요하다. 마찬가지로 믿는 사람도 세상과 접촉을 해야 할 때는 닻이 필요하다. 세상을 이기는 길은 휘장 안에다 자기 소망을 두는 것이다.

자기 눈을 저 위에 있는 영화로운 것들에 고정시키라. 그러면 믿음이 흔들리지 않게 될 것이다.

생명나무를 항상 바라보라.

그러면 이 땅의 꽃들이 별로 아름답게 보이지 않을 것이다. 구원의 잔을 마시라.

그러면 이 세상 쾌락이 주는 잔이 시시하게 보일 것이다.

신앙은 재미없는 것이라고 세상은 말한다. 그러나 승리를 거의 손에 쥔 것이나 진배없을 때, 믿는 자에게는 그런 생각이 들지 않는다. 폭풍을 만났을 때 배에게 필요한 것은 닻이다. 고난을 당하고 있을 때 믿는 자도 마찬가지이다.

질병과 상실, 재난, 죽음이 오고 있는가?

그렇다면 자신의 닻 곧, 자신의 소망이 주는 혜택을 생각해보라. 그것은 휘장 안에 있다. 우리가 가지고 있는 소망의 성격이 어떤 것인지에 관해 우리 자신을 시험해볼 수 있는 엄숙한 말이 있다.

> 만일 네가 보행자와 함께 달려도 피곤하면 어찌 능히 말과 경주하겠느냐(렘 12:5a).

어떤 사람이 타고 있는 배에 나침반이나 키도 없이, 더군다나 태양도 별도 보이지 않는데, 십 년 동안이나 바다에 버려진 상태로 이리저리 파도에 떠다니고 있다는 것보다 더 큰 벌을 상상해 보기란 어렵다.

하물며 뜨거운 파도가 넘실대는 불못이라는 바다에 던져지는 것에 비교해 본다면, 어두움의 어두움 속에 영원히 던져지는 것에 비교해 본다면, 과연 어떨까?

만일 우리가 인간의 유일한 구주이신 예수께 나오지 않을 것이면, 우리는 갈보리를 떠나게 될 것이고, 또 그 때문에 영원토록 쓰디쓴 눈물을 흘리지 않으면 안 될 것이다.

대단히 섭섭한 마음으로 우리는 메인 목사님과 헤어졌다. 목사님께서 주님의 큰 사랑을 받게 되기를, 그분의 영혼이 물댄 동산 같기를, 그분의 사랑하는 교인들이 장맛비 같은 축복을 받게 되기를 간절히 바라는 마음으로 목사님과 작별했다.

❖ **1844년 11월 2일 토요일 저녁**

　지난 목요일 몸이 아파서 이삼 일간 자리에 누워있었다. 하지만 작년에 아팠을 때보다는 덜했다. 이제 거의 다 나았다. 주께서 은혜를 베풀어주신 까닭이다. 이번에 짧게 아팠던 일로 인해 굳은 나의 마음이 부드러워졌기를. 어제 사랑하는 엘리자 맥체인으로부터 친절한 편지 한 통을 받았다.

　엘리자는 자기 교회의 성찬식 이야기를 아주 즐겁게 해주었다. 그녀의 영혼을 그렇게 기쁘해주신 주께서 영광을 받으시기를. 다가오는 우리 교회의 성찬식도 그와 같기를. 성령께서 성찬식을 나의 기운을 북돋아 주시는 기회로, 또 생기 없이 죽어있는 나의 곤고한 영혼을 부활시키는 때로, 만들어주시기를. 브리어이(Breay) 목사님의 『회고록』을 다 읽었다. 이분은 버밍햄에 있는 영국 국교회의 목사님이셨다. 특별히 목사님이 쓰신 편지들에서 은혜를 받았다. 아주 영적인 마음을 가진 분이시다.

　또한 월리스 덩컨 부인의 『회고록』도 두 번째로 다 읽었다. 첫 번째 읽었을 때보다 더 좋았다. 이 책을 읽으니 활기가 솟는 기분이 들었고, 그녀 속에 있는 본받을 만한 가치가 있는 모든 것을 다 따라하고 싶어졌다. 믿음과 인내로 약속들을 유업으로 받고 있는 사람들을 따라가고 싶구나.

❖ 1844년 11월 29일 금요일

지난 주일이 지난 지 일주일 되는 날은 성례주일이었다. 나는 그분의 성찬상에서 주님과 맺은 나의 언약을 갱신하고 나 자신과 내가 가지고 있는 모든 것을 그분을 섬기는 일에 바치려고 하였다.

그런데, 아아! 그 모든 것은 결과적으로 열의가 없이 너무 차가웠다. 그럼에도 불구하고, 오 주님, 주님의 이름을 위하여 그리고 그리스도 안에 있는 주님의 풍성한 자비로 인하여, 저를 용납하여 주시고 저를 온전히 주님의 것으로 만들어 주시고, 그리고 만일 주님의 거룩한 뜻이면 저의 평생에 주님을 위하여 쓸모 있는 사람이 되게 하소서.

목요일 오후에, 시편 32편 1절과 2절을 본문으로 한 캔들리시 박사의 설교를 들었다.

> 허물의 사함을 받고 자신의 죄가 가려진 자는 복이 있도다 마음에 간사함이 없고 여호와께 정죄를 당하지 아니하는 자는 복이 있도다 (시 32:1).

이해하기 쉽고 자세하게 복음을 제시한 설교였다. '허물,' '죄,' '간사가 없고,' '정죄' 등과 같은 표현의 각각의 의미를 나머지 다른 단어들의 의미 위에 덧붙여서 설명해주었고, 하나님의 자비, 거룩, 공의 등을 그 단어들이 가진 뜻 안에서 모두 보여주었다. 목사님은 '마음에 간사가 없고'라는 이 상태와 연결해서, 마음의 영적인 성격 즉 마음의 영적인 틀에 관해 말씀하셨다.

자연인이 가지고 있는 간사한 마음은 어떤 종류의 것인가? 성경은 그것을 이런 말로 표현하고 있다.

> 만일 우리가 하나님과 사귐이 있다 하고 어두운 가운데 행하면 거짓말을 하고 진리를 행치 아니함이거니와 저가 빛 가운데 계신 것같이 우리도 빛 가운데 행하면 우리가 서로 사귐이 있고 그 아들 예수의 피가 우리를 모든 죄에서 깨끗하게 하실 것이요 만일 우리가 죄 없다 하면 스스로 속이고 또 진리가 우리 속에 있지 아니할 것이요 (요일 1:6-8).

사람들을 믿지 못하게 방해하는 간사한 마음에는 두 가지가 있다. 2장 4절에 "저를 아노라 하고 그의 계명을 지키지 아니하는 자는 거짓말 하는 자요 진리가 그 속에 있지 아니하되"라고 말씀하고 있다. 신앙고백까지 했던 그리스도인들이 넘어가기 쉬운 간교한 마음이 있는 것이다.

여기서 말하고 있는 복의 구성요소 또는 구성성분은 무엇인가? 3절과 5절은 이렇게 말씀하고 있다.

> 내가 입을 열지 아니할 때에 종일 신음하므로 내 뼈가 쇠하였도다 내가 이르기를 내 허물을 여호와께 자복하리라 하고 주께 내 죄를 아뢰고 내 죄악을 숨기지 아니하였더니 곧 주께서 내 죄악을 사하셨나이다(시 32:3, 5).

이 고백의 결의가 갈등을 끝내버렸다. 다윗은 자기 자신의 의를 덧대려고 하는 짓을 영원히 끝장내 버렸던 것이다. 이런 복이 가진 또 하나의 면모는, 환란 중에 우리가 누리는 보장이다.

> 주는 나의 은신처이오니 환난에서 나를 보호하시고 구원의 노래로 나를 두르시리이다(시 32:7).

믿는 자들은 주께서 숨겨주신 사람들이다. 한 아이가 위험에 처해 있을 때, 생각해 볼 겨를도 없이 마치 본능으로 그러는 것처럼, 아이는 곧바로 달려가 자기 어머니의 가슴에 숨어버린다. 마찬가지로 하나님의 자녀가 어려움에 처해 있을 때, 그가 느끼는 첫 번째 충동은 하나님께 달려가 그의 품속에 숨어버리는 것이다. 하나님은 우리의 피난처요 환난 날에 만날 도움이시기 때문이다. 이 축복의 또 다른 면은 주님의 인도하심에서(8절) 찾아볼 수 있다.

> 내가 너희 갈 길을 가르쳐 보이고 너를 주목하여 훈계하리로다 (시 32:8).

네가 죄를 범했을 때, 베드로가 그랬던 것처럼 그리스도의 눈과 마주쳤을 때 그 눈이 너를 울게 만드는가?

아니면 네가 어느 길로 가야할 지 몰라 머뭇거리고 있을 때, 그리스도의 눈과 마주치면 그분의 눈이 너로 하여금 뒤로 되돌아가 다시 시작하게 만드는가?

네가 예수님을 위해 희생을 하고 싶은 마음이 없을 때, 마치 주께서 너에게 "너를 위해 죽은 나를 위해 희생하기가 그렇게도 억울하느냐?"라고 하기라도 하는 것처럼 그분의 눈이 너를 보고 있다면, 네 마음은 그 눈 때문에 흔들리는가?

그러나 네가 만약 주님께 세상이 하는 질문, 즉 "혹시 제가…해도 되겠습니까?"와 "제가 꼭…해야 합니까?"라고 묻고 있다면, 그렇다면 너는 자녀의 특권을 포기하고 있는 것이다. 오히려 너는 그리스도께서 우리를 자유롭게 하신 그 자유 안에서 굳게 서야 한다. 왜냐하면 하나님은 우리에게 두려움의 영을 주시지 않고, 오히려 능력의 영과 사랑의 영과 건전한 정신의 영을 주셨기 때문이다.

캔들리시 박사님이 저녁에 또 다시 우리에게 아주 즐거운 설교를 해주셨는데, 설교 본문은 요한복음 7:37-39이었다.

> 명절 끝날 곧 끝 날에 예수께서 서서 외쳐 가라사대 누구든지 목마르거든 내게로 와서 마시라 나를 믿는 자는 성경에 이름과 같이 그 배에서 생수의 강이 흘러나리라 하시니 이는 그를 믿는 자의 받을 성령을 가리켜 말씀하신 것이라 예수께서 아직 영광을 받지 못하신 고로 성령이 아직 저희에게 계시지 아니하시더라(요 7:37-39).

목사님은 초막절에 대해 설명하심으로 설교를 시작하셨는데, "그러므로 너희가 기쁨으로 구원의 우물들에서 물을 길으리로다"(사 12:3)는 이사야의 말씀을 넌지시 언급하셨다. 명절 마지막 날에, 예수께서 무리 중에 서서서 "만일 누구든지 목마르거든"

이라고 외치는 것을 사람들은 보았다. 무리들의 언어는 "우리에게 선한 것을 보여줄 자가 누구인가?"였다. 그래서 예수께서는, 만약 자기가 주게 될 그 물을 마신다면 그 물은 그 사람들 속에서 영생하도록 솟아나는 샘물이 될 것이라고 무리들에게 말씀하셨다.

> 나를 믿는 자는 성경에 이름과 같이 그 배에서 생수의 강이 흘러나리라. 이는 그를 믿는 자의 받을 성령을 가리켜 말씀하신 것이라 (예수께서 아직 영광을 받지 못하셨으므로 성령이 아직 그들에게 계시지 아니 하시더라(요 7:38, 39).

어떤 의미에서 성령을 주고 성령을 받는다고 여기서 말씀하시는 것인지 알아보자.

첫째, 성령님은 친히 임재하신다는 점에서 그렇다. 성령은 살아계신 인격체이시다. 로마서 15:30에, "형제들아 내가 우리 주 예수 그리스도로 말미암고 성령의 사랑으로 말미암아"라고 말씀하고 있다.

둘째, 성령님은 권능 있게 역사하신다는 점에서 그렇다. 성령은 이해력, 양심, 마음과 의지 등 모든 능력에 대해 일하신다.

셋째, 성령님은 복된 열매를 맺으신다는 점에서 그렇다. 성령의 열매는 사랑과 희락과 평안, 인내 등이다. 인간의 영혼에 역사하시는 성령의 열매란, 우리에게 죄가 있음을 납득시키고, 또 그리스도를 아는 지식 안에서 우리를 설득하여 복음 안에서 우리에게 거저 주신 예수 그리스도를 기꺼이 끌어안도록 하는 과정에서 우리 마음이 깨달음을 얻도록 하는 것이다. 여기에 어린 아이가 갖고 있는 단순함이 필요한 것이다.

여기서 성령을 주신다는 것과 그리스도께서 영광을 받으시게 된다는 것 사이에는 어떤 연관이 있는지 알아보기로 하자.

> 예수께서 아직 영광을 받지 않으셨으므로 성령이 아직 그들에게 계시지 아니하시더라(요 7:39).

구약 시대에는 영광을 받고 계신 그리스도의 믿음에 근거해서 성령을 주셨다. 아브라함은 예수의 날을 멀리서 보고 기뻐하였다. 성령은 그리스도가 희생을 치르고 획득하신 분이시기 때문에, 성령이 주어졌다. 아브라함에게 충분조건을 주신 분은 예수시다. 그리스도는 자기 백성을 위하여 큰 희생을 치르시고 성령을 얻으셨다. 성령은 그리스도의 특별 선물이다. 오순절에 성령을 부어주신 것과 관련하여, 예수에 대해 이렇게 쓰고 있다.

> 하나님이 오른손으로 예수를 높이시매 그가 약속하신 성령을 아버지께 받아서 너희가 보고 듣는 이것을 부어 주셨느니라(행 2:33).

특별히, 성령이 그리스도를 증언하고 있기 때문에 성령을 주셨다.

> 그가 내 영광을 나타내리니 내 것을 가지고 너희에게 알리시겠음이라(요 14:14).
>
> 내가 아버지께로부터 너희에게 보낼 보혜사 곧 아버지께로부터 나

오시는 진리의 성령이 오실 때에(요 15:26).

성령은 예수를 완전한 구원자라고 증언하고 계신다. 예수는 자기로 말미암아 하나님께로부터 나오는 모든 자를 끝까지 구원하실 수 있다는 것이다. 성령은 예수의 탄생과 세례와 생애, 고난과 죽으심, 장사되심, 부활, 승천을 증언하고 있으며, 요컨대, 우리가 필요로 하는 모든 것이 그분 안에 들어있다는 것을 우리에게 보여준다.

성령을 받았다는 것과 믿음의 행사와는 어떤 연관이 있는가?

이는 그를 믿는 자들이 받을 성령을 가리켜 말씀하신 것이라 (요 7:39).

믿음이 없어도 어느 정도의 성령은 있다. 왜냐하면 성령이 우리를 끌어주시지 않으면, 우리는 절대로 예수를 붙잡지 못할 것이기 때문이다. 그래서 주께서는 믿지 않는 사람들에게도 성령을 주신다. 그러나 이 문제에 있어서 하나님은 주권을 행사하신다. 하나님은 이렇게 말씀하신다.

내가 영원히 다투지 아니하며 내가 끊임없이 노하지 아니할 것은 내가 지은 그의 영과 혼이 내 앞에서 피곤할까 함이라 (사 57:16).

성령님을 주실 것이라고 함부로 속단하지 말기를 여러분에게 간곡히 부탁드린다고 캔들리시 박사님은 말씀하셨다. 그러나 하나님의 자녀들이여, 성령을 주시는 것과 여러분이 예수를 믿는 것 사이에 어떤 연관이 있느냐는 질문을 받거든, 여러분은 이렇게 대답해도 좋을 것이다. 믿음은 나를 예수께 연합시켜서 그분과 하나가 되게 하며 그 결과 나는 성령을 받는다. 또 다른 이유는, 믿음이 내게 있으면 내가 영원한 언약에 관심을 갖게 된다는 점이다. 이 모든 약속들은 그리스도 예수 안에서 예와 아멘이 된다.

예를 들면, 그 약속들 중에 하나는 "나는 목마른 자에게 물을 주며 마른 땅에 시내가 흐르게 하며"(사 44:3)가 있다. 믿는 자와 믿지 않는 자에게 성령이 주어지는 방식의 차이에 관한 한 예증이 바로 악인들이다.

"하나님이 그 해를 악인과 선인에게 비추시며 비를 의로운 자와 불의한 자에게 내려주심이라"(마 5:45)고 하셨으니, 하나님의 자녀들과 마찬가지로 세상도 하나님의 돌보심을 풍성하게 받는다. 그리고 그렇게 회심하지 않은 사람들도 때때로 하나님의 성령의 공통적인 영향을 받는다. 반면에 믿는 자는 성령을 받되 언약의 발판 위에서 받는다.

"우리는 약속의 성령으로 인침을 받았다."

그리고 성령께서는 자기 자신의 이름을 위하여 여러분에게 그 일을 계속하실 것이다. 성령의 내주하심의 분량과 방식에 주목하라.

> 나를 믿는 자는 성경에 이름과 같이 그 배에서 생수의 강이 흘러나리라(요 7:38).

여기서 믿는 자에 관해서 특별한 것이 두 가지 있다.

첫째, 믿는 자들은 자기가 느끼는 기쁨의 근원을 자기 안에 가지고 있다. 이 사람들은 금이 가있는 저 물탱크에서 물을 길어 올 필요가 없는 것이다. 그런 수조는 물을 담아둘 수도 없기 때문이다. 믿는 자들은 생명 그 자체의 샘을 가지고 있다. 그 생명 샘은 '네 안에 있는 영광의 소망 그리스도'이다. 이스라엘 백성들이 광야를 지나는 동안 내내, 흐르는 물줄기가 자기들을 따라오고 있다는 것은 커다란 축복이었다. 그 반석이 그리스도라는 것을 우리는 모두 알고 있다. 여러분 속에 그 우물을 가지고 있다는 것은 여러분의 특권이다.

그런데 만약 예수께서 여러분 속에 계시다면, 이 샘에서 흐르는 그 물이 어떠해야 하는지를 생각해보라. 그 물줄기는 얕은 것이 아니라 넓어야 하고, 고여 있는 물이 아니라 살아있는 물이어야 한다. 이 물줄기는 여러분이 그리스도에게서 받고 있는 위로 즉, 평안, 기쁨, 소망인 것이다. 이는 또한 그리스도에게서 받고 있는 은혜 곧 믿음, 사랑, 순종, 하나님의 법을 즐거워하는 것, 오래 참음이 동반된 온유이다.

만일 여러분의 믿음이 약해져가고 있다면, 다시 한 번 그리스도께 나아와 힘을 얻으라.

만일 이 물이 여러분의 마음속에 풍부하게 흐르고 있다면, 여러분은 복 받은 자이다.

그런 여러분은 자기 주위에 있는 마른 땅에 얼마나 큰 축복이 되겠는가!

성령께서 이 땅의 교회 위에 그렇게 풍성하게 내려오셨을 때,

그 결과는 성경에 기록된 대로, "사람마다 두려워하는데 사도들로 인하여 기사와 표적이 많이 나타나"(행 2:43)게 된다. 이 설교에서 나는 말로 표현하기 어려울 만큼 큰 은혜를 받았다. 이 설교는 정말 나에게는 잘 차린 잔칫상과 같았다.

후에 글래스고우의 아놋(Arnot) 목사님이 설교를 해주셨는데, 본문은, "그리스도께서 교회를 사랑하시고 위하여 자신을 주심 같이 하라 이는 곧 물로 씻어 말씀으로 깨끗하게 하사 거룩하게 하시고 자기 앞에 영광스러운 교회로 세우사 티나 주름 잡힌 것이나 이런 것들이 없이 거룩하고 흠이 없게 하려 하심이니라"(엡 5:25-27)는 말씀이었다. 오늘은 복음을 소개하기에 굉장히 좋은 날이 될 것이라고 목사님은 말씀하셨다.

누군가가 이 세상의 임금을 알현할 때에, 그 사람은 보통 태생이 고귀한 사람이기 마련이다. 이와 마찬가지로, 그 날에 하나님께 소개될 사람들도 왕 중 왕의 아들이요 딸이다. 또, 이 세상 왕에게 소개되는 사람들은 통상 부유하기 마련이다. 마찬가지로 그 날에 소개될 그 사람들도 헤아릴 수 없는 그리스도의 부요함을 누리게 된다.

또, 이 세상의 임금에게 소개되는 사람들은 대개 궁정 예복을 입어야 하며, 또 그 사람들을 왕에게 데리고 갈 누군가가 이미 궁정에 대기하고 있게 된다. 그 날에 소개될 사람들은 하나님의 의의 옷을 입고 있고서 그리스도 그분에 의해 소개될 것이다. 그 날에 소개될 사람들은 티나 주름 잡힌 것이나 이런 것들이 없게 될 것이다.

그렇다면 여러분은 지금 거룩함을 추구해야 하며 예수의 품에 의지하여야 한다. 왜냐하면 거기에는 그 어떤 죄도 있을 수가 없기 때문이다. 여러분은 잠깐 동안 이 세상에 남아 있다. 주님의 일을 하기 위해서이다. 여러분은 세상의 소금이다. 여러분은 주님의 반사체이다. 주께서 말씀하시기를, "내가 그들로 말미암아 영광을 받았나이다"(요 17:10). 노년의 야곱은 손자들에게 안수할 때 요셉의 원대로 따르기를 거부하였다. 야곱은 말하기를, "나도 안다 내 아들아 나도 안다"(창 48:19)고 하였다. 마찬가지로 하나님의 자녀 된 여러분들 중에는 주께서 여러분의 원을 들어주시지 않는다고 생각하는 사람도 있을 것이다. 그래서 주께, "아버지여 그리 마옵소서"(창 48:18)라고 말하고 있는 사람들도 있을 것이다.

그러나 여러분은 그분이 행하신 모든 것에 만족함을 느껴야 한다. 왜냐하면 당신에게 가장 좋은 것이 어떤 것인지를 그분은 알고 계시기 때문이고, 그래서 "나도 안다 내 아들아 나도 안다"라고 말씀하실 것이기 때문이다. 주일 저녁에 아놋 목사님이 요한복음 19장 18절 말씀을 가지고 아주 흥미로운 설교를 하셨다.

> 저희가 거기서 예수를 십자가에 못 박을 새 다른 두 사람도 그와 함께 좌우편에 못 박으니 예수는 가운데 있더라(요 19:18).

목사님은 이렇게 말씀하셨다.

영원하신 성삼위 협의체에서 아버지와 언약을 맺고 계실 때, 가운데 계신 예수를 보십시오. 하나님께서 그분에게 여인의 씨가 뱀의 머리를 상하게 해야 한다는 약속을 하고 있을 때에도 에덴동산에서 그분은 가운데 계셨었습니다. 또 구약 성도들의 시대에서도 예수께서 가운데 계셨음을 우리는 봅니다. 그 때 아브라함은 멀리서 그분의 날을 보고 기뻐했고, 그 때 불이 붙은 떨기나무 사이에서 모세에게 그분은 나타나셨으며, 여호수아에게는 만군의 여호와의 군대장관으로 나타나셨고, 야곱에게는 언약의 천사로 나타나셨다고, 성경은 우리에게 말씀하고 있습니다. 하나님의 아들처럼 보이는 분이 계셨을 때, 그분은 뜨거운 풀무 속에서도 거룩한 자녀들과 함께 가운데 계셨습니다. 그리고 나서 때가 충만히 차자, 주께서 열두 살이 되었을 때 그분은 성전 안에서 박사들이 모여 있는 그 한 가운데 계셨습니다. 그 박사들은 그분이 하시는 말씀을 듣고 있었고 그분에게 질문을 하기도 하였습니다. 십자가에 달리셨을 때도 그분은 가운데 계셨고, 지금도 그분은 보좌 한 가운데 계십니다.

❖ 1845년 3월 25일, 화요일

소중한 우리 친구가 안식에 들어간 지도 벌써 2년이 되었다. 이 사건은 언제나 나에게 침통하고 깊은 슬픔을 자아낸다. 세상의 그 누구보다도 더 나에게 축복이 되었던 그 사람을 주님께서 천국으로 데려가셨다.

오! 주님, 주께서 맥체인을 위해 하신 모든 일에 대해 감사드리오며 그리고 그가 한 모든 것에 대해서도 주님의 이름에게 감사를 드립니다. 그리고 가련한 나의 영혼이 그를 통해 주님으로부터 받았던 모든 것에 대해서도 감사를 드립니다.

　로버트에 대한 나의 기억이 종종 슬픔에 차 있고 또 때로는 내 영혼을 부셔버리기라도 할 것 같기는 하지만, 그 기억이 있음으로 해서 내가 겸손해지게 하시고 활기를 띠게 하시며 또 그 기억의 재촉을 받아 나의 삶의 가는 길에서 계속 나아가게 하소서.

　오늘 그의 『회고』를 세 번째로 완독했다.

　오 주님, 눈물 골짜기를 완전히 통과하여 빠져나간 주님의 성실한 종의 삶의 여정에 대한 이 기록으로 말미암아 주께서 크게 그리고 전 세계적으로 송축을 받으소서. 특별히 목회라는 영광스런 사역에 종사하고 있는 분들께도 그리하게 하소서.

　이 책으로 인해 목회자들이 그 행위와 대화에서 성결함을 더 크게 배양하도록 인도하소서. 또 그분들이 영혼들을 구원하는 사역에 있어 자기의 영광이 아니라 예수님의 영광만 더욱 더 사모하게 하소서.

❖ **1845년 4월 6일, 주일**

　아름다운 봄날이다.

　오! 저 태양이 지금 우리가 살고 있는 이 세상 위에 비추고 있는 것처럼, 그렇게 의의 해가 내 영혼에 밝게 비춰주시기를.

　비록 날이 아주 화창하기는 했지만, 나는 기도의 집에 갈 수가 없었다. 정말이지 끈질긴 병 때문에 1월 중순 이후로 주님의 궁정 안에 겨우 한 번 밖에 가지 못했다. 2주 전에는 건강이 괜찮아져서 교회에 갔었다. 하지만 그 후로 다시 나빠져서 지금까지도 몹시 아프다. 내 병이 그렇게 심각한 정도는 아닌데도 오래 끌고 있다. 기침뿐만 아니라 심한 탈진상태에 빠져있다.

오! 나의 아버지여, 이 계절이 나에게 큰 축복이 되지 않고서 그냥 지나가는 일이 없게 하소서.

경건의 시간이 좀 더 개선되지 않는 것이 안타깝다. 내 자신이 너무 어리석고 힘이 없어서 하나님의 일에 내 마음을 집중시키기가 어렵다. 하지만 아주 아파서 마음이 동요되려는 그 어느 때에라도 주님의 이름은 송축을 받으소서. 주님이 평안을 부드럽게 속삭여주시는 것 같다. 그렇게 나는 하나님의 위로를 받았다. 그렇기는 하지만 오, 이번에 많이 성장하게 되기를 나는 간절히 바란다.

특히 예수를 아는 지식에서 자랐으면 좋겠다. 예수를 아는 것이 영생이기 때문이다. 아아! 나는 정말 배우는 데 더딘 사람이로구나. 이번에 무언가를 배웠다면, 그것은 나 자신의 죄와 부패를 더 알게 되었다는 것이다. 나는 아무것도 아니요, 아무것도 할 수 없는 존재다. 나는 힘이 하나도 없다.

그러나 예수께서 죽으신 것은 바로 그런 사람을 위해서이다. 나의 연약함을 아는 이 지식을 얻음으로, 평소보다 더 단순한 기쁨을 가지고 충만하신 구주를 받아들이고 이해하는 마음으로 "나는 주 안에 의와 힘을 가지고 있습니다"라고 말할 수 있게 된다면 얼마나 좋을까.

그러나 오 은혜로우신 하나님, 제가 자신을 속이는 일이 없게 해주시기를 주께 간구합니다.

제가 진정으로 예수님과 하나가 되게 하소서.

저는 그리스도 안에서 살아가게 하시고, 그리스도께서는 내 안에 영광의 소망이 되게 하소서.

이것이 가장 훌륭한 연합입니다!

오! 하나님 만일 제가 당신의 사랑하는 아들로 말미암아 하나님의 것이 되었다면, 나의 삶과 행위와 말이 복음처럼 되게 하소서. 모든 생각과 말과 행동이 복음의 복된 원리들에 순응하게 하소서. 성령님이여 내 영혼 속에 생기를 불어넣으셔서 나로 하여금 새롭게 살게 하시고, 모든 불의에서 떠나게 하시며, 순수하고 아름답고 좋은 평판을 듣는 모든 것들을 따라가게 하소서.

❖ 1845년 5월 4일, 주일 저녁

이 병이 내 몸에 나타난 지 이제 거의 넉 달이 되어간다.

오! 주님, 주님이 주시는 일을 당할 때 제가 절대로 조급해 하지 말게 하소서.

대신에 우물거리지 말고 겸손하게 물어보는 정신을 제게 허락하소서.

"무슨 이유로 저와 다투시나이까?"

만일 제가 이 세상에서 쓸모 있는 삶을 살고자 하는 강한 욕망을 가지고 있다면, 그렇다면 오 주여, 주께서 그 욕망을 심어주신 것이 분명합니다. 그런데 저에게는 주께서 제가 모르는 길로 저를 인도하고 계시는 것처럼 보입니다. 만일 주께서 정말로 저를 인도하고 계시다면, 그렇다면 모든 것이 좋습니다.

> 저를 인도하소서, 오 크신 여호와여,
> 이 불모의 땅을 통과하고 있는 이 순례자를.
> 주님이 하시는 모든 일들을 거룩하게 사용할 수 있게 하시고,
> 저의 뜻은 하나님의 뜻 속으로 사라지게 하소서.
> 하나님의 손 안에서 기쁘게 피동적인 사람이 되어
> 하나님의 뜻 외에는 그 누구의 뜻도 알지 않게 하소서.
>
> 오 주님!
> 나의 이해력과 나의 마음을 준비시켜 주소서.
> 저에게 많은 지식과 큰 헌신을 주사,
> 만일 주님 뜻이면 나의 날들을 이 땅에서 주님을 섬기는 데 쓰게 하소서.
> 그렇지 않고 저를 곧 천국 집으로 부르실 것이면,
> 빛 가운데 있는 성도들의 유업을 받을 수 있도록 내 영혼을 온유하
> 게 하소서.

2주일 전 던디에 있었을 때 캔들리시 목사님이 천국에 대해 정말로 기쁜 설교를 하시는 것을 들은 적이 있다. 그 설교는 매우 흥미로웠으며 나는 그 설교에서 굉장한 은혜를 받았다. 지난 주일에 『죠셉 얼라인(Alleine)의 삶』 읽기를 끝냈다. 이분은 정말 천국에서 대화를 나누고 계시는 것 같이 보였다. 하나님의 사랑을 경외하는 마음으로 묵상하면서 자기 생애를 보냈던 것 같았다. 그러면서도 이분은 자신의 주를 섬기는 일에 매우 헌신적

이고 적극적이었다. 특히 그의 짧은 생애의 후반부에는-이분은 겨우 34세까지 살았다-이분은 이미 새 예루살렘의 거주자가 되어 보좌 앞에서 구주를 찬양하는 일에 함께 하였던 것처럼 보였다.

지난 주일 길리즈 목사님의 훌륭한 설교를 들었다.

> 이스라엘 자손이 사람 사는 땅에 이르기까지 사십 년 동안 만나를 먹되 곧 가나안 지경에 이르기까지 그들이 만나를 먹었더라(출 16:35).

오늘 본문 말씀이었다. 목사님은 만나를 매우 귀하신 그리스도의 모형으로 보셨다. 주님, 이 떡을 저에게 언제나 항상 주옵소서. 오늘 오후에 목사님은 "너희는 너희의 것이 아니라 값으로 산 것이 되었다"(고전 6:19-20 참조)라는 말씀으로 설교를 하셨다. 설교가 매우 실제적이고 활력이 넘쳤다.

오 주님, 본문의 말씀을 내 마음에 새겨주셔서 그 말씀을 제가 밤이나 낮이나 잊지 않게 하소서.

❖ **1845년 6월 22일, 주일 - 브리지 오브 앨런**

지난 주일에 래트레이에서 성찬식이 있어서 우리는 거기에 참석했다. 내가 그 성찬식에 참여해야 하는지에 대해서 의심이 많이 들었다. 내 마음 상태가 바르지 않다는 생각이 들어서 참석하지 않기로 거의 마음을 먹었었다. 하지만 날이 지나가면서 성찬식에 간다는 생각이 훨씬 편안하게 느껴졌다. 그러나 성찬식에 참석했을 때, 날이 덥기도 하고 사람들도 무척 많기도 해서 가슴이 답답해왔다. 엄마는 오래 남아있지 않는 것이 낫겠다고 생각하셨다. 우리는 첫 번 성찬상이 끝날 즈음 돌아왔다. 아마 주님께서 나의 게으름에 대한 벌로서, 아니면 자비를 베푸셔서, 주의 거룩한 성찬상을 모독하지 않게 하려고 그렇게 하셨나보다.

길리즈 목사님이 "주여 옳소이다마는 개들도 제 주인의 상에서 떨어지는 부스러기를 먹나이다"(마 15:27)라는 본문을 가지고 은혜로운 설교를 하셨다.

주 예수께서는 자기 자신의 손으로 언제나 내 영혼을 먹이신다. 길리즈 목사님은 요한복음 11장 55절과 56절의 말씀을 가지고 성찬상에 나아오는 사람의 조건을 제한하셨다. 명절을 먹으러 나오기 전에 해야 할 한 가지 의무는 자기 자신을 깨끗하게 하는 것임을 보여주셨다. 그리고 성찬식에 나아왔을 때 우리가 해야 할 것은, 예수께서 거기에 임재하시도록 간구하는 것임도 보여주셨다.

목사님은 또 시편 51편의 "하나님의 구하시는 제사는 상한 심령이라 하나님이여 상하고 통회하는 마음을 주께서 멸시하지 아니 하시리이다"(17절)라는 구절을 가지고 마음이 소심한 사람들에게 위로의 말씀을 해주셨다. 상한 심령이야말로 상한 구세주에게 잘 들어맞는다고 말씀해 주셨던 것이다. 목사님이 하신 성찬식 설교 주제들은, "여러분은 아벨의 피보다 더 낫게 말하는 뿌린 피에게로 나아온 것입니다"(히 12:24 참조)와 "저희는 힘을 얻고 더 얻어 나아가 시온에서 하나님 앞에 각기 나타나리이다"(시 84:7)였다. 특히 이 나중 설교는 은혜롭고 위로가 되었다.

저녁에 알리스의 퍼거슨 목사님이 아주 즐거운 설교를 해주셨는데, '어린 양은 세상의 빛이다'라는 주제였다. 목사님의 생각들 중 어떤 것은 매우 값졌다.

오! 하나님의 어린 양이여, 이 어둔 세상에서 내 마음의 빛이 되어주소서. 그리고 주님이 지금 계신 그 나라에서 그리고 영원토록 빛이 되실 그 나라에서 거하도록 저를 은혜로 준비시켜 주소서.

❖ **1845년 7월 27일, 주일 저녁**

지난 수요일 사랑하는 이사벨라와 그녀의 아기를 보러 읍내로 갔다. 목요일 저녁에는 성 베드로교회에 갔다. 모인 성도들이 매우, 매우 적었다. 전에 목요일 집회에 모이던 숫자와 비교해 볼 때 얼마나 달라졌는지 모른다. 여기 있는 것이 장엄하게 느껴졌다. 이곳이 정말 우리 하나님께서 임재하시는 것이 자주 보였던 성소처럼 느껴졌던 것이다. 오늘 사랑하는 이사벨라의 아기가 세례를 받고 주님께 헌아식을 가졌다. 주께서 이 선물을 받으시고 이 아기를 영원토록 자기의 것으로 삼으시기를 바란다.

❖ 1845년 7월 31일, 수요일

24년 전 오늘, 나는 죄와 슬픔으로 가득 찬 이 세상에 태어났다. 참 오래 살았으면서도 목표는 이루어진 것이 참으로 적구나. 현세적인 것이든 영적인 것이든, 얼마나 많은 자비로 주께서는 내게 관 씌우셨는지 모른다. 그럼에도 나는 얼마나 불성실했고 얼마나 자주 그분에게서 떠나있었는지 모른다. 지난 나의 삶의 모든 죄가 그분의 피로 씻겨 버리기를. 주님, 올해에 내 앞에 놓여있는 모든 일을 잘 감당할 수 있도록 저를 준비시켜 주옵소서. 그리고 이후로 내가 육체 가운데 살 그 삶은 하나님의 아들을 믿는 믿음으로 살게 하옵소서. 그분은 나를 사랑하셨고 나를 위해 자기 생명을 주셨다고 나는 자신 있게 말할 수 있다.

❖ 1845년 9월 8일, 월요일 저녁

자기 누이와 프레이저 씨를 모시고 왔던 던 씨가 우리를 떠나 던켈드로 돌아간 것이 오늘로서 4주가 된다. 친애하는 친구들과 작별할 때 내가 느꼈던 고통스런 감정은 모두 거룩하게 되어 언제나 불쌍히 여기시는 예수께로 나를 가까이 이끌어 주시기를. 그분은 어제나 오늘이나 영원토록 동일하시기 때문이다. 주께서 나를 저 축복의 땅으로 들어갈 준비를 시켜 주옵소서. 구속받은 백성이라면 그 땅에서 절대로 떠나지 않으려 할 것이다. 저 영광스러운 성에서 그 백성들은 자기의 하나님의 성전의 기둥들이 다 될 것이다. 그래서 그 성에서 나가려 하는 사람은 아무도 없을 것이다.

나는 무척 섭섭한 마음으로 유쾌한 도시 에딘버러를 떠났다. 그곳에서 엄마와 함께 한 달을 보냈었다. 사랑하는 친구들과 작별을 한다는 것이 보통 섭섭한 일이 아니었다. 친애하는 엘리자 맥체인과 헤어지는 것이 그 누구보다도 특별히 섭섭했다. 그녀에 대한 나의 애정이 보통의 정도가 아니었기 때문이다. 우리가 다시 가까이 지내게 될 수 있을까? 주님이여, 우리의 우정이 서로에게 유익한 것이 되게 하소서. 그리고 작별이란 것은 있을 수도 없는 저 축복의 나라에서 우리가 마침내 다시 만나게 하소서.

❖ 1845년 8월 12일, 수요일

우리가 브릿지 오브 앨런에서 돌아온 지도 오늘로 7주가 되었다. 그곳에서 우리는 2주일 이상을 지냈다. 그 아름다운 경치와 산책이 즐거웠다. 사랑하는 친구 한 사람이 동행하게 되어서 나의 즐거움은 한층 더 커졌다. 그곳에 가 있는 동안 털리바디 교회에서 소머빌 목사님의 저녁 설교를 들었다. "우리 생명은 그리스도와 함께 하나님 안에 숨겨져 있다"(골 3:3 참조)라는 놀라운 이 말씀을 가지고 은혜로운 설교를 해주셨다. 이 설교는 진실로 우리의 마음을 고양시켜주면서 또 격려도 되었다. 떠나기 이틀 전, 우리는 록 카트린까지 잠깐 다녀오기도 했다.

우리 집으로 돌아온 그 다음 주에는 성찬식이 있어서 귀중한 진리의 말씀을 많이 들었다. 목요일에는, 호레이스 보나 목사님이 오전에 은혜롭고 위로가 되는 설교를 해주셨다. 그 설교에는 거저 주시는 복음의 완전성이 잘 전개되어 있었다. 오후에 목사님은 엄숙하고 훌륭한 설교를 하셨는데, 본문 말씀은 "내가 무죄한 피를 팔고 죄를 범하였도다"(마 27:4)였다. 저녁에는 앤드루 보나 목사님이 유월절 양에 대해 매우 좋은 설교를 해주셨다. 유월절 양은 우리를 위해 희생하신 우리의 유월절이신 예수님의 예표이다. 그 설교는 풍부한 정보로 가득 차 있었는데, 굶주린 영혼에게 좋은 자양분을 공급해주었다.

토요일에 알리스의 퍼거슨 목사님이 "그들이 울며 돌아오리니"(렘 31:9)라는 본문 말씀을 가지고 힘 있는 설교를 해주셨다. 시온을 향하여 가는 사람들이 알고 있어야 하는 경건한 슬픔에 대해서 자세히 말씀해주셨다. 앤드루 보나 목사님의 저녁 설교는 정말이지 매우 좋았다.

이 설교에서 목사님은 우리가 본질상 가난한 자임을 아주 명백하게 보여주셨다. 심지어 예수를 믿은 후에도 우리는 우리 자신 속에 아무 것도 소유하고 있지 못하다. 그래서 마지막 그 순간까지 우리는 그리스도 안에 있는 보물들로부터 우리의 부를 모두 끌어와야 한다고 말씀하셨다.

주일 밤에는 몸속의 기운이 모두 빠져나간 것 같이 힘이 하나도 없었다. 그래서 월요일에는 집밖에 나가지 않았다. 요즈음에는 내 마음이 냉랭함과 죽은 것 같음으로 인해 그리고 종잡을 수 없는 이런 저런 생각들로 인해 가슴 아파할 충분한 이유가 있었지마는, 그래도 하나님의 은혜로 이런 것들이 내게 유익을 주지 않고서는 지나가지 않을 것임을 나는 믿는다. 주를 송축합니다. 이런 말을 한다고 해서 나 자신을 속이고 있는 것은 아니라고 생각하는 바인데, 나는 이따금, 적어도 얼마간은, 하나님 일의 중요성과 예수께서 가까이 계심과 친근히 하심을 느꼈다. 오! 나의 소중한 구주님이 언제나 나와 함께 하시고 영원토록 나와 함께 거하시기를 바란다.

자주 되풀이되고 있는 친구들과의 작별을 통해, 우리 마음이 이 세상과 젖떼기 하는 경향이 있게 하소서. 우리는 이 땅에서 나그네요 순례자임을 느끼게 만들어 주소서. 여기는 우리가 쉴 곳임이 아님을 알게 하셔서, 작별이 무엇인지 알지도 못하는 저 나라에 들어갈 차비를 시켜주소서. 주님이여, 우리에게 은혜와 간구의 성령을 기쁘게 부어주소서.

그래서 우리들이 서로 떨어져 있을 때, 은혜의 보좌 앞에서 기도로 서로를 항상 기억할 수 있게 하소서. 그리하여 서로의 영혼에게 축복을 부어주는 수단이 되게 하소서. 그리고 오 우리를 전적으로 주님의 것이 되게 하소서. 하늘나라에 있는 모든 영적인 축복들로 우리를 축복하소서. 그리스도 예수 우리 주 안에서 하나님 사랑의 높이와 깊이와 길이와 넓이를 모든 성도들과 함께 이해할 수 있게 하소서.

❖ 1847년 5월 17일, 월요일 – 히스 공원

여름 몇 달을 보내기 위해 우리가 이곳으로 나온 지 오늘로서 5주가 된다. 이 몇 달을 즐겁고도 유익하게 보낼 수 있게 하소서.

주님의 얼굴빛이 우리의 삶 위에 비추게 하시고 우리가 주님께 영광이 되도록 살아가게 하소서. 여러 가지 많은 근심 걱정거리들이 최근에 내 마음에 가득 찼다. 그래서 이런 겨울은 다시는 살고 싶지 않다는 생각이 들었다. 그렇기는 했지만 밖에서 오는 정말로 많은 위로거리들로써 주께서 던디에서 보낸 지난 몇 달 동안 우리들에게 관 씌우셨다. 그리고 주님만이 주실 수 있는 내적인 영원한 위안을 받았다고도 생각한다.

 그렇기는 하지만 나는 참으로 많은 고민과 걱정스런 생각들을 했다. 그것들 중 몇 가지는 오직 나만 아는 그런 것이었다. 그리고 무엇을 위해 기도해야할지 또는 어떻게 기도해야할지 몰라서 내 영혼은 또 얼마나 자주 불안해하였는고. 정말 내가 겪은 정신적 불안은 내 신체를 거의 으스러뜨려놓을 정도였다. 그랬는데 우리가 여기로 나온 후로는 내 몸도 좋아졌고 마음도 훨씬 편안해졌다. 나는 거의 습관적으로 하나님을 앙망하려고 했다.

❖ **1847년 11월 28일 – 던디**

 우리가 다시 집으로 돌아와 있사오니, 지나간 여름에 지은 죄들을 용서하여 주옵시고 우리의 하늘 아버지께서 세상적으로도, 영적으로도, 섭리로도, 은혜로도 우리를 축복하소서. 그리고 우리가 하나님께서 보시기에 기뻐하실 그런 방식으로 행동할 수 있게 하소서. 주께서 사랑하는 엄마를 평소의 건강상태로 회복시켜 주시기를 바랍니다.

주의 인자하심으로 우리 부모님들을 오래 살게 하여 주소서. 부모님이 우리에게 복이 되게 하시고 우리들이 부모님에게 위안이 되게 하소서. 그리고 나의 오빠가 주님을 배워 알게 하시고 주님의 자녀가 누리는 평안을 누리게 하소서. 오빠가 주님의 얼굴을 구하도록 하시니 무한 감사합니다. 이제 자기가 발견한 저 영광스러우신 분께로 많은 사람들을 인도하는 복된 수단으로 오빠를 삼아주소서.

오 하늘에 계신 아버지, 아버지의 손을 우리 위에 얹으시며, 또 우리에게 증거를 영원히 보여주시기를 아버지께 간구합니다. 은혜로우신 우리 아버지께서 우리에게 '오늘로부터 내가 너를 축복하리라'고 말씀하여 주시기를 바란다.

부록
제씨 타인의 일기 발췌문:
2. 던디의 부흥(1839-1840)과 관련된 사건들 /
알렉산더 커밍(Cumming) 목사 씀

알렉산더 커밍 목사는 1804년 8월 24일 에딘버러에서 출생했다. 그는 1834년 브리지 오브 언(Bridge of Earn)에서 던바니 교구의 목사로 안수 받았다. 이곳에서 열정적인 복음 설교로 커밍 목사는 영적인 인상을 깊이 남겼다. 1839년에서 1840년 사이에 퍼스와 던디, 그리고 그 밖의 도시에서 일어났던 영적 부흥 운동에서 적극적인 역할을 감당하였다. 1843년에 스코틀랜드 자유교회에 가입하여, 10년 후 글라스고우에 있는 한 자유교회를 담임 목회하였다. 커밍 목사는 1874년에 목회에서 은퇴하여 1880년 사망하였다.

던디에 있는 성 베드로교회에서 행하신 주님의 역사를 예증하는 한 흥미로운 사건을 말씀드리기에 앞서, 우리 왕의 행하심이 목격되었던 그 성전은 교회 확장 운동의 일환으로 세워진 교회라는 점에 먼저 주목해주기 바란다. 우리가 우리의 본분을 게을리

하고 복음을 전하지 않았기 때문에 이교들을 믿는 사람들이 살고 있는 지역이 많다. 이러한 지역에도 복음 전파의 명령을 실현하고자 한 찰머스 박사의 저 위대한 운동과 연관되어 세워진 교회가 이 교회인 것이다.

우리 국내선교위원회의 록스버그(Roxburgh) 박사가 그 당시 던디 지역의 목회자였었다. 그는 지체 없이 어마어마한 에너지를 가지고 이 박애적인 사업 속으로 뛰어들었다. 그의 열정적인 노력으로 말미암아 성 베드로교회가 건립되었다. 신앙생활과는 상관없이 살고 있는 대중들을 위해 신앙의 숙소를 제공하는 일을 어서 하라고 마치 주님의 종들을 격려하기라도 하는 것처럼, 이 교회는 즉시 지어졌던 것이다.

불기둥이 그 교회를 사로잡았다. 그 교회의 구석구석을 주님의 영광으로 가득 채웠던 것이다. 사도들이 가졌던 열정을 가지고 또 비즈니스에 기량이 뛰어난 사람이 가진 요령과 총명을 가지고, 우리 국내 선교의 사무를 지휘했던 록스버그 목사는 그곳에 방치되어 있던 민중들을 위해 그가 이룬 첫 업적의 보상을 받았던 것이다.

그런데 성 베드로교회에 찾아왔던 그 축복은 장맛비 같은 성령의 맛보기에 불과했다. 록스버그 목사는 그 지역교회의 관심사들을 매우 능력 있게 주재하였는데, 나중에 성령은 바로 이러한 지역의 여러 교회들 위에 내려왔던 것이다.

하나님께서는 성 베드로교회에 하나님의 마음에 맞는 목회자 한 사람을 보내셨는데, 그가 바로 고(故) 맥체인 목사였다. 그곳에서 맥체인 목사가 목회를 하는 동안, 저 높은 곳에서부터 뚝뚝 떨어지고 있는 무언가가 있었다. 그리고 그것들은 점점 증가하여, 맥체인 목사가 하나님의 옛 백성들을 찾아서 성지를 탐험하느라 교회를 비운 사이 엄청난 양의 홍수가 되어 있었다. 비록 자기 양 무리로부터 지리적으로 떨어져있었기는 하였지만, 맥체인은 갈급한 심령으로 자기 교인들의 회심과 성화를 위해 더욱 더 간절히 기도하였다.

산 위의 모세처럼, 맥체인은 손에 쥔 지팡이를 높이 치켜들고서 그 사람들을 위해서 교회의 머리되신 이에게 쉬지 않고 간구하고 있었다. 그가 그러는 동안, 번즈 목사는 여호수아처럼 싸움터에서 힘써 청중들에게 말씀을 전하고 있었다.

번즈 목사의 요청으로, 나는 1839년 일주일을 던디에서 보냈다. 목적은 성 베드로교회에서 일어나고 있는 부흥의 과정에서 번즈 목사를 돕는 일을 하기 위함이었다. 하나님께서 거기에서 진척시키고 있는 일은, 그 주요 면모들이 후에 퍼스 시를 유명하게 만들었던 그것과 닮았다.

다른 점이 있다면, 성 베드로교회에서 일어난 일은 그렇게 조용하게 진행되지 않았다는 것이다. 영혼에 깊은 감동을 받은 저들의 부르짖음은 더 컸으며, 그들의 확신은 더 열광적이었고, 교회에 모인 저들의 전체적인 모습은 퍼스의 경우에서보다 이웃 지역사회의 주목을 더 강하게 받았던 것이다.

하나님의 의도는 어쩌면 던디 같이 인구가 많이 모여 사는 곳의 사람들의 관심을 일깨우는 것이었는지도 모르겠다. 이런 일은 퍼스에 살고 있는 작은 수의 주민들 가지고는 성취하기가 더 어려웠기 때문일 것이다. 퍼스에서보다 던디에서 더 굉장한 일이 행해졌다고 말하기는 어렵다. 그렇지만 죄를 깨닫고 느낀 죄책감은 던디 사람들이 더 심했었다. 빛에 도달하기 전에 있을 수 있는 내적인 어두움과 갈등의 기간도 훨씬 더 길었다. 그래서 화살을 맞은 영혼들의 부르짖음과 불안감으로 말미암아, 60,000 명의 주민이 살고 있는 큰 도시의 이 거리 저 거리에서, 그리고 이 골목 저 골목에서 수많은 사람들이 성 베드로교회로 몰려왔다.

초자연적인 변화를 경험한 사람들은 성 베드로교회가 소속되어 있는 교구에만 국한된 것이 아님이 확실했다. 그 사람들 중에는 던디 지역 동네 여러 곳에 속한 사람들도 있었다. 마치 변화를 받은 그 사람들이 저 공장 동네에 살고 있는 죄인 무리들에게 스며드는 소금이 되어야 하며, 그 지역의 모든 곳에서 행해지고 있는 도덕적 타락 경향을 중화시키는 소금이 되어야 한다는 의도가 있는 것 같다.

퍼스에서 일어난 역사는 땅을 비옥하게 만드는 강과 같아서, 비교적 큰 소리 없이 흐르는 강물을 통해 그 지역에 물을 대주었다. 던디의 그것도 강과 같기는 했지만, 수량이 엄청난 물이 흐르는 강이거나 더 넓은 면적의 땅을 비옥하게 만드는 강 정도가 아니라, 굉장한 큰 폭포가 있고 또 사람의 시선을 끌어 관광객들을 찾아오게 만드는 물리적으로 흥미로운 대단한 면모들을 가진 그런 강이었다.

1839년 11월의 어느 주간에 나는 던디에 머무를 수 있는 특권을 누렸는데, 그 때 성 베드로교회에 매일 갈 수 있는 기회도 있었다. 그곳에서 설교를 하고, 강습회와 기도회 등의 비공식적인 집회를 볼 수 있었다. 그곳에 이스라엘의 거룩하신 분께서 임재하고 계심을 가리키는 지표들을 보았다. 말씀을 듣고 있는 무리들의 가슴을 관통하고 있는 그 경외심에서, 그들이 긴 설교 말씀을 집중해서 듣고 있는 그 인내심에서, 그들이 강단의 권면들을 끝까지 놓치지 않고 따라가고 있는 그 열정어린 기도에서, 나는 그 지표들을 볼 수 있었다.

공식 예배는 일반적으로 매일 저녁 7시에 시작되었다. 그리고 공장에서 작업이 연장되었을 때에는 7시 반이나 8시 가까이에 시작되기도 하였다. 공장에서 일을 끝낸 수많은 사람들이 교회로 몰려왔는데, 이들 중에 남자들이 압도적으로 큰 비율을 차지했다.

앞에서 이미 언급한 그 주간의 월요일에, 자기들의 영원의 상태에 대해 불안하고 두려운 나머지, 예배가 끝났어도 많은 사람들이 집에 돌아가지 못하고 뒤에 남아 있었다. 또 한 차례의 설교를 들은 후 대부분의 사람들은 집으로 돌아갔지만, 나이가 20살에서 30살 사이쯤 되는 30여명의 젊은이들은 상담실로 들어갔다. 그곳에서 상담도 받고 기도도 받아, 죄의 포로에서 벗어나기 위해서였다.

번즈 목사가 그 청년 중 한 사람에게 이렇게 물었다.

"당신의 영혼은 어떤 상태에 있다고 생각하십니까?"

그 청년은 이렇게 대답했다.

"지난 저의 삶을 뒤돌아보니, 살아온 날들이 모두 사탄에 의해 손발이 꽁꽁 묶여있었던 것 같습니다. 사탄이 좋아하는 짓만 골라서 해왔습니다."

또 한 청년은 이렇게 말했다.

"저는 악한 짓들을 했을 뿐만 아니라, 저의 천성 전부와 능력

전부가 모두 오염물 속에 깊이 잠겨 있었음을 봅니다."

30명의 청년 각 사람이 자기가 죄인임을 통렬하게 표현했다. 그리고 나서 열한 시가 좀 지날 때까지 기도와 시편 찬양을 하고 자기의 두려운 마음을 드러내어 표현하면, 주님의 자비가 그 뒤를 따랐다. 나중에 밝혀진 바와 같이, 그 시간쯤이면 그리스도를 정말로 발견한 사람들도 얼마간 있었고, 그렇지 못한 나머지 사람들도 이미 받았던 감동이 훨씬 더 깊어져 있었다.

성 베드로교회의 교인들이 보여준 가장 흥미로운 특징은, 강단으로 올라가는 층계를 가득 메운 소년들의 숫자였다. 이들은 시선을 집중해서 하나님의 말씀을 들었으며 축도가 끝난 이후에도 떠나지 않은 채 제자리에 앉아 있었다. 목사님이 자기들에게 무슨 말씀이라도 한 말씀 더 해 주시기를 간절히 바랐던 것이다.

번즈 목사님은 어느 날 저녁 영적인 관심 때문에 수심에 잠겨서 그 아이들의 얼굴을 빤히 쳐다보았다. 그리고 그 중 한 명에게 말을 건넸다.

"너는 얼마 동안이나 그리스도를 찾고 있었느냐?"

그리고 그 대답은, "두 달이요"이었다. 같은 질문에 또 다른 아이의 대답은, "석 달이요"이었고, 또 다른 아이는 "넉 달입니다"라고 말했다.

"그러면 하나님은 얼마나 오래 너를 찾고 계셨지?"

이 질문에는 아무도 대답하지 못했다. 어떤 아이들은 좀 놀란 듯이 보였다. 마치 찾는 일은 자기들 쪽에서만 하는 일인 것처럼 생각했고 그리고 마치 자기들의 구원에 대해 하나님은 아무 일도 해오지 않은 것처럼 생각했기 때문에, 그들은 몹시 놀랐던 것이다. 번즈 목사님은 다시 물었다.

"너희들 몇 살이니?"

한 아이는, "열세 살이에요" 다른 아이는 "열네 살이요"라고 대답했다. 그러자 번즈 목사님이 말했다.

> 하나님은 13년 동안 너를 찾고 계셨고, 또 하나님은 14년 동안 너를 찾고 계셨단다. 왜냐하면 하나님은 너희들 평생 동안 너희들을 찾고 계셨으니까 말이다. 너희들이 두 달 혹은 석 달이나 하나님을 찾고 있었는데도, 하나님께서 너희들의 기도에 즉시로 응답하시지 않는 것을 너희들은 이상하게 생각하고 있겠지. 하나님의 아들을 영접하여서 하나님과 화목하게 되라는 하나님의 기도에 너희들이 전혀 신경을 쓰지 않아왔던 것에, 하나님께서 이상하게 생각할 이유가 얼마나 훨씬 더 많겠니?

그리고 나서 번연의 『구원받은 예루살렘 죄인』에서 번연이 썼던 그의 스타일로 아이들에게 말했다.

> 이 목사님은 아주 큰 죄인들에게 구원이 주어진다고 그 사람들에게 전하라는 명령을 받았단다. 너희들이 큰 죄인이라는 유죄판결을 받을 때, 어떤 남자가 법정에 출두하라는 판사의 소환장을 받았을 때 그가 느끼는 그 똑같은 느낌을 너희는 가지게 될 것이다. 너희는 너와 그 판사 사이에 있는 방청객들에게 이렇게 말하겠지.
>
> "길을 비켜주세요. 판사가 나를 불렀어요."

그리스도께서 자기 앞으로 나오라고 너희들에게 명령하고 계신다. 너희는 너희 길을 막고 있는 무리들과 장애물들을 헤치고 나아갈 권리를 가지고 있다. 사탄의 무리들과 모든 반대를 헤치고 나아갈 권리가 있다는 말이다.

얘들아, 우리 예수님께 너희들을 지금 받아달라고 기도할까?

오! 네가 그 대답이었다. 아이들 앞에서 함께 찬양과 기도를 드렸을 때, 적지 않은 아이들이 구원받는 변화가 일어났다. 몇몇 아이들은 영광 중에 호산나를 읊조리고 있었고, 성장이 빨라서 어른같이 보이는 다른 아이들은 이 아래 세상에서 구주가 싸우셨던 그 싸움을 싸우고 있었다.

성 베드로교회에서 체류했었던 그 한 주간 동안 나는 매일 저녁에 설교를 했다. 원래 내가 수요일에 예배를 인도하려던 것은 아니었다. 화요일에 던디가 아닌 다른 곳에 가서 설교를 해 오셨던 번즈 목사님이 그 날 저녁에는 자기 강단을 지키기로 되어 있었다. 나는 수요 예배에 꼭 참석하고 싶었는데 오후에 어디 좀 다녀와야 해서, 예배시간에 맞춰 돌아오려고 무진 애를 썼으나 어쩔 수 없이 좀 늦었다. 교회로 들어갔을 때 회중은 첫 번째 기도 순서 다음의 찬송가를 부르고 있었다. 장로님이 헌금 접시를 들고 서 있다가 내가 들어가자 내게 말을 걸었다.

"번즈 목사님이 오늘 저녁 몸이 몹시 피곤하시답니다. 그래서 커밍 목사님께서 대신 설교를 해주셨으면 하셨습니다."

나는 대답했다.

"준비 없이는 절대로 할 수 없는 것이 설교입니다."

그런데 내가 성경 책장을 넘기면서 성경구절을 찾고 있는데,

번즈 목사님이 나에게 손짓으로 강단으로 올라와 자기와 말 좀 하자는 신호를 보내왔다.

마지못해 나는 강단으로 올라갔다. 번즈 목사는 자기 대신 꼭 설교 좀 해달라고 간청하다시피 했다. 자기는 너무 몸이 너무 고단해서, 자기가 마땅히 해야 할 이 설교도 할 수 없는 지경이라고 말했다. 그러니 내가 자기 대신 수고 좀 해주셔야겠다고 했다. 나는 준비가 안 돼 있다고 대답했다. 하지만 회중은 이제 찬송가의 마지막 절을 부르고 있었다. 번즈 목사가 말했다.

"일어나십시오. 그리고 하나님의 힘에 의지하여 무슨 말씀이라도 하십시오. 그리고 하나님의 지지가 없으면, 그 때는 앉으시오."

번즈 목사가 이 말을 했을 때, 찬송가의 마지막 절이 끝나고 회중은 조용히 설교를 기다리고 있었다. 나는 일어섰다. 하나님께서 스가랴 3장으로 인도하셨다. 비록 앞서서 머리속에 떠오르는 것이 하나도 없었지마는, 한 가지 분명한 것은, 하나님께서 말씀으로 먹여야 할 불멸의 영혼들을 가지고 계실 때에는, 하나님께서 그 어떤 목사에게라도, 그 사람이 아무리 무능하다 하더라도, 적합한 말씀을 주실 수 있다는 것이다.

지금껏 본 적이 없는 큰 엄숙함이 청중들 사이에 퍼져나갔다. 그 고요함은 점점 숨도 쉴 수 없는 정도가 되었다. 복음을 소개하고 그 복음이 주는 여러 혜택들을 가볍게 여기는 위험성에 대해 한 시간 이상 상세히 설명한 후에, 이 설교자는 잠시 한숨 돌리고서 이렇게 말했다.

여기 참석한 각 사람은 모두 즉시 하나님께 자기 자신을 헌신하셔서 방금 들은 설교 말씀을 실행에 옮기십시오. 하나님은 영으로 여기 계시며, 다가올 진노로부터 죄인들을 피하게 하실 수 있는 분입니다. 여기에 있는 모든 죄인 각자가 자기 앞에 놓여있는 모든 방해물들을 헤치고 나아가서 베들레헴 우물의 물가로 도망갈 수 있도록, 저는 5분을 기다려줄 것입니다.

그 때 내 뒤쪽에 앉아 있던 번즈 목사가 이렇게 말했다.
"목사님, 아홉시 종이 칠 때까지 기다리시지요."
그 때가 아홉시 7분 전이었다.
나는 강단 맞은편 벽에 걸려있는 예배당 시계가 아홉 시를 칠 때까지 설교를 일시적으로 중단하겠다고 으름장을 놓았다. 그리고는 끈질기게 씨름하는 가운데 하나님을 개인적으로 직접 만나라고 전 회중에게 권면했다. 자기의 죄를 용서해주시고 마음을 새롭게 해달라고 기도하라고 촉구했다. 아홉시가 되려면 몇 분이나 남았는지 보려고 뒤를 돌아다보는 사람은 아무도 없었다. 그렇게 할 시간도 없다는 듯, 운집한 청중들 각자는 그리스도를 찾으려는 간절한 마음으로 가득 차있었다.

어떤 사람들은 그리스도께 처음으로 구하는 것이 아닌데도, 그 어느 때보다 마음을 새롭게 해서 더 끈질기게 그분을 붙잡으려는 듯 보였다. 기도하느라 모든 사람들의 머리가 앞으로 숙여져 있었다.

미동도 없었던 분위기는 큰 격렬함으로 변했다. 잠깐 기도를 멈췄을 때에는, 시계가 돌아가는 소리와 기도하는 사람들의 흐느끼는 소리와 숨죽여 기도하는 소리 이외에는 아무 소리도 들리지 않았다. 그 날 저녁 어떻게 하느냐에 따라 영원한 자기 운명이 그 색깔을 달리하기라도 하는 것처럼 열심히 기도하는 사람들이 많았다. 흐트러짐 없이 고요했던 7분이 지나자 시계가 시간을 알렸다. 자기의 영적 상태가 제대로 개선되지도 않았는데 벌써 그 짧은 시간이 흘러가버렸다는 듯, 사람들은 화들짝 놀랐다.

번즈 목사가 후에 말씀하기를, 그 날 밤 열다섯 명의 사람들이 사망에서 생명으로 옮겨진 것 같다고 했다. 하지만 운집했던 그 사람들 중에, 즉 던디에 거주하고 있거나 혹은 던디 주변의 농촌 지역에 살고 있는 사람들로 구성되어 있던 그 청중 중에, 몇 사람이나 이 새로운 편견을 자기들의 인격에 깊이 새겨놓았는지는 아무도 모른다.

그 밤 성령의 능력으로 나타난 그 감동은 몇 가지 설득력과 관련이 있는 듯 보였다. 자신들의 영원한 운명에 관심을 기울여야 할 때가 언제이면 좋을지 생각해볼 권리가 그 사람들에게는 없다는 설득, 하나님은 그리스도 안에서 그 사람들을 하나님과 화목하게 만들 준비가 되어있다는 설득, 사람은 죄의 용서를 받아들이는 일에 대해 즉각적인 결정을 내려야 한다는 설득, 예수님을 구주로 의지하지 않고서 성전을 떠난다면 그 크신 구원을 무시하였기 때문에 영원한 절망으로 내려가게 될 지도 모른다는 설득이 그것이다. 그 날 저녁, 지금 당장 구원받지 않으면 영원히 구원받지 못할 것이라고 느낀 사람들이 많았다.

공예배가 끝난 후 있었던 컨퍼런스와 기도회가 새로 믿은 사람들에게는 큰 축복이 되었다. 자기들을 예수 안에 있는 평강과 안

식으로 인도해주었기 때문이다. 씨 뿌리는 비유에서, 사탄은 공중의 새와 같이 뿌려진 씨앗에 눈독을 들이고 있다. 죄인 한 사람이 구원을 받으면 사탄은 몸을 웅크리고 있다가 그 씨앗을 낚아채버리는데, 예배자들에게 경박한 이야기나 세상적인 이야기를 하게끔 만들어서 그렇게 한다. 마음의 토양 속에 심어진 씨앗들이 싹이 나서 영생을 얻게 되는 것은, 말씀을 들은 자들이 자기들의 영원한 운명에 대한 불안감을 누그러뜨리지 말고 기도를 열심히 하면서, 자기들에게 전해진 가르침들을 실천에 옮겼을 때 그렇게 되는 것이다.

하나님의 성령이 던디에서 행하신 구원을 받은 사람들에 대한 이야기는 할 수 있는 것이 많을 것이다. 거기에 한 사람 더 추가할 수 있는데, 이 사람은 그 부흥의 성격을 현저하게 잘 보여주고 있다. 그리고 그 사람은 고 맥체인 목사의 저 놀라운 목회 시절과 관련이 있는 사람이다.

그녀는 오랜 기간 동안 영적으로 많이 곤고했었는데, 어떤 때는 거의 자포자기 할 정도였다. 그녀는 1840년도 초에 던디에 와서 맥체인 목사의 목회를 받으면서 그리고 역시 주님의 일을 하고 있는 맥체인의 동역자들의 사역을 받으면서 많은 유익을 누렸다.

1860년도에 나에게 쓴 한 편지에서 그녀는 이렇게 말하고 있다.주일 저녁에 맥체인 목사님이 월리스타운(Wallacetown) 교회에서 설교하실 예정이라는 말을 들었기 때문에, 저는 목사님의 설교를 들으러 그 교회로 갔습니다. 목사님의 주제는 '여러분은 거듭나야 한다'였습니다(요 3장). 제 생각에 저는 이 변화를 겪지 않은 것 같았습니다.

그래서 하나님의 성령이 내 속에 이런 변화를 일으키게 역사해 달라고 하나님께 부르짖었습니다. 설교 말씀에 대해 축복해 달라고 그날 밤보다 더 뜨겁게 기도했던 적은 없었던 것 같습니다. 목사님의 입에서 나오는 말 한 마디 한 마디가 내 영혼을 겨냥해서 쏜 화살 같았습니다. 제가 하나님의 어린양을 바라보게 되기를, 그래서 나의 죄가 용서받을 수 있기를 기도했습니다.

그 날 밤 목사님과 대화를 좀 하고 싶었지만, 그렇게 하지 않고 와버렸습니다. 그 날 밤 저는 전혀 휴식을 취할 수가 없었습니다. 그래서 일찍 잠자리에서 일어나서, 목사님이 우리에게 집으로 가져가라고 꼬집어 지적해주셨던 그 귀한 약속들을 성경에서 찾아 보았습니다. 며칠 간 성경을 많이 읽었습니다. 그러나 그 말씀을 잘 이해하지는 못했습니다.

그 주간에 저는 맥체인 목사님의 설교를 다시 한 번 더 들을 기회가 있었습니다. 설교 본문은 요한계시록 14:13의 '주 안에서 죽는 자들은 복이 있도다'였습니다. 목사님은 자기 교회 예배당 앞에 서서, 야외에 있는 사람들에게 설교를 하셨습니다. 나는 내 자신의 악한 마음 때문에 마음이 괴로웠습니다. 하나님께서는 내 영혼을 절대로 구원하시지 않을 거란 생각이 들었습니다. 그렇지 않았다면 이전에 벌써 구원하셨을 것이라고 생각했습니다. 목사님은 그 자리에 모인 불신자들에게 그리스도를 번쩍 치켜 올리시고 말씀하셨습니다.

오늘 이 자리에 멸망당할 사람이 있다면, 그 사람은 아무 공로 없이도 그리스도를 받아들일 수 있었는데 그분을 영접하지 않았다는 것을 영원 속에서 회상하게 될 것입니다. 제 자신이 여러분들을 민첩하게 고소하는 증인이 될 것입니다. 여러분들이 지금 서 있는 그 땅이 여러분을 비난하는 증인이 될 것입니다. 여러분이 지금 발로 밟고 있는 그 풀이 주님의 날에 일어나서 여러분을 정죄할 것입니다.

설교가 끝났을 때 제가 많이 감동해 있는 것을 목사님이 보시고 제게로 와서 말을 걸어주시고 목사님의 집으로 가자고 하셨습니다. 저는 목사님을 따라 갔습니다. 목사님은 내 영혼에 대해서 많은 이야기를 해주셨습니다. 던디에 사냐고 내게 물으셨으므로, 던디에서 대각성이 일어났다는 말을 듣고 던디에서 살려고 왔노라고 말씀드렸습니다. 내가 어디서 왔는지 물으시고, 내 경우를 경건한 목사님 누구에게 말씀드린 적이 있느냐고 물으셨습니다. 클루니의 밀라 목사님과 자주 대화를 했었노라고 말씀드렸습니다.

목사님은 하나님의 말씀 몇 구절을 가리켜 주시면서 그 말씀을 읽고 또 그 말씀에 대해 기도해보라고 하셨습니다. 나는 성경에서 아무런 위로도 받을 수가 없고 또 그것을 이해하지도 못한다고 말씀드렸습니다. 목사님은 나와 함께 기도하시고, 은혜의 보좌 앞에 기도로 나아갈 때에 나를 기억하겠노라고 말씀하셨습니다.

그 날 밤 대화가 무르익어가도 내가 믿지 못함을 보시고 이렇게 말씀하셨습니다.

그 성경을 덮고 성경에 작별을 고하고 하나님의 집에 작별을 고하고 하나님의 사람들에게 작별을 고하고 은혜의 수단에 작별을 고하고 싶습니까?

나는 그럴 마음은 없다고 말씀드렸습니다. 왜냐하면 나는 언제나 하나님의 집에 있고 싶어 했기 때문입니다. 그곳은 그리스도로 말미암은 구원의 길이 전해지는 곳이기 때문입니다. 그리고 성경과 작별하는 것에 관해 말하자면, 성경 열기가 무서운 적이 여러 번 있었기는 했었지만, 나는 그렇게까지는 할 수 없습니다. 목사님은 저에게 곧 다시 찾아오라고 당부하셨습니다.

집에 돌아오는 길에 한 경건한 여성을 만났습니다. 그녀에게 내가 지금 어디 갔다 오는지 말해주었습니다. 그 여자는 이렇게 말했습니다.

> 조심하세요. 당신이 단지 그리스도로부터 조금 떨어져 있으려고만 해도, 사탄은 당신이 경건한 목사님들에게 가서 그분들과 대화도 하지 못하게 만들고 성경을 읽지 못하게 만들고 모든 은혜의 수단에 참석하지 못하게 만들기 때문이에요.

집에 돌아왔을 때 나는 맥체인 목사님이 내 영혼에 말씀해주신 그 말씀에 대해 축복해달라고 주님께 기도했습니다. 목사님이 나를 진지하게 대해주셨으므로 나는 그분을 대단히 귀하게 여겼습니다. 그렇지만 내가 인간을 너무 많이 믿고 있다는 것이 두려워지기 시작했습니다.

> 무릇 사람을 믿으며 육신으로 그 힘을 삼고 마음이 여호와에게서 떠난 그 사람은 저주를 받을 것이라(렘 17:5).

이 말씀이 내 마음에 떠올랐습니다. 그래서 몇 주간이나 이 말씀에 대해서 많이 생각해 보았습니다. 어떤 수단을 통해서든지 나는 내 영혼에 유익을 몹시 얻고 싶었습니다. 그럼에도 불구하고 맥체인 목사님의 강단을 그 분 외에 다른 사람이 차지하는 것은 전혀 보고 싶지 않았습니다. 그 목사님은 자신이 부름 받은 모든 사역에 매우 충실했기 때문입니다.

요즈음 나는 몸이 매우 약해져서 일을 할 수가 없습니다. 나는 성경을 많이 읽었고, 내가 주님의 복된 말씀을 믿을 수 있게 주께서 나에게 성령 주시기를 기도했습니다. 나는 성 베드로교회에서 매주 열리는 기도회에 갔습니다. 강단위로 내가 모르는 분이 올라가는 것을 보자, 나는 속이 너무나 상한 나머지 그만 눈물을 흘리고야 말았습니다. 시편을 읽기 전에 그 목사님은 이렇게 말했습니다.

"오늘 하나님의 말씀을 읽지 않고서 하나님의 집에 오신 분이 여기 있습니까?"

그분은 잠시 말이 없더니 또 이렇게 말했습니다.

"오늘 저녁 하나님께 기도도 드리지 않고 이 예배당 안에 들어오신 분이 있습니까?"

또 다시 침묵이 흐르더니 이렇게 말했습니다.

> 자신들이 영생을 얻기 위해서는 하나님과 화친을 해야 한다는 생각을 해보지도 않은 채 이 교회당 안에 들어오신 분이 있습니까? 그런 경우에 해당하는 사람이 여기 있다면, 하나님의 은혜가 간섭하지 않는 한, 여러분이 지금까지 즐겼던 모든 은혜의 수단은 지옥에

서 당신들 위에 부어지는 갓 짠 신선한 기름같이 될 것이오!

이 말이 내 영혼을 강하게 후려쳤습니다. 그리고 잘못은 목사님들에게 있는 것이 아니라, 내 자신에게 있다는 것을 보게 만들었습니다. 목사님이 언급하신 말씀들은 잘못이 없다는 것을 알고 있습니다. 그 날 하나님의 말씀을 읽었고 또 은혜의 보좌 앞에 자주 기도로 나아갔기 때문입니다. 그러나 죄 용서받지 못한 죄인으로 죽는 것에 대해서는 큰 두려움을 가지고 있습니다(여기에서 그녀의 이야기를 중단하기로 하자).

설교를 마친 후 맥체인 목사는 두 세 명의 불안하고 괴로운 영혼들과 이야기를 나누기 위해 면담실로 갔다. 그 동안 나는 예배당에서 그 목사님을 대신하여 성가대 선창자의 자리 아래에 서있었다.

나는 기도로 시작했다. 공포에 떠는 군중들에게 적합한 어떤 간구의 말로 기도를 드리기 보다는, 내 자신의 마음속에서 고동치고 있던 번민의 감정의 충동에서 나오는 말로 더 많이 기도했다. 그리고 그 서두에서, 하나님께서 멸망의 마당비로 교회 전체를 쓸어버려서 우리 모두를 지옥 속으로 보내시는 것이, 곧 모든 도덕적 오염을 받아들이기로 되어 있는 그곳으로 보내시는 것이 정당할지도 모르겠다고 말했다. 그 말을 듣고서, 내 주변에 있는 많은 사람들의 입에서 하늘을 찌를 것 같은 외마디 소리가 터져 나왔다. 그 소리에 나의 영혼 전체가 뒤흔들렸고, 나의 사지는 심하게 떨렸다.

그 다음 날 나와 대화를 나눴던 몇 사람은 말하기를, 영원히 존재하는 실존들에 대한 자기의 인상이 그 날 밤 너무도 생생해서, 모세처럼 눈에 보이지 않는 하나님을 본 것 같았다고 말했다. 이 말씀이 선포될 때 하나님께서 자기들의 죄에 격노하시는 것이 정당하기는 하지만, 마치 하나님께서 멸망의 빗자루를 휘두르시려는 것이 진짜인 것처럼 느껴졌다고 했다. 손으로 만질 수조차 없는 더러운 진흙처럼 자기들을 당장이라도 세속적이고 부정한 것들을 집어삼키는 구덩이 속으로 단 번에 쓸어 넣으실 것 같이 느껴졌다고도 말했다.

나는 먼저 기도를 하고서 그 사람들에게 설교를 하였다. 하나님께서 자비를 베푸신다는 말씀을 전했다. 위에서 편지를 인용한 바 있는 그 여성이 내 눈에 띠었다. 내 앞에 서 있는 모든 사람들 중에 그렇게 아무 말 못하고 슬픔에 잠겨있는 얼굴을 가진 사람은 그 사람 밖에는 아무도 없었다.

그리고 그 사람처럼 그렇게 몸을 심하게 떨고 있는 사람도 없었다. 격려와 위로가 되는 말을 할 때에는 그녀의 안색 위로 이따금 기쁨의 빛이 언뜻 스쳐지나가는 것이 보였다. 그렇지만 그 빛은 금방 사라졌다. 다시 그녀의 얼굴은 이전보다 더 어두운 침울한 기색으로 덮여버렸다. 나는 말했다.

> 문둥병자를 고쳐주신 그리스도께서는 당신도 고쳐주시기 원하십니다. 문둥병자는 주님으로부터 좀 떨어진 거리에서 자기를 고쳐달라고 간절히 애원하였지만, 예수님은 문둥병자를 고쳐주시는 것으로 만족하시지 않고 문둥병자에게로 가까이 다가가서 그의 문둥병 환처를 만져주셨습니다. 그렇게 하셨던 주께서는 여러분의 오염된 영

혼을 만지시고 축복하시기 원하십니다. 여러분이 무서운 구덩이 속 진흙 진창에 있는 줄을 주님은 알고 계십니다. 그 구덩이는 너무나 깊어서 피조물의 눈으로는 볼 수 없습니다. 피조물의 힘으로 구조해주기는 더 더욱 어림없습니다. 그러나 여러분이 구덩이의 진흙탕 속에 빠져 있을 때, 주님은 영원하신 자신의 팔을 뻗어 내리셔서 당신을 붙잡아 올려 반석 위에 세우시고, 그 반석에서 흘러나오는 물로 당신을 깨끗이 씻어주시고 싶어 하십니다.

그리스도를 먼저 제시한 것은 그 날 밤 청중들의 번민을 증가시킨 효과가 있었음을 나는 보았다. 나중에 이렇게 말한 사람들도 있었다.

그리스도를 믿어 구원받는 일에서 내 쪽에 아무런 공로가 필요하지 않다는 것이 얼마나 이상했는지 모릅니다. 그러면서도 내 마음은 완전히 굳어 있어서 그 제안을 거부했습니다. 그렇게 사랑이 많다는 것이 참으로 이상했습니다. 그런데도 제 마음은 냉담해서 그것을 받아들이려 하지 못했습니다.

내가 위에서 언급했던 그 여성은 부축을 받고서야 귀가했다. 자신에게 죄성이 있어서 멸망당할 수밖에 없다는 생각이 그녀의 마음에 불현듯 떠올랐는데, 그것을 발견하자 감당할 수 없을 만큼 기운이 몽땅 빠져나갔기 때문이었다.

그 날 저녁에 있었던 일들을 되돌아볼 때, 성 베드로교회 맥체인 목사의 마음이 하나님의 순전하심을 거울처럼 무척 환하게 잘 보여주었으며, 그래서 하나님의 거룩함을 묘사할 때에도 청중들에게 그 자신이 시청각 도구가 되었다는 것과, 그 목사가 하나님의 성품의 아름다움을 잘 드러내 보여주었기 때문에 자기 교인들의 확신이 깊고 굳건해졌다는 사실에 주목하지 않을 수 없었다.

그렇기는 하지만, 그 날 밤에는 인간의 에너지보다 훨씬 더 위대한 에너지가 역사하고 있었다. 하나님의 종의 설교를 듣고 있는 동안, 다른 사람들이 그러했던 것처럼 나도 이 점을 느꼈다. 그리고 내가 그 목사님의 바통을 이어받아 설교하게 되어 하나님의 영향력의 물줄기가 회중에게로 흘러가고 있는 그 선 위에 직접 서라는 요청을 받았을 때, 계속해서 오염되고 있는 우리의 천성에 부여된 것보다, 그리고 하나님께 대한 끊임없는 불순종으로 이루어져있는 삶들에게 부여된 것보다, 좀 더 힘센 인식들이 연약한 인류를 말라버리게 만들고 멸절 당하게 만들 것이라는 확신이 들었다.

그 다음 주일까지 나는 맥체인 목사 집에 머물렀다. 맥체인 목사는 오전에 요한일서 5장에 대해 강설을 하였고, 나는 오후에 우리의 죄를 짊어지고 광야로 보냄을 받은 속죄양에 대해 설교했다.

맥체인 목사님이 헌틀리까지 나와 동행하기로, 목사님과 그 다음 주 일정을 확정했다. 헌틀리는 스트랏보기 장로회에서 목회시무를 유예시킨 전도사들 일곱 명이 담당하는 교구들 중 하나였다. 그곳에서 성찬식을 집행하도록 내가 임명되었던 것이다. 그곳에서 떡과 포도주를 나누어주는 일을 할 때 맥체인 목사가 나를 보조해주고, 맥체인 목사는 일주일 동안 그 교구에서 설교하기로 일정을 잡았다. 맥체인 목사는 흔쾌히 동의했다.

　맥체인 목사는 교회의 다툼에 대해서 깊은 관심을 보였다. 교회의 머리이신 주님의 특권들과 밀접하게 연결되어있으므로 그랬다. 자기 정원에 많은 백합화를 심는 일에 하나님께서 맥체인 목사를 영광스럽게 사용하시기는 했지만, 교회의 영적 사법권을 파괴시키려는 시도가 있었다는 것을 잊어버릴 만큼 그 일에 아주 완전히 몰두한 것은 아니었다.

　우리는 헌틀리로 갔다. 그 곳에서 맥체인 목사의 설교는 많은 축복을 받았다. 우리 두 사람은 모두 스트랏보기 장로회의 일곱 교구 중 그 어떤 곳에서도 설교해서는 안 된다는 금지 명령을 받았다. 그리고 이 나라가 스트랏보기 민사 법정으로 하여금 그리스도의 특권을 침해하게 만들게 한 그 죄책감 때문에 맥체인의 가슴이 얼마나 아파했는지 나는 이루 말로 다 표현할 수가 없다.

　헌틀리에서 우리가 해야 할 것들을 다 마친 후, 맥체인 목사는 에딘버러로 가서 장로회가 자기를 위임한 한 위원회의 회의에 참석했다. 그 위원회에서 우리 교회의 많은 목사들과 장로들은 우리의 영적인 자유를 옹호하겠다는 약정서에 서명을 했다. 비록 맥체인 목사가 목회하고 있는 교인들의 흥미로운 상태가 맥체인 목사의 즉각적인 돌봄을 필요로 하고 있는 것 같이 보이기는 했지만, 스코틀랜드 교회 전체가 관련된 매우 중요한 관심사들을 너무도 잘 인지하고 있어서 맥체인 목사는 자기 자신의 양무리에 대한 관심사 때문에 그 일들을 미룰 수가 없었다.

　맥체인 목사가 에딘버러에 머물러 있는 동안, 나는 스트랏보기에서 돌아와서 목요일에 주중 예배들을 인도하였다. 맥체인이 전체 교회의 사무들을 처리하는 일에 시간과 관심을 쏟아 부었음에도 불구하고, 축복은 감소하기보다 오히려 더 증가되었다.

나는 제자들의 발을 씻어주시는 그리스도에 대해 설교했다. 수많은 청중들이 그렇게 복음으로 녹아지는 것을 전에는 본 적이 없는 것 같다. 마치 하나님의 말씀 한 마디 한 마디가 주는 감동에 자신들을 내던져버리는 것처럼 보였다. 그리고 마치 자신들을 복음이라는 주형틀에 집어넣을 수 있는 것처럼 보였고, 그리고 그 복음이 전달할 수 있는 스탬프 모두를 받아들일 수 있는 것처럼 보였다.

축도를 한 후, 나는 강단에서 걸어 내려가 아래 소강단에 섰다. 그러자 많은 사람들이 내 가까이로 몰려왔다. 앞에서 언급한 바 있는 그 부인의 이야기에서 나타난 바로는, 그 때 시편 130편을 불렀던 것 같다. 깊은 곳에 있다는 것이 어떤 것인지를 알고 있고 또 그곳에서 건져달라고 부르짖는 것이 어떤 것인지를 알고 있는 그 사람들이 그 노래를 비애에 찬 곡조로 불렀던 것 같다. 그런 다음에 나는 말했다.

> 그리스도는 하나님과 우리 사이에 서서, 진노하신 하나님과 죄를 범한 피조물들 위에 자신의 손을 놓으실 그 날의 인자입니다. 타락 이후 인간의 죄에 진노하신 성부 하나님은, 인간이 하나님에 대하여 등을 돌렸던 것처럼, 이 세상에 대하여 자신의 등을 돌리셨습니다. 그러나 그리스도께서 이 둘 사이에 서실 때, 그리고 중보자 되신 그리스도께서 자신의 손으로 성부 하나님을 붙잡을 때, 성부께서는 뒤돌아보시고 타락한 이 세상을 사랑의 눈으로 보셨습니다.

그런데도 여러분은 그리스도께서 자기 손을 여러분에게 대지 못하게 하실 것입니까?
당신에게 인자로운 모습으로 활짝 웃고 계시는 성부 하나님의 얼굴 쪽을 향하여 여러분의 얼굴을 돌리려 하지 않겠다는 것입니까?
성부 하나님께서는 그리스도의 속죄에 만족해하고 계십니다. 그래서 그리스도를 위하여 세상에 대하여 미소를 짓고 계시는 것입니다.
여러분은 그리스도의 속죄에 만족해하지 않으십니까?
그래서 그리스도로 말미암아 성부 하나님 쪽을 향하여 고개를 돌리지 않으려 하는 겁니까?

이번에는 속으로 심한 고민을 하고 있음이 자신들의 얼굴에 나타나는 사람들도 얼마간 있었다. 언약이라는 양식(養食)이 아무리 무료로 제공된다 할지라도 자신들은 그리스도께로 나아갈 수 없다는 생각 때문이었다. 그래서 나는 목소리를 높였다.

그리스도께 이렇게 말씀드리십시오. 주님 저는 주님께 제 마음을 드릴 수 없습니다. 제 마음을 가져가셔서 주의 능력으로 하루 만에 저를 기꺼이 주께 나오게 만들어 주십시오. 저는 제 마음을 주님이 받아주시기에 합당하게 만들 수가 없습니다. 제 마음은 더럽습니다. 그러하오니 제 마음을 취하사 주님이 사용하시기 좋게 깨끗하게 만들어 주시옵소서. 저는 언약 관계 속으로 들어갈 수가 없습니다. 그러니 주님께서 손을 뻗치셔서 저를 잡아당겨 그 속으로 집어넣어주십시오.

이 말을 하고 있을 때, 위에서 이 사람의 이야기를 끼워 넣었던 바로 그 여성이 힘을 주어 나의 손을 꽉 잡았다. 그것을 어떤 일시적인 감정이나 지나가는 흥분쯤일 것이라고 나는 생각했다. 그러나 그 순간, "빛이 있으라 하시니 빛이 있었고"(창 1:3)라고 하셨던 그분이 그녀의 영혼에 빛을 비춰주셔서 가슴을 그렇게나 아프게 했던 고통으로부터 그녀를 해방시켜주셨다.

오랫동안 파도에 이리 흔들리고 저리 흔들렸던 그녀의 배가 드디어 항구에 들어섰던 것이다. 그 오랜 기간과 지난 10년 동안 그녀와 내가 나누었던 수많은 대화에서 그리고 그녀의 거룩하고도 흔들림 없는 삶에서, 이것이 사랑의 그 때였음을 나는 의심할 수 없었다. 예수께서 지나가시면서 "살라"고 그녀에게 말씀하신 그 때였던 것이다.

그녀의 이야기 중 내가 방금 묘사한 이 장면들을 다루고 있는 부분을 나는 생략하였다. 그래서 그 결론을 이제 인용하고자 한다. 그녀는 이렇게 말하고 있다.

> 집으로 가기 전에, 나는 목사님에게 제가 느낀 바를 말씀드렸습니다. 전에는 고민에 빠져 있었는데 이제는 행복하다고요. 그러자 목사님은 나에게 앉으라고 하시고 나를 그리스도 안에서 편안하게 쉬게 하셨습니다. 나는 집으로 갔습니다. 너무 기쁜 나머지 내 발걸음이 아주 가벼웠습니다. 내 발 밑에 있는 길바닥이 느껴지지 않을 정도였습니다.
>
> 집으로 들어서자 나는 성경책을 꺼내 시편 103편을 찾았습니다. 그 시편을 읽는 동안 내가 느꼈던 그 기쁨은 말로 형용할 수가 없습니다. 이런 행복감은 일주일간이나 계속되었습니다. 일주일이 지나

자, 내 마음을 채운 것은 사탄의 시험뿐이라는 두려움이 생기기 시작했습니다. 그렇지만 하나님께서 내 기도를 듣지 않으실 것이라는 두려움은 결코 다시는 없었습니다.

성 베드로교회에서 그 날 밤 내가 느꼈던 그 일 후, 하나님의 거룩한 말씀을 읽는 일에 순종하는 일에도 두려움이 없었습니다. 이제 나는 항상 산 자들의 땅에서 나의 모든 죄악에 대한 형벌밖에 그분의 손에서 아무 것도 받을 자격이 없는 나를 향해 풍성한 사랑과 자비를 베푸신 주님을 찬양할 것입니다.

그 시간부터 모든 것이 내 눈에 새로운 면모를 보여주었습니다. 내 머리 위에 있는 바로 그 하늘들도, 내가 소유하고 있는 그 같은 행복한 틀을 함께 공유했다는 생각이 들었습니다. 내 마음은 영적인 것들로 가득 차서 나는 밤에도 쉴 수가 없었습니다. 나는 한 동안 너무도 행복한 나머지, 이 땅에서 천국으로 옮겨져서 이 구속의 사랑을 찬양하고 싶다는 마음까지 생겼습니다. 그 위대한 변화를 입기 위한 준비를 잘 하면서 항상 살아갈 은혜를 주님께서 나에게 주시기를 원합니다. 그리고 조만간 나의 주님의 기쁨 속으로 나는 들어가서 영원히 끝나지 않을 찬양을 부를 것입니다. 아멘.

(여기서 그녀의 이야기는 끝나고 있다.)

이때쯤, 죄의식으로 눌려 있는 사람들과 대화할 기회가 연이어 여러 날 있었다. 물론 다른 때에도 있기는 했다. 특히 언급했던 그 두 밤에 관련해 말하자면, 많은 사람들이 자신의 죄성에 대한 처절한 자각으로 인해 그들 영혼이 깊은 상처를 입어 흐느낌과 격렬한 비명 속에서 자기의 내적 고통을 내뿜고 있었을 때, 그 사람들의 감동이 그 때 시작된 것이 아니라는 것을 나는 발견하였다.

그들의 상처는 그 밤에도 진행되었고 그리고 몇 주고 몇 달이고 멈추지 않았던 것이다. 쌓이고 쌓인 정신적 고뇌는 이제 더 이상 지탱할 수 없게 되었다. 자기들의 삶을 얼룩지게 만들었던 비정상적인 짓들뿐만 아니라, 자기들 본성 속에 있는 죄를 보자, 정확한 유죄 판결이 내려졌던 것이다.

때로는 자기가 최근에 저지른 죄 때문에 양심의 가책을 받아 커다란 번민에 휩싸이기도 했다. 한 인쇄업자의 훈련생은 저녁이면 근무 시간이 끝난 후에 몰래 주인의 기계와 도구들을 사용하여 청구서 및 다른 서류들을 인쇄하여 팔아서, 이것으로부터 생긴 금전적 이득을 자기 목적에 전용하였다. 영원한 빛의 비췸을 받자, 그 사람은 자기가 저지른 명백한 부정을 보았다. 그는 매우 예리한 회한의 고통으로 몸을 비틀었다. 그리고 자신의 못된 짓을 자기 주인에게 고백해야 하는지, 또 어떤 식으로 그것을 보상해야 하는지를 몹시 알고 싶어 했다.

또 어느 주일날에, 두 청년이 연락선을 타고 파이프의 뉴포트로 건너가서 그곳에서 그 거룩한 날의 일부분을 레크리에이션과 오락을 즐기면서 보냈다. 지금 그 두 사람은 제도화된 은혜의 수단을 감히 우습게 여겼던 자신들의 불경을 깨닫고 어리둥절해 있다.

다른 때 같았으면 죄는 쉽게 용서받을 수 있는 것이라고 생각할 정도로 죄를 별것 아닌 것으로 생각하던 사람들이 많았다. 그 때에는 그 죄가 그 진짜 크기로 확대되어서, 마땅히 치러야 할 보상금을 배상하라고 그 사람들에게 달려드는 것처럼 보였다.

죄의식이 두려운 것인 반면에, 그 죄의식으로부터 안식을 누리고 있는 사람들 대부분은 그리스도의 이름에 대한 지식을 널리 퍼뜨리려고 노력하였다. 한 젊은 여성이 자기 신분의 사람들에게 어울리는 값비싸고 맵시 있는 드레스 한 벌을 살만한 정도의 충분한 돈을 모아왔는데, 이 세상이 영적으로 궁핍하다는 생각에 충격을 받았다. 그래서 그녀는 이 돈 전부를 유대인 선교에 헌금하였다.

주목할 만한 것은, 퍼스와 던디, 그리고 이 땅의 다른 곳에서 이렇게 귀한 축복들을 널리 퍼뜨리게 된 성령의 장맛비가 다름 아닌 환란으로 어찌할 바를 모를 바로 그 때에 우리들 교회에 내려왔다는 것이다. 즉, 옥테라더(Auchterarder) 소송을 심리하고 있는 법정이 교회에게 불리하게 내린 판결이 상원에서 인준된 그 직후에 왔다는 것이다. 순종의 길은 명백하다.

그러나 명백한 만큼이나 어렵기도 하다. 하나님의 성령이 풍성하게 오신 것으로 보아 하나님께서 우리와 함께 하신다는 것을 알 수 있다.

그리스도께서 자기 제자들에게 배에 올라타고 갈릴리 바다를 건너가라고 하셨을 때, 그분의 명령은 분명했고 모호하지 않았다. 폭풍이 그들을 따라잡았으나, 폭풍이 배를 돌려야 할 이유는 되지 못했다. 앞으로 별로 나아가지는 못했지만, 자기들의 주님이 자기들에게로 오실 때까지 제자들은 파도와 싸우면서 노를 열심히 저었다.

그 때 주님이 오셔서, 제자들이 폭풍에도 불구하고 여전히 주님의 명령대로 옳은 방향으로 노를 젓고 있는 것을 보셨다. 본분의 길은 명백하다. 하지만 폭풍우가 내려치고 있다. 많은 요인들

2. 던디의 부흥(1839-1840)과 관련된 사건들

이 우리들을 힘들게 만들고 있을 때, 하나님은 성령의 초자연적인 유출로 말씀하셨다.

> 내가 너와 함께 있어 도우리라(사 41:10).

The Life of
Robert M. M'Cheyne

❖ 로버트 M. 맥체인에 대한 간략한 소개

짧지만 불꽃같은 삶을 살다 간 신앙의 선배가 있다. 그중 대표적인 사람이 조나단 에드워즈가 쓴『데이비드 브레이너드의 생애와 일기』의 주인공, 인디언 선교사 데이비드 브레이너드와 '로버트 맥체인 성경 읽기표'를 남긴 로버트 맥체인 목사다. 두 사람은 20대 후반에 요절했지만, 수많은 그리스도인의 실질적인 신앙생활에 영향을 끼쳤다.

로버트 맥체인은 1813년 태어나 23세에 목사가 됐고, 1843년 29세에 하늘의 부르심을 받았다. 7년 6개월 밖에 사역하지 못했지만 스코틀랜드 역사상 가장 경건한 목회자로 꼽힌다. '스코틀랜드 교회의 별'이라 불렸다. 그의 회고록은 기독교 '경건 문학의 정수,' 두고두고 읽히는 고전으로 유명하지만 설교는 잘 알려져 있지 않다.

개혁주의 신앙 서적 전문 출판사 '그 책의 사람들'이 로버트 맥체인 설교 시리즈1『마태복음』을 펴냈다. 마태복음을 본문으로 삼는 설교와 강의 12편을 담았다. 특별히 성찬 관련 설교가 두 편, '열 처녀 비유' 설교가 네 편 담겨 있다. 본문을 분석하고 해결책 제시와 행동 촉구로 이어지는 모범적인 청교도식 설교를 맛볼 수 있다.

200쪽 분량이지만, 확신에 찬 젊은 설교가의 복음에 대한 열정을 느낄 수 있다. 오늘날 교회에서 찾아보기 힘든 강해 설교나 교리 설교에 매력을 느끼는 사람에게 안성맞춤이다. 복음에 도취된 사나이가 전하는 강렬한 설교는 읽는 이의 가슴을 뛰게 만든다.

그리스도는 참으로 모두에게 거저입니다. 그분은 방주요, 놋뱀이요, 도피성이십니다. 천사들이 이 큰 기쁨의 즐거운 소식이 온 백성에게 미치리라고 한 것처럼(눅 2:10), 그분은 '땅의 모든 끝이여 내게로 돌이켜 구원을 받으라'(사 45:22)고 하십니다. 그리스도는 오는 자는 내쫓지 않으실 것입니다. 아직 자리가 있습니다. 원하는 사람은 누구든지 오십시오. 그분은 아무도 멸망하지 않기를 바라십니다(벧후 3:9). (158쪽)

※ 맥체인의 성경읽기표 (1-6월)

1월

일	가정		개인	
	창 1	마 1	스 1	행 1
1	창 1	마 1	스 1	행 1
2	2	2	2	2
3	3	3	3	3
4	4	4	4	4
5	5	5	5	5
6	6	6	6	6
7	7	7	7	7
8	8	8	8	8
9	9, 10	9	9	9
10	11	10	10	10
11	12	11	느 1	11
12	13	12	2	12
13	14	13	3	13
14	15	14	4	14
15	16	15	5	15
16	17	16	6	16
17	18	17	7	17
18	19	18	8	18
19	20	19	9	19
20	21	20	10	20
21	22	21	11	21
22	23	22	12	22
23	24	23	13	23
24	25	24	에 1	24
25	26	25	2	25
26	27	26	3	26
27	28	27	4	27
28	29	28	5	28
29	30	막 1	6	롬 1
30	31	2	7	2
31	32	3	8	3

2월

일	가정		개인	
	창 33	막 4	에 9, 10	롬 4
1	창 33	막 4	에 9, 10	롬 4
2	34	5	욥 1	5
3	35, 36	6	2	6
4	37	7	3	7
5	38	8	4	8
6	39	9	5	9
7	40	10	6	10
8	41	11	7	11
9	42	12	8	12
10	43	13	9	13
11	44	14	10	14
12	45	15	11	15
13	46	16	12	16
14	47	눅 1:1~38	13	고전 1
15	48	1:39~80	14	2
16	49	2	15	3
17	50	3	16, 17	4
18	출 1	4	18	5
19	2	5	19	6
20	3	6	20	7
21	4	7	21	8
22	5	8	22	9
23	6	9	23	10
24	7	10	24	11
25	8	11	25, 26	12
26	9	12	27	13
27	10	13	28	14
28	11, 12:1~21	14	29	15

3월

일	가정		개인	
	출 12:22~51	눅 15	욥 30	고전 16
1	출 12:22~51	눅 15	욥 30	고전 16
2	13	16	31	고후 1
3	14	17	32	2
4	15	18	33	3
5	16	19	34	4
6	17	20	35	5
7	18	21	36	6
8	19	22	37	7
9	20	23	38	8
10	21	24	39	9
11	22	욥 1	40	10
12	23	2	41	11
13	24	3	42	12
14	25	4	잠 1	13
15	26	5	2	갈 1
16	27	6	3	2
17	28	7	4	3
18	29	8	5	4
19	30	9	6	5
20	31	10	7	6
21	32	11	8	엡 1
22	33	12	9	2
23	34	13	10	3
24	35	14	11	4
25	36	15	12	5
26	37	16	13	6
27	38	17	14	빌 1
28	39	18	15	2
29	40	19	16	3
30	레 1	20	17	4
31	2, 3	21	18	골 1

4월

일	가정		개인	
	레 4	시 1, 2	잠 19	골 2
1	레 4	시 1, 2	잠 19	골 2
2	5	3, 4	20	3
3	6	5, 6	21	4
4	7	7, 8	22	살전 1
5	8	9	23	2
6	9	10	24	3
7	10	11, 12	25	4
8	11, 12	13, 14	26	5
9	13	15, 16	27	살후 1
10	14	17	28	2
11	15	18	29	3
12	16	19	30	딤전 1
13	17	20, 21	31	2
14	18	22	전 1	3
15	19	23, 24	2	4
16	20	25	3	5
17	21	26, 27	4	6
18	22	28, 29	5	딤후 1
19	23	30	6	2
20	24	31	7	3
21	25	32	8	4
22	26	33	9	딛 1
23	27	34	10	2
24	민 1	35	11	3
25	2	36	12	몬 1
26	3	37	아 1	히 1
27	4	38	2	2
28	5	39	3	3
29	6	40, 41	4	4
30	7	42, 43	5	5

5월

일	가정		개인	
	민 8	시 44	아 6	히 6
1	민 8	시 44	아 6	히 6
2	9	45	7	7
3	10	46·47	8	8
4	11	48	사 1	9
5	12·13	49	2	10
6	14	50	3·4	11
7	15	51	5	12
8	16	52·53·54	6	13
9	17·18	55	7	약 1
10	19	56·57	8·9:1~7	2
11	20	58·59	9:8~10:4	3
12	21	60·61	10:5~34	4
13	22	62·63	11·12	5
14	23	64·65	13	벧전 1
15	24	66·67	14	2
16	25	68	15	3
17	26	69	16	4
18	27	70·71	17·18	5
19	28	72	19·20	벧후 1
20	29	73	21	2
21	30	74	22	3
22	31	75·76	23	요일 1
23	32	77	24	2
24	33	78:1~37	25	3
25	34	78:38~72	26	4
26	35	79	27	5
27	36	80	28	요이 1
28	신 1	81·82	29	요삼 1
29	2	83·84	30	유 1
30	3	85	31	계 1
31	4	86·87	32	2

6월

일	가정		개인	
	신 5	시 88	사 33	계 3
1	신 5	시 88	사 33	계 3
2	6	89	34	4
3	7	90	35	5
4	8	91	36	6
5	9	92, 93	37	7
6	10	94	38	8
7	11	95, 96	39	9
8	12	97, 98	40	10
9	13, 14	99-101	41	11
10	15	102	42	12
11	16	103	43	13
12	17	104	44	14
13	18	105	45	15
14	19	106	46	16
15	20	107	47	17
16	21	108, 109	48	18
17	22	110, 111	49	19
18	23	112, 113	50	20
19	24	114, 115	51	21
20	25	116	52	22
21	26	117, 118	53	마 1
22	27, 28:1-19	119:1-24	54	2
23	28:20-68	119:25-48	55	3
24	29	119:49-72	56	4
25	30	119:73-96	57	5
26	31	119:97-120	58	6
27	32	119:121-144	59	7
28	33, 34	119:145-176	60	8
29	수 1	120-122	61	9
30	2	123-125	62	10

※ 맥체인의 성경읽기표 (7-12월)

7월

일	가정		개인	
1	수 3	시 126-128	사 63	마 11
2	4	129-131	64	12
3	5, 6:1-5	132-134	65	13
4	6:6-27	135, 136	66	14
5	7	137-138	렘 1	15
6	8	139	2	16
7	9	140, 141	3	17
8	10	142, 143	4	18
9	11	144	5	19
10	12, 13	145	6	20
11	14, 15	146, 147	7	21
12	16, 17	148	8	22
13	18, 19	149, 15	9	23
14	20, 21	행 1	10	24
15	22	2	11	25
16	23	3	12	26
17	24	4	13	27
18	삿 1	5	14	28
19	2	6	15	막 1
20	3	7	16	2
21	4	8	17	3
22	5	9	18	4
23	6	10	19	5
24	7	11	20	6
25	8	12	21	7
26	9	13	22	8
27	10, 11:1-11	14	23	9
28	11:12-40	15	24	10
29	12	16	25	11
30	13	17	26	12
31	14	18	27	13

8월

일	가정		개인	
1	삿 15	행 19	렘 28	막 14
2	16	20	29	15
3	17	21	30, 31	16
4	18	22	32	시 1, 2
5	19	23	33	3, 4
6	20	24	34	5, 6
7	21	25	35	7, 8
8	룻 1	26	36, 37	9
9	2	27	38	10
10	3, 4	28	39	11, 12
11	삼상 1	롬 1	40	13, 14
12	2	2	41	15, 16
13	3	3	42	17
14	4	4	43	18
15	5, 6	5	44	19
16	7, 8	6	45	20, 21
17	9	7	46	22
18	10	8	47	23, 24
19	11	9	48	25
20	12	10	49	26, 27
21	13	11	50	28, 29
22	14	12	51	30
23	15	13	52	31
24	16	14	애 1	32
25	17	15	2	33
26	18	16	3	34
27	19	고전 1	4	35
28	20	2	5	36
29	21, 22	3	겔 1	37
30	23	4	2	38
31	24	5	3	39

9월

일	가정		개인	
1	삼상 25	고전 6	겔 4	시 40, 41
2	26	7	5	42, 43
3	27	8	6	44
4	28	9	7	45
5	29, 3	10	8	46, 47
6	31	11	9	48
7	삼하 1	12	10	49
8	2	13	11	50
9	3	14	12	51
10	4, 5	15	13	52-54
11	6	16	14	55
12	7	고후 1	15	56, 57
13	8, 9	2	16	58, 59
14	10	3	17	60, 61
15	11	4	18	62, 63
16	12	5	19	64, 65
17	13	6	20	66, 67
18	14	7	21	68
19	15	8	22	69
20	16	9	23	70, 71
21	17	10	24	72
22	18	11	25	73
23	19	12	26	74
24	20	13	27	75, 76
25	21	갈 1	28	77
26	22	2	29	78:1-37
27	23	3	30	78:38-72
28	24	4	31	79
29	왕상 1	5	32	80
30	2	6	33	81, 82

10월

일	가정		개인	
1	왕상 3	엡 1	겔 34	시 83, 84
2	4, 5	2	35	85
3	6	3	36	86
4	7	4	37	87, 88
5	8	5	38	89
6	9	6	39	90
7	10	빌 1	40	91
8	11	2	41	92, 93
9	12	3	42	94
10	13	4	43	95, 96
11	14	골 1	44	97, 98
12	15	2	45	99-101
13	16	3	46	102
14	17	4	47	103
15	18	살전 1	48	104
16	19	2	단 1	105
17	20	3	2	106
18	21	4	3	107
19	22	5	4	108, 109
20	왕하 1	살후 1	5	110, 111
21	2	2	6	112, 113
22	3	3	7	114, 115
23	4	딤전 1	8	116
24	5	2	9	117, 118
25	6	3	10	119:1-24
26	7	4	11	119:25-48
27	8	5	12	119:49-72
28	9	6	호 1	119:73-96
29	10	딤후 1	2	119:97-120
30	11, 12	2	3, 4	119:121-144
31	13	3	5, 6	119:145-176

11월

일	가정		개인	
1	왕하 14	딤후 4	호 7	시 120-122
2	15	딛 1	8	123-125
3	16	2	9	126-128
4	17	3	10	129-131
5	18	몬 1	11	132-134
6	19	히 1	12	135, 136
7	20	2	13	137-138
8	21	3	14	139
9	22	4	욜 1	140, 141
10	23	5	2	142, 143
11	24	6	3	144
12	25	7	암 1	145
13	대상 1, 2	8	2	146, 147
14	3, 4	9	3	148
15	5, 6	10	4	149, 15
16	7, 8	11	5	녹 1:1-38
17	9, 1	12	6	1:39-80
18	11, 12	13	7	2
19	13, 14	약 1	8	3
20	15	2	9	4
21	16	3	옵 1	5
22	17	4	욘 1	6
23	18	5	2	7
24	19, 20	벧전 1	3	8
25	21	2	4	9
26	22	3	미 1	10
27	23	4	2	11
28	24, 25	5	3	12
29	26, 27	벧후 1	4	13
30	28	2	5	14

12월

일	가정		개인	
1	대상 29	벧후 3	미 6	녹 15
2	대하 1	요일 1	7	16
3	2	2	나 1	17
4	3, 4	3	2	18
5	5, 6:1-11	4	3	19
6	6:12-42	5	합 1	20
7	7	요이 1	2	21
8	8	요삼 1	3	22
9	9	유 1	습 1	23
10	10	계 1	2	24
11	11, 12	2	3	요 1
12	13	3	학 1	2
13	14, 15	4	2	3
14	16	5	슥 1	4
15	17	6	2	5
16	18	7	3	6
17	19, 2	8	4	7
18	21	9	5	8
19	22, 23	10	6	9
20	24	11	7	10
21	25	12	8	11
22	26	13	9	12
23	27, 28	14	10	13
24	29	15	11	14
25	30	16	12-13:1	15
26	31	17	13:2-8	16
27	32	18	14	17
28	33	19	말 1	18
29	34	20	2	19
30	35	21	3	20
31	36	22	4	21

로버트 머리 맥체인의 생애
Robert Murray McCheyne: A Burning Light

2017년 4월 30일 초판 발행

지 은 이	알렉산더 스멜리
옮 긴 이	이영란

편 집	변길용, 조광수
디 자 인	이보람, 신봉규
펴 낸 곳	사) 기독교문서선교회
등 록	제16-25호(1980. 1. 18)
주 소	서울시 서초구 방배로 68
전 화	02) 586-8761~3(본사) 031) 942-8761(영업부)
팩 스	02) 523-0131(본사) 031) 942-8763(영업부)
홈페이지	www.clcbook.com
이 메 일	clckor@gmail.com
온 라 인	기업은행 073-000308-04-020, 국민은행 043-01-0379-646
	예금주: 사) 기독교문서선교회

ISBN 978-89-341-1646-2 (03230)

* 낙장·파본은 교환해 드립니다.

이 도서의 국립중앙도서관 출판시 도서목록(CIP)은 서지정보유통지원시스템 홈페이지(http://seoji.nl.go.kr)와 국가자료공동목록시스템(http://www.nl.go.kr/kolisnet)에서 이용하실 수 있습니다. (CIP제어번호: CIP2017006107)